N & K

Anne-Laure Bondoux

Malva

Im Bann der geheimen Inseln

Aus dem Französischen von
Christiane Thielmann

Nagel & Kimche

Titel der Originalausgabe: La Princetta et le Capitaine

1 2 3 4 5   11 10 09 08 07

Herstellung: Andrea Mogwitz und Rainald Schwarz
Satz: Satz für Satz. Barbara Reischmann
Druck und Bindung: Friedrich Pustet
Printed in Germany
ISBN 978-3-312-00976-3

Wer wäre so dumm zu sterben, ohne wenigstens
einen Rundgang durch sein Gefängnis gemacht zu haben?
Marguerite Yourcenar

An meinen Vater, Seine Majestät,

den Herrscher von Galnizien

Vor einigen Monaten habt Ihr mich in den Ratssaal rufen lassen. Ihr habt mich gebeten, im Kreis Eurer Minister Platz zu nehmen. Ich dachte, Ihr erweist mir die Ehre, mich an den Beratungen um die Geschicke des Landes teilnehmen zu lassen, und macht mich mit der Ausübung der Machtinstrumente vertraut. »Endlich hat mein Vater begriffen, dass ich erwachsen geworden bin«, sagte ich mir. Jetzt, mit fünfzehn, hält er mich für fähig, meine Meinung ebenso zu äußern wie diese bedeutenden Herren. Ich war ein wenig ängstlich, aber auch geschmeichelt. Endlich würdet Ihr mich ernst nehmen!

Ich hatte mich getäuscht.

Zu meiner großen Überraschung betrat meine Mutter, die Königin, den Raum. Sie überreichte Euch eine dicke Mappe mit Notizbüchern und verschiedenen Blättern. Ich wurde blass.

Auf Euren Befehl hin hatte meine Mutter mein Zimmer durchsucht. In der Mappe hatte sie all das zusammengetragen, was ich im Laufe der Jahre geschrieben hatte: mein persönliches

Tagebuch, meine Geheimnisse, meine Träume, meine Gedichte, meine Geschichten.

Dort lag mein Innerstes. Ausgebreitet auf dem Tisch. Direkt vor Euch. Direkt vor allen Mitgliedern des Rates.

Ich zitterte. Die Königin verschränkte die Arme. Sie musterte mich mit ihrem strengen Blick. Hat sie mich je anders angesehen?

Ihr habt die Mappe geöffnet und dabei auf diese merkwürdige Art gelächelt. Dann seid Ihr aufgestanden und habt angefangen, laut aus meinen Aufzeichnungen vorzulesen, ohne mich ein einziges Mal anzusehen.

Anfangs waren die Minister still. Aufmerksam. Sie verstanden nicht, was vor sich ging. Ich dagegen verstand sofort.

Während des Vortrags entschlüpfte Euch mehrmals ein spöttisches Lachen. Bei bestimmten Worten habt Ihr gestutzt, auf kleine Unbeholfenheiten hingewiesen. Nun begannen auch die Minister nach und nach zu lachen.

Ich stand da, ihrem Spott preisgegeben, allein, ungeschützt. Und Ihr habt belustigt und mit übertriebenen Gesten und Grimassen die Lächerlichkeit meiner Sätze unterstrichen. Ich habe die Zähne fest zusammengebissen, um nicht loszuschreien.

Mit einem Schlag habt Ihr die Mappe geschlossen, und Euer Gesichtsausdruck wurde wieder ernst. »Spaß beiseite!«, habt Ihr ausgerufen und Euch an die Versammlung gewandt: »Meine Herren, Sie fragen sich sicher, wem wir dieses Meisterwerk zu verdanken haben? Der Verfasser ist unter uns. Gratulieren Sie … unserer Prinzessin.«

Verblüfft richteten die Minister ihre von Tränen des Spotts geröteten Augen auf mich. Manche husteten, andere hatten nach wie vor Mühe, ein Lachen zu unterdrücken. Einem von ihnen, ich glaube, es war der Landwirtschaftsminister, lief sogar der Speichel auf seinen Spitzenkragen.

Ihr habt mir befohlen aufzustehen und gesagt: »Diese Kindereien müssen ein Ende haben, Prinzessin. Ihr seid die einzige Erbin des Thrones von Galnizien. In Kürze werdet Ihr die offizielle Herrscherin sein. Das Land kann solch albernes Gefasel nicht gebrauchen.«

Ihr habt mir die Mappe hingehalten und mich angewiesen, sie ins Feuer zu werfen.

Ich ging einige Schritte in Richtung Kamin. Dabei starrte ich auf die galnizische Fahne an der Wand. Grüne und gelbe Streifen, darauf ein Kreuz von zwei Pfeilen. Ich verfluchte alles, was sie repräsentierte.

Ich kniete mich hin. Die Flammen züngelten an meinen Händen, als ich meine Tagebücher losließ. Ich richtete mich wieder auf und spürte tief in meinem Magen ein Brennen. Ihr machtet einen zufriedenen Eindruck.

In diesem Moment traf ich die Entscheidung, vor der ich seit Wochen immer wieder zurückgeschreckt war.

Ich verließ den Ratssaal unter den herablassenden Blicken der Minister und meiner Mutter. Es machte mir nichts mehr aus.

Ja, »lieber Vater«, so hat es sich zugetragen.

Ihr seid ein guter Herrscher, das glauben jedenfalls alle Galnizier. Und sie haben recht damit. Ihr regiert aufrichtig und gerecht. Ruhe und Harmonie bestimmen Euer Handeln. Aber als Vater seid Ihr das genaue Gegenteil.

Macht mit diesem Brief, was Ihr wollt: Verbrennt ihn mit allem anderen, wenn es Euch gefällt. Mir bleibt nur die Hoffnung, dass Euer schlechtes Gewissen Euch nicht mehr zur Ruhe kommen lässt.

Ich wähle die Freiheit. Ein wunderschönes Wort. Ihr werdet alle Zeit der Welt haben, darüber nachzudenken.

Malva

Erster Teil

Aufbruch

1 ✧ Igelkopf

An der Nordseite gingen die Mauern der Zitadelle unvermittelt in einen schwindelerregend tiefen Abgrund über. Die exponierte Lage der Zitadelle auf dem Gipfel des Felsmassivs erinnerte an einen auf der Lauer liegenden Raubvogel, der seine Flügel in ganzer Spannweite über das Tal ausbreitet und seinen riesengroßen Schatten über die ruhig dahinströmenden Fluten des Flusses Gadvir wirft. In früheren Zeiten waren Eindringlinge aus Dunbraven und dem Königreich Norien an den zerklüfteten Felsen zerschellt: Viele Krieger und Tiere hatten hier ihr Leben verloren, und der Fluss Gadvir hatte monatelang Helme, Rüstungen und Kadaver von Menschen und Tieren mit sich geführt.

An der Südseite dagegen bot die Zitadelle ein ganz anderes Bild. Ihre Fassaden waren von unzähligen Fenstern durchbrochen, durch die der Blick über sanft abfallende Terrassen aufs Tal fiel. Auf den Terrassen wuchsen kunstvoll aneinandergereihte Mandel-, Oliven- und Zitronenbäumchen auf saftigen Wiesen. Mit blauen und grünen Mosaiken verzierte Brunnen lockerten das Ganze auf. Sie sollten Vögel anlocken. Vor kurzem hatte der König seine Leidenschaft für exotische Pflanzen entdeckt. Eine der Terrassen hatte man in ein

Reisfeld, eine andere in einen Palmengarten verwandelt. Hier und da wiegten sich hochgewachsene Bambusstängel in der leichten Brise des beginnenden Sommers.

Genau hier, im Innern der Zitadelle, schlug das Herz von Galnizien. Seit Jahren schon herrschte der König weitab vom Kampfgetöse nach den Regeln der Ruhe und Harmonie, den beiden meistverehrten Göttinnen des Volkes. Galnizien blühte, die Galnizier erlebten glückliche Zeiten, und doch … Niemand konnte sich an diesem Abend vorstellen, dass das Land seine letzten unbeschwerten und friedlichen Stunden erleben sollte.

Malva war es endlich gelungen, der Aufsicht ihrer Mutter zu entkommen. Unter normalen Umständen war das schon nicht einfach, aber heute dachte sie, es würde ihr niemals gelingen: Neben nutzlosen Stunden mit dem Schneider und dem Tanzlehrer hatte Malva eine nicht enden wollende Andachtssitzung vor dem Altar der Göttinnen absolvieren müssen. Die Königin hatte sie gezwungen, sich auf die kalten Steinplatten zu legen und fünfzig Mal die Lobgebete aufzusagen. Das junge Mädchen war daran gewöhnt, den Zwängen des Protokolls zu gehorchen, die ihr Leben als Prinzessin bestimmten, aber an diesem Tag konnte sie ihre Ungeduld kaum bezähmen. Sie ballte die Fäuste. All das würde bald nicht mehr sein als eine unschöne Erinnerung.

Am Abend hatte die Königin endlich andere Aufgaben zu erfüllen. Sie war zu sehr damit beschäftigt, Befehle zu erteilen und Entscheidungen zu treffen, um zu bemerken, wie Malva sich aus dem

Festsaal stahl, wo eine ganze Schar von Bediensteten letzte Vorbereitungen für die Festlichkeiten des nächsten Tages traf.

Unauffällig wie ein Schatten eilte Malva in Richtung Südflügel. Sie ging an den Küchenräumen vorbei und dann hinauf zum Tanzsaal. Dort kniete ein Dutzend Dienerinnen am Boden, um schweigend das Parkett auf Hochglanz zu polieren. In den Gängen, auf den Treppen, in den Galerien begegnete Malva unzähligen Hausdienern, die mit Hilfe von Flaschenzügen die Lüster und Kronleuchter nach unten ließen, um die Kerzen auszutauschen, oder die Teppiche klopften. Keiner achtete auf sie.

Draußen waren die Gärtner fast damit fertig, die Hecken zu schneiden und die Lampions in den Zweigen der Olivenbäume aufzuhängen. Im Vorbeigehen bemerkte Malva durch ein geöffnetes Fenster das Plätschern des großen Brunnens, der soeben angestellt worden war, und weiter entfernt hörte sie vom kleinen Gartenhäuschen her die Musiker ihre Serenaden üben. Die Klänge wurden von der milden Abendluft davongetragen und vermischten sich mit dem Duft des Jasmins.

Malva spürte, dass die Zitadelle und, jenseits der Zitadellenmauern, ganz Galnizien wie von einem überschwänglichen freudigen Fieber erfasst waren. Obwohl die sich ankündigende Feier vor allem ihretwegen stattfinden sollte, empfand sie keinerlei Freude. Sie hatte ganz andere Dinge im Kopf.

Als sie endlich das Eckzimmer des Südflügels erreicht hatte, seufzte sie erleichtert auf. Ein großes schlankes Mädchen erwartete sie. Beklommen hatte es die Hände auf die Schürze gepresst. Es war

Filomena, Malvas Kammerzofe, die, wie vereinbart, auf ihre Herrin wartete.

Ohne ein Wort verriegelte Malva die Tür und setzte sich vor den großen in Perlmutt eingefassten Spiegel. Sie löste ihre Haarnadeln, griff nach einer Schere und streckte sie Filomena entgegen. »Schnell«, sagte sie hastig, »die Zeit drängt. Bald wird es Nacht, und Arkus erwartet uns.«

Filomena blieb bewegungslos hinter Malva stehen. Ihr hageres Gesicht wirkte noch blasser als sonst. »Ich … ich verstehe nicht«, stammelte sie.

Malva drückte ihr ungeduldig die Schere in die Hand. »Natürlich, du verstehst sehr gut. Beeil Dich!«

Filomena stand schon seit Jahren im Dienst der Prinzessin. Sie hatte sie schon gekannt, als sie noch ein Baby war und sie selbst noch ein kleines Mädchen. Malva vertraute ihr wie einer Schwester, und Filomena war ihrer Herrin zutiefst ergeben. Aber es gab ein paar Dinge, die ihr der Glauben untersagte, zum Beispiel die Missachtung der Prinzipien der Harmonie.

»Nein, ich kann das nicht«, stöhnte Filomena schließlich. »Alles, nur das nicht …«

Im Spiegel waren die beiden Gesichter der Mädchen zu sehen. Das Gesicht der Zofe wirkte ausgezehrt, verglichen mit dem Malvas. Obwohl Malva bereits fünfzehn Jahre alt war, hatte ihr rundliches und sanftes Gesicht noch etwas Kindliches an sich.

»Ich bitte dich, Filomena, erfülle mir meinen Wunsch. Arkus hat uns schließlich gesagt …«

»Das war nicht vorgesehen!«, unterbrach sie ihre Zofe und warf die Schere auf die Frisierkommode, als wäre sie ein unheilvoller Gegenstand.

Sie verschränkte die Arme vor der schmalen Brust. Filomenas unerbittliche Miene ließ keinen Zweifel daran, dass Malva es nicht schaffen würde, sie umzustimmen.

»Mach dich nicht lächerlich«, seufzte die Prinzessin verärgert. »Seit Wochen nimmst du alle möglichen verrückten Risiken in Kauf, ohne zu klagen, und nun, nur wegen der dummen Haare …«

Filomena schüttelte energisch den Kopf. Es handelte sich nicht nur um Haare … Malva hatte gewiss recht, dass sie in den letzten Wochen allem zugestimmt hatte. Malva hatte sie gebeten zu lügen, und sie hatte es getan. Sie hatte ihr befohlen zu betrügen, zu stehlen, und auch das hatte sie getan. Filomena war bereit, für Malva zu sterben, aber das hier ging über ihre Kräfte.

»Ich habe dein Haar unzählige Male gebürstet seit deiner Geburt«, erinnerte sie die Prinzessin. »Ich habe Unmengen an Pomade und Cremes zum Frisieren, Pflegen und Entzotteln verwendet … Du bist immer so stolz auf deine Haare gewesen.«

»Du meinst wohl, meine Mutter war immer so stolz«, berichtigte sie die Prinzessin.

»Na und?«, echauffierte sich Filomena. »Es ist doch nicht unbedingt notwendig, sie abzuschneiden. Du könntest …«

Sie nahm Malvas Haar mit beiden Händen hoch und formte ihr im Nacken einen Knoten. Malva betrachtete sich im Spiegel. Im orangefarbenen Licht der Kerzen hätte man fast meinen können, ihren Kopf umgäbe eine Krone aus Seide. Sie musste daran denken, wie ein Maler sie im letzten Jahr zu Ehren ihres vierzehnten Geburtstags porträtiert hatte. Um die Farbe ihres Haars auch richtig zur Geltung zu bringen, hatte er eine ganz besondere schwarze Tinte kommen lassen, die von Weisen im weitentfernten Orniareich hergestellt worden war. So schwarz wie die Nacht, hatte er ganz verzaubert gesagt und seinen Pinsel wieder auf die Leinwand gerichtet. Das Porträt war in ganz Galnizien berühmt geworden und hatte eine Art Kultstatus erlangt: Das Haar der Prinzessin war das Symbol für den Stolz und die Schönheit Galniziens.

»Unter der Kapuze deiner Verkleidung wird es niemand bemerken …«, versuchte Filomena, die Prinzessin erneut zu überzeugen.

Malva schnappte sich die Schere, ergriff eine Strähne ihres Haars und schnitt, ohne zu zögern.

Die Strähne lag in ihrer Hand und rollte sich wie eine gerade gepflückte Blume zusammen. Filomena konnte ein Schluchzen nicht unterdrücken. In ihren Augen beging Malva ein Sakrileg, aber die Prinzessin schien das überhaupt nicht zu kümmern. Strähne um Strähne fiel zu Boden. Sie schnitt und schnitt, ohne jede Rücksicht, bis ein fast unheimlicher Triumph ihre bernsteinfarbenen Pupillen leuchten ließ. Ganze Haarbüschel sammelten sich in den Falten ihres Kragens, fielen auf ihre Schultern und über den Rücken bis zur Taille.

Als sie schließlich die Schere wieder ablegte, zeigte ihr der Spiegel ein kümmerlich aussehendes Mädchen mit einem Igelkopf. Sie sah so fremd und seltsam aus, dass sie lachen musste.

»Galnizien wurde seiner kleinen hübschen Puppe beraubt!«, brach es aus ihr heraus.

In diesem Moment wäre sie am liebsten ans andere Ende der Zitadelle gerannt, um sich allen zu zeigen, allen voran ihrer Mutter. Sie konnte förmlich den Aufschrei der Königin hören: »Malva! Bei der Heiligen Harmonie, was hast du getan?« Aber natürlich konnte sie sich eine solche Provokation nicht leisten. Das hätte alle Pläne zunichtegemacht.

»So«, wandte sie sich an Filomena, »bring die Verkleidung her.«

Obwohl sie aufgewühlt war, gehorchte die Zofe. Malva sah sie die Geheimtür in der Bettnische öffnen und im Geheimgang verschwinden. Sie war frohen Mutes. In den letzten Wochen hatten sie alle Handgriffe und Bewegungen so viele Male geübt. Und Arkus stand ihnen zur Seite. Mit seiner Hilfe würde alles gutgehen.

Kaum allein, kramte Malva aus den Falten ihres Rockes den Brief hervor, den sie an ihren Vater geschrieben hatte. Das Papier war zerknittert. Sie breitete ihn auf dem Frisiertisch aus. *An meinen Vater, Seine Majestät, den Herrscher von Galnizien …* Sie las den Anfang noch einmal, und sofort war ihr ganz flau zumute. Wie sollte sie es anstellen, dass dieser Abschiedsbrief nicht sofort in die Hände seines Adressaten gelangte? Malva fiel niemand ein, dem sie ihn anvertrauen konnte. Vielleicht hatte Arkus eine Idee? Sie klemmte den Brief hinter den Spiegel.

Wieder blieben ihre Augen an ihrem Spiegelbild hängen. Zum ersten Mal bemerkte Malva die ungewöhnliche Form ihrer Ohren. Normalerweise waren sie immer unter ihrem Haar versteckt gewesen. Nun standen sie an beiden Seiten ihres Kopfes ab wie zwei lächerliche Fähnchen.

»Selbst wenn alles schief geht, wer würde schon einen Igelkopf mit abstehenden Ohren heiraten?«, lachte sie laut. »Bestimmt keiner!«

Vor ihrem geistigen Auge sah sie die ganze Gesellschaft der geladenen Gäste: Die gesamte Noblesse von Galnizien betrat die Kirche. Die Adelsherren mit ihren Stiernacken, die von riesigen Kragen verhüllt waren, die Adelsdamen mit ihren Tüllhüten, den Knicksen und dem aufgesetzten Lächeln … Sie machten ihrem Vater und ihrer Mutter ihre Aufwartung und umschwänzelten sie wie Hunde, die vor Heiligen Männchen machen. »Der König und die Königin verheiraten ihre einzige Tochter! Oh, welche Freude! Der Verbindung sei ein langes Leben vergönnt!«

Malva stieß einen Schrei aus. Sie ballte die Fäuste und klopfte sich fest auf die Brust.

»Atme tief durch, atme …«, befahl sie sich mit erregter Stimme. »All das wird nicht eintreten. Du wirst weder das traditionelle Kleid tragen noch die mit Muscheln besetzte Krone noch die heiligen Opfergaben. Du wirst niemanden heiraten.«

Alles hatte vor ein paar Monaten begonnen, während der Feierlichkeiten zu Ehren der Göttin der Ruhe. Aus Versehen war Arkus ein Satz herausgerutscht, der die Wahrheit ans Licht gebracht hatte. Dieser Satz hallte noch immer in Malvas Ohren wider: »Wir müssen Euch auf die Hochzeitsnacht vorbereiten, Prinzessin.«

Malva war zusammengezuckt.

»Was? Eure Mutter hat Euch nicht unterrichtet?«, hatte sich Arkus erstaunt gezeigt.

Nein. Die Königin hatte es nicht für nötig befunden, ihre Tochter darüber aufzuklären, dass sie verheiratet werden sollte! Und was den König betraf, er nahm sich niemals die Zeit, mit seiner Tochter zu sprechen. Für ihn war sie nichts weiter als ein Tauschmittel, ein Gegenstand, den man für politische Vereinbarungen gut gebrauchen konnte.

Malva war entsetzt und hatte einen Wutanfall bekommen. Und das mitten während des Ruhezeremoniells! Welche Blasphemie! Glücklicherweise war Arkus ein geistesgegenwärtiger Mensch. Er wurde von allen geachtet. Der Prinzessin war er sehr zugetan, seit ihn der König mit ihrer Ausbildung beauftragt hatte. Und so gab Arkus einigen wenigen Vertrauten, die er in der Kirche versammelt hatte, eine knappe Erklärung. Auf diese Weise konnte ein Skandal verhindert werden. Malvas Wut aber blieb.

In den darauffolgenden Tagen hatte Arkus Malva sehr häufig auf ihrem Zimmer besucht. Er hatte versucht, sie zur Vernunft zu bringen.

»Alle Prinzessinnen in Eurer Familie haben sehr jung geheiratet«, sagte er. »Eure Mutter zum Beispiel war erst dreizehn Jahre alt! Es hat ihr nicht geschadet, soweit ich weiß! Nein, ich kann Eure Starrköpfigkeit beim besten Willen nicht nachvollziehen!«

»Aber Ihr wisst doch genau«, weinte Malva, »Ihr wisst doch, was diese Hochzeit für mich bedeutet! Ich werde auf die einzigen Freuden verzichten müssen, die mir bis jetzt vergönnt waren. Ich werde nicht mehr studieren, nicht mehr lesen, mich nicht mehr frei äußern und nie wieder ohne Begleitung das Haus verlassen dürfen.«

Arkus seufzte.

»Das weiß ich, Prinzessin. Aber Ihr habt keine Wahl.«

Malva platzte vor Wut. Wie konnte Arkus nur so schnell nachgeben?

»Ihr habt mir so vieles beigebracht!«, sagte sie zu ihm. »Durch Euch habe ich entdeckt, wie glücklich es macht, zu lesen, zu schreiben, sich Dinge auszumalen, zu denken! Ihr habt in mir die Lust zu reisen geweckt und mir die Freiheit geschenkt!«

Arkus lächelte verzweifelt.

»Ich bin nur ein einfacher Erzieher. Nicht ich habe Euch all das nahegebracht, sondern die Schriftsteller, deren Bücher Ihr gelesen habt. Bücher sind nicht das Leben, Prinzessin. Ihr müsst Euch von Euren Kinderträumen verabschieden und Euch Euren Aufgaben stellen.«

Malva fühlte sich verraten und alleingelassen.

»Vertraut Eurer Mutter«, sagte Arkus noch einmal sanft. »Sie hat sicher einen guten Mann für Euch ausgewählt. Der Prinz von Andemark ist nicht einmal dreißig Jahre alt. Man sagt, er sei ein ausgezeichneter Tänzer.«

Malva interessierte sich nicht für den Prinzen und erst recht nicht für seine Tanzschritte. Jedes Mal, wenn sie die Augen schloss, sah sie sich für die Hochzeitsnacht in ein Zimmer eingesperrt. Eine unerträgliche Panik schnürte ihr die Kehle zu.

Einmal, als sie noch sehr klein war, hatte sie an der »Parade der Gaben« teilgenommen. Boten aus allen bekannten Teilen der Erde hatten sich im Hof der Zitadelle versammelt. Einer von ihnen führte ein riesiges Reptil an einer Leine. »Es ist ein Alligatorenweibchen, das ich in den Steppen Aremiens aufgetrieben habe«, verkündete er. Kurz darauf enthüllte er einen Käfig, in dem sich ein verschreckter Hase in einer Ecke zusammengekauert hatte. Der Bote übergab den Hasen dem König und sagte: »Werft ihn in die Luft und schaut, was passiert.« Der König hatte das arme Tier in die Luft geworfen. Das monströse Raubtier schnappte einmal zu und hatte seine Beute schon verschlungen.

Bei lebendigem Leib.

Unter dem Applaus der versammelten Adligen.

Malva fühlte sich genau so wie dieser Hase: Man wollte sie einem Fremden zum Fraß vorwerfen, für den sie nichts anderes war als ein Appetithappen.

Schließlich hatte Arkus verstanden, dass sie zu allem bereit war, um diesem Schicksal zu entgehen. Eines Abends hatte er ihr offenbart: »Ihr seid so schön, so jung und so begabt. Ihr hattet schon immer ein außergewöhnlich eigensinniges Wesen. Ich verstehe, dass Ihr nicht Euer Leben lang eine Porzellanpuppe an der Seite eines Mannes sein wollt, der so viel älter ist als Ihr.«

Malva hatte ihn mit Tränen in ihren Mandelaugen angesehen.

»Sprecht mit meiner Mutter! Sprecht mit meinem Vater!«, hatte sie ihn angefleht. »Bittet sie, die Hochzeit abzusagen!«

Arkus hatte mit dem Kopf geschüttelt. Seine Einflussmöglichkeiten waren zweifelsohne groß, aber nicht groß genug. Galnizien war auf diese Verbindung mit Andemark angewiesen, und der König würde seine Meinung ganz sicher nicht ändern.

»Euer Vater hat mir Eure Erziehung anvertraut, aber was den Rest angeht … da bin ich machtlos.«

»Und was nun?«, hatte Malva verzweifelt gerufen.

»Das weiß ich auch nicht«, hatte Arkus geantwortet. »Aber seid versichert, dass Ihr auf meine Hilfe und Unterstützung zählen könnt, wie auch immer Ihr Euch entscheidet.«

Malva hatte alles gedreht und gewendet, hin- und herübergelegt. Es fiel ihr nur eine Lösung ein: Flucht. Das war in der Tat die einzige Möglichkeit, dieser Hochzeit zu entkommen, aber sie konnte sich nicht recht dafür entscheiden. Sie hatte zu große Angst gehabt und ihre Entscheidung immer wieder verschoben.

Bis zu jenem Tag, als der König sie in den Ratssaal hatte rufen lassen und sie gezwungen hatte, ihre Tagebücher zu verbrennen. Diese letzte Erniedrigung hatte mit einem Schlag alle Ängste und Skrupel weggefegt. Kaum hatte sie den Ratssaal verlassen, war sie auch schon auf dem Weg zu Filomena, um ihr zu sagen, was sie vorhatte.

»Wenn das so ist, fliehe ich mit dir!«, hatte Filomena sofort geflüstert.

Und so hatten sie gemeinsam und dank Arkus' guten Verbindungen begonnen, ihre Flucht bis ins kleinste Detail zu planen.

Malva wandte sich vom Spiegel ab, ihr Spiegelbild verstimmte sie. Ohne dass sie es merkte, rutschte der Brief hinter den Frisiertisch. Sie stand auf und ging zum Fenster, um die Vorhänge aufzuziehen.

Der Mond war noch nicht aufgegangen. Er stand am Horizont, hinter den Obstgärten. Ein feiner schimmernder Streif. Gen Osten erhoben sich sanft die Hügel. Hin und wieder gaben sie den Blick frei auf die Windungen des Gadvir. Vielleicht werde ich nie wieder zurückkommen, dachte sie. Werde nie wieder die Früchte dieser Obstgärten genießen, nie mehr die galnizischen Sommer erleben. Sie spürte einen Kloß im Hals. Schnell schluckte sie. Es war viel zu früh für wehmütige Gedanken. Sie zog die Vorhänge wieder zu.

In diesem Moment betrat Filomena den Raum durch die Geheimtür. Wortlos legte sie das Bündel mit der Verkleidung ab: eine Baumwollhose, einen Rock aus grobem Stoff, ein beiges Oberteil mit schlichten Ärmeln, eine Kappe ohne Stickerei. Darüber sollte ein Umhang aus Wolle kommen, den Filomena einer Bäuerin auf dem Viehmarkt gestohlen hatte. Diese abgenutzte und schäbige Aufmachung würde es der Prinzessin erlauben, unbemerkt zu entkommen. Die Kapuze war sehr groß. Wenn Malva den Kopf senkte, wurden ihre Augen verdeckt.

»Wie sehe ich aus?«, fragte Malva.

»Wie ein Niemand«, meinte Filomena, nachdem sie Malva eingehend betrachtet hatte.

Die Prinzessin lächelte. Von jetzt an würde Malva, die einzige Thronerbin Galniziens, ein Niemand sein.

Filomena raffte die königlichen Kleider zusammen, rollte die Haarlocken darin ein und stopfte alles in einen Sack, den sie unter den Arm klemmte. Das Bündel enthielt ihr ganzes Hab und Gut: Wechselkleidung, ein Brot, Oliven, eine ordentliche Summe Goldmünzen, die Arkus ihnen gegeben hatte, und ein Tagebuch, in dem Malva ihre Erlebnisse festhalten wollte.

»Gehen wir«, sagte Malva und wandte sich zum Geheimgang.

Filomena folgte ihr und schloss die Tür hinter sich. Als die Dunkelheit sie einhüllte, wurde Malva bewusst, dass es kein Zurück mehr geben würde.

2 ✧ Ein Auftrag

Die ersten Häuser der Unterstadt standen mit der Rückseite zur Begrenzungsmauer, die die Gärten der Zitadelle umgab. Es handelte sich um schmale, hochaufragende, weiß gekalkte Gebäude, die sich dicht aneinanderdrängten. Tagsüber trocknete auf den flachen Dächern Wäsche. Jeden Abend, wenn die Sonne ihre letzten Strahlen über den Horizont schickte, verließen die Frauen die Küche und kamen herauf, um die von der Sonne erwärmten Laken und Kleidungsstücke einzusammeln. Sie sahen aus wie eine Schar von Schatten, die sich oben auf den Häusern bewegten.

Seit er in der Unterstadt wohnte, verpasste Orfeus nie das Zeremoniell der Wäscherinnen. Auf die Ellbogen gestützt, sah er zum Fenster seines Zimmers hinaus und lauschte ihrem Lachen und ihren Liedern. Manchmal gab es auch Streit. Die Beschimpfungen hüpften von Dach zu Dach und hallten in den leeren Gassen wider. Manchmal hielten die Frauen auch einen Moment inne. Sie standen bewegungslos und stumm da, nachdenklich, versunken in die Betrachtung der Wasserspiele und der Bambushaine der königlichen Zitadelle.

An diesem Abend hatten die Frauen nur Augen für die Zitadelle.

Kein Gezeter, kein Gesang. Orfeus hörte lediglich ihre bewundernden Ausrufe:

»Die Lampions!«, sagte eine. »Ist das nicht wunderschön?«

»Sie haben sogar Wasserspiele arrangiert«, bemerkte eine andere.

»Hört mal!«, rief eine dritte. »Man könnte fast meinen, sie spielten schon Musik!«

»Glaubt ihr, dass der Ball bereits begonnen hat?«, fragte die Jüngste beunruhigt.

»Sei doch nicht albern!«, antwortete die Älteste. »Das ist nur eine Probe. Die Hochzeit ist doch erst morgen!«

»Ich wäre so gern dabei!«, seufzte die erste.

»Wir werden das Ganze aus der Ferne verfolgen«, tröstete sie ihre Nachbarin.

»Ich hoffe, dass wir einen Blick auf die Prinzessin erhaschen können«, seufzte erneut die jüngste der Frauen. »Sie ist so wunderschön, so anmutig …«

Orfeus konnte die Gärten von seinem Fenster aus nicht sehen, doch der Tratsch der Wäscherinnen ließ ihn alles über die Hochzeitsvorbereitungen wissen. Zudem würde er im Gegensatz zu ihnen Gast bei der Hochzeit sein. Morgen Abend konnte er sich in Ruhe die Wasserspiele, die Lampions und die Prinzessin ansehen.

Wenn er die Einladung nicht noch zurückweisen würde … Schließlich war er nur ein Ersatz! Sein Vater, der Kapitän Hannibal Mac Bott, war offiziell eingeladen, nicht er. Als aber der König vernommen hatte, dass der Kapitän krank war, hatte er stattdessen Orfeus eingeladen.

»Als Vertreter des stolzen Seefahrergeschlechts der Mac Botts!«, sagte Orfeus laut, als er sich an die Worte des Königs erinnerte.

Missmutig zog er die Schultern hoch.

»Um einen Seefahrer abzugeben, muss man selbst einer sein!«

In diesem Augenblick hörte er Gelächter. In Gedanken versunken, hatte er die Anwesenheit der Wäscherinnen vergessen. Sie hatten ihn vor sich hin brummeln hören, und nun beobachteten sie ihn vom Dach aus.

»Da ist ja unser schüchternes Kerlchen!«, rief eine spottend.

»Wie traurig er heute aussieht!«, bemerkte eine andere.

»Na«, lachte die Dritte, »vielleicht ist er übergeschnappt: Er redet mit sich selbst!«

Sie kicherten, als sie sahen, wie Orfeus errötete. Bevor er sich verdrücken konnte, warf ihm die Jüngste ein Küsschen zu und sagte: »Nächstes Mal kommst du zu uns herauf, anstatt uns von weitem zu begaffen.«

Mit klopfendem Herzen und feuchter Stirn schloss Orfeus eilig das Fenster. Sie hatten ihn also bemerkt, Abend für Abend, ohne sich jemals etwas anmerken zu lassen. Sie hatten ihm sogar den Spitznamen »unser schüchternes Kerlchen« gegeben! Er kam sich entsetzlich lächerlich vor!

Jedes Mal, wenn ihn eine Frau ansprach, verschlug es ihm die Sprache. Er hatte keine Erfahrung im Umgang mit Frauen, denn er hatte nie Frauen um sich gehabt. Seine Mutter war kurz nach seiner Geburt gestorben, und danach war die einzige Frau, die sein Vater in Orfeus' Gegenwart geduldet hatte, eine alte Dienerin namens Berthilda. Sie war mürrisch und dickköpfig und verbrachte ihre Zeit damit, vor sich hin zu meckern und die Möbel abzustauben.

Schon immer hatte Orfeus die Blicke der Mädchen gleichermaßen ersehnt und gefürchtet. Ihre Schönheit brachte ihn in Verlegenheit. Eigentlich hätte er dem Weibergeklatsche ganz einfach begegnen können: Es hätte genügt, völlig gelassen zu bleiben und ihnen prahlerisch mitzuteilen, dass er morgen in die Zitadelle gehen würde, als geladener Gast! Dann hätten sie sofort gewusst, mit wem sie es zu tun hatten. Stattdessen hatte er ihnen weiteren Anlass gegeben, sich über ihn lustig zu machen. Und diese Kusshand! Was für eine Unverschämtheit!

Orfeus war wütend. Hastig verließ er sein Zimmer und ging hinunter in die Halle. Der Raum war dunkel. Die einzige Tür führte zur anderen Seite des Hauses hinaus. Hier war Orfeus sicher vor den Blicken der Wäscherinnen. Als er sich seinem Sessel näherte, stellte er fest, dass Al ihm erneut nicht gehorcht hatte. Der große Hund hatte sich auf dem Sessel eingerollt und scherte sich nicht um seine Drohungen.

»Hau ab!«, schimpfte Orfeus. »Das ist mein Sessel.«

Der Bernhardiner lugte aus einem Auge hervor.

»Auf den Teppich«, schrie Orfeus. »Bleib auf deinem Teppich!«

Das Tier bequemte sich, das zweite Auge aufzumachen. Orfeus musste Al an den Pfoten herunterziehen, bevor er sich hinsetzen konnte.

Eigentlich gehörte der Bernhardiner seinem Vater. Er hatte ihn auf all seinen Seefahrten begleitet. Aber als der Kapitän krank geworden war, hatte er das Tier Orfeus geschenkt. »Alisius ist zu alt«, erklärte sein Vater, »wenn ich sehe, wie er sein klappriges Gestell von einem Raum in den nächsten schleppt, habe ich den Eindruck, dass er mich nachmacht. Und das deprimiert mich.«

Orfeus konnte seinem Vater nichts abschlagen. Also hatte er das verwöhnte Tier bei sich aufgenommen. Aber den lächerlichen Namen hatte er nicht übernommen: Alisius. Wie konnte ein halbseitig gelähmter alter Bernhardiner den Namen eines Windes tragen? Insgeheim hatte Orfeus ihn in Al umgetauft. Der Bernhardiner machte sowieso nur das, was er sich in den Kopf gesetzt hatte.

Orfeus war hin- und hergerissen. Einerseits genoss er die Anwesenheit von Al, andererseits hegte er eine tiefe Abneigung gegen das Tier. Dieser alte Bernhardiner war schon so weit herumgekommen! Er hatte alle Meere der Welt bereist! Er hatte mit seinen Hundeaugen all das gesehen, was Orfeus so gern entdeckt hätte: die rauen Landstriche und langen Küsten von Ornia, Stürme und Orkane, die über Aremika hinwegfegten, die trügerische Stille des Kyprischen Meeres …

»Du weißt nicht, wie viel Glück du hast, du hässliche Töle …«, grummelte Orfeus. »Eigentlich müsstest du zur Hochzeit der Prinzessin eingeladen sein, denn du wärst ein besserer Vertreter der Mac Botts als ich.«

Er ließ sich tiefer in den Sessel sinken und gab sich seinen düsteren Gedanken hin. Wieder durchlebte er Vergangenes, vor allem den denkwürdigen Tag, als sich seine Träume mit einem Schlag in Luft aufgelöst hatten.

Das hatte sich vor dreizehn Jahren zugetragen, als Orfeus elf Jahre alt war. Jede Minute dieses Tages, jedes Wort hatte sich in sein Gedächtnis eingebrannt.

Damals war Orfeus ein ausgelassenes Kind gewesen, neugierig auf alles und jedes, und nicht einen Deut schüchtern. Jeden Abend war er zum Hafen gelaufen, um die anlegenden Schiffe zu bestaunen. Zwischen den Seeleuten, dem einzigartigen Geruch von braunem Tabak und feuchten Tauen fühlte er sich in seinem Element. Er rannte unermüdlich zwischen den Anlegestellen hin und her, merkte sich die Namen der Schiffe, ihre Fracht, ihre Herkunft und ihre Reiseziele.

An jenem Tag hatte Orfeus den Kapitän eines Schoners kennengelernt, der einen Schiffsjungen anstellen wollte. Für seine elf Jahre schon sehr selbstbewusst, hatte Orfeus dem Kapitän offen in die Augen geschaut: »Nehmen Sie mich!«, hatte er gesagt. Der Kapitän hatte ihn belustigt angesehen. Orfeus war nicht besonders kräftig, aber er besaß jede Menge technische Fähigkeiten, und er hatte so viele Reiseberichte gelesen, dass der Kapitän einwilligte. »Sprich mit deinem Vater«, hatte der Kapitän vorgeschlagen, »wir legen in vier Tagen ab.«

Orfeus' Herz hatte vor Aufregung wild geschlagen, als er durch die Gassen der Unterstadt gerannt war, die Brücke über den Fluss überquert hatte und schließlich wie ein Pfeil in Richtung Hügel zur Oberstadt geschossen kam. Am Fuße des Glockenturms stand das Haus der Mac Botts.

Orfeus war – ohne anzuklopfen – in das Arbeitszimmer seines Vaters gelaufen. Seit diesem Moment war alles anders …

Plötzlich fing Al an zu knurren, als würde er Orfeus' Gedanken erraten.

»Sei still!«, befahl Orfeus.

Aber der Bernhardiner knurrte weiter. Er hatte die Lefzen hochgezogen und die Ohren angelegt. Orfeus wollte ihm gerade einen Tritt verpassen, als es an der Tür klopfte. Al bellte heiser.

»Wer ist da?«, fragte Orfeus und ging zur Tür.

»Ich habe eine Nachricht für Orfeus Mac Bott!«, antwortete eine zarte Stimme.

Orfeus öffnete die Tür und stand einem kräftigen Jungen mit nackten dreckigen Füßen gegenüber.

»Seid Ihr Orfeus?«, fragte der Junge.

»Wie lautet die Nachricht?«

»Für hundert Galnik verrate ich sie.«

Orfeus seufzte und kramte in seinen Taschen nach Münzen, die er dem Boten hinstreckte. Das schmutzige Gesicht hellte sich vor Freude merklich auf.

»Euer Vater schickt nach Euch«, sagte der Bote wichtigtuerisch. »Er erwartet Euch heute Abend in der Oberstadt. Dringend.«

Orfeus runzelte die Stirn.

»Eine alte Frau hat mich beauftragt, Euch zu benachrichtigen«, erklärte der Junge weiter. »Die, die immer in Schwarz gekleidet ist und nie lächelt.«

»Berthilda?«

»Genau die! Sie sagt, dass sie den Kapitän nicht eine Sekunde lang aus den Augen lassen kann, weil es ihm sehr schlecht geht.«

»Danke«, sagte Orfeus mit dumpfer Stimme. »Du kannst jetzt gehen.«

»Ja, ich muss auch nach Hause …«, erwiderte der Junge wenig begeistert. »Es ist spät. Meine Eltern sind sicher nicht erfreut darüber, dass ich mich noch so spät draußen rumtreibe.«

Orfeus verdrehte die Augen und kramte erneut in seinen Taschen. Er fand noch zwei weitere Zwanziggalnikmünzen, die er dem Jungen vor die Füße warf.

»Für deine Mühe!« Orfeus schloss die Tür.

Er hörte den Jungen lachen und in der Gasse verschwinden. Im hinteren Teil des Zimmers knurrte Al noch immer leise vor sich hin, aber Orfeus beachtete ihn nicht. Diese dringliche Aufforderung schien ihm nicht gerade ein gutes Zeichen zu sein.

3 ✧ Zwei Fässer Rioro

Malva und Filomena schlichen durch den Geheimgang. Flüsternd zählten sie die Schritte mit. Es waren einhundertachtundzwanzig bis zum Küchentrakt. Dort mussten sie in den linken Gang abzweigen, einhundertfünfundachtzig Schritte abzählen, um die Wäscherei hinter sich zu lassen, und noch einmal zweihundertdreißig Schritte, bis der Ausgang des Tunnels vor ihnen lag.

Eine Zeitlang hatten Malva ihre Beine ohne Mühe getragen, aber nun tat sie sich schwer, ohne Schwanken voranzukommen. Sie schwitzte unter ihrer wollenen Kapuze.

Je näher sie dem Küchentrakt kamen, desto deutlicher hörten sie Stimmen und das Klappern von Geschirr. Malva konnte sich gut die ausgelassene Stimmung an den Tischen vorstellen, auf denen das Silber lag und geputzt werden wollte. Sie hatte so oft die Gesellschaft der Dienerschaft gesucht, als sie noch klein war! Das fröhliche Lachen und die rauen Umgangsformen hatten sie sehr viel mehr unterhalten als die vorgetäuschte Vornehmheit der Leute, die ihr gesellschaftlich gleichgestellt waren. Sehr zum Ärger der Königin, die Malva zur Strafe stundenlang im Altarraum der Schutzpatrone einsperren ließ.

»Schneller!«, trieb Filomena sie an. Sie hatte Malvas Zögern bemerkt.

Malva bog in den Seitengang ein und tastete sich weiter in der Dunkelheit voran, bis sie den Luftzug spürte, der durch die vor ihnen liegende Tür drang. Die Tür, die nach draußen führte, zu den Stallungen.

Filomena trat vor und öffnete die Tür einen Spalt. Augenblicklich stieg ihnen Pferdegeruch in die Nase. »Der Duft der Freiheit«, dachte Malva.

Durch die Stoffbahnen des Stalldachs fiel das Mondlicht herein und ließ die metallenen Ringe des Zaumzeugs aufblitzen. Hinten in einer Box scharrte ein Tier mit dem Huf und schnaubte.

Filomena drängte ihre Herrin nach draußen, riss sie aber dann brüsk zurück und kauerte sich mit ihr hinter einen Strohballen.

»Alles in Ordnung«, flüsterte sie. »Die Kutsche ist da, bereit zur Abfahrt. Und Arkus hält Wache, wie geplant.«

Sie nahm Malvas Hände in ihre und sah sie unverwandt an.

»Bist du dir sicher, dass du keine Dummheit begehst? Noch kannst du zurück.«

Die Prinzessin strich ihre Kapuze nach hinten und enthüllte ihren Igelkopf.

»Ich lehne diese Heirat ab«, bekräftigte sie.

»Das heißt, du verzichtest auch auf den Thron«, ergänzte Filomena.

»Ich verzichte auch auf den Thron.«

»Du wirst nie wieder in Ruhe und Harmonie leben«, fuhr Filomena in ernstem Ton fort.

»Ich weiß.«

Mit jedem Wort drückte Filomena die Hände ihrer Herrin fester. Diese Worte hatte sie so oft im Dunkel des Eckzimmers wiederholt. Sie klangen wie ein allerletztes Gebet, wie ein Schwur, den es auszusprechen galt.

»Vielleicht siehst du deine Mutter nie wieder«, murmelte die Zofe.

»Die Königin war mir nie eine Mutter.«

»Vielleicht siehst du deinen Vater nie wieder …«

»Der König war nie etwas anderes als ein König.«

»Du wirst das Leben einer Fremden führen, egal, wo du hingehst.«

»Ich ziehe ein Leben in Gefahr einem Leben als Marionette vor«, antwortete Malva gefasst. »Ich bin kein Gegenstand, den man in einer Vitrine zur Schau stellt.«

»Also … keine Reue.«

Filomena zog die Kapuze wieder über das schöne Gesicht der Prinzessin. Zur Sicherheit warf sie einen Blick über den Strohballen und bedeutete Malva dann, ihr zu folgen.

Arkus drehte sich um, als er die beiden kommen hörte. Im Mondlicht sah sein rasierter Schädel aus wie ein silberner Helm. Malva ging auf ihn zu und verbeugte sich respektvoll, wie sie es gewohnt war.

»Keine Zeit für Rituale«, flüsterte Arkus. »Noch läuft alles nach Plan, aber wir dürfen keine Zeit verlieren.«

Er nahm die Hand der Prinzessin und half ihr in die Kutsche.

Zwei Männer saßen auf dem Kutschbock, die Hände an den Zügeln. Sie warteten auf den Befehl zur Abfahrt. Arkus hatte ihre Dienste in einer der dubiosen Kneipen angeheuert, in denen sich alle Söldner herumtrieben. Sie hatten die Anweisungen genau befolgt: Als Arbeiter eines Winzers waren sie dafür zuständig, die bestellten Fässer mit Rioro für das Hochzeitsbankett auszuliefern und noch am selben Abend mit dem Pferdewagen wieder zurückzufahren … Geladen hatten sie zwölf leere Fässer, die sie zurückbringen sollten.

»Steigt schnell auf«, drängte Arkus. »Ich begleite Euch bis zu den Wachtposten.«

Malva war entsetzt.

»Wie? Ihr kommt nicht mit? Aber wir haben doch vereinbart …«

Arkus strich sich mit der Hand über den kahlen Schädel und sah seinem jungen Schützling direkt ins Gesicht.

»Denkt doch mal nach, Kindchen. Ich kann die Zitadelle nicht einfach verlassen. Vor allem nicht an diesem Abend. Das wäre verdächtig. Aber seid unbesorgt. Die beiden Kutscher sind zuverlässig, und ich habe sichergestellt, dass Euch das Schiff im Hafen von Cardusa erwartet. An Bord trefft Ihr dann einen meiner engsten Vertrauten, Vincenzo.«

Filomena horchte auf.

»Dieser Vincenzo … seid Ihr sicher, dass er den Weg nach Lombardien kennt?«

»Ganz sicher«, lächelte Arkus. »Und als Beweis dafür, dass ich Euch schicke, gebt ihm das hier.«

Er löste die Kette, an der sein Medaillon hing, und legte sie um Malvas Hals.

»Mein Name ist in das Medaillon eingraviert«, sagte er. »Mit diesem Pfand bringt euch Vincenzo bis ans Ende der Welt.«

Malva hatte ihre Hände schon auf den Pferdewagen gestützt, aber sie konnte sich zu keiner Entscheidung durchringen. Sie bedauerte sehr, dass Arkus sie nicht bis nach Cardusa begleitete! Seine beruhigende Anwesenheit würde ihr fehlen.

»Wenn wir sicher in Lombardien angekommen sind, schicke ich Euch Euer Medaillon zurück. So wisst Ihr, dass wir es geschafft haben. Dann müsst Ihr nur noch von Euch hören lassen.«

Arkus legte seine Hand auf die Schulter der Prinzessin.

»Verlasst Euch auf mich! Ich werde bei den Feierlichkeiten zu Ehren der Göttin Ruhe für Euch bitten. Aber jetzt beeilt Euch! Es ist ein langer Weg nach Cardusa!«

Einigermaßen beruhigt, stiegen Malva und Filomena auf den Pferdewagen. Die Zofe schob den Deckel von einem der Fässer zur Seite.

»Ihr habt den Vortritt, Prinzessin«, sagte sie und hielt sich die Nase zu.

Malva hob ihren Rock und stieg mit einem Bein über den Rand. Das Fass war gerade tief und geräumig genug für ein etwas dickliches Mädchen ihres Alters. Der Geruch des Rioroweins, der das Innere des Fasses getränkt hatte, ließ sie schwindeln, aber sie beklagte sich nicht. Auf der Flucht konnte sie sich keine Empfindlichkeiten leisten.

Filomena beugte sich über den Rand, gab ihr das kostbare Kleiderbündel in die Hände und schloss den Deckel. Für einen kurzen Moment hatte Malva das Gefühl, in einem Sarg gefangen zu sein. Es war pechschwarz um sie herum … sie hatte furchtbare Angst.

Sie hörte, wie Filomena ein zweites Fass öffnete, um sich ihrerseits zu verstecken. Mit einem dumpfen Geräusch schloss sich auch hier der Deckel. Auf ein Wort von Arkus hin setzte sich der Pferdewagen in Bewegung und rollte auf dem Kiesweg in Richtung des Zitadellentors.

Im Festsaal würden die Vorbereitungen einen großen Teil der Nacht andauern. Mit etwas Glück würde die Königin die Abwesenheit ihrer Tochter erst beim Morgengrauen bemerken. Denn dann sollte sie zur Hochzeit eingekleidet werden. Die Garderobieren, die Friseurinnen und andere Nervensägen würden sehr enttäuscht sein, wenn sie bemerkten, dass sich die Braut einfach aus dem Staub gemacht hatte. Bis man alle Ecken der Zitadelle abgesucht hätte, wäre es Mittag! Keine Hochzeit mehr! Keine Festlichkeiten! Nichts dergleichen! Was den Bräutigam anging, diesen verabscheuungswürdigen Prinzen von Andemark, so würde er sich eine andere Prinzessin für sein Ehebett suchen müssen!

Plötzlich fiel Malva der Abschiedsbrief ein, den sie geschrieben hatte. Sie hatte ihn hinter dem Spiegel vergessen. Sie wollte gerade aus dem Fass klettern, um Arkus zu bitten, den Brief an sich zu nehmen, als der Pferdewagen plötzlich langsamer wurde. Der Kutscher machte an einem Wachtposten Halt. Sie konnte nicht riskieren, sich zu zeigen! Malva hörte, wie Arkus mit den Wächtern schwatzte und scherzte, und kurze Zeit später wurden die Pferde wieder angetrieben.

Der Pferdewagen rollte nach Norden, über die Felder am Gadvir entlang. »Was soll's?«, dachte sich Malva, »Pech gehabt. Niemand wird den Brief finden.« Durchgeschüttelt in ihrem stinkenden Fass, hatte sie das Gefühl zu ersticken. Trotzdem wartete sie noch eine Weile, bevor sie den Fassdeckel anhob, um frische Luft zu schnappen.

Über ihr, am nachtschwarzen Himmel, ging ein Stern nach dem anderen auf, und in der Ferne wurde die Zitadelle immer kleiner. Man konnte nur noch die Umrisse und die Fackeln in den Olivenhainen sehen. Malva begann leise zu kichern. Sie musste an ihre Eltern denken. Was für ein Theater sie machen würden am nächsten Morgen! Ihr Entsetzen würde sich mit den enormen Ausgaben für das Fest die Waage halten.

»Was ist los?«, flüsterte Filomena aus dem Innern des anderen Fasses.

»Nichts, nichts …«, lachte Malva laut auf. »Schau, wie schön es hier ist.«

Filomena ruckelte am Fassdeckel und lugte mit ihrem blassen Gesicht hervor. Eine Unebenheit auf dem Weg sorgte dafür, dass sie ihr Gleichgewicht verlor und mit der Stirn gegen die Randleiste des Fasses stieß. Malva musste umso mehr lachen.

»Ich weiß überhaupt nicht, was es da zu lachen gibt«, grummelte Filomena und rieb sich die Stirn.

»Wenn du dich sehen könntest, du Arme … dann müsstest du sicher auch lachen!«

Filomena sah zu Malva hinüber. Im Halbschatten ließ das Fass ihren Körper rund und dick aussehen. Es schien, als hätte sie weder Arme noch Beine. Mit ihren Stoppelhaaren war die Prinzessin kaum wieder zu erkennen. Die Szene war einfach urkomisch. Das Gesicht der Zofe verzog sich zu einem Lächeln.

»Stimmt«, sagte sie. »Wir sehen wirklich herrlich aus, wir zwei! Ich bin mir sicher, dass wir noch tagelang nach Wein stinken werden!«

Sie brachen in Gelächter aus, während die beiden Kutscher stillschweigend und reglos die Pferde in Richtung Berge antrieben. Vor ihnen breitete sich die ins Mondlicht getauchte Landschaft aus: Eibenwäldchen, kleine vereinzelt stehende Steinhütten, Ansammlungen von wild wachsenden Sträuchern und Büschen. Es war keine Menschenseele zu sehen, und die Straße tat sich in voller Breite vor den Pferden auf, so als wollte sie sie einladen, in Galopp zu fallen.

Später teilten sich Filomena und Malva ein Stück Brot und eine Handvoll schwarzer Oliven.

»Ich kann mich nicht erinnern, je solche guten Oliven gegessen zu haben«, murmelte die Prinzessin.

»Das liegt wohl daran, dass sie in eine Marinade aus Freiheit eingelegt wurden«, erwiderte Filomena.

Genau so war es. Trotz all der lauernden Gefahren hatte sich Malva noch nie so leicht und schwerelos gefühlt. Sie schloss die Augen. Zum ersten Mal in ihrem Leben schlief sie nicht in ihrem Bett.

Zum ersten Mal in ihrem Leben folgte sie nicht den Befehlen der Königin oder den Prinzipien der Göttinnen der Ruhe und Harmonie. Bevor sie in einen unruhigen Schlaf fiel, drückte sie das Medaillon von Arkus voller Dankbarkeit an sich, dafür, dass er so viel Verständnis für sie gehabt hatte.

4 ✧ Der bittere Geschmack des Geheimnisses

Orfeus hastete über die Brücke, ohne auf den silberfarbenen Glanz des Mondes auf der Wasseroberfläche des Gadvir zu achten. Er bog in eine gepflasterte Straße ein, die geradewegs zur Oberstadt führte. Die Nachtluft war geschwängert vom Duft der Mandel- und Tamariskenbäume. Er schaute hoch zum Campanile, der oben auf dem Hügel thronte. Am Fuße des Turms befand sich das Familienanwesen der Mac Botts. Dort war Orfeus vor vierundzwanzig Jahren zur Welt gekommen.

Seine ganze Kindheit war geprägt von Gottesdiensten, von Hochzeiten und Beerdigungen, sie war verbunden mit dem Klang der Glocken. Seit er in der Unterstadt wohnte, fehlte ihm das am meisten: das Glockenspiel und das Angelusläuten. Als er noch klein war, hatten ihm selbst die düsteren Klänge des Totengeläuts gefallen. Sofort war klar: Jemand ist gestorben! Verrückt, aber damals ging er oft hinaus in der Hoffnung, es möge ein Sarg vorbeigetragen werden. Für ein Kind, das seine Mutter nicht gekannt hatte, war es von besonderem Interesse, Beerdigungen mitzuerleben.

Heute jedoch hatte er keine Lust auf Totengeläut. Seit sein Vater erkrankt war, fürchtete Orfeus den Tod. Die Vorstellung, ganz allein dazustehen, war grauenvoll.

Mit schnellen Schritten kam er in den steilen Straßen, die zum Campanile führten, voran. Als er schließlich an die Tür des Hauses klopfte, hatte er den Eindruck, als würde das Schicksal persönlich bei ihm anklopfen.

»Bei der Heiligen Harmonie! Na endlich seid Ihr da!«, rief die alte Berthilda aus, als sie die Tür öffnete. »Herein, herein. Der Kapitän erwartet Euch.«

Orfeus folgte der schmächtigen Gestalt der Dienerin.

»Wie geht es ihm?«

Die alte Berthilda seufzte und schüttelte den Kopf.

»Gerade heute Morgen war der Arzt da. Er hat kein Rezept dagelassen.«

Voller Sorge durchquerte Orfeus das Studierzimmer. Es war ein langgestreckter Raum, der überfüllt war mit Möbeln, Teppichen, Büchern und Navigationsinstrumenten. An den Wänden streckten hölzerne Masken ihre geöffneten unförmigen Münder in die Leere; Orfeus fröstelte, genau wie damals, als er in die Augen der Meerestiere blickte. Die Andenken von Hannibals Reisen hatten ihm schon immer Angst gemacht.

Im nächsten Zimmer roch es stickig, nach Krankheit. Ausgestreckt auf dem Sofa, nahe dem Kamin, erwartete ihn Hannibal Mac Bott.

»Guten Tag«, sagte Orfeus leise.

Der Kopf des alten Mannes kam unter den Decken zum Vorschein. Er war blass, seine Haut schien grau und dünn wie Papier. Seine fiebrigen Augen richteten sich auf seinen Sohn.

»Ich werde sterben«, sagte er ohne Umschweife. »Es ist gut, dass du gekommen bist.«

Ein Hustenanfall schüttelte den hinfälligen Körper des Kapitäns.

»Komm, komm näher«, keuchte er, »wir haben nicht mehr viel Zeit.«

Orfeus wollte protestieren, ihm sagen, dass sich der Arzt vielleicht getäuscht hatte und dass er wieder zu Kräften kommen würde. Aber er hatte seinem Vater noch nie widersprochen. Noch nie. Also schwieg er wie gewohnt und setzte sich ans Bett.

»Ich muss dir etwas sagen«, begann Hannibal. »Etwas Wichtiges. Aber es fällt mir schwer. Ich habe einen bitteren Geschmack im Mund, der nicht mehr weggehen will ...«

Seine magere Hand griff nach einem Flakon, das auf einem Tablett stand, aber sie zitterte zu stark. Orfeus öffnete den Flakon, stützte den Kopf seines Vaters und half ihm, einen Schluck der bräunlichen Flüssigkeit zu trinken, die nach verbranntem Stroh und Honig roch.

»Ich muss den Mut finden ...«, murmelte Hannibal. »So lange habe ich gewartet, jetzt darf ich keine Zeit mehr verlieren.«

Orfeus hörte zu, doch er verstand kein Wort. Vielleicht hatte die Krankheit den Verstand seines Vaters verwirrt.

»Erinnerst du dich an unsere Auseinandersetzung?«, fragte ihn der Vater jetzt.

»Welche Auseinandersetzung?«

»Die einzig ernste, die wir hatten, wir beide, von Mann zu Mann.«

Orfeus zog die Brauen hoch, als er verstand, dass sein Vater auf den berüchtigten Abend vor dreizehn Jahren anspielte. Darauf, was sie einander damals gesagt hatten.

»Du willst wirklich über diese Auseinandersetzung sprechen?«, fragte er vorsichtig.

»Ja, ja … Du warst elf Jahre alt. Du bist hereingekommen … in mein Arbeitszimmer …«

»Ohne anzuklopfen, ich erinnere mich«, murmelte Orfeus verwirrt.

Er spürte noch immer die kalte Wut seines Vaters, als dieser ihn plötzlich zwischen all seinen Büchern, Instrumenten und Masken hereinstürmen sah.

»Ich war voller Ungeduld«, erinnerte sich Orfeus. »Dieser Kapitän, der mich auf seinem Schiff haben wollte … das war eine einmalige Chance! Ich bin den ganzen Weg vom Hafen bis zum Haus gerannt und ohne nachzudenken in dein Zimmer hereingekommen.«

Die plötzlichen Erinnerungen versetzten dem jungen Mann einen Stich. Warum ließ er es immer wieder zu, dass ihn diese quälenden Gedanken überkamen? Schon vorhin, als er im Sessel Platz genommen hatte, war die Szene von damals wie ein Film vor seinen Augen abgelaufen.

»In genau diesem Moment hast du mir die Wahrheit gesagt …«, seufzte er und schaute seinem Vater ins Gesicht. »Reden wir nicht mehr davon. Das ist Vergangenheit, wir können daran nichts mehr ändern. Willst du das Neueste von deinem Hund wissen? Er wird langsamer, aber er ist immer hellwach, weißt du … Oder willst du lieber, dass ich dir etwas vorlese, um dich ein wenig auf andere Gedanken zu bringen?«

»Nein, nein!«, rief Hannibal aufgebracht. »Alisius kann bleiben, wo der Pfeffer wächst, und ich will auch nichts vorgelesen bekommen! Das, was an diesem Tag passiert ist, ist viel wichtiger. Was habe ich dir gesagt?«

Orfeus rieb sich die feuchten Hände an seiner Hose ab.

»Du hast mir von meiner Geburt erzählt«, murmelte er. »Ich wusste bereits, dass es eine schwere Geburt war … und dass meine Mutter sie nicht überlebt hat. Aber ich wusste nicht, dass auch ich dabei beinahe gestorben wäre.«

Er seufzte wieder und legte seinem Vater die Hand auf die Schulter. Diese alten Geschichten machten ihn ganz schwindelig. Warum sie erneut aufwärmen?

»Ich habe dir gesagt, dass du eine Gehirnerschütterung hattest«, fuhr sein Vater fort. »Und dass dieser Schock dich fast das Leben gekostet hätte.«

»Genau das hast du mir bereits gesagt«, flüsterte Orfeus. »Du hast mir gesagt, dass die Ärzte mich schon verloren gegeben hatten. Glücklicherweise hast du mich nicht aufgegeben, du hast mich gepflegt und mich Tag und Nacht betreut …«

»Bis du außer Gefahr warst, nicht wahr? Und weiter?«, beharrte Hannibal. »Was habe ich dir noch gesagt?«

»Du hast mir erklärt, dass ich trotz all der Fürsorge und Pflege Folgeschäden zurückbehalten habe. Die Gehirnerschütterung hatte einen Teil meines Gehirns geschädigt.«

Der alte Hannibal wurde von einem heftigen Zittern erfasst.

»Das Gehirn, ja, genau«, murmelte er. »Ich wollte, dass du begreifst, wie gravierend deine Verletzung ist.«

Die Augen voller Tränen, lehnte sich der alte Mann zurück in die Kissen. Er leckte sich mit der Zunge über die trockenen Lippen.

»Du wolltest nicht mehr darüber wissen«, sagte er nach einer Weile. »Du hast nach keinem Beweis gefragt, nach keiner Einzelheit.«

Orfeus zog die Schultern hoch: »Was hätte ich denn fragen sollen? Das Einzige, was für mich in diesem Moment zählte, waren die Folgen meiner Krankheit. Dass du mir erklärt hast, ich könnte nicht zur See fahren …«

Seine Stimme brach ab. Damals war sein Vater ein beeindruckender und kräftiger Mann gewesen, ein Riese mit einem sonnengegerbten Gesicht voller Falten. Ihm gegenüber fühlte sich Orfeus klein und unbedeutend; niemals hätte er an seinen Worten gezweifelt.

»Du hast angedeutet, dass ich sterben würde, wenn ich zur See fahren würde. Das Schlingern und die Erschütterungen hätten meine Verletzung wieder aufbrechen lassen und irreparable Schäden verursacht. Das hast du mir an diesem Abend klargemacht.«

Orfeus sah, wie sein Vater die Hände über der Decke faltete. Sein Kiefer zitterte, und seine Wangen bebten.

»Ich erinnere mich genau an meine Worte«, sagte der Kapitän leise. »Für dich bedeutet das Meer den Tod. An Bord eines Schiffes überlebst du keine zwei Tage.«

Orfeus schloss die Augen. Diese Worte hallten seit dreizehn Jahren in seinen Ohren wider. Dreizehn Jahre schon quälten sie ihn.

Hannibal streckte den Arm nach dem Flakon mit der bräunlichen Flüssigkeit aus, und Orfeus half ihm erneut zu trinken. Als er die Schultern seines Vaters berührte, spürte er, wie der Kranke vor Fieber glühte.

»Sieh mich an«, brachte der alte Mann hervor, als er sich wieder zurückgelehnt hatte. »Sieh mich genau an, Orfeus.«

Er atmete tief ein.

»Es war nicht die Wahrheit«, stieß er hervor. »Ich habe dich angelogen. Du hattest keine Gehirnerschütterung, du warst nie krank. Ich habe alles erfunden.«

Für einen Moment dachte Orfeus, sein armer Vater phantasiere. Er sah kurz auf den Flakon. Die Substanz verursachte sicherlich Halluzinationen.

»Du glaubst mir nicht«, stellte Hannibal fest.

Orfeus seufzte und lächelte seinen Vater nachsichtig an.

»Er glaubt mir nicht!«, rief der alte Mann am Rand der Verzweiflung. »Doch diesmal ist es die Wahrheit!«

Ein heftiger Anfall schüttelte ihn. Er begann langsam mit dem Kopf zu wackeln, zu zittern und unkontrollierte Bewegungen zu machen. Orfeus war wie gelähmt. Er wusste nicht mehr, was er tun oder sagen sollte.

»Hör zu!«, schrie Hannibal plötzlich. »Hol mir mein Logbuch her, aus meinem Arbeitszimmer! Den großen schwarzen Lederband! Los!«

Orfeus ging wie in Trance ins Arbeitszimmer. Das Logbuch stand im Bücherregal, es befand sich seit Jahren am gleichen Platz. Orfeus nahm es aus dem Regal und brachte es seinem Vater, der mit geschlossenen Augen seine Fassung wiederzugewinnen versuchte.

»Der Beweis für meine Lüge steht in diesem Buch«, murmelte Hannibal. »Du kannst es nachprüfen …«

Angestrengt öffnete er wieder die Augen.

»Ich werde dir alles sagen, selbst wenn du mich dann hassen wirst. Ich schulde dir eine Erklärung, bevor ich gehe.«

Orfeus legte das Logbuch auf seine Knie und wartete.

»Ich habe immer gewusst, dass du zur See fahren willst«, begann sein Vater. »Du hast es im Blut wie alle Mac Botts. Und zudem wusste ich genau, dass du ein guter Seemann und Kapitän sein würdest. Ich beobachte dich, seit du ganz klein warst, Orfeus … Du lernst schnell, du hast Mut und Kraft. Und du hast vor allem eines: Leidenschaft. Die Leidenschaft, aufzubrechen, zu entdecken.«

Orfeus hörte die Worte seines Vaters. Er war bis ins Innerste aufgewühlt und verstört. Noch nie hatte sein Vater so ernsthaft mit ihm gesprochen. Noch nie hatte er ihm so viele Komplimente gemacht.

»Meine Lüge habe ich gut vorbereitet«, fuhr Hannibal fort. »Um sie dir zu gegebener Zeit mitten ins Gesicht sagen zu können. Ich habe die Gehirnerschütterung nur erfunden. Sie entbehrte jeder

Grundlage, aber ich wusste, du würdest mir glauben. Du hast außer mir niemanden auf der Welt, und du hast mir immer vertraut …«

Er würgte und hustete.

»… ich habe dieses Vertrauen missbraucht. Ich muss versuchen, meinen Fehler wiedergutzumachen, ehe es zu spät ist.«

In diesem Augenblick hörte Orfeus ein Geräusch und wandte sich um. Berthilda stand mit einem Tablett auf der Türschwelle. Sie schien sehr durcheinander. Ihre Hände zitterten so sehr, dass die Gläser auf dem Tablett klirrten.

»Berthilda …«, röchelte der alte Hannibal. »Sie weiß es, sie weiß, dass ich gelogen habe!«

Orfeus forschte im Gesicht der alten Dienerin. Seit mehr als dreißig Jahren stand sie im Dienst der Familie Mac Bott. Sie gehörte zu diesem Haus wie das Mobiliar. Ihre Augen hatten sicher alles gesehen, was es zu sehen gab, und ihre Ohren hatten alles gehört, was es zu hören gab. Sogar die Stille.

»Sag es ihm, Berthilda!«, stieß Hannibal hervor.

»Euer Vater hat recht«, beichtete sie und senkte den Kopf, »ich habe es gewusst.«

Nun sprach der alte Kapitän weiter.

»Ich hatte meine Geheimnisse, mein Sohn. Sie stehen alle in meinem Logbuch … Vierzig Jahre lang habe ich die Meere der uns bekannten Welt unter der Flagge Galniziens befahren. Ich war ein treuer Diener des Königs. Offiziell war es meine Aufgabe, fremde Seefahrer im Auge zu behalten, unsere Kolonien zu bewachen, für Ordnung zu sorgen und den Handel zu sichern. Aber das genügte mir nicht … Ohne dass es jemand wusste, habe ich geraubt und geplündert. Ich habe sogar getötet.«

Seine Stimme wurde schwer und erstarb. Er sah seinen Sohn an, der ihn entsetzt musterte.

»Ich war ein Pirat, Orfeus. Ein echter Pirat. Nun holt mich mein schlechtes Gewissen ein!«

Bei diesen Worten begann Berthilda zu schluchzen. Ein Glas fiel vom Tablett und zerbrach.

»Ein Pirat …«, wiederholte Orfeus und sprang auf.

»Ich habe gegen die Interessen des Landes verstoßen«, bestätigte Hannibal. »Ich habe mich bereichert, ich habe das Vertrauen des Königs missbraucht. Und es kam vor, dass ich Menschen, die mir in die Quere kamen, eigenhändig aus dem Weg geräumt habe. Du wirst das alles in meinem Logbuch lesen.«

Er machte eine Pause, denn er war erschöpft. Der Lederband lastete wie ein Granitblock auf Orfeus' Knien. Diese Enthüllungen schienen absurd!

»Wenn du auf einem Schiff angeheuert hättest«, begann Hannibal wieder mit einer fast lautlosen Stimme, »wärst du zweifellos hinter mein Geheimnis gekommen. Die Seeleute hätten geplaudert. Oder schlimmer noch! Ich habe mir vorgestellt, wie wir uns eines Tages von Angesicht zu Angesicht gegenüberstehen würden, auf offener See … Was hätte ich dann getan? Hätte ich dann Befehl gegeben, auf das Schiff zu schießen, auf dem sich mein Sohn befindet? Ich wollte diese Situation vermeiden. Ich musste einen Weg finden, dich von der Seefahrt fernzuhalten.«

Er fügte hinzu: »Das also ist die Wahrheit, Orfeus. Du wirst mich hassen, aber wenigstens bist du von der Lüge befreit, in der ich dich gefangen gehalten habe. Wenn es noch immer dein Wunsch ist, kannst du dich nun dem Meer hingeben … Denn ich weiß, ja, ich weiß, dass du eines Tages ein Schiff steuern kannst.«

Der grauhaarige Kopf Hannibals sank wieder zur Seite. Seine Brust hob sich mühevoll.

Orfeus drehte sich zu Berthilda um. Sie stand mit gesenktem Kopf im hinteren Teil des Zimmers und weinte noch immer. Im Kamin erlosch langsam das Feuer. Orfeus stand auf, das Logbuch unter dem Arm. Als er sich vom Sofa entfernte, schlugen die Glocken des Campanile gerade Mitternacht. Er war wie betäubt, er spürte nichts mehr.

»Kümmer dich um meinen Vater«, sagte er zu der Dienerin, als er an ihr vorbeiging. »Und gib mir Bescheid, wenn er gestorben ist.«

Das war alles, was er tun konnte: das Haus seiner Kindheit hinter sich lassen. Mit dem Geheimnis davongehen. Seinen Vater sterben lassen ohne jeglichen Kommentar.

Draußen war der Himmel aufgeklart. Die verlassenen Straßen schienen in der Stille erstarrt. Orfeus kehrte nach Hause zurück, ohne irgendetwas wahrzunehmen. Er bewegte sich wie von allein. Nichts hatte mehr einen Sinn. Er wusste nicht einmal mehr, wer er selbst war.

5 ✧ Die Estafador

Malva erwachte aus ihrer Erstarrung, als sie die Schreie der Möwen hörte.

Noch ganz verschlafen, öffnete sie vorsichtig den Deckel ihres Fasses. Die Morgensonne färbte den Himmel und das Meer glutrot. Vor ihr erstreckte sich der kleine Hafen von Cardusa. Als sie all die vertäuten Schiffe an der Reede erblickte, begann ihr Herz wild zu schlagen. Doch sie hatte keine Zeit, sich zu fragen, was sie als Nächstes tun sollte. Einer der beiden Kutscher sprang auf die Ladefläche. Er runzelte die Stirn.

»Haltet Euch versteckt«, befahl er. »Wir werden Euch gleich verladen.«

Mit einer rabiaten Handbewegung schloss er den Deckel wieder und sicherte ihn.

Kurz darauf hörte Malva Stimmen, und dann spürte sie, wie sie hochgehoben wurde. Als das Fass sich drehte, musste sie sich auf die Lippen beißen, um nicht vor Panik zu schreien. Weitere Stimmen gaben neue Befehle. Nun hellwach, spürte die Prinzessin ihre schmerzenden Muskeln, die Krämpfe in ihren Beinen und ein Kribbeln in ihren Füßen. Was würden die Schiffsleute wohl denken, wenn plötzlich aus einem der Fässer eine junge Frau steigen würde? Sie musste Geduld haben. Bloß nichts sagen, sich nicht bewegen. Sich tot stellen.

Das Fass wurde erschüttert, fiel auf die Seite und begann zu rollen. Im Innern wurde Malva nach allen möglichen Richtungen geschleudert, bis ihr die Luft wegblieb. Einen Moment lang fürchtete sie, die Fassstreben würden zerbersten, doch dann kam das Fass unversehrt zum Stehen.

»Was ist denn da Schweres drin«, keuchte die Stimme eines Mannes.

»Ein ganzes Schwein, wenn du mich fragst!«, antwortete eine zweite Stimme.

»Los, holen wir das andere!«

Malva hörte, wie sich Schritte entfernten. Ein Schwein! Trotz der Müdigkeit und der Schmerzen, die sich nun in ihrem Rücken bemerkbar machten, musste Malva grinsen. Eine Prinzessin versteckt in einem Schweinefass, das war doch mal was!

Sie wartete, halb betäubt, in Dunkelheit und Hitze. Schließlich kamen die Männer zurück und rollten ein weiteres Fass vor sich her, zweifellos das mit Filomena.

»Auf jeden Fall haben wir genug Fleisch«, bemerkte einer der Männer und holte tief Luft.

»Schwein passt gut zu dem Rioro!«, sagte der andere.

Dann war alles wieder still. Malva nahm nur ab und zu Stimmen und Schritte über ihrem Kopf wahr. Sie lauschte und erkannte das Plätschern von Wasser und ein metallisches Schaben, als ob ein verrosteter Flaschenzug betätigt wurde. Sie befand sich sicherlich an Bord von Vincenzos Schiff …

Jetzt war es jedenfalls zu spät, einen Rückzieher zu machen. Die beiden Kutscher hatten bereits kehrtgemacht, und daheim in der Zitadelle dürfte sich das Gerücht um ihr Verschwinden längst wie ein Lauffeuer durch die Schlossgänge verbreitet haben. Malva spürte einen Kloß im Hals. Nicht die Schuldgefühle machten ihr Angst, sondern die vielen Unsicherheiten der vor ihr liegenden Zukunft. Filomena hatte Familie in Lombardien, entfernte Verwandte, bei denen sie Unterschlupf finden wollten. Würden diese sich verständnisvoll zeigen? Würden sie ihnen helfen? Und danach? Wie lange würde ihre Flucht dauern?

Plötzlich hörte sie ein Flüstern, ganz in der Nähe. Sie erstarrte in der Enge ihres Verstecks, ihr Atem stockte. Jemand klopfte gegen das Fass.

»Seid Ihr da drin?«, fragte eine männliche Stimme. »Ich bin Vincenzo, der Kapitän dieses Schiffes. Ist alles in Ordnung mit Euch?«

»Ja …«, antwortete Malva schüchtern.

Mit einem Fußtritt wurde der Deckel angehoben. Als die Prinzessin die Augen nach oben richtete, sah sie in ein düsteres Gesicht, das sich zu ihr herunterbeugte.

»Eure Odyssee ist zu Ende«, sagte der Mann freundlich. »Ihr könnt herauskommen.«

Mühselig kletterte Malva aus dem Fass. Bei jeder Bewegung verzog sich ihr Gesicht vor Schmerz, und als sie sich endlich aufrichten konnte, wurde ihr schwindelig. Vincenzo musste sie stützen. Augenblicklich hefteten sich seine Augen auf das Medaillon von Arkus, das Malva um den Hals trug.

»Wie ich sehe, hat Euer Beschützer nichts dem Zufall überlassen«, schmunzelte er. »Seid unbesorgt. In sechs oder sieben Tagen erreichen wir die Küste von Lombardien. Meine Männer werden nichts verraten. Sie wissen nicht, wer Ihr seid. Für sie seid Ihr eine ganz normale Passagierin.«

»Was ist mit meiner Zofe?«, fragte Malva beunruhigt.

Vincenzo schob den Deckel des zweiten Fasses beiseite.

»Ist sie das?«, fragte er.

Die Prinzessin beugte sich über den Rand und entdeckte die reglose Filomena am Boden des Fasses.

»Sie ist ohnmächtig!«, schrie Malva entsetzt. »Holt sie da raus! Sie muss frei atmen können.«

Vincenzo legte einen Finger auf die Lippen und schüttelte den Kopf: »Hört doch«, murmelte er.

Malva zog die Brauen hoch. Tatsächlich, der Atem von Filomena ging ruhig und gleichmäßig. Ein leises Schnarchen drang in regelmäßigen Abständen aus ihrem Mund. Sie schlief tief und fest.

»Wir sollten sie schlafen lassen, oder nicht?«, schlug Vincenzo vor. »Begleitet mich auf die Landebrücke. Ihr müsst wieder etwas Farbe bekommen.«

Malva nahm ihr Reisebündel und folgte dem Kapitän über die Leiter der zentralen Luke.

Draußen tauchte die Sonne alles in ein gleißendes Licht. Geblendet kniff Malva die Augen zusammen. Nach und nach konnte sie wieder etwas erkennen. Hinter der Reling begann die Küste sich bereits zu entfernen. Sie drehte sich um. Die Segel waren gesetzt; sie blähten sich in der Brise wie riesige Backen, die Trompete spielten.

»Willkommen an Bord der Estafador!«, rief Vincenzo aus.

Auch im Tageslicht sah der Kapitän noch genauso finster aus wie in der Dunkelheit der Kajüte. Seine Haut schien fast so dunkel wie Kohle, doch seine Augen waren von einer grünen katzenähnlichen Klarheit, die seinem dunklen Gesicht einen listigen Ausdruck verlieh. Er flößte Respekt und Vertrauen ein, genau wie Arkus, und Malva fühlte sich neben ihm sofort sicher.

Sie ging zum Vorderkastell und lehnte sich über Bord. Die Gischt schäumte um den Schiffsrumpf. Malva atmete tief ein, voller Glücksgefühle, die Nase im Wind. Sie war hier, mitten auf dem Meer, unterwegs, ohne ein genaueres Ziel, anstatt in der Kirche inmitten von einer Riesenmenge geladener Gäste, die sich alle auf die Feier freuten! Herrlich! Sie konnte es kaum fassen, dass sie es gewagt hatte zu fliehen, dass sie es gewagt hatte, eine eigene Entscheidung zu treffen, ohne sich um eine Erlaubnis oder um den Segen der Heiligen Harmonie und Ruhe zu scheren!

Sie öffnete ihr Reisebündel und nahm das Kleid heraus, das sie noch am Abend zuvor getragen hatte. Dieses Kleid wollte sie nie wieder tragen! Niemals! Einer plötzlichen Regung folgend, warf sie es ins Meer.

»Geh mit Gott, aber geh«, schrie sie lachend.

Das Kleid schwebte einen Augenblick über den Fluten, dann legte es sich wie ein behutsam landender Vogel auf die Wellen. Malva sah den Stoff untergehen. Sie lächelte. Es war vorbei, endlich. Alles, was sie zu einer Prinzessin gemacht hatte, war in den Fluten untergegangen. Nun musste sie nur noch ihr Leben leben! Eine unbeschreibliche Freude erfasste sie, und sie fing an zu taumeln.

Vincenzo kam herbei und fasste sie vorsichtig am Arm.

»Seid nicht so ungeduldig, Prinzessin! Ihr werdet die Estafador schon bald verlassen!«

6 ✧ Büchsen und Lanzen

Die Unterstadt war in heller Aufregung. In jeder Straße, in jeder Verkaufsbude und in jedem Haus gab es nur ein Gesprächsthema: das Verschwinden der Prinzessin. Schon früh am Morgen hatte sich das Gerücht über die Terrassen verbreitet, war über die Mauern rund um die Zitadelle geschwappt und hatte sich wie ein Lavastrom über die ganze Stadt ergossen. Und nichts konnte das Jammern aufhalten, das sich überall erhob.

»Was für ein Unglück!«, klagten die jungen Mädchen.

»Wir müssen unsere Prinzessin wiederfinden!«, riefen die Männer.

»Ein Komplott!«, vermuteten die Misstrauischen.

»Oder ein übler Streich?«, fragten sich die Skeptiker.

Während die Dienerschaft die gesamte Zitadelle durchsuchte, hatte der König seine Wachen zusammengetrommelt, um seine Tochter suchen zu lassen. Bewaffnete Truppen patrouillierten durch die Gassen, auf den Brücken bis zum Hafen hinunter.

Nur Orfeus bekam von der allgemeinen Aufregung nichts mit. Denn nichts, nicht einmal ein Erdbeben, hätte ihn von seiner eigenen Qual ablenken können.

Seit gestern Nacht saß er wie angewurzelt in seinem Sessel, unfähig, sich zu bewegen, das Reisetagebuch von Hannibal Mac Bott auf den Knien. Er hatte es noch nicht geöffnet. Dazu fehlte ihm die Kraft.

Die überraschenden Enthüllungen seines Vaters hatten ihn in ein Wechselbad der Gefühle gestürzt. Er fühlte sich einerseits betrogen, wütend, war aber andererseits auch erleichtert und verwirrt. Alle Gefühle schwirrten wild in seinem Kopf herum, und er fragte sich, ob er langsam verrückt würde. Wie sollte man auch reagieren, wenn einem plötzlich klar wurde, dass das eigene Leben auf einer einzigen Lüge aufgebaut war?

Al lag vor dem Kamin und bewegte sich ebenso wenig. Um ihn herum waren Brotreste verstreut. In der Nacht, als er sich sicher sein konnte, dass sein Herrchen nicht aufpasste, hatte er sich in der Küche mit Essbarem versorgt. Vollgefressen, die Lefzen voll Geifer, schlief er nun den Schlaf der Gerechten.

Plötzlich wurde an die Tür geklopft.

Orfeus hob verwundert den Kopf. Er wusste nicht mehr genau, wo er sich befand und wie viel Uhr es sein mochte. Als das Klopfen heftiger wurde und Stimmen ihm befahlen zu öffnen, stand er schwerfällig auf. Das lederne Tagebuch fiel krachend zu Boden.

Er sah Soldaten vor seinem Haus stehen. Bedrohlich fuchtelten sie mit ihren Büchsen und Lanzen herum.

»Lasst uns herein!«, sagte ihr Anführer. »Befehl des Königs!«

Ohne eine Antwort abzuwarten, stürmten die Soldaten das Haus und zerkratzten mit ihren metallenen Stiefelsohlen den Fußboden. Ungläubig sah Orfeus zu, wie sie die Truhen öffneten, Kissen und

Sessel umdrehten, alle Türen aufmachten und sämtliche Wandschränke durchsuchten. Selbst unter den Teppichen sahen sie nach. Aus dem Schlaf hochgeschreckt, fletschte der alte Bernhardiner die Zähne. Da ihn seine Leine daran hinderte, sich auf die Eindringlinge zu stürzen, begnügte er sich damit, seinen Platz zu wechseln. Abschließend kontrollierten die Soldaten mit ihren Büchsen noch das Schornsteinrohr, aus dem nichts als Ruß fiel, dann stiegen sie hinauf in den ersten Stock.

Dort angekommen, kniff der Anführer listig die Augen zusammen.

»Das Bett ist unbenutzt«, sagte er.

Er drehte sich zu Orfeus um, der ihnen verständnislos durch die Zimmer gefolgt war.

»Wo wart Ihr letzte Nacht? Es ist nicht zu übersehen, dass Ihr die Nacht nicht hier verbracht habt.«

Orfeus murmelte heiser: »Ich muss wohl im Sessel eingeschlafen sein. Was sucht Ihr eigentlich?«

Die Soldaten tauschten misstrauische Blicke untereinander. Die ganze Stadt wusste Bescheid; machte sich dieser junge Herr etwa über sie lustig?

»Sucht weiter!«, befahl der Anführer und zielte mit der Spitze seiner Lanze auf Orfeus. »Ich behalte ihn im Auge!«

Die anderen entfernten die Matratze und hoben den Sprungfederrahmen hoch, sie leerten die Schränke und Schubladen. Dieses brutale Vorgehen wirkte auf Orfeus wie eine kalte Dusche. Seine Lebensgeister kehrten zurück.

»Ich habe nichts zu verbergen!«, wehrte er sich nun. »Euer Vorgehen verstößt gegen alle Regeln der Heiligen Ruhe und Harmonie!«

»Diese Regeln wurden bis auf weiteres außer Kraft gesetzt!«, blaffte der Anführer zurück. »Bis man die Prinzessin wieder gefunden hat!«

Orfeus war völlig überrascht, aber er verzichtete auf weitere Fragen. In all den langen Friedensjahren dienten die Lanzen und Büchsen lediglich als Schmuck auf den Mauern der Wachtposten. Doch diesmal sah es sehr ernst aus.

Als die Soldaten nichts finden konnten, verließen sie von einem Moment auf den anderen das Haus, ohne jedoch zu versäumen, Orfeus wiederholt mit den schlimmsten Konsequenzen zu drohen, falls er ihnen etwas vorenthalten sollte.

»Wenn Ihr es so sehr mit den heiligen Regeln habt«, fügte der Anführer hinzu, »schlaft gefälligst das nächste Mal in Eurem Bett! Eine Nacht in einem Sessel bringt jedenfalls bestimmt keine Ruhe.«

Mit einem höhnischen Grinsen ließ er den ratlosen Orfeus zurück. Sein Haus war nicht mehr das, was es zuvor war … oder doch: Es entsprach genau seinem inneren Zustand: wirr und durcheinander.

Nachdem er nun wach war, hörte Orfeus auch die Schreie und Wehklagen von der Straße. Es war also wahr: Die Prinzessin war verschwunden! Wie konnte so etwas nur passieren? Als er in sein Zimmer hinaufging, um aufzuräumen, stellte er fest, dass die Wäscherinnen sich auf dem gegenüberliegenden Dach versammelt hatten.

Sie gingen nicht mehr wie üblich ihrer Arbeit nach. Sie stellten sich auf die Zehenspitzen, um herauszufinden, was in der Zitadelle vor sich ging.

Orfeus öffnete leise das Fenster.

»Sie leeren die Becken!«, rief eine der Frauen aus.

»Bei der Heiligen Harmonie«, seufzte eine andere, »nicht, dass die Prinzessin darin ertrunken ist.«

»Schaut! Da ist Arkus höchstpersönlich!«, schrie die Älteste und zeigte mit dem Finger auf die Ostfassade. »Er befragt die Bediensteten.«

»Das ist sicher nicht sehr angenehm«, stellte eine Dritte fest. »Arkus wird äußerst beunruhigt sein!«

»Da hinten!«, bemerkte die Jüngste. »Da nähern sich von Pferden getragene Sänften.«

»Das ist die Delegation des Prinzen von Andemark!«, bestätigte eine große, magere Frau. »Was für ein Unglück! Nun müssen sie die Zeremonie wohl absagen.«

»Wenn die Prinzessin nicht gefunden wird, sind wir bis auf die Knochen blamiert«, flüsterte die Älteste. »Dann beginnt eine unheilvolle Zeit.«

Orfeus hatte genug gehört. Er schloss das Fenster.

»Eine unheilvolle Zeit.« Der letzte Satz hatte eine seltsame Wirkung auf ihn. Es schien fast, als ob sein Schicksal durch irgendwelche zufälligen Kräfte in dem Moment ins Wanken geraten war, in dem sich auch die Geschicke des Landes entschieden. In einer einzigen Nacht.

Er war tief in Gedanken versunken, als es erneut klopfte. Er spürte, wie es ihm heiß den Rücken hinunterlief. Kamen die Soldaten zurück, um ihn zu verhaften? Verdächtigten sie ihn? Alles passierte so schlagartig, dass er sich fragte, ob die Wahrheit über seinen Vater nicht vielleicht auch dem König zu Ohren gekommen sein könnte.

Er stürmte die Treppe hinunter und ergriff den Schürhaken. Wenn die Soldaten ihn mitnehmen wollten, mussten sie ihn erst außer Gefecht setzen! Orfeus näherte sich vorsichtig der Tür und riss sie dann jäh auf, während er seine Ersatzwaffe hin- und herschwenkte.

Aber vor ihm stand kein Soldat. Es war lediglich die alte Berthilda, die völlig versteinert vor ihm stand. Ein schwarzes Tuch hatte sie in ihr Haar geknüpft.

»Bei der Heiligen Ruhe!«, rief sie. »Was macht Ihr da?«

Orfeus senkte augenblicklich den Schürhaken und murmelte ein paar entschuldigende Worte. Die alte Dienerin sah ihn mit einer gequälten Miene an, und er verstand sofort, warum sie gekommen war.

»Er ist tot, nicht wahr?«

Berthilda nickte.

»In dieser Nacht«, sagte sie in einem Atemzug. »Nur einige Stunden, nachdem Ihr gegangen wart.«

Orfeus blieb einen Moment stehen und ließ die Arme hängen. Er zitterte und nieste zwei Mal. Seit dem Vorabend war ihm trotz der anhaltenden Sommerhitze nicht mehr warm geworden.

»Was soll nun aus uns werden?«, jammerte Berthilda und schluchzte.

Orfeus sah sie ernst an. Er kannte sie schon eine Ewigkeit. Und doch hatte er jetzt das Gefühl, sie zum allerersten Mal zu sehen. In diesem Moment wurde ihm klar, dass er niemanden hatte, auf den er zählen konnte. Er hatte nie Freunde gehabt, sein Vater war tot, und zwischen ihm und Berthilda war eine Kluft entstanden, die die Lüge aufgetan hatte.

»Ich hatte Gelegenheit, mit dem Geistlichen zu sprechen«, sagte die alte Dienerin. »Wegen der Ereignisse in der Zitadelle kann man sich auf nichts mehr verlassen ... Der König hat jegliche Feierlichkeiten verboten. Aber ich habe dafür gesorgt, dass die Beerdigung trotzdem stattfinden kann. Aber erst in ein paar Tagen, wenn sich die Lage etwas beruhigt hat.«

Orfeus nickte.

Mit dem Aussetzen der heiligen Regeln der Ruhe und Harmonie war die ganze Ordnung des Landes erschüttert worden.

»Aber was ist mit all den anderen Dingen?«, beharrte Berthilda. »Was geschieht mit dem Haus? Mit den Möbeln, den Büchern und den Erinnerungsstücken? Sicher hinterlässt Euch Euer Vater alles.«

»Ich will nichts haben«, antwortete Orfeus ruhig.

»Aber ... sein Vermögen? Es ist beträchtlich. Wer soll sich darum kümmern?«

»Entscheide allein«, sagte Orfeus. »Behalt alles, wenn du willst.«

Die arme Berthilda hatte Mühe, ihre Tränen zurückzuhalten, doch sie machte ihm keine Vorwürfe.

»Werdet Ihr auf dem Friedhof sein?«, fragte sie lediglich.

»Gib mir Bescheid, und ich werde da sein«, sagte Orfeus. »Aber jetzt lass mich bitte allein.«

Er nieste noch einmal, schloss die Tür und ließ die alte, von Gram gebeugte Frau in die Oberstadt zurückkehren.

7 ✧ Die Geschichte des alten Bulo

Auch nach Tagen hatte sich Filomena noch nicht an das Schlingern des Schiffes gewöhnt. Aus Angst vor Seekrankheit weigerte sie sich hartnäckig, ihre Kabine zu verlassen. Malva dagegen fühlte sich äußerst wohl auf der Estafador. Sie hatte ihre Kleider gegen eine Matrosenhose und ein luftiges Matrosenhemd eingetauscht. Mit ihrem kurzen Haar sah sie fast wie ein Junge aus, und die Matrosen machten sich einen Spaß daraus, sie Schiffsjüngelchen zu nennen. Begeistert rannte sie auf Deck zwischen Heck und Kajüte hin und her, beobachtete die Manöver der Segel und wollte alles Wissenswerte über die Navigation erfahren.

In den letzten Jahren hatte die Ausbildung, die ihr Arkus hatte angedeihen lassen, alles Wichtige aus der Mathematik, der Botanik, den Mythen, der Erdkunde und der Geschichte des galnizischen Geschlechts umfasst. Nie hatte er ihr etwas über die Wissenschaft des Takelwerks beigebracht. Genussvoll schrieb sie all die neuen poetischen Namen und Bezeichnungen in ihr Tagebuch: Stag und Stenge, Gaffelsegel und Großrah … Manchmal ließen sie die Matrosen an der Halteleine hochklettern, ein anderes Mal zeigte ihr Vincenzo, wie man mit Hilfe des Sextanten die Schiffsposition bestimmte.

Malva war im siebten Himmel. Abends, wenn sie die Kabine von Filomena aufsuchte, die blass auf ihrer Pritsche lag, konnte sie ihre Glücksgefühle über die Reise nicht verhehlen.

»Das Navigieren macht einfach trunken! Ich bin sicher, irgendwann schreibe ich eine Geschichte der Seefahrt! Wenn du mal aus deinem Eckchen herauskommen würdest, könnte ich dir die Namen der Segel beibringen. Das wäre ein Spaß!«

Filomena drückte sich in ihr Kopfkissen. Eine Hand hatte sie auf den Mund gepresst, um den Brechreiz zu unterdrücken. Aber eines Abends, als ihre Übelkeit ein wenig nachgelassen hatte, ließ sie sich von der Prinzessin überreden.

»Komm schon!«, sagte diese zu ihr. »Gehen wir hinauf zur Mannschaft! Der Proviantmeister hat Sardinen gebraten, und du musst dringend etwas essen. Schau dich an, wie mager du bist! Was werden deine Verwandten aus Lombardien sagen, wenn sie dich so sehen? Sie würden denken, die Galnizier verstehen nichts vom Essen!«

Wankend stieg Filomena die Kabinentreppe hinauf. Als sie die Schiffsbrücke betraten, ging gerade die Sonne unter. Bis zum Horizont kräuselte sich das Kyprische Meer, und die Wellenspitzen schimmerten rosa.

»Laut Vincenzo erreichen wir die Küste von Lombardien morgen Abend«, murmelte Malva. »Du hast also gerade noch Zeit, dieses Schauspiel zu genießen.«

Filomena lächelte die Prinzessin an. Noch nie zuvor hatte sie sie so ausgelassen, so frei und glücklich gesehen. Mitten auf der Schiffsbrücke hatten sich die Matrosen zum Essen und Trinken versammelt. Es roch nach Gebratenem. Ohne Zweifel reichten die Sardinen des Kyprischen Meeres nicht an die schmackhaften galnizischen Heringe heran, aber Filomena hatte trotzdem plötzlich großen Appetit.

»Komm, wir gehen zu ihnen!«, ermunterte sie Malva. »Du wirst staunen! Wenn sie etwas getrunken haben, singen sie und erzählen die tollsten Geschichten!«

Die Zofe setzte sich neben Malva. Die Mannschaft der Estafador bestand aus gut zwanzig Mann. Ihre sonnengegerbten, von Narben durchfurchten Gesichter, ihre rüde Sprache und ihr deftiges Lachen schienen Malva nicht im Geringsten zu stören. Und auch die Männer hatten Spaß daran, die Mädchen die Sardinen verschlingen zu sehen und zu beobachten, wie sie sich dabei die Finger verbrannten. Die Stimmung war so gelöst, dass Filomena sich bald entspannte. Sie ließ sich sogar einen Becher Rioro einschenken und noch einen zweiten und dritten. Die Röte schoss ihr in die Wangen.

»Auf Lombardien! Hoch lebe Filomena!«, riefen die Matrosen und hoben ihre Becher.

»Auf Lombardien!«, prostete Filomena ihnen zu.

Schließlich waren nur noch die Gräten der Sardinen übrig. Einer der Matrosen nahm seine Mandoline hervor und begann eine Melodie zu zupfen.

»Er heißt Silvio«, flüsterte Malva Filomena zu. »Er singt das Lamento so schön, dass man glaubt, bereits in Lombardien zu sein …«

Am malvenfarbenen Himmel waren schon ein paar Sterne aufgegangen. Silvios Stimme ließ schon bald die letzten Unterhaltungen verstummen, und die anderen Matrosen sangen im Chor. Vincenzo gesellte sich heimlich zur Gruppe. Filomena fand ihn etwas seltsam. Das teilte sie Malva mit. Doch diese beruhigte sie: »Vincenzo arbeitet immer bis in die Abendstunden. Er hat mir gezeigt, wie er sich mit Hilfe der Sterne auf dem Meer orientiert. Er fühlt sich für uns verantwortlich, deshalb ist er etwas angespannt.«

Sie fügte hinzu: »Vergiss nicht: Ich trage das Medaillon von Arkus um meinen Hals! Es wird uns vor allem Unglück bewahren.«

Filomena seufzte und überließ sich mehr und mehr dem Gesang der Matrosen, während Malva fröhlich den Takt mitklatschte. Später, als Silvio seine Mandoline wieder einpackte, sprang sie auf.

»Filomena kennt noch nicht alle Geschichten, die ihr mir erzählt habt«, sagte sie. »Da wir morgen auseinandergehen, wäre es schön, ihr würdet ihr eine davon erzählen!«

Bulo, der älteste der Matrosen, stand auf. An den anderen Tagen hatte er geschwiegen und sich damit begnügt, vor den Geschichten der anderen den Hut zu ziehen.

»Nun bin ich an der Reihe, meine unendliche Erfahrung als Seefahrer mit diesen beiden Damen zu teilen!«, verkündete er.

Im Angesicht des Sternenhimmels, eine Flasche Rioro in der Hand, begann er, von einer seiner Reisen zu erzählen.

»Es geschah vor langer, langer Zeit«, begann er mit bebender Stimme. »Damals war ich noch jung! Und ich hatte keine Angst vor dem Unbekannten. Ich hatte an Bord der Fabula angeheuert, einem

Schoner, der von einem Reeder aus Polvakien gechartert worden war.«

Malva war bereits völlig gefesselt. Sie stütze ihr Kinn in die Hand und hörte regungslos zu.

»Wir starteten in Richtung Osten, unser Ziel waren die friesischen Hochlande«, erzählte der alte Bulo weiter. »Aber als wir die Küste fast erreicht hatten, geriet die Fabula in einen fürchterlichen Sturm. Der Regen war so heftig, dass er Löcher in die Schiffsbrücke schlug. Blitze! Bei allen Gottheiten, es waren so gewaltige Blitze, dass einige meiner Kameraden allein bei ihrem Anblick erblindeten. Und dann war da noch die Strömung ...«

Er holte Luft und nahm einen kräftigen Schluck Rioro.

»Ach, Freunde! Niemals habe ich ein so wütendes Meer gesehen«, murmelte er. Seine Augen waren weit aufgerissen, so als würde er das Ganze noch einmal durchleben und ihn die Angst von damals überwältigen.

Entspannt lehnte Malva an Filomenas Schulter. Sie schauderte. Diese Schilderung des Sturms erinnerte sie an Arkus' Berichte, und sie verspürte helle Freude.

»Ist der Schoner gesunken?«, fragte sie.

Der alte Bulo wandte sich ihr zu. Sein schütteres Haar stand wild zu Berge.

»Nein, nein!«, sagte er geheimnisvoll. »Wenn wir gesunken wären, könnte ich euch jetzt nicht diese Geschichte erzählen!«

»Ich dachte, Ihr wärt der einzige Überlebende des Schiffbruchs«, murmelte Malva. »Das Ganze ist so aufregend!«

Bulo schüttelte seinen zerzausten Kopf.

»Wenn Ihr die Riffe rund um die friesischen Hochlande kennen würdet, wüsstest Ihr, dass man dort nicht überleben kann.«

»Das ist wahr!«, mischte sich nun Vincenzo ein und gab damit seine bisherige Zurückhaltung auf. »Den Riffen dort kann man ebenso wenig trauen wie denen zwischen Lombardien und Espartanien.«

Andere Matrosen stimmten ihm zu.

»Schade, dass man diese Klippen nicht von nahem betrachten kann!«, rief Malva aus. »Ich würde nur zu gern den Geschmack der Angst kosten!«

Filomena versetzte ihr einen Stoß in die Rippen und brachte sie mit einem Blick zum Schweigen. Für sie als einfaches Mädchen aus dem Volk forderte das Reden über Schiffbruch an Bord eines Schiffes das Schicksal heraus. Vincenzo näherte sich dem kleinen Kohleofen, auf dem die Sardinen gebraten worden waren. Er zündete sich eine Zigarre an der Kohle an, und für einen Moment erhellten wild tanzende Lichtreflexe sein dunkles Gesicht.

»Ich wünsche Euch nicht, dass Ihr diese Klippen kennenlernt«, flüsterte er und ließ seine Katzenaugen auf Malva ruhen. »Ihr würdet zerstückelt.«

»Das reicht!«, schrie Filomena. »Mit Euren Geschichten macht Ihr uns keine Angst.«

»Ganz und gar nicht«, fiel Malva ein. »Ich würde gerne die Fortsetzung der Geschichte hören.«

Der alte Bulo trank noch einen Schluck Wein. Seine Stimme

durchdrang die tiefe Dunkelheit, die sich auf die Schiffsbrücke gelegt hatte:

»Der Sturm verschlang uns nicht, aber er brachte uns von unserer Route ab. In den folgenden Tagen heulte der Wind in den Segeln, die nur noch Fetzen waren. Einige Männer waren umgekommen. Ungewollt drifteten wir nach Osten ab, immer weiter gen Osten. Hunger und Angst hatten unsere Wangen einfallen lassen und zehrten an unseren Kräften. Eines schönen Morgens schließlich legte sich der Wind, und die Fabula strandete an einer Lagune. Wir saßen fest.«

»Wo wart ihr?«, fragte Malva mit leuchtenden Augen.

»Tja, junge Dame, genau das wussten wir nicht! Denn wir waren in einer Gegend gestrandet, die noch auf keiner Karte verzeichnet war!«

Ein Raunen ging durch die Reihen der Matrosen. Silvio platzte heraus: »Es ist doch immer das Gleiche mit diesem alten Dummschwätzer Bulo! Er muss die Sache mit seinem blödsinnigen Phantasieland immer wieder ins Spiel bringen!«

Die anderen fingen an zu lachen, aber Bulo sah nicht so aus, als hätte er schon alles gesagt.

»Hört mir zu!«, fuhr er fort. »Dieses Land existiert wirklich, denn ich bin dort gewesen. Und ich schwöre bei meinen Vorfahren, wenn ich jemals wieder den Weg dorthin finden würde, würde ich meine alten Tage dort verbringen! Denn ...«

»Unsinn!«, unterbrach ihn Silvio. »Das ist doch alles Humbug. Du hast einfach einen Dachschaden, Bulo!«

Malva betrachtete einen nach dem anderen, den betrunkenen Bulo und all die anderen Matrosen. Wer sagte die Wahrheit? Filomena dagegen zappelte ungeduldig hin und her.

»Es ist schon spät«, sagte sie plötzlich. »Ich schlage vor, wir gehen schlafen. Morgen, in Lombardien …«

»Oh, nein!«, flehte Malva. »Lass Bulo zu Ende erzählen!«

Vincenzo drückte seine Zigarre aus. Funken stoben in die schwarze Nacht.

»Ja, bringen wir's zu Ende!«, verkündete er. »Und danach gehen wir alle schlafen, denn morgen wird sicher ein langer Tag!«

Mit neuem Schwung fuhr der alte Mann mit seiner Geschichte fort. Malva hörte ihm gebannt zu.

»Dieses Land haben wir Elgolien genannt, junge Dame. Und genau dort möchte ich meinen Lebensabend verbringen, wie ich bereits sagte. Das Klima ist warm und trocken, aber die Erde bleibt das ganze Jahr über fruchtbar, denn die Ebene wird von Hunderten von Flüssen durchzogen. Rote Vögel bevölkern den Himmel. Die Bäume biegen sich unter der Last ihrer Früchte, und die Bewohner kennen keine Not. Versteckt in einem Wald, liegt ein See mit sprudelndem Wasser. Er heißt Barathsee. Jeder, der darin badet, wird um zehn Jahre verjüngt! Und schließlich erhebt sich auf dem Gipfel des Berges Ur-Tha ein tausendjähriger Baum. Wenn man sich auf den höchsten Ast setzt, kann man mittels Magie das andere Ende der Bekannten Welt erblickten. Auf diese Weise weiß man immer, wie es den Menschen geht, die man in Galnizien oder anderswo zurückgelassen hat. Und dann gibt es noch eine traumhafte Bucht. Sie heißt Dao-Boa. Dort weht ein sanftes Lüftchen, das man nur einzuatmen braucht, um sich befreit und glücklich zu fühlen.«

Der alte Bulo seufzte verträumt. Er kippte einen letzten Schluck Rioro die Kehle hinunter, dann warf er die Flasche über Bord.

»Ich bin nicht verrückt«, murmelte er. »Elgolien gibt es wirklich, irgendwo, ganz im Osten, an den Grenzen der uns bekannten Welt.«

»Was ich nicht verstehe«, warf Silvio in spöttischem Ton ein, »warum bist du nicht gleich dort geblieben, in deinem Elgolien, wenn du dich dort so wohl gefühlt hast?«

Bulo schlug die Hände vors Gesicht. Eine Welle der Trauer erfasste ihn.

»Elgolien muss man sich verdienen!«, schluchzte er. »Und ich habe mich nicht würdig gezeigt! Ich wurde weggejagt! Das war mein einziger Fehler, mein einziger großer Fehler. Ich würde alles dafür tun, ihn wieder gutzumachen!«

Er fiel auf die Knie. Filomena sprang auf. Dieser Mann wirkte nüchtern … und betrunken zugleich! Welchen Eindruck würde diese ganze Szene bei der jungen unschuldigen Malva hinterlassen? Filomena nahm sie an der Hand und wollte sie dazu bringen, mit ihr zurück in die Kabine zu gehen, doch Malva riss sich los und kniete sich neben den Betrunkenen.

»Was ist geschehen?«, fragte sie sanft.

»Ich war habgierig!«, weinte Bulo. »Ich wollte mich an Vuth-Nathor bereichern und habe alles zerstört.«

Er fasste die Prinzessin an den Handgelenken.

»Solltet Ihr jemals dorthin kommen, seid wachsam! Lasst Euch nicht vom Glanz des Vuth-Nathor verführen!«

»Was genau ist das?«, flüsterte Malva fasziniert.

»Vuth-Nathor, Vuth-Nathor«, stammelte der Matrose erschöpft.

Von einem Moment auf den anderen brach er auf der Brücke zusammen. Malva schrie auf.

»So, die Zeit für Phantasiegeschichten ist jetzt vorbei«, stellte Vincenzo fest.

Er klatschte in die Hände, und alle Matrosen standen auf. Filomena nutzte die Gelegenheit, um Malva am Arm zu packen: »Lasst ihn seinen Rausch ausschlafen. Ihr seht doch, dass er völlig betrunken ist und nicht mehr weiß, was er redet.«

Malva schüttelte den alten Bulo noch immer.

»Was ist der Vuth-Nathor?«, drängte sie weiter.

Aber der Mann bewegte sich nicht mehr. Lang ausgestreckt lag er da, als hätte allein das Aussprechen dieses seltsamen Namens ihn das Bewusstsein verlieren lassen.

Malva folgte enttäuscht Filomena. Als sie die ersten Stufen zur Kabine hinuntergegangen waren, holte Vincenzo sie ein. Er beugte sich mit seinem finsteren Gesicht zu ihnen herunter: »Schlaft gut, morgen ist der große Tag!«

Mit den Fingerspitzen berührte er das Medaillon von Arkus, von dem sich Malva niemals trennte.

»Morgen werdet Ihr begreifen, wie gut Euer Beschützer seine Sache gemacht hat.«

»Wir erreichen doch die Küste von Lombardien, nicht wahr?«, wollte sich Filomena vergewissern.

»Ich habe meine Berechnungen heute Abend zehnmal überprüft«, antwortete der Kapitän. »Es ist alles in bester Ordnung. Wir sind auf direktem Kurs auf Land.«

In dieser Nacht schlief Malva tief und fest. Sie träumte von Egolien, vom Barathsee, von dem uralten Baum, der auf den Bergen wuchs und von der Bucht Dao-Boa. Am anderen Morgen wurde sie jedoch von einem entsetzlichen Lärm aus ihren Träumen gerissen. Mit einem Satz sprang sie auf.

Neben ihr lag Filomena und schnarchte. Voller Unruhe versuchte Malva, sie zu wecken, doch obwohl sie Filomena immer heftiger schüttelte, schlief diese weiter. Ein zweites Krachen war zu hören. Malva hielt sich die Ohren zu: Es hörte sich an, als würde das Schiff vor Schmerzen schreien.

Malva flitzte aus der Kabine und stieg auf die Brücke. Sie erstarrte: Die Estafador steuerte direkt auf eine Reihe von Felsen zu, deren weiße Spitzen aus dem Wasser ragten und den Wellen aus allen Richtungen trotzten. Und das Krachen, das zu hören war, kam von dem gekrümmten Vordersteven, der bereits über den Grund schabte!

Malva wollte schreien, aber es fehlte ihr die Kraft. Sie blieb auf der Brücke stehen und starrte fasziniert auf die Wellen, die sich an den Felsen brachen. Den vorderen Teil des Schiffes trennten nur wenige Meter von einer Katastrophe, und nichts deutete darauf hin, dass das Schiff seinen Kurs ändern würde!

Die Prinzessin hob den Kopf. Ein wolkenloser Himmel, bis zum Horizont. Das große Segel, das Focksegel, die Stagfock und der Klüver waren gehisst, aber das schien niemanden zu stören. Die Brücke war verlassen und von der Mannschaft keiner zu sehen.

»Vincenzo?«, brachte Malva hervor.

Sie lief in Richtung Kajüte. In diesem Moment fiel ihr auf, dass die beiden Beiboote, die normalerweise auf dicken Eichenholzbalken in der Mitte des Schiffes lagerten, verschwunden waren.

»Vincenzo!«, rief sie nun lauter.

Doch nur der Wind in den Tauen war zu hören und etwas weiter entfernt die Brandung der riesigen Wellen an den zerklüfteten Felsen. Malva hatte das Gefühl, als würde sich unter ihren Füßen ein Schlund auftun. Sie stieß ein verängstigtes Schluchzen hervor.

»Filomena! Filomena!«, schrie sie blind vor Verzweiflung und rannte zu den Kabinen. »Sie haben uns allein gelassen! Wir werden an den Felsen zerschellen! Filomena!«

Malva bahnte sich den Weg in die Kabine. Sie packte ihre Zofe und schüttelte sie nach Leibeskräften.

»Wach auf!«, flehte sie. »Wir sinken!«

Filomena öffnete matt ein Auge. Ihre Pupille war stark geweitert.

»Sie haben dir etwas gegeben!«, wurde es Malva plötzlich klar. »Diese Verräter! Sie haben dir etwas in den Wein getan!«

Sie zog an den Armen der Zofe, so dass diese von der Liege fiel. Durch den Aufprall schien Filomena zu sich zu kommen.

»Warum bist du denn um diese Uhrzeit auf den Beinen?«, fragte sie müde.

Malva nahm Filomenas Gesicht in ihre Hände.

»Wir müssen von Bord springen, Filomena, hörst du? Sonst sind wir verloren!«

»Springen … vom Schiff?«, wiederholte die junge Frau. »Aber … ich will nicht. Ich kann nicht schwimmen!«

Malva gab ihr rechts und links eine Ohrfeige.

»Wach endlich auf! Wir werden sterben!«

Plötzlich verschwand der Schleier von Filomenas Augen. Sie zuckte zusammen, stolperte nach hinten, drehte sich um und erbrach sich. Als der Anfall vorüber war, richtete sie sich schwankend wieder auf.

»Schnell! Schnell!«, trieb Malva sie an. »Komm mit!«

Noch nicht ganz bei Sinnen, folgte Filomena ihrer Herrin. Die Estafador quietschte und krachte und war kurz davor, auseinanderzubrechen. Als die beiden Frauen ans Deck kamen, waren die Felsen nur noch wenige Meter entfernt.

»Hilf mir!«, befahl Malva. »Darauf können wir schwimmen.«

Sie versuchte, das Holzgitter über der Hauptluke zu lösen. Filomena ging ihr zur Hand, und gemeinsam rissen sie das Holzstück heraus. Ebenso machten sie es mit einem zweiten Holzgitter.

»Wir müssen jetzt springen!«, rief Malva und näherte sich der Bordkante. Von dort aus überragten sie die Wellen mindestens zehn Meter. Das tosende Wasser klatschte gegen den Schiffsrumpf. Totenblass presste Filomena das Holzgitter gegen ihre Brust.

»Ich kann nicht«, murmelte sie.

»Du kannst!«, erwiderte Malva.

In diesem Moment krachte der Schiffsbauch der Estafador mit voller Wucht gegen die Felsen. Mit einem heftigen Knall zerschellte das Holz, und das ganze Schiff wurde erschüttert.

»Jetzt!«, schrie Malva.

Die eine Hand fest in Filomenas Kleid gekrallt, stürzte sich Malva in die Tiefe.

Sie tauchten in das gurgelnde Wasser ein. Die Kälte umhüllte sie, und sie schluckten immer wieder Wasser. Sie hielten sich krampfhaft an ihren Holzgittern fest und strampelten, um Abstand vom Schiff und den Felsen zu gewinnen.

Ihre Kleider klebten an ihnen wie zähe Algen und erschwerten ihre Bewegungen. Aber die Angst machte sie stark. Mit letzter Kraft gelang es ihnen, die gefährlichen Strömungen hinter sich zu lassen, die sie unweigerlich an die Felsen geworfen hätten.

Als Malva das Gefühl hatte, weit genug entfernt zu sein, drehte sie sich um. Die Estafador stand unter Wasser. Ein riesiger Riss sprengte ihren Rumpf, die Planken stachen hervor bis zur Klüse. Die Segel waren zerrissen, und der Mast am Bugspriet hing bewegungslos herab.

»Was ist denn nur passiert?«, fragte Filomena bestürzt. Im kalten Wasser war sie wieder vollständig zu sich gekommen.

»Vincenzo wollte uns töten«, antwortete Malva. »Er und seine Mannschaft haben das Schiff verlassen, während wir schliefen. Mittlerweile dürften sie schon viele Meilen weit entfernt sein.«

Die Wellen warfen die beiden Schiffbrüchigen hin und her. Immer wieder rutschten ihre Finger an ihren improvisierten Rettungsringen ab, und das salzige Wasser drang ihnen in Mund und Nase und reizte ihre Augen.

»Wir werden sterben.« Malva schauderte plötzlich. »Ich sehe weit und breit keine Küste. Es gibt niemanden, der uns retten könnte.«

Filomena paddelte zu ihr heran und legte einen Arm um die Prinzessin.

»Du hast dafür gesorgt, dass ich springe, nun werde ich dafür sorgen, dass du überlebst.«

Zwei endlose Stunden lang ermutigten sie sich gegenseitig weiterzuschwimmen. Filomena war der Meinung, es wäre das Beste, die Richtung des Wellenkamms einzuschlagen.

»Und wenn es eine Gegenströmung gibt?« Malva war entmutigt.

»Denk nicht nach«, antwortete Filomena, »schwimm.«

Die Sonne ging auf. Das Salz brannte auf ihren Gesichtern, und ihre Kehlen kratzten vor Durst. Erschöpfung machte sich breit. Sie sangen abwechselnd, um sich wach zu halten. Am Ende schwiegen sie, überwältigt von Durst und Müdigkeit.

Gerade als Malva kurz vor dem Einschlafen war, spürte sie plötzlich etwas an ihrem Bein vorbeigleiten. Sie schreckte hoch.

»Filomena! Hast du das auch gespürt?«

»Was denn?« Auch die Zofe zuckte nun zusammen. Sie war auf ihrem Holzgitter zusammengesunken und ebenfalls beinahe eingeschlafen.

»Ich habe etwas gespürt …«

Malva hatte keine Zeit, ihren Satz zu beenden. Sie stieß einen spitzen Schrei aus, und ihr Gesicht verzog sich vor Schmerz.

»Malva!« Filomena kam mit großen Paddelschlägen heran.

»Mein Bein!«, weinte Malva.

Filomena ließ ihr Holz los und klammerte sich an Malva. Sie versuchte, die vor Schmerzen stöhnende Malva auf das Gitter zu hieven.

»Etwas hat mich gebissen!«, weinte diese. »Mein Bein, mein Bein …«

Filomena keuchte schwer. Beinahe wäre sie abgerutscht und hätte den Halt verloren, doch schließlich schaffte sie es, Malva auf das Stück Holz zu wuchten. Blut färbte das Wasser rot. Malva blutete an der rechten Wade. Bei Filomena setzte für einen Moment das Herz aus.

»Was ist los?« Malva geriet in Panik. »Ich spüre mein Bein nicht mehr.«

»Dein Bein ist noch da!«, antwortete Filomena. »Du blutest, aber es ist nicht weiter schlimm. Nicht bewegen. Wahrscheinlich war es einfach ein Fels, einfach nur ein Fels …«

Während sie die beruhigenden Worte aussprach, starrte sie entsetzt auf die Wunde an Malvas Bein, eine tiefe Bisswunde in Form eines Mauls, mit zwei gut sichtbaren Zahnreihen.

Filomena legte Malva die Hand auf die Stirn und streichelte ihr über den Kopf. »Es ist nichts weiter«, flüsterte sie. »Nur ein Fels, an dem du dich gestoßen hast. Ich kümmere mich um dich, kleine Prinzessin. Du wirst sehen, das kriegen wir schon wieder hin.«

Filomenas Kehle war wie zugeschnürt, doch es gelang ihr trotzdem, die alten Wiegenlieder zu singen, mit denen sie Malva immer beruhigt hatte, wenn diese als Kind nicht einschlafen konnte, weil sie sich vor der Dunkelheit und vor Alpträumen fürchtete. Sie sang eine Ewigkeit, immer in der Angst, die fürchterliche Bestie, die ihre Herrin gebissen hatte, könnte wieder auftauchen. Sie sang und dachte, dass sie sterben würden, sie beide gemeinsam, verloren inmitten des unendlichen Ozeans.

Malva war bewusstlos.

Filomena hatte nicht mehr die Kraft, die Augen offen zu halten. Die Sonne ließ die Wasseroberfläche glitzern. So sah Filomena nicht, wie sich am Horizont die Umrisse eines Bootes abzeichneten. Das Boot steuerte auf sie zu. In dem Augenblick, als sie sich vom Leben verabschiedet hatte, griffen zwei Hände nach ihr und zogen sie aus dem Wasser.

8 ✧ Das Begräbnis eines Verräters

Innerhalb von wenigen Tagen war das Wetter umgeschlagen. Zunächst war die Sonne einem eintönig grauen Himmel gewichen, dann war Wind aufgekommen. Aber anstatt die Wolken zu vertreiben, hatte der Wind sie zueinander getrieben und sie über dem Land aufgetürmt wie in einer Schachtel. Schließlich hatte es angefangen zu regnen. In Galnizien war das um diese Jahreszeit nicht üblich. Schnell wurden abergläubische Stimmen laut, die sagten, dass dieser verworrene Himmel neue Katastrophen ankündige. Wahrsagerinnen und Kartenleger kamen aus den Nachbarländern, aus Armunien und Tildesien, schlugen ihre Buden in der Stadtmitte und entlang den großen Boulevards auf und begannen, allen die Köpfe zu verdrehen: fünfzig Galniks für eine Vorhersage der kommenden sechs Monate, hundert für die Vorhersage der kommenden Jahre und zweihundert, wenn man seine Todesstunde hinausschieben wollte. In endlosen Schlangen standen sich verängstigte Galnizier vor den Buden die Beine in den Bauch, und kaum einer schenkte den wenigen Vernünftigen Beachtung, die am liebsten gegen diese Scharlatane vorgegangen wären.

In der Unterstadt bedeckten einige Frauen ihren Kopf mit Tüchern, die in Bienenwachs getränkt waren, um das Unglück abzuwenden. Am Hafen ritzten die Matrosen Geheimzeichen in die Steine der Uferpromenade, um böse Geister fernzuhalten. Die Auslagen der Geschäfte quollen über von Amuletten aller Art, und die Kunden schlugen sich um die Ware. Verkäufer verkündeten, dass die an ihren Ständen angebotenen roten Steine die Kraft hätten, böse Vorhersagen zu bannen.

Tagein, tagaus patrouillierten Soldaten in den Gassen. Ihre genagelten Sohlen waren weithin zu hören. Der König war überzeugt, dass seine Tochter entführt worden war. Er sah keine andere mögliche Erklärung für ihr plötzliches Verschwinden. Selbstverständlich unternahm Arkus nichts, um ihm diesen Glauben zu nehmen. Er ließ ihn seine Suchtrupps durch das ganze Land schicken, bis hin zu den äußersten Grenzprovinzen.

Die Leute begannen, Namen von Räubern zu flüstern und zweifelhafte Anschuldigungen über angebliche Komplotte des einen oder anderen fremden Landes zu streuen. Botschafter wurden nach Dunbraven geschickt, ins Königreich Norien und sogar bis nach Polvakien. Die Königin verbrachte ihre Tage vor dem Altar der Heiligen und legte Opfergaben nieder. Der König war nicht mehr er selbst. Für ihn gab es lediglich eine Person, die ihm helfen konnte, die Prinzessin wiederzufinden: Arkus!

Mitten in diese angespannte Situation hinein kehrten die Soldaten eines Tages mit dem Kleid von Malva zurück, das sie am Abend vor ihrem Verschwinden getragen hatte. Sie hatten das Kleid in der Nähe des Hafens von Cardusa gefunden, zwischen Algen am

Strand. Schwarze Haarsträhnen hatten sich in dem Spitzenkragen verfangen.

Der König und die Königin standen sprachlos vor diesem Fund. Sie untersuchten ihn, fuhren mit den Fingerspitzen darüber. Für einen kurzen Augenblick waren sie versucht, die Realität zu ignorieren, und doch … war dieses Kleid nicht der Beweis dafür, dass die Prinzessin ertrunken war?

»Ertrunken?«, murmelte die Königin mit tonloser Stimme.

»Ertrunken?«, wiederholte der König gleichermaßen tonlos.

Arkus gab den Soldaten ein diskretes Zeichen, ihre Helme abzunehmen und die Dolche zu senken. Vorsichtig näherte er sich dem Königspaar.

»Wir werden ewig um unsere geliebte Prinzessin weinen«, murmelte er. »Galnizien hat eine außergewöhnliche Persönlichkeit verloren.«

Die strengen Regeln des Protokolls, die so schwer auf der Beziehung zwischen Malva und ihren Eltern gelastet hatten, lösten sich urplötzlich in Luft auf. Zum ersten Mal in ihrem Leben ließen sich der König und die Königin von ihren Gefühlen überwältigen: Sie schluchzten.

Als es unerträglich wurde, verdrückten sich die Soldaten. Kaum hatten sie den Raum verlassen, ging das Gerücht schon durch alle Gassen. Die Prinzessin, einzige Erbin des galnizischen Throns, war für immer in den Tiefen des Maltischen Ozeans verschwunden.

Für einige Tage legte sich eine bleierne Stille über die Zitadelle. Der König hatte sich in seinem Zimmer eingeschlossen, und die Königin kam nicht mehr aus Malvas Zimmer heraus. Keiner von beiden wollte irgendjemanden sehen, außer Arkus, der als ein Mitglied der Familie galt und der Einzige war, der sie besuchen durfte. Man sah ihn durch die langen verlassenen Gänge und Galerien schreiten und dampfende Tiegel mit einem Sud gegen Migräne vor sich her tragen. Seine Stirn lag in tiefen Falten, und seine Augen waren stets auf der Hut.

Verzweifelt über die Situation und zutiefst verunsichert, wandten sich die Hausangestellten, die Soldaten und die Minister mit ihren Fragen zu alltäglichen Angelegenheiten direkt an ihn. Anfangs versprach Arkus, die Fragen an den König weiterzugeben. Doch dieser war zu keiner Stellungnahme mehr fähig, so dass Arkus die Entscheidungen schließlich in seinem Namen traf. Auf diese Weise erließ er die folgenden drei Erlasse:

Erlass Nummer eins: Galnizien befindet sich in einer Zeit der tiefen Trauer. Die Grenzen sind geschlossen.

Erlass Nummer zwei: Die Lehre von Ruhe und Harmonie ist außer Kraft gesetzt. Es werden keine Hochzeiten mehr gefeiert und auch keine Beerdigungen mehr stattfinden, denn auch die Prinzessin konnte sich weder verheiraten noch beerdigt werden, da ihre sterblichen Überreste nicht gefunden wurden.

Erlass Nummer drei: Die einzigen erlaubten Zeremonien sind die, die das Andenken an die Prinzessin wachhalten.

Im Festsaal, im Herzen des Palasts, ließ Arkus das Porträt der Prinzessin aufhängen, das an ihrem vierzehnten Geburtstag angefertigt worden war. Daneben wurde das Kleid aufgehängt, das man am Meer gefunden hatte. Alle Galnizier waren dazu aufgerufen, dort Gaben und Geschenke niederzulegen.

All das geschah sehr schnell. In weniger als zwei Wochen war das Land, das als so solide und ruhig galt, bis auf die Grundfesten erschüttert worden. Es war, als ob Malva mit ihrer Flucht das Fundament von ganz Galnizien zerstört hätte.

Während die ersten Erlasse an den Stadtmauern angebracht wurden, verweste der Körper des Kapitäns im Haus der Mac Botts und verströmte einen grauenvollen Geruch. Berthilda nahm ihren ganzen Mut zusammen und öffnete den Koffer, in dem ihr ehemaliger Herr sein Vermögen aufbewahrte.

Sie wusste, dass kein Gesetz dem Reiz des Geldes standhalten konnte.

Sie nahm eine grüne Samtbörse an sich und ging aus, um dem Pfarrer einen Besuch abzustatten.

Es dämmerte, als Orfeus ein Klopfen an seiner Tür hörte. Er hatte mit niemandem mehr gesprochen seit dem Morgen, als Berthilda ihm die Nachricht vom Tod seines Vaters überbracht hatte. Außerdem hasste er Nässe, der Regen machte ihn ganz mürrisch. Also war er nicht mehr vor die Tür gegangen. Er hatte nicht mal mehr von seinem Fenster aus die Wäscherinnen oben auf dem Dach belauscht. Er wusste, dass die Ereignisse da draußen seine Laune ganz sicher nicht gehoben hätten. Er hatte seine Zeit damit verbracht, seinen Ärger hin- und herzuwälzen und sich gleichzeitig zu fragen, was er mit seinem Leben anfangen könnte, nun, da er ganz und gar gesund war.

Misstrauisch näherte er sich der Tür. Nach einem kurzen Zögern öffnete er und sah sich wieder dem kleinen Jungen gegenüber, der ihm schon einmal eine Nachricht überbracht hatte. Der arme Junge schlotterte in seinen feuchten Kleidern vor Kälte, aber er hatte noch den gleichen listigen Ausdruck in den Augen.

»Seid Ihr immer noch Orfeus?«, fragte er.

Orfeus nieste, zog den Kopf zwischen die Schultern und fragte seinerseits:

»Kostet eine Nachricht immer noch hundert Galnik?«

»Aber nein«, antwortete der Junge. »Heute kostet die Nachricht zweihundert Galnik. Alle Händler erhöhen ihre Preise. Und ich natürlich auch.«

Orfeus stieß einen Seufzer aus und kramte in seinen Taschen, um den Boten zu bezahlen.

»Die Nachricht ist wieder von der Alten«, erklärte der Junge. »Sie bittet mich, Euch auszurichten, dass es heute Abend stattfindet, um elf Uhr.«

Orfeus hob die Brauen.

»Das klingt ziemlich rätselhaft. Hat sie nichts weiter gesagt?«

»Nein«, sagte der Junge. »Meiner Meinung nach sollte man sich momentan nicht auf dem Friedhof herumtreiben … Wusstet Ihr denn nicht, dass es verboten ist?«

Orfeus verstand sofort, was er damit andeuten wollte. Er legte noch einmal hundert Galnik drauf.

»Ich hoffe, damit kann ich mir deine Verschwiegenheit sichern.«

Die Wangen des Jungen bekamen wieder ein wenig Farbe, als er seinen Schatz in der schmutzigen Faust verschwinden ließ.

»Ich werde schweigen wie ein Grab!«, versicherte er.

Nach diesen Worten flitzte er los und verschwand hinter der nächsten Straßenecke.

Orfeus nieste ein weiteres Mal und beeilte sich, wieder zurück ins Haus zu kommen. Genau vor ihm an der Wand hing die große Weltkarte der bislang entdeckten Länder, die vom Geographischen Institut von Galnizien angefertigt worden war. Er hatte diese Karte vor fünf Jahren erworben, nachdem er beschlossen hatte, allein zu leben. Oft blieb er vor der Karte stehen und prägte sich die Namen der Länder und Meere ein, die ihn träumen ließen: Aremika, das Orniareich, das Okrameer, das Kyprische Meer, Girkistan, der Maltische Ozean … Die bisher bekannte Welt breitete sich vor Orfeus aus, von Ost nach West, entlang dem Breitengrad. In ihrer Mitte war Orfeus Galnizien immer winzig klein vorgekommen. Heute verblüffte ihn diese Erkenntnis mehr denn je.

»Ich kann nicht länger hier leben«, sagte er laut. Der alte Bernhardiner knurrte.

»Möchtest du etwas sagen, Al?«, fragte Orfeus gereizt.

Der Hund stellte ein Ohr auf und legte es dann wieder an.

»Natürlich«, seufzte Orfeus, »einfach aufzubrechen ist für dich nicht außergewöhnlich, aber für mich schon.«

Es war die einzige Hoffnung, die ihm geblieben war. Aber wie konnte er heute noch Galnizien verlassen? Die Flotte war bis auf weiteres stillgelegt worden, und die Grenzen waren geschlossen. Die

Trauer ganz Galniziens, die von Arkus angeordnet worden war, verhinderte jegliche Aktivität und Bewegung.

Die Zeit schritt voran. Die Nacht legte sich über die Straßen, und der Regen trommelte in feinen Tropfen auf das Pflaster. Orfeus musste trotzdem hinaus.

Er ging nach oben in sein Zimmer und stellte sich vor den Spiegel. Ein Zweitagebart zeigte sich auf seinen Wangen, sein blasser Teint betonte die blauen Augen. Jedes Mal, wenn er sich im Spiegel sah, war Orfeus überrascht: Er war ein Mann geworden. Im Grunde seines Herzens fühlte er sich immer noch wie ein Kind. Es kam ihm vor, als wäre alles nur ein Traum.

Er kleidete sich in Schwarz, streifte Handschuhe über und setzte sich einen Hut auf. Dann ging er wieder hinunter. Bevor er das Haus verließ, steckte er das Logbuch des Kapitäns unter seinen Regenmantel. Er hatte sich nicht entschließen können, es zu lesen. Wozu sollte das auch gut sein? Der Name Mac Bott war bereits eine Schande. Orfeus brauchte keine Details mehr.

Er wollte gerade die Tür hinter sich schließen, als Al erneut knurrte. Der alte Hund hatte sich hochgerappelt und kam nun mit hängender Zunge zur Tür.

»Was willst du denn?«, fragte Orfeus streng.

Der Bernhardiner hob die feuchten Augen und sah zu seinem Herrn. Der Blick ließ keinen Zweifel aufkommen: Er wollte mit.

Orfeus seufzte lautstark. Dieser Hund lag tagelang faul auf dem Boden, ohne sich auch nur einmal zu bewegen, und ausgerechnet jetzt, wo er sich mitten in der Nacht bei diesem scheußlichen Wetter zu einem Gang zum Friedhof aufmachte, wollte er mit!

Zu guter Letzt zuckte Orfeus mit den Achseln und ließ den Hund hinaus. Er hatte es schon lange aufgegeben, verstehen zu wollen, was im Kopf des Tieres vor sich ging.

Unter dem mondlosen Himmel schien die Stadt wie erstarrt. Kein Kerzenlicht hinter den Fenstern, keine Gaslaterne an den Torwegen, nichts als Finsternis und Traurigkeit. Den Kopf tief zwischen die Schultern gezogen, lief Orfeus durch die Gassen. Er mied die dreckigen Pfützen und die tiefen matschigen Wagenspuren der Kutschen, so gut es ging. In nur wenigen Tagen hatte sich Galnizien in einen schlammigen überschwemmten Ort verwandelt. Das Land war vom Wasser überspült worden, und Orfeus, nass und unglücklich, wie er war, zürnte Galnizien dafür.

Als er sich dem Friedhof näherte, sah Orfeus einen schwachen Lichtschein. Er trieb seinen Hund an, doch Al blieb wie immer zurück. Er schnüffelte am Boden herum, oder er machte scheinheilig eine Pause, um sein versteiftes Gelenk auszuruhen.

Berthilda erwartete sie am Tor. Sie war in Begleitung von vier Männern, die sich gegen Bezahlung bereiterklärt hatten, als Sargträger zu dienen. Ebenfalls anwesend war ein Pfarrer. Er hielt ein altes abgewetztes Gebetsbuch gegen seine Brust gepresst. Alle begrüßten Orfeus mit einem Kopfnicken. Diese kleine Zusammenkunft machte alle Beteiligten etwas nervös.

Berthilda, an deren Unterarmen zwei Gaslampen hingen, führte den Trauermarsch an, und die vier Männer trugen den Sarg des Kapitäns. Der Pfarrer näherte sich Orfeus und legte ihm tröstend die Hand auf die Schulter.

»Euer Vater wird uns fehlen«, murmelte er. »Er war ein ehrenvoller, zuverlässiger Mann und ein enger Vertrauter des Königs. Hätten wir andere Zeiten, wäre ihm ein prunkvolles und feierliches Begräbnis beschert worden, aber nun …«

Orfeus musste grinsen. Zu anderen Zeiten hätte das Begräbnis von Kapitän Mac Bott am helllichten Tag stattgefunden, unter den Augen aller, und zweifellos hätte sich eine Gruppe von Schaulustigen in die Kapelle gedrängt, um die Zeremonie mitzuerleben. Aber nach seinen neuen Erkenntnissen, bekam sein Vater genau das Begräbnis, das er verdiente: ein heimliches. Endeten so nicht alle Verräter?

Sie betraten den Friedhof, Al im Gefolge, der hechelte wie ein alter Asthmatiker. Der Friedhofswärter hatte sich hinter dem Stamm eines Mandelbaums versteckt und erwartete sie. Er hatte am Fuße des Baumes eine Grube ausgehoben. Der Gedenkstein des Nachbargrabs trug den Namen von Merixel Mac Bott, der Mutter von Orfeus. Der Stein war gesprungen und mit Moos bedeckt. Es war lange her, dass Orfeus hier gewesen war. Für ihn war Merixel eine Fremde, eine weit entfernte Erinnerung. Er hatte nie erfahren, was das Wort Mutter bedeutete.

»Macht schnell«, drängte der Wärter. »Die Patrouillen können jeden Augenblick hier vorbeikommen.«

Die Dienerin hielt ihm einen Beutel mit Münzen hin, um ihn zum Schweigen zu bringen, und stellte die beiden Lampen am Rand des Erdlochs auf. Unter den Augen des erstarrten Orfeus senkten die vier Träger den Sarg in die Tiefe. In dem Moment, als der Sarg mit einem dumpfen Ton auf dem Boden aufkam, näherte sich der Pfarrer, nahm eine Lampe und öffnete sein Gebetsbuch.

»Heilige Mächte im Himmel«, begann er, »wir vertrauen euch heute Abend die Seele unseres geliebten Hannibal an …«

Nordwind war aufgekommen. Der Pfarrer hatte Mühe, mit seiner Stimme dagegen anzukommen. Orfeus hielt den Kopf gesenkt. Es gelang ihm nicht, sich auf die Worte des Pfarrers zu konzentrieren. Zu viele widersprüchliche Gedanken, zu viele verschüttete Gefühle wirbelten ihm durch Kopf und Herz. Al streunte an den Gräbern entlang, als suche er den besten Platz, um seine Bedürfnisse zu verrichten.

»… haltet die Arme auf für den Kapitän, der zeit seines Lebens sein Schiff mit Tapferkeit gelenkt hat, den Stürmen und Gewittern trotzend, all das zum Wohl seines Sohns«, fuhr der Pfarrer fort.

Orfeus sah, dass Berthilda weinte und der Friedhofswärter seine Schaufel umklammerte. Er wartete ungeduldig darauf, das Loch wieder zuschütten zu können. Schließlich beendete der Pfarrer seine Trauerrede. Er wandte sich an Orfeus: »Möchtet Ihr etwas hinzufügen?«

Orfeus ging einen Schritt vor und blickte auf den Sarg hinab. Er holte das lederne Buch aus seinem Mantel hervor und warf es in die Grube.

Schwer landete das Tagebuch auf dem Holzsarg.

»Ist dies alles?«, fragte ihn der Pfarrer.

Orfeus nickte. Sofort begannen die vier Männer und der Wärter das Loch zuzuschütten. Der Pfarrer flüsterte Berthilda etwas ins Ohr. Orfeus vermutete, dass auch er sich seine Dienste bezahlen ließ. Es waren teure Zeiten.

Als das Grab gleichmäßig mit Erde bedeckt war, schlug Orfeus seinen Kragen hoch und wollte sich zum Gehen wenden. Doch Berthilda hielt ihn auf.

»Ab morgen werde ich meine Opfergaben darbringen«, sagte sie. »Ich kümmere mich um alles … und Ihr? Was werdet Ihr tun?«

»Ich werde fortgehen«, antwortete Orfeus. »Sobald sich die Gelegenheit bietet.«

»Verstehe«, murmelte die alte Dienerin. »Werdet Ihr mir Auf Wiedersehen sagen?«

Orfeus schüttelte den Kopf.

»So sage ich Euch also hier und jetzt Adieu.«

Sie wollte Orfeus einen Kuss auf die Wange geben, doch er wehrte ab. Ohne sich noch einmal umzudrehen, verließ er den Friedhof, dicht gefolgt von dem alten Bernhardiner.

9 ✧ Heiltrank aus Ziegenfell

Malva war auf eine Strohmatte gebettet. Noch immer war sie ohne Bewusstsein. Durch die Fieberschübe trat ihr immer wieder der Schweiß auf die Stirn. Er rann am Hals herunter und nässte den Kragen ihrer Matrosenbluse. Mal lag sie ruhig und apathisch da und hatte die Augen geschlossen, mal wand sie sich, weil sie von schlimmen Halluzinationen geplagt wurde.

»Elgolien … Elgolien«, wiederholte sie ein ums andere Mal. »Vuth-Nathor … Dao-Boa …«

Filomena hielt ihre Hand, tupfte ihr die Schweißperlen von der Stirn, ließ sie so oft wie möglich trinken und wusch die bösartige Wunde an ihrem Bein aus. Doch ihre Bemühungen zeigten keine Wirkung. Die Prinzessin schien in eine andere Welt weggeglitten zu sein, und Filomena verzweifelte schier an dem Versuch, sie zurückzuholen.

Jeden Morgen verließen der Fischer und seine beiden Söhne das Haus und fuhren weit hinaus, um die Netze und Reusen einzuholen. So hatten sie Malva und Filomena auch gefunden und vor dem Ertrinken gerettet. Sie sprachen weder galnizisch noch lombardisch, sondern eine fremdartige Sprache voller heller Vokale und harter

Konsonanten. Mit Hilfe von Gesten hatte Filomena schließlich herausgefunden, dass sie sich in Espartanien befanden, was bedeutete, dass sie viel weiter westlich waren, als ursprünglich geplant. Falls Malva wieder gesund werden würde, müssten sie umkehren, um wieder auf den Weg nach Lombardien zu kommen. Doch dieses Vorhaben schien im Augenblick sehr weit weg.

Die Fischerhütte lag einsam an einer strahlend weißen Steilküste hoch über dem Meer. Ein schmaler Weg führte hinunter zu einer kleinen Kieselbucht, ein anderer hinauf zu einer mit Büschen bewachsenen hügeligen Landschaft, wo magere Ziegen grasten. Das war auch schon alles.

Wenn sie nicht gerade an der Seite ihrer Herrin wachte, half Filomena beim Kochen und Waschen und kümmerte sich um die Ziegen. Das Bündel mit Arkus' Goldstücken, der Wechselkleidung und Malvas Tagebüchern war mit der Estafador untergegangen. In Zukunft mussten sie also darauf verzichten, aber das machte Filomena keine Angst. Sie arbeitete hart und ohne Unterlass, um ihren Rettern nicht zu sehr zur Last zu fallen.

Abends machte die Frau des Fischers Fischumschläge. Filomena glaubte zu verstehen, was sie damit bezweckte: Malvas Verletzung stammte von einem Meerestier, also musste sie mit einem Tier aus dem Meer behandelt werden. Sie kochte Sardinen, Doraden, Rochen und Schellfische und legte sie um Malvas Bein.

»Akanaike!«, sagte die Frau des Fischers, während sie den Verband festzog.

Filomena wiederholte das Wort wie eine magische Formel, Akanaike, und hoffte inständig, dass das Fischfleisch seine Wirkung zeigte.

Als die Prinzessin aber nach zwei Wochen immer noch im Delirium lag und beängstigend schnell schwächer wurde, ergriff der jüngere Sohn der Familie seinen Jagdspeer und einen leeren Karren und verließ das Haus.

»Thera«, erklärte die Fischersfrau Filomena.

Sie machte unbestimmte Gesten in die Richtung, in die ihr Sohn gegangen war.

»Er geht nach Thera?«, fragte Filomena. »Ist das eine Stadt? Was hat er mit dem Karren vor? Holt er Medikamente?«

»Thera! Thera!«, wiederholte die Frau fröhlich.

Der Sohn kehrte am nächsten Tag zurück. Er schob den Karren auf dem steilen Weg vor sich her und stieg vorsichtig hinab zum Haus. In dem Karren konnte Filomena etwas erkennen, das aussah wie ein Stück schwarzer Stoff. Aber je näher der junge Mann kam, desto klarer wurde, dass es sich nicht um Stoff handelte. In dem Karren saß jemand.

»Thera«, erklärte die Fischersfrau, indem sie Filomena beruhigend die Hand auf den Arm legte.

Thera war also keine Stadt, sondern eine sehr alte Frau, so alt und gebrechlich, dass sie nicht mehr laufen konnte. Ihr eingefallenes und ungesund gelbes Gesicht war eingehüllt in mehrere Schichten eines dunklen Schals.

Der Sohn führte sie ins Haus und ohne Umschweife zu dem Strohsack, auf dem Malva lag. Mit der Hilfe seines Vaters setzte er die Alte direkt vor die Kranke, dann lud er aus dem Karren ein ganzes Sortiment an Phiolen, Flaschen, Kännchen, Kolben, Klammern und Kellen. Im Handumdrehen waren sie auf dem Boden ausgebreitet.

Filomena trat schüchtern näher. Die Alte faszinierte sie.

Lange blieb Thera bewegungslos sitzen und hielt die Augen geschlossen. Sie hatte ihre gelbliche Hand auf Malvas Stirn gelegt. Einzig ihr pfeifender Atem durchbrach die Stille, die sich über die Hütte gelegt hatte. Filomena fragte sich, ob die Alte nicht eingeschlafen war.

Doch plötzlich riss sie die Augen auf.

»Pneuma«, sagte sie heiser.

Sie begann in ihrem Haushaltswarendurcheinander zu wühlen und griff einen Steintopf heraus, in den sie die Flüssigkeit einer der Phiolen schüttete. Filomena kniff die Augen zu. Die Flüssigkeit war dickflüssig, etwa so wie Öl. Hinzu fügte die Alte nun einige Tropfen einer schwarzen Lösung, ein Tütchen Kräuter, einige rote Körner und etwas Weißes, das für Filomena aussah wie Ziegenhaare.

Währenddessen brachte die Frau des Fischers in einem Topf Wasser zum Kochen. Die alte Thera gab ihr den Topf mit dem Gebräu, und die Fischersfrau erhitzte alles zusammen über dem Feuer.

Ein unangenehmer Geruch erfüllte den Raum. Filomena hustete und verzog das Gesicht, ohne die Alte auch nur einen Augenblick aus den Augen zu lassen. Und als diese Malva das Gefäß mit der heißen Kräutertinktur an den Mund setzte, ekelte es Filomena.

»Pneuma, atman, psuché, néphech«, murmelte Thera, während sie Malva die Medizin einflößte.

Danach kramte sie ihre Sachen zusammen. Der Sohn legte sie vorsichtig wieder in den Karren. Malva hatte sich nicht bewegt, seit die Alte die Hütte betreten hatte. Sie atmete ruhig und gleichmäßig, ihre Arme lagen neben ihrem Körper.

Thera fasste sich mit der linken Hand unter ihre Schals. Sie holte eine kleine hölzerne Figur in Form eines Fisches hervor und stellte sie auf den Boden. In ihrer rechten Hand hatte sie ein weiteres Beutelchen mit Kräutern. Sie bestreute die Figur mit den Kräutern, bevor sie der Fischersfrau bedeutete, etwas von der Glut über die Kräuter zu kippen. Als sie ausbrannte, verströmten die Kräuter einen starken und intensiven Geruch.

»Kéryke asclépios hébé«, murmelte die Alte wieder und strich die Reste des Staubs von ihren gekrümmten Fingern.

Dann schloss sie erneut ihre Augen und wartete darauf, dass man sie wieder in den Karren setzte. Ohne ein weiteres Wort trug der jüngere Sohn den geheimnisvollen Gast wieder aus der Hütte. Und schon waren sie auf den steilen Pfaden verschwunden. Filomena blieb verdutzt und sprachlos zurück.

Einige Stunden später öffnete Malva die Augen. Ihre Stirn war trocken und ihre Wangen weniger blass.

»Ich habe Durst«, sagte sie.

Innerhalb von drei Tagen vernarbte die Verletzung der Prinzessin. Sie war wieder bei Sinnen, und ihr Appetit war eine wahre Freude.

Filomena konnte gar nicht mehr aufhören zu weinen und der alten espartanischen Heilerin zu danken. Die Prinzessin war gerettet – ein Wunder!

»Ich erinnere mich an alles«, sagte die Prinzessin. »Unser letzter Abend an Bord der Estafador, die gegrillten Sardinen, die Lieder, die Geschichte von Bulo … Und dann, die Felsen, Vincenzos Verschwinden und unser Kampf gegen das Ertrinken.«

Lange starrte sie an die Decke, die Stirn in Falten, verloren in ihren Gedanken. Dann tasteten ihre Finger nach dem Medaillon von Arkus an ihrem Hals. Filomena beeilte sich, von anderen Dingen zu sprechen, weil sie befürchtete, dass düstere Gedanken keine guten Auswirkungen auf den Gesundheitszustand der Prinzessin haben würden.

»Wenn du wieder aufstehen kannst, nehme ich dich mit nach Lombardien«, sagte sie zum wiederholten Male. »Du wirst sehen, es ist gar nicht so weit. Die Fischerleute haben mir zu verstehen gegeben, dass sie uns ein Maultier besorgen können. Du brauchst also nur auf seinen Rücken zu klettern, und ich führe dich.«

Malva lächelte, aber sie starrte noch immer an die Decke, als ob dort etwas über ihre Zukunft geschrieben stünde. Filomena fürchtete, ihre Herrin könnte eine völlig verrückte Idee im Kopf haben. Sie war noch so jung! So leicht zu beeinflussen! Sie hatte unter Arkus' Anleitung sehr viele wunderliche Geschichten gelesen! Hoffentlich hatten die jüngsten Ereignisse nicht ihren Verstand verwirrt!

Eines Morgens konnte Malva endlich aufstehen. Gestützt auf

Filomenas Arm, ging sie langsam durchs Zimmer. Sie humpelte, aber sie schaffte es zumindest bis zur Tür. Das Sonnenlicht überflutete die Hügel und ließ die zerklüfteten Kalkfelsen erstrahlen. Die Wasseroberfläche des Meeres glitzerte und blendete. Fernab vom Haus breitete die Fischersfrau auf flachen Felsen Wäsche aus. Als sie sah, dass Malva aufgestanden war, begrüßte sie sie mit einem Lächeln und einem freundlichen Winken.

»Das ist also Espartanien«, murmelte Malva. Sie klang erstaunt.

Alles, was Arkus ihr in Geographie beigebracht hatte, kam ihr wieder in den Sinn. Klar sah sie die Länder der Bekannten Welt vor sich, wie sie sich dem Breitengrad entlang hinzogen wie Laken an einer Wäscheleine: Galnizien, Lombardien, das Eckchen, das Monteplano unterhalb von Polvakien bildete, dann Espartanien. Und dahinter, weiter östlich, das Girkistangebirge, das direkt an die unendliche Weite der Großen Asisischen Steppe grenzte.

»Lombardien ist dort«, sagte Filomena und wies nach Westen. »Ein vier- oder fünftägiger Marsch.«

Malva drehte nicht einmal den Kopf in die angezeigte Richtung.

»Wir gehen nicht nach Lombardien«, sagte sie schroff.

Filomena zuckte zusammen.

»Ich habe viel nachgedacht«, fuhr Malva mit fester Stimme fort. »Warum wollte uns Vincenzo auf der Estafador uns selbst überlassen? Ihm selbst würde das nichts bringen … Es sei denn, jemand hätte ihn dafür bezahlt.«

Sie griff nach dem Medaillon.

»Nur eine einzige Person kann Vincenzo befohlen haben, uns

umzubringen. Es kommt mir schwer über die Lippen, aber Arkus hat uns verraten.«

Filomena stützte sich auf dem Türpfosten ab. Ihre Beine waren plötzlich weich wie Butter. Natürlich waren ihr diese Gedanken schon mehr als einmal durch den Kopf geschossen, aber sie wollte sich nicht weiter damit beschäftigen. Alles, was für sie zählte, war, dass Malva wieder gesund würde und lebte. Der Rest war ihr zu verworren, zu erschreckend, so dass sie alles daran gesetzt hatte, es zu verdrängen.

»Zehn Jahre habe ich Arkus vertraut wie einem Vater«, murmelte Malva. »Ich habe gedacht, er versteht mich. Ich habe sogar geglaubt, dass er mich liebt …«

Sie unterdrückte ein Schluchzen und lachte dann verbittert auf. Sie verdankte Arkus so viele glückliche Momente! Sie hatte gedacht, er wäre aufrichtig, aber das war er nicht. Sie biss die Zähne zusammen, dann brach die Wut aus ihr heraus:

»Jetzt hasse ich ihn! Und ich hasse all diese machthungrigen Menschen! Arkus hat meine Widerspenstigkeit für seine eigenen Zwecke genutzt! Ich frage mich, ob er mir nicht all diese Bücher gezielt zu lesen gegeben hat, um mir das Leben in Galnizien madig zu machen … Er war es, der mich ermutigt hat zu schreiben, mir Geschichten auszudenken und an all die Legenden zu glauben. Wozu? Er wusste schließlich genau, dass solche Phantastereien niemals die Zustimmung des Königs finden würden! Er wusste ganz genau, dass meine Eltern mich verheiraten würden, und doch hat er mich nicht gewarnt!«

Eine Flut von Erinnerungen brach über sie herein. Sie durchlebte schmerzlich Szenen ihrer Kindheit, als Arkus sie auf seinen Schoß genommen hatte, um ihr von den Entdeckungsreisen der Abenteurer zu erzählen. Es war ihm gelungen, ihr Vorstellungsvermögen so mit Legendengeschichten auszufüllen, dass sie sich für nichts anderes mehr interessierte. Wie oft hatte er die Verdienste und Errungenschaften antiker Helden gerühmt, die aufgebrochen waren, um sich vermeintlichen Herausforderungen zu stellen, ohne sich darum zu kümmern, was sie zurückließen?

Malva fasste Filomena am Arm.

»Bin ich verrückt?«, fragte sie. »Glaubst du auch, dass Arkus sich als mein Erzieher angeboten hat, einzig und allein, um mich vom Thron fernzuhalten? Glaubst du, er hat mich geduldig zehn Jahre lang manipuliert, um nun die Früchte seiner Arbeit zu ernten?«

Filomena warf ihrer Herrin einen bestürzten Blick zu. Es fiel ihr schwer, Malvas Gedanken zu folgen, sie machten sie schwindelig. Malvas Nasenflügel bebten, ihr Mund verzog sich vor Zorn.

»Egal, ob ich damit recht habe oder nicht, ich werde jedenfalls nicht länger ein Spielball dieser Menschen sein. Ich will nicht länger die Marionette sein, die verheiratet wird, und ebensowenig die Thronerbin, die man aus der Welt schaffen will! Ich will einfach mein Leben leben, und aus.«

Filomena sah Malva entsetzt an. Ihr schmales Gesicht wirkte mit einem Mal so hart. Und ihre Worte waren so entschlossen!

»Aber … wieso können wir dann nicht nach Lombardien gehen?

Meine Cousins würden uns verstecken«, stammelte sie. »Sie sind sehr …«

»Arkus ist weitaus mächtiger, als du glaubst«, unterbrach sie Malva. »Wenn wir nach Lombardien gehen, wird er früher oder später erfahren, dass wir noch leben. Es wäre ihm ein Leichtes, seine Schergen zu schicken, um uns zu töten.«

Filomena schauderte. Alles, was sie befürchtet hatte, trat nun tatsächlich ein! Aber was konnte sie gegen die Entschlossenheit einer betrogenen und gedemütigten Prinzessin ausrichten?

»Bei der Heiligen Harmonie«, jammerte sie, »warum das alles? Was wird aus uns werden?«

Malva nahm ihre Hand und fixierte Filomena mit ihren bernsteinfarbenen Augen.

»Ich möchte nichts mehr mit den Geschicken meines Landes zu tun haben, Filomena. Wenn Arkus den König stürzen und die Macht an sich reißen will, kann ich nichts dagegen tun. Alle denken, ich wäre tot. Ich bin also frei zu gehen, wohin ich will!«

»Frei?«, wiederholte Filomena. »Aber wohin willst du gehen?«

Augenblicklich bedauerte sie, diese Frage gestellt zu haben, denn sie kannte die Antwort bereits. Und diese Antwort machte ihr eine Heidenangst.

»Bist du noch immer meine Schwester?«, fragte sie Malva.

Wie oft hatten sie sich das geschworen, seit sie sich kannten? Hundertmal bestimmt! Sie hatten sich geschworen, beieinander zu bleiben, für immer und ewig. Ihre Sorgen und Freuden zu teilen, ihre Geheimnisse und ihre Hoffnungen. Filomena liebte Malva.

Wie konnte Malva dieses Band ausgerechnet jetzt durchschneiden, wo sie sich zusammen in dieser Notlage befanden? Das war unmöglich!

»Ich bin deine Schwester«, antwortete Filomena. »Ich gehe dahin, wohin du gehst.«

Malvas Gesicht hellte sich auf. Sie blickte über die Felsküste hinweg, weit in die Ferne, als könnte sie hinter dem Horizont etwas erkennen.

»Ich habe einen Schiffbruch und den Biss eines Wasserungeheuers überlebt«, sagte sie. »Jetzt kann mir nichts mehr Angst machen.«

Sie ließ Filomenas Hand los, drehte sich um und humpelte wieder zu ihrem Strohbett. Dort streckte sie sich erleichtert aus und strich sich übers Bein. Schließlich fügte sie hinzu: »Es ist also entschieden. So bald wie möglich brechen wir auf nach Elgolien.«

10 ✧ Erlasse, weitere Erlasse

Zum vierten Mal in dieser Woche ging Orfeus zum Hafen. Er hatte Al im Salon eingesperrt. Noch hinter der dritten Ecke hörte er das vorwurfsvolle Bellen. Dieser dumme Hund raubte ihm noch den letzten Nerv. Was auch immer Orfeus tat, nie war er einverstanden: Draußen knurrte er und beschnüffelte die Kleider der Leute, drinnen bellte er in einem fort. Dies würde schon bald zu Beschwerden bei den Nachbarn führen, die mittlerweile nicht mehr so nachsichtig waren wie noch vor einiger Zeit. Letzte Nacht hatte eine Frau eine Kopie des achtunddreißigsten Erlasses von Arkus an Orfeus' Tür genagelt, in dem jegliche Form von Lärm untersagt wurde.

»Der achtunddreißigste Erlass!«, seufzte Orfeus und schüttelte verständnislos den Kopf.

Seit die Trauer das Land lahmgelegt hatte, häuften sich die Erlasse von Arkus, ohne dass klar war, ob dies mit der Zustimmung des Königs oder ohne sie geschah. Denn der König hatte sich seit dem unheilvollen Tag, als das Kleid der Prinzessin gefunden worden war, nicht mehr öffentlich gezeigt. Nicht nur Hochzeiten und Beerdigungen waren verboten, sondern auch Feierlichkeiten aller Art, der Verkauf von Zeitungen und Blumen und Unterricht in den Wissenschaften und Künsten. Es durfte niemand nach Einbruch der Dunkelheit spazieren gehen. Es war untersagt, schwimmen zu gehen oder sich in der Öffentlichkeit zu umarmen oder zu singen, und es war sogar verboten, ein Schläfchen unter einem Baum zu machen!

Um die Einhaltung all dieser Erlasse zu gewährleisten, patrouillierten Soldatentrupps durch die Gassen der Unterstadt; das Klacken ihrer Sohlen auf den Pflastersteinen war Tag und Nacht zu vernehmen. Die Schulen schlossen, die fahrenden Händler verließen die Stadt, die Musiker spielten heimlich unter den Brücken, die Mütter hatten Angst, ihre Kinder in den Gassen spielen zu lassen, die Frauen schminkten sich nicht mehr, und die Männer stellten ihre Zusammenkünfte bei den Verkaufsbuden ein. Alle trauten sich nicht einmal mehr, das zu tun, was noch erlaubt war, aus Furcht, dass es schon morgen verboten sein könnte.

»Wie trostlos!«, seufzte Orfeus erneut, als er auf den großen Boulevard am Fluss einbog.

Weiter vorne, nach einer Reihe verlassener Marktplätze, verzweigte sich der Fluss, bevor er in den Maltischen Ozean mündete. Dort, etwas abseits von der Stadt, befand sich der Hafen, erstarrt unter einer dicken Wolkenschicht, die sich auf Galnizien gelegt hatte.

Orfeus atmete tief ein, als er die Kais erreichte. Wenigstens eines änderte sich nie: Das Meer duftete nach Salz und Abenteuer! Er nieste, lächelte aber und ging entschlossenen Schrittes auf das Meeresinstitut zu, wo er seit einigen Wochen seine Kenntnisse auf dem Gebiet der Seefahrt vertiefte. Stundenlang steckte er seine Nase in die Bücher. Danach setzte er sich einen Moment in die Eingangshalle des Instituts, weil er hoffte, den Kapitänen der Schiffe zu begegnen, die im Hafen vor Anker lagen. Er wollte erfahren, wann welches Schiff ablegte. Dann müsste er lediglich die sich bietende Gelegenheit nutzen, und schon könnte er – Wind ahoi! – Galnizien und seine bedrückende Schwermut hinter sich lassen!

Aber als er die wenigen Schritte bis zum Eingang des Instituts gegangen war, fand er die Tür verschlossen. Er lauschte. Es waren eindeutig Stimmen und Geräusche zu hören. Was hatte diese außerplanmäßige Schließung zu bedeuten?

Orfeus ging ein paar Schritte zurück und sah an der Fassade des Gebäudes empor. Normalerweise flatterte die galnizische Fahne in ihren grünen und gelben Farben über dem Gebäude, doch heute hatte man sie anscheinend nicht gehisst.

»Seltsam …«, murmelte Orfeus und ging wieder zurück zur Tür.

Er wartete. Es war windig, und er schlug den Kragen seines Jacketts hoch, um nicht zu frieren. Trotzdem begann sein Hals nach einiger Zeit zu kratzen. Er nieste wieder drei- oder viermal. Als er den Kopf hob, bemerkte er, dass er nicht mehr allein wartete. Außer ihm standen sich noch zwei weitere Männer die Beine in den Bauch. Einer der Männer kam Orfeus bekannt vor. Er war klein und dünn, schien nervös und übelgelaunt. Wegen seiner rot leuchtenden Haarpracht, die sein Gesicht einrahmte, übersah man ihn nicht so leicht. Er war Orfeus bereits im Lesesaal und in der Eingangshalle des Instituts aufgefallen. Wie ein Matrose sah er nicht gerade aus. Doch da er sich oft hier aufhielt, interessierte er sich wohl für die Dinge rund um das Meer.

Orfeus stellte gerade Vermutungen über den Rothaarigen an, als sich die Türen des Instituts weit öffneten. Eine Soldatenpatrouille stürzte nach draußen. Hinter ihnen erhoben sich Stimmen und Schreie des Protests. Inmitten der beiden Soldatenreihen erblickte Orfeus einen Mann mit rasiertem Kopf und grauen Augen. Er ging schnell, mit steifen Schultern, den Nacken in den hochstehenden Kragen seiner Priesteruniform eingezogen. Beeindruckt trat Orfeus einen Schritt zurück, um ihm und den Soldaten, die ihn begleiteten, den Weg frei zu machen. Sein Blick folgte ihnen, bis sie sich zwischen den Hafenkais verloren.

»Arkus«, flüsterte Orfeus. »Arkus höchstpersönlich.«

Als die Überraschung verflogen war, drehte sich Orfeus zur Tür des Instituts, denn er wollte endlich hineingehen. Aber der Eingang war erneut verschlossen.

»Eine Zumutung!«, empörte sich der kleine Rothaarige und lief die Freitreppe hinauf. »Für wen halten die sich da drin? Uns die Türen vor der Nase zuzuschlagen! Die wollen uns wohl glauben machen, wir wären ihnen nicht gut genug!«

Orfeus schlug mit der Faust gegen die dicken Holztüren. Einmal, zweimal, dreimal, immer kräftiger, angefeuert vom kleinen Rothaarigen.

»Das Institut ist geschlossen!«, rief eine Stimme aus dem Innern des Gebäudes.

»Wann wird geöffnet?«, fragte Orfeus.

»Ihr versteht nicht!«, schrie die Stimme zurück. »Es ist geschlossen! Ein für alle Mal geschlossen, Befehl von Arkus!«

Orfeus verschlug es die Sprache. Wie konnte nur eine solche Entscheidung getroffen werden? Das hatte doch überhaupt keinen Sinn!

»Hier ist der Erlass!«, hörte man die Stimme sagen.

Unter der Tür wurde ein Papier durchgeschoben. Orfeus hob es auf. Dieser dreiundvierzigste Erlass besagte, dass ab sofort alle öffentlichen Institutionen geschlossen sein würden, alle Bücher versiegelt und die Karten und Navigationsinstrumente beschlagnahmt …

»Feiglinge!«, rief der Rothaarige und trat ein paarmal gegen die Tür. Dann zuckte er mit den Schultern und ging von dannen, nicht ohne die eine oder andere gezielte Beleidigung in Richtung der Gelehrten, der Bärtigen und einer Bande Unfähiger zu schleudern, die er alle zu kennen schien.

Orfeus blieb verdutzt zurück, seine Finger hielten krampfhaft das Papier fest. Der Wind fuhr ihm in seinen Mantel und bis ins Mark. Ein Fieberschub schüttelte ihn. Mit diesem Erlass schwand seine letzte Hoffnung, Galnizien zu verlassen.

11 ✧ Hinterhalt in der Steppe

Gen Osten. Immer gen Osten.

Seit achtundzwanzig Tagen marschierten Malva und Filomena der aufgehenden Sonne entgegen. Sie waren durch dürre Landstriche gekommen, hatten Dörfer und Felder hinter sich gelassen, reißende Gebirgsbäche durchquert und dunkle Wälder an der Grenze nach Monteplano durchwandert. Nun erreichten sie das Girkistangebirge. Abwechselnd ruhten sie sich auf dem Rücken des Maultiers aus, das ihnen die Fischerleute aus Espartanien geschenkt hatten. Trotzdem verursachte ihnen jeder Schritt höllische Schmerzen. Bluteten ihre Füße mal nicht, war es der Rücken, der sie quälte, oder ihre Augen, die durch den schneidenden Wind und die Sonne gereizt waren, und schließlich auch der leere Magen. Schon seit einer Weile waren ihre bescheidenen Vorräte aufgebraucht. Solange sie sich in besiedelten Gebieten aufgehalten hatten, war es ihnen immer gelungen, etwas Brot oder eine Suppe aufzutreiben, oder sie hatten Kohl aus einem Gemüsegarten gestohlen … Doch nun waren sie in einer einsamen Gegend, ohne eine Menschenseele.

Bevor die Sonne unterging, bemühten sie sich, eine Unterkunft zu finden. Bestenfalls war das eine verlassene Schäferhütte, aber meist blieb es bei einem überhängenden Felsen, einem Baum mit tiefen Ästen oder einfach einem Graben am Wegesrand. Dort schliefen sie vor Erschöpfung ein. Wildbeeren, Kastanien, Pilze und Mäuse, die sie manchmal fingen, reichten nicht, um den Hunger zu stillen. Nachts träumten sie von den Festen von damals und den prunkvollen Zeiten, als sie noch im Schloss lebten.

Jeden Morgen wachte Malva mit den gleichen Schmerzen auf: Ein unerträglicher Krampf erfasste ihr rechtes Bein und zog sich bis in ihren Rücken. Am Anfang hatte sie furchtbare Schreie ausgestoßen, so dass der aus dem Schlaf gerissenen Filomena fast das Herz stehenblieb.

Irgendwann hatte sich Malva aber an den bohrenden Schmerz gewöhnt. Sie hatte eine Methode gefunden, die den Schmerz ein wenig milderte: Sie streckte das Bein und hielt dabei ihren Fuß fest, dann ließ sie locker und stand so schnell wie möglich auf, um ein paar Schritte zu gehen. Zuerst humpelte sie noch, dann ging sie ganz normal. Zum Abschluss musste sie noch etwas von der ekligen Medizin trinken, die ihr die Frau des Fischers gemischt hatte und die Malva in einem Schlauch aus Ziegenhaut aufbewahrte. So löste sich dann der Krampf, und Malva war so erleichtert, dass sie sofort meinte, in Bestform zu sein.

»Hoch mit dir, du Faulenzerin!«, rief sie ihrer Dienerin zu. »Die Sonne geht gerade auf, und Elgolien wartet!«

Filomena grummelte. Ja, sie hatte geschworen, ihrer Herrin bis ans Ende der Welt zu folgen, aber bei allen Heiligkeiten der Bekannten Welt, was kostete sie dieser Schwur! Wenn sie die Wahl gehabt hätte, wäre sie an manchem Morgen am liebsten genau da geblieben, wo sie war, zusammengerollt auf der Erde. Sie hätte darauf gewartet, dass irgendein wildes Tier sie verschlingen oder die Sonne sie verbrennen würde. Sie hätte es vorgezogen zu sterben, anstatt sich erneut auf den Weg zu diesem verdammten Land zu machen, mit dem Malva ihr immerzu in den Ohren lag.

»Wir kommen ganz sicher dort an«, ermunterte sie Malva, den Blick fest gen Osten gerichtet.

»Sicher«, schimpfte Filomena, »irgendwo kommen wir schon an. Ob nun Elgolien oder nicht, die Welt muss ja schließlich ein Ende haben!«

»Denk doch nur«, sagte die Prinzessin begeistert, »wir werden die ersten Galnizierinnen sein, die einen Fuß in das Land Elgolien setzen! Keiner ist jemals so weit gekommen!«

Malva träumte bereits davon, über ihre Abenteuer zu schreiben. Sie hatte zwar ihr Tagebuch beim Schiffbruch verloren, aber ihr Gedächtnis reichte ihr.

»Hilf mir, einen guten Titel für unsere Abenteuer zu finden«, bat sie Filomena. »Wie findest du ›Reise ins Ungewisse‹? Oder ›Zwei Abenteurerinnen in Elgolien‹?«

Filomena warf ihr schräge Blicke zu. Sie verstand die Begeisterungsstürme ihrer Herrin kaum. So viele Gefahren konnten ihnen begegnen! So viele Fallen konnten sich direkt unter ihren Füßen auftun! Während der achtundzwanzig Tage Fußmarsch waren sie kaum jemandem begegnet: ein paar misstrauischen Bauern, ein paar Vagabunden, die ihnen angeboten hatten, sich ihnen anzuschließen, ein paar Händler, die ihnen Schmuck verkaufen wollten … Jedes Mal hatten sie sich schnell aus dem Staub gemacht und die Gesellschaft gemieden. Aber jetzt? In den bevorstehenden abweisenden Bergen? Wer wusste schon, welchen Menschen oder unheimlichen Monstern sie begegnen konnten?

»Was für eine erbärmliche Galnizierin du abgibst!«, witzelte Malva, als sie Filomenas verängstigtes Gesicht sah. »Warum siehst du überall nur Unheil? Ich finde es viel schöner, mir vorzustellen, dass die Welt voll ist von solch freundlichen Menschen wie den Fischern aus Espartanien.«

Dann fügte sie noch listig hinzu: »Außerdem sind wir so mittellos, dass wir uns bestimmt keine Sorgen machen müssen.«

Sie strich mit den Fingerspitzen über das goldene Amulett, das sie noch immer um den Hals trug. »Zur Erinnerung an seinen Treuebruch«, sagte Malva.

»Das ist alles, was man mir rauben könnte. Aber was ist das Amulett eines Verräters schon wert?«

Damit hatte sie recht. Jedoch …

Ein paar Tage später erreichten sie die ersten verschneiten Ausläufer des Girkistanmassivs. In der Ferne waren unnatürlich aussehende Rauchschwaden zu erkennen.

»Vielleicht ein Dorf?«, vermutete Malva.

Sie saß zusammengekauert auf dem Rücken des Maulesels, dessen Hufe tief im Schnee versanken, und schlotterte vor Kälte. Ihre Lippen waren lila angelaufen. Neben ihr hechelte und keuchte Filomena. Sie war am Ende ihrer Kräfte. Sie mussten auf der Hut sein, aber was sollten sie tun? Diesen Pass mussten sie vor Einbruch der Nacht überqueren, um im Tal dahinter in ein milderes Klima zu kommen. An eine Umkehr war nicht mehr zu denken.

Je näher sie dem schwarzen Rauch kamen, desto klarer wurde, dass es sich nicht um ein Dorf handelte. Irgendetwas brannte am Boden, aber es war weder ein Lagerfeuer noch ein Freudenfeuer. Schwarze Gegenstände lagen überall herum: ein zerborstener Pferdekarren, Fässer und zerbrochene Kisten. Vorsichtig und leise schlichen Malva und Filomena dichter heran. Ein beißender Geruch erfüllte die eisige Luft. Als sie direkt vor dem Feuer standen, erkannten sie es. Das, was da vor ihren Augen verbrannte, war …

»Ein Pferd?« Malva zögerte.

»Nein …«, stöhnte Filomena. Ihr wurde übel. Pferde. Viele Pferde …

In diesem Augenblick brachen sie von allen Seiten hervor wie Schatten aus der Unterwelt. Sie waren mindestens zwanzig, auf dem Rücken riesiger Kreaturen, halb Stier, halb Gämse. Durch ihre Nüstern stießen sie dichten Nebel. Malva und Filomena erbleichten und klammerten sich aneinander.

Trotz der Kälte trugen die Reiter lediglich einfache Tuniken. Ihre behaarten Oberkörper waren nackt, und ihre Gesichter waren hinter schwarzen Masken versteckt. Sie sahen aus wie Gespenster. Was aber Malvas Angst noch größer machte, waren die Ketten, die sie an ihrem Hals entdeckte: Lederbänder, an denen menschliche Zähne baumelten.

Filomena ließ sich plötzlich auf die Knie fallen. Sie schrie, weinte, flehte die maskierten Krieger an, sie nicht zu töten. Die Reiter stiegen nicht ab. Sie bildeten einen immer engeren Kreis um die beiden Reisenden.

Malva stieg vom Maulesel. Ihre Beine, ihre Arme, ihre Gesichtszüge waren vor Kälte erstarrt. Sie ließ sich neben Filomena in den Schnee fallen und weinte ebenfalls. »Es ist vorbei«, dachte sie unendlich traurig, »wir werden hier sterben, ohne Elgolien gesehen zu haben.«

In ihrem Nacken spürte sie einen heißen und feuchten Atem. Sie hob den Kopf. Eine der Bestien schnüffelte an ihr und presste ihre schleimigen Nüstern gegen ihre Haut! Ohne nachzudenken schlug Malva voller Kraft zu.

»Hau ab!«, schrie sie.

Das Tier stieß ein tiefes Knurren aus. Es zuckte heftig zurück und hätte beinahe seinen Reiter abgeworfen. Unruhe erfasste plötzlich die ganze Gruppe. Die maskierten Krieger schrien und zogen aus ihren Ärmeln halbmondförmige Säbel, deren Klingen metallisch funkelten.

Zuerst dachte Malva, ihr Schlag hätte die Krieger provoziert, doch dann sah sie, dass eine Armee zu Pferd angriff. Ein Ablenkungsmanöver! Das war ihre Chance! Sie zog Filomena heftig am Arm.

»Komm!«

Sie rannten, strauchelten und kauerten sich hinter einem umgestürzten Pferdewagen in den Schnee.

Von dort aus verfolgten sie das Aufeinandertreffen der maskierten Kämpfer und der Krieger zu Pferd. Letztere waren in der Überzahl. Sie schlugen sich heldenmütig mit Säbeln und Peitschen und schienen dem Befehl eines Anführers zu gehorchen, einem jungen kräftigen Mann mit einer Fellmütze, der sich im Steigbügel seines Tieres aufrichtete. Die Hände hatte er über dem Kopf ausgestreckt, und er dirigierte seine Truppen mit großem Geschick.

»Unglaublich …«, flüsterte Filomena. »Ich habe noch nie jemanden gesehen, der so geschickt war.«

Der Anblick dieses außergewöhnlichen Kriegers ließ Filomena beinahe ihre Angst vergessen. Es war, als ob seine reine Schönheit sich auf das Schlachtfeld übertrug: Klirrende Säbel, glitzernde Halbmonde, hämmernde Hufe im Schnee, knallende Peitschen, all das war wie ein großartiges Ballett. Malva schien das Besondere dieses Schauspiels nicht wahrzunehmen. Sie konnte ihren Blick nicht von den Zähnen lösen, die an den Halsbändern der maskierten Krieger baumelten. Ihr gefror das Blut in den Adern.

Die Maskierten verloren schnell ihren Vorteil. Manche wurden verwundet, und andere verloren ihre Waffen. Wütende Schreie ausstoßend, gaben sie ihren Stiergämsen die Sporen und suchten Richtung Westen das Weite.

Als sie weit genug entfernt waren und sich wieder Stille über die Berge senkte, stieg der Anführer der Reiter ab und kniete neben dem Feuer nieder.

Er warf etwas Schnee in die Flammen und sagte einige Worte in einer fremden Sprache. Seine Stimme kam tief aus dem Rachen, sie klang wie ein Gurgeln. Er wippte vor und zurück, die ausgebrannten

Tierkörper boten ihm einen erbärmlichen Anblick. Die anderen Reiter bildeten stumm einen Kreis um ihn und starrten ebenfalls ins Feuer, während weiter schwarze Rauchschwaden in den Himmel aufstiegen.

Nach einer Weile stand der Anführer auf. Mit raschem Schritt näherte er sich dem Pferdewagen. Als er die beiden zusammengekauerten und schlotternden Frauen entdeckte, verbeugte er sich vor ihnen. Seine Peitsche warf er zum Zeichen des Friedens in den Schnee.

Ohne es zu wissen, waren Malva und Filomena gerettet. Vom Volk der Baiguren. Und der, der ihnen in diesem Augenblick zulächelte, war kein Geringerer als Uzmir, ihr oberster Kanscha.

Für Malva und Filomena begann ein neues Leben. Uzmir hatte sie unter seinen persönlichen Schutz gestellt, und sie mussten nichts weiter tun, als mit ihnen zu ziehen: gen Osten, immer weiter gen Osten.

Die Baiguren waren Nomaden und Jäger. Seit Menschengedenken wanderten sie in langen Karawanenzügen durch die Asisische Steppe und lebten angepasst an den Zyklus der Jahreszeiten und an die Wanderungen der Oryacks. Sie ernährten sich von deren Fleisch und benutzten die übrigen Teile als Tauschware bei den Händlern. Die Haut, die Knochen, das lange Fellhaar, alles wurde von den flinken Händen der Frauen verarbeitet. Sie stellten Harpunen her, Teppiche, Seile, Öl und Talismane, für die die Leute aus fernen Städten regelrecht schwärmten. Im Tausch erhielten die Baiguren Pferde. Pferde waren ihr ganzer Reichtum.

Ohne Pferde konnten sie keine Oryacks jagen. Ohne Pferde konnten die Wagen nicht gezogen werden, in denen Kinder und Alte reisten. Ohne Pferde hätten die Baiguren keine Hoffnung, in dieser unwirtlichen eisigen und unendlichen Steppe zu überleben.

Malva und Filomena verstanden das mit der Zeit. Sie verstanden, warum Uzmir am Tag ihrer Rettung so entsetzlich traurig ausgesehen hatte im Angesicht der Flammen, die die Pferde verschlangen. Und es wurde ihnen klar, dass es für die Baiguren nur einen Feind gab: die schwarz maskierten Krieger, die sie angegriffen hatten, die Amoyeden.

Allein der Name ließ Malva erzittern. Je weiter sich die Karawane nach Osten bewegte, desto mehr dankte sie allen Göttern der Erde, dass sie ihnen Uzmir geschickt hatten. Wenn er nicht gewesen wäre, hätten die Amoyeden keinen Moment gezögert, sie zu töten. Sie hätten ihnen die Zähne herausgerissen und als Trophäen um ihren Hals gehängt.

Tage und Wochen vergingen.

Malva beruhigte sich zusehends. Uzmir hatte ihnen Westen und Stiefel aus Oryackfell gegeben, damit sie die extreme Kälte aushielten. Als Schutz und um das nachwachsende Haar zu verbergen, hatte sich Malva einen Turban um den Kopf gebunden. Den ganzen Tag ritt sie still dahin, dem Wind trotzend. Die stete Hoffnung, bald Elgolien zu erreichen, trug sie voran. Filomena schimpfte nicht mehr. Die Freundlichkeit und Gesellschaft der Baiguren hatte sie versöhnt.

Am Abend gesellte sich Malva erschöpft zum Kreis der Frauen, um bei der Zubereitung des Essens oder dem Knüpfen der Seile aus Oryackfell zu helfen. Die Baigurfrauen zeigten ihr, wie man Pagul kaute. Pagul war eine seltsame Getreideart, die besonders viele gute Eigenschaften zu haben schien. Sie kräftigte die Zähne und erleichterte die Verdauung des Oryackfleisches, schmeckte aber nach gar nichts.

»Und Krämpfe?«, fragte Malva ihre Begleiterinnen. »Hilft das Getreide auch gegen Krämpfe?«

Natürlich verstand niemand ihre Frage. Alle lächelten nur und schüttelten den Kopf. Malva nahm ein paar Körner Pagul. Schaden konnte es ja nicht.

Während der Arbeit rauchten einige Frauen Chibuck. Chibuck war eine Art Pfeife mit einem langen Rohr. Malva jedoch durfte nicht daran ziehen. Die Frauen gaben ihr zu verstehen, dass sie dazu noch zu jung sei und erst einen Chibuck rauchen dürfe, wenn sie verheiratet wäre. Malva musste lächeln. Sie versuchte, ihnen zu erklären, dass man sie in ihrem Land unbedingt verheiraten wollte, obwohl sie noch so jung war. Die Baigurfrauen rissen überrascht die Augen auf: Die Galnizier waren ja regelrechte Barbaren!

Filomena nahm nicht an diesen Runden teil. Sie weigerte sich, Pagul zu kauen, und fand immer eine Ausrede, um wegbleiben zu können. Malva beobachtete sie aus den Augenwinkeln und überraschte sie einmal bei den Männern, in Uzmirs Gesellschaft.

»Er bringt mir seine Sprache bei«, erklärte Filomena Malva, als sie zu ihr zurückkam.

»Ja, sicher …«

»Das ist die Wahrheit!«, versicherte ihre Zofe vehement. »Ich lerne schnell, und Uzmir ist sehr zufrieden, wenn du es genau wissen willst!«

»Das glaube ich dir sofort.« Malva lächelte verstohlen. »Man lernt immer schnell, wenn man verliebt ist!«

Filomena zuckte mit den Schultern, aber Malva sah genau, dass sie damit goldrichtig lag. Ihre Zofe war dem Charme des Kanscha erlegen, seit sie ihn das erste Mal auf seinem Pferd gesehen hatte, als er seine Männer in den Kampf gegen die Amoyeden führte.

»Ich habe etwas Interessantes gehört«, sagte Filomena eines Abends, um Malva ein wenig abzulenken. »Etwas, das Elgolien angeht.«

Malva unterbrach augenblicklich ihre Flechtarbeit.

»Uzmir hat dir von Elgolien erzählt?«

»Ich habe ihn darauf angesprochen. Ich habe ihm gesagt, dass Elgolien das Ziel unserer Reise ist. Seiner Ansicht nach gibt es das Land vielleicht, weit, weit hinter dem Horizont. Manche Reisende haben von Elgolien erzählt, aber kein Baigure ist jemals so weit gekommen.«

»Ich wusste es!« Malva war begeistert. »Wie viele Tagesmärsche sind es noch?«

»Wer weiß das schon«, seufzte Filomena. »Im Moment reisen wir in die richtige Richtung und mit sicherer Begleitung. Sei nicht so ungeduldig.«

Malva nickte. Es war offensichtlich, dass es Filomena schwer fallen würde, ihren schönen Reiter zu verlassen.

»Uzmir hat mir auch etwas von den Amoyeden erzählt«, fuhr Filomena flüsternd fort. »Wenn ich richtig verstanden habe, verüben diese Bestien ihre Überfälle als Auftragsarbeiten. Sie werden dafür bezahlt. Sie stehlen, sie plündern. Sie entführen oft Frauen und Kinder, um sie an einen Herrscher zu verkaufen. Leider habe ich seinen Namen vergessen … Sie töten die Pferde der Baiguren, um sie zu schwächen. Doch Uzmir lässt sich das nicht gefallen.«

»Uzmir ist ein großartiger Anführer«, gab Malva sofort zu.

»Er ist der Große Kanscha«, schloss Filomena voller Bewunderung. »Er hat sogar versprochen, mir beizubringen, wie man sich auf einem Pferd aufrecht hält!«

Malva fing an zu lachen.

»Bevor du dir alle Knochen verrenkst, hilf mir lieber, die Seile zu flechten!«

Eines Morgens, als Filomena noch schlief und Malva ihre Runde durchs Zelt machte, um den Krampf in ihrem Bein zu lösen, kam Uzmir herein. Malva sah ihm unerlaubterweise ins Gesicht. Bislang hatte der Kanscha eine große Zurückhaltung an den Tag gelegt. Er hätte sich niemals erlaubt, ihre Privatsphäre zu stören, wenn er keinen dringenden Grund gehabt hätte. Und so war es. Sein Gesichtsausdruck verriet äußerste Unruhe.

»Was ist los?«, fragte ihn Malva, ohne stehen zu bleiben, damit der Krampf nicht wieder auftrat.

Mit einem Kopfnicken zeigte er in Filomenas Richtung, die unter Decken verborgen war. Er brauchte einen Vermittler.

Malva schüttelte ihre Freundin. Filomena wachte auf und errötete, als sie Uzmir erblickte. Sie wechselten einige Worte in der kehligen Sprache, die Malva nicht verstand. Filomena war blass geworden. Als Uzmir wieder gegangen war, sprang sie hastig von ihrem Lager hoch.

»Schnell!«, brach es aus ihr heraus. »Pack deine Sachen zusammen! Wir müssen hier weg. In der Nacht sind Pferde gestohlen worden!«

Malvas Herz klopfte schneller. Hastig rückte sie ihren Turban zurecht.

»Die Diebe haben Spuren hinterlassen«, berichtete Filomena atemlos weiter.

Malva biss sich auf die Lippen.

»Was für Spuren?«, fragte sie ängstlich.

»Hufspuren im Schlamm, von den Stiergämsen. Die Karawane wird sofort aufbrechen. Wir kehren zurück nach Westen.«

»Nach Westen?«

Malva hatte fast geschrien, denn sie war verwirrt und verängstigt. Filomena drehte sich zu ihr um, die Hände in die Hüften gestemmt.

»Hier geht es um Leben und Tod, Malva. Wenn uns die Amoyeden wirklich aufgespürt haben, werden sie sich diesmal sicherlich nicht so leicht in die Flucht schlagen lassen.«

Damit ihre Worte nicht so hart klangen, nahm Filomena Malva fest in den Arm.

»Wir müssen Uzmir vertrauen! Er hat uns einmal gerettet, dann wird er es auch ein zweites Mal schaffen! Sobald die Gefahr gebannt ist, machen wir uns wieder auf den Weg nach Elgolien, versprochen!«

Malva klaubte ihre Sachen zusammen, schlüpfte in ihre Weste und fuhr in ihre Stiefel aus Oryackfell, dann trat sie mit Filomena aus dem Zelt. Die eisige Luft ließ sie augenblicklich erstarren.

Unendlich weit breitete sich die Steppe vor ihnen aus, flach und bewegungslos, während die Sonne im Osten zaghaft über den Horizont kletterte. Malva warf einen sehnsüchtigen Blick nach Osten. Die Verheißungen von Elgolien rückten in weite Ferne und damit auch etwas von der Hoffnung und der Zuversicht, durch die die Entbehrungen des Nomadenlebens – die beißende Kälte, die Eintönigkeit der Berge, die Müdigkeit, die einen niederstreckte – erträglicher wurden. Sie seufzte. Die Große Asisische Steppe baute sich wie eine feindliche und unüberwindbare Mauer zwischen ihr und diesem Land auf. Würde sie noch einmal die Kraft aufbringen, sich all dem zu stellen, wenn sie ihrem Traum jetzt den Rücken zukehrte?

Während Filomena eine Decke unter dem Bauch ihres Pferdes festgurtete, gab Uzmir Malva eine Tasse Tee und eine große Menge Pagulkekse. Dann baute er zusammen mit zwei weiteren Männern das Zelt ab.

»Schon wieder diese scheußlichen Kekse!«, meckerte Filomena, als Malva ihr ihren Anteil reichte. »Nein, danke!«

Malva verstaute die Kekse in der Tasche ihrer Matrosenbluse, die sie immer unter der Fellweste trug. Normalerweise machte sie sich über Filomena und ihren verwöhnten Geschmack lustig. »Ich bin hier die Prinzessin!«, blaffte sie. »Ich müsste mich beschweren!«

Doch an diesem Morgen sagte sie nichts. Über dem gesamten Lager lastete eine Angst, die keine Scherze zuließ.

Die Frauen und Kinder hatten sich um die Pferdewagen versammelt, nachdem sie sie mit Decken, Zeltpflöcken, den gegerbten Lederkochtöpfen, den übrigen Kochutensilien und Pfeifen beladen hatten. Malva sah sofort, dass die gestohlenen Pferde schmerzlich fehlten. Einige Alte boten an, zu Fuß zu gehen, obwohl sie sich kaum auf den Beinen halten konnten. Sie ging zu Uzmir und bedeutete ihm, dass sie gehen konnte. Aber Uzmir schüttelte den Kopf und zeigte auf ihr rechtes Bein, das zitterte. Woher wusste er von ihrer Verletzung?

»Ich habe ihm alles erzählt«, beichtete Filomena, als sie Malvas Staunen bemerkte.

»Wie, alles?«

»Na … von unserem Schiffbruch, von dem unbekannten Tier, das dich gebissen hat und von der Heilerin in Espartanien …«

Malva runzelte die Stirn.

»Und was sonst noch? Hast du ihm auch von unserer Flucht aus Galnizien und von meiner geplatzten Hochzeit erzählt? Wir haben uns geschworen, Stillschweigen zu bewahren!«

Filomena errötete leicht, doch die Prinzessin hatte keine Zeit, sich darüber aufzuregen. Die Zelte waren allesamt abgebaut, die Pferde stampften unruhig, sie mussten dringend aufbrechen.

Malva fügte sich und stieg aufs Pferd. Augenblicklich setzte sich die Karawane in Bewegung. Vorneweg die Männer, dann die Alten und Kinder und zum Schluss die Frauen.

Mit der aufgehenden Sonne erhob sich ein unangenehmer Wind, der über die Ebene fegte und auf den Lippen brannte. Malva zog den Kopf zwischen die Schultern und krümmte den Rücken, um sich vor den eisigen Böen zu schützen. Neben ihr marschierte Filomena und hielt dabei die Zügel des Pferdes, das sie sich teilten. Die Luft war erfüllt von einer unheilvollen Vorahnung, die die Reiter verstummen ließ.

Nach einer Stunde des Schweigens war Malva sehr bedrückt. Sie hatte das Bedürfnis zu reden, um die Angst zu vertreiben.

»Was ist das Erste, das du tun wirst, wenn wir dort angekommen sind?«, fragte sie Filomena plötzlich.

»Diese Frage hast du mir schon tausendmal gestellt, Malva!«

»Sag es mir noch einmal!«

Filomena seufzte resigniert. Das »dort« bezog sich natürlich auf Elgolien.

»Ich werde den See suchen, von dem der Seemann erzählt hat«, antwortete sie freundlich. »Den sprudelnden See mit dem heißen Wasser.«

»Den Barathsee«, ergänzte Malva. Ein wenig kam ihre gute Laune zurück.

»Ja, genau. Ich werde mich hineinplumpsen lassen und stundenlang im Wasser bleiben, ohne irgendetwas zu tun. Balsam für meine verfrorenen Füße und Erleichterung für meinen verspannten Rücken. Und ganz nebenbei werde ich mich um zehn Jahre verjüngen, genau wie es der Seemann gesagt hat … warum auch nicht?«

»Ich werde lieber nicht darin baden!«, scherzte Malva. »Sonst werde ich plötzlich wieder zu einem kleinen Kind.«

Filomena nickte.

»Also?«, bohrte Malva weiter. »Frag mich, was ich tun werde!«

Filomena kniff die Lippen zusammen. Diese Fragen ärgerten sie, doch schlussendlich fügte sie sich den Wünschen ihrer Herrin.

»Nun, was wirst du tun?«

»Ich werde auf den uralten Baum klettern, der auf dem Berg Ur-Tha steht«, antwortete Malva begeistert. »Mit etwas Glück könnte ich sogar einen Blick auf Galnizien erhaschen.«

»Wenn dir das gelänge, sehnst du dich am Ende noch danach, nach Hause zurückzukehren!«, neckte sie Filomena.

»Auf keinen Fall! Wenn ich da ganz oben auf dem Baum bin, strecke ich ganz Galnizien die Zunge heraus, auch Arkus und der Königin und dem König. Dann steige ich schnell wieder herunter und baue ein Haus in der Bucht, wo ein lauer Wind weht. In der Bucht Dao-Boa. Genau dort werde ich wohnen, für immer. Und genau dort werde ich unser Abenteuer niederschreiben!«

In ihrer Vorstellung hatte sich Malva nach den Erzählungen und Beschreibungen des alten Bulo ein sehr genaues Bild von der Landschaft Elgoliens gemacht. In der sagenumwobenen Bucht Dao-Boa sah sie sich bereits Holz hacken, Bretter zusammennageln und das Dach ihres zukünftigen Heims bauen.

Filomena hörte ihr nicht mehr besonders aufmerksam zu. Sie kannte Malvas Träume auswendig. Sie selbst glaubte im Grunde ihres Herzens nicht, dass Elgolien existierte. Einfache galnizische Mädchen standen mit beiden Beinen auf dem Boden und glaubten nur das, was sie auch wirklich vor sich sahen. Malva war das genaue Gegenteil: Sie hatte das Bedürfnis, an das zu glauben, was sie nicht direkt vor Augen hatte.

Die Karawane kam langsam voran. Sie sah aus wie eine große Wolke, die sich nach und nach in die Länge zog. Malva schaute zum Himmel und stellte fest, dass die Sonne bald im Zenit stehen würde. Sie zügelte ihr Pferd.

»Du bist dran«, sagte sie zu Filomena und stieg ab.

Die Zofe ließ sich nicht lange bitten, und Malva lief. Sie hinkte ein wenig. Sie hatte ganz steife Füße, die Zehenspitzen waren gefroren. In den Wagen vor ihr waren die Kinder mittlerweile auf den Knien der Mütter eingeschlafen. Noch weiter vorn erblickte sie die Männer, zu beiden Seiten von Uzmir. Alles schien wie immer. Keine drohende Gefahr am Horizont.

»Vielleicht hat sich Uzmir geirrt«, vermutete Malva. Sie erklommen gerade eine kleine Anhöhe, die mit dornigen Büschen bewachsen war. »Vielleicht waren die Diebe gar keine Amoyeden …«

Kaum hatte sie diese Worte ausgesprochen, als Schreie zu hören waren. Sie kamen von der vordersten Gruppe. Die Männer waren für einen kurzen Augenblick in einer Senke verschwunden, so dass Malva und Filomena sie nicht sehen konnten. Der Wind überbrachte ihnen jedoch keine guten Anzeichen.

Die Wagen hielten an, und die Pferde stellten die Ohren auf. Gespannt reckten sich einige Frauen lauernd in den Steigbügeln empor. Malva glaubte, durch die Windböen hindurch Kampfgetöse zu vernehmen und den Klang von aufeinandertreffenden Waffen.

Plötzlich gab eine der Frauen ihrem Pferd die Sporen und machte sich als Späherin auf den Weg. Filomena und Malva sahen sich an, doch es kam kein Wort über ihre Lippen. Ihr Mund war mit einem Mal ganz trocken. Kurz darauf kam die Frau im Galopp zurück. Sie schrie nur: »Amoyeden! Amoy…«

Ihr Schrei erstarb. Sie fiel mit dem Oberkörper auf den Hals ihres Pferdes: Ein Beil in der Form eines Halbmonds steckte zwischen ihren Schulterblättern.

Malva blieb beinahe das Herz stehen. Mit einem Schlag wurde die gesamte Karawane von Panik erfasst. Pferde scheuten, einige Frauen flohen im Galopp, Wagen stürzten krachend um.

»Nimm das Pferd!«, befahl Filomena.

Sie sprang ab und drängte Malva aufzusteigen. Die Prinzessin war wie gelähmt, ihre Beine versagten ihr den Dienst.

»Schnell!«, verlangte Filomena. »Steig auf, und bring dich in Sicherheit!«

»Und du?« Malva war entsetzt.

»Kümmere dich nicht um mich. Steig endlich auf!«

Ohne dass Malva wusste, wie sie es geschafft hatte, saß sie schließlich auf dem Pferd. Weiter unten sah man nun die Krieger mit ihren aufblitzenden Waffen. Sie hatten schwarze Masken über ihre Gesichter gezogen, genau wie die Krieger der Amoyeden.

Überall um sie herum herrschte ein wüstes Durcheinander. Kinder schrien und liefen wild in alle Richtungen davon, Frauen flohen und rissen sich die Beine an den dornigen Büschen auf. Filomena hielt die Zügel des Pferdes, dann schlug sie dem Tier aufs Hinterteil.

»Ich finde dich wieder!«, schrie sie Malva zu. »Ich muss Uzmir beistehen!«

Malva wandte noch rechtzeitig den Kopf, um zu sehen, wie Filomena zu den umgestürzten Wagen lief. Direkt in die Arme der Amoyeden! Malva wollte sie zurückrufen, sie anflehen, doch ihr Verstand war vor Angst wie benebelt. Das Pferd galoppierte davon und entfernte sich immer mehr vom Schlachtfeld. Hinter Malva war das Trampeln weiterer Pferde zu hören. Sie rissen zerfetzte Zelte, zurückgelassene Gegenstände und aufgebrochene Lebensmittelkisten nieder.

Plötzlich machte das Pferd einen Schritt zur Seite. Malvas Bein schlug an die Flanke eines anderen Pferdes. Ein brennender Schmerz durchfuhr sie. Die alte Wunde begann zu bluten. Durch den Aufprall war sie wieder aufgeplatzt!

Malva fühlte sich wie vom Blitz getroffen. Der Nebel, in den sie gehüllt war, fiel mit einem Schlag von ihr ab, und sie war wieder bei Besinnung.

»Filomena!«, schrie sie, als ihr plötzlich klar wurde, dass sie seit Beginn ihrer Reise zum ersten Mal voneinander getrennt wurden.

Sie zügelte das Pferd mit aller Kraft. Das Tier bäumte sich auf. Malva verlor ihren Turban, hielt aber ihr Gleichgewicht. Als sie sich umdrehte, verschlug es ihr den Atem: Die Karawane war nur noch als einziges Durcheinander erkennbar. Ineinander verkeilte Männer, Pferde und Wagen, ein Knäuel, aus dem hier und da das Eisen der

Waffen und Klingen aufblitzte. Schreie stiegen zum Himmel auf. Der Boden war nur noch Schlamm und Staub.

»Los!«, schrie Malva dem Pferd zu. Mit all ihrer Kraft trieb sie das Tier an. Der Schmerz in ihrem Bein raubte ihr beinahe die Sinne, aber sie musste Filomena finden! Ohne sie war Malva verloren!

Als Malva sich dem Schlachtfeld näherte, sausten ihr Pfeile um die Ohren. Sie duckte sich, so gut sie konnte, hinter den Hals ihres Pferdes.

»Filomena!«, schrie sie erneut.

Plötzlich strauchelte das Pferd über ein Wagenwrack. Es ging zu Boden und warf sie wiehernd ab. Malvas Fuß verhakte sich jedoch im Steigbügel, und sie wurde für kurze Zeit mitgerissen, bis ihr Pferd schließlich erneut strauchelte. Malva schrie vor Panik und Schmerz.

Das Letzte, was sie sah, war die sabbernde Schnauze eines Tieres, das sich über sie beugte, und an einem Lederband aufgereihte menschliche Zähne.

12 ✧ Filomenas Entscheidung

Das Lärmen der Waffen war verstummt. Statt der Schreie war nun ein Stöhnen und Wehklagen zu hören. Auf der kleinen Anhöhe mit den Dornenbüschen sah es aus, als ob die Erde umgepflügt worden sei. Aber hier war weder Weizen noch Gerste ausgesät worden. In einem weiten Umkreis lagen Tote und Verletzte, zerbrochene Waffen und zerrissene Fellwesten.

Die Amoyeden hatten sich aus dem Staub gemacht und die wenigen noch lebenden Baiguren sich selbst überlassen. Kein einziges Pferd hatte überlebt. Weiter hinten, am Rand des Feldes, kniete ein Mann und hielt sich die Hände vors Gesicht. Es war Uzmir, der oberste Kanscha. Er weinte.

Filomena kam zu sich und hörte die seltsamen Geräusche, die er von sich gab. Sie war eine Böschung hinabgefallen und hatte sich den Kopf an einem Stein angeschlagen, bevor sie das Bewusstsein verlor.

»Uzmir …«, stammelte sie und versuchte aufzustehen. »Bei der Heiligen Ruhe … Er lebt!«

Mit enormer Kraftanstrengung gelang es ihr, sich aufzurichten. Als sie die vielen Toten rundherum sah, wurde ihr die Tragweite des

Geschehens bewusst. Sie drehte hektisch den Kopf nach allen Seiten, und das Blut schoss ihr zurück in die Adern.

»Malva …«, sagte sie. »Wo ist Malva?«

Sie krabbelte die Böschung hinauf, ohne auf die Dornen zu achten, die ihr die Hände und Knie zerkratzten. Auf der Anhöhe entdeckte sie die umgefallenen Wagen, die Kisten, die zertrümmerten Pfeifen, die zerrissenen Zelte, und es überkam sie eine grauenvolle Vorahnung.

»Malva!«, schrie sie.

Ihre Stimme wurde beinahe von den Windböen, die über die Steppe fegten, verschluckt. Inmitten des Chaos irrte eine Frau mit ihrer kleinen Tochter umher. Sie war völlig orientierungslos und weinte, ihr Gesicht war schwarz vor Schlamm. Filomena ging auf sie zu. Sie fragte sie in ihrer Sprache, ob sie Malva gesehen hätte.

Die Frau schüttelte verstört den Kopf. Aber die Kleine, die sich an ihren Rock klammerte, zeigte mit dem Finger in die Richtung, in die die Amoyeden verschwunden waren. Sie berichtete Filomena, dass sie gesehen hatte, wie einer der Krieger Malva auf seinem Reittier mitgenommen hatte.

»Bist du sicher?«, flüsterte Filomena. Sie war einer Ohnmacht nahe.

Die Kleine nickte und griff in ihre Tasche. Sie zog das Medaillon von Arkus hervor, das sie unter den Trümmern gefunden hatte. Ihre Mutter warf Filomena einen verzweifelten Bick zu. Hier in der Steppe wusste jeder, dass die Amoyeden junge Frauen an den Herrscher von Zispasien verkauften.

»Zispasien …«, wiederholte Filomena. »Malva … verkauft …«

Sie nahm das Medaillon an sich und brach in Tränen aus.

»Bei allen Heiligkeiten dieser Welt!«, weinte sie. »Möge Arkus auf der Stelle der Schlag treffen, wenn meiner Prinzessin etwas zustößt!«

Sie fiel in den Schlamm nieder. Alle Situationen und Schwierigkeiten, die sie gemeinsam durchgestanden hatten, kamen ihr nach und nach in den Sinn. Das Medaillon von Arkus brannte in ihrer Hand wie glühende Kohle. »Zur Erinnerung an seinen Verrat«, hatte Malva gesagt. Filomena sah hinauf in den unendlich weiten Himmel der Steppe. Wer um alles in der Welt konnte ihr jetzt noch helfen, Malva zu retten? Um sie den Klauen der Amoyeden oder dieses Herrschers zu entreißen, müsste sie eine ganze bewaffnete Armee hinter sich haben! Die Baiguren waren geschwächt … An wen konnte sich Filomena also wenden?

Sie schlug mit der Faust auf die Erde. Wenn nur der König und die Königin ein wenig Mitleid mit ihrer Tochter gezeigt hätten! Wenn sie nicht so unerbittlich und stur gewesen wären! Wenn sie ihrem Kind nur einmal zugehört hätten, wäre all das niemals geschehen!

Filomena schluchzte lange. Wahrscheinlich wähnte sie jeder in Galnizien tot. Sie stellte sich die Trauer vor, die das ganze Land vermutlich erfasst hatte. Das galnizische Volk hatte Malva immer verehrt. Die Menschen beklagten den Verlust der Prinzessin sicher sehr. Vielleicht hatte der König angesichts dieser Situation sein Fehlverhalten eingesehen? Vielleicht machte er sich sogar Vorwürfe? Vielleicht wäre er am Ende erleichtert und überglücklich, wenn er hörte, dass Malva noch lebte? Und wenn er dann auch noch erführe, dass es Arkus gewesen war, der seiner jungen Schülerin diese unsinnige Flucht in den Kopf gesetzt hatte … Vielleicht, ja … Was für eine Wahl hatte sie überhaupt?

»Bei der Heiligen Harmonie«, sagte sie zu sich. »Verzeih, Malva … Verzeih deiner Beinahe-Schwester …«

Bevor sie erneut ohnmächtig wurde, wusste Filomena, was sie tun musste.

13 ✧ Der geheimnisvolle Bote

Orfeus wurde von einem Sonnenstrahl, der ihn an der Nase kitzelte, und von lauten Stimmen draußen geweckt. Überrascht öffnete er die Augen. Vom Fenster seines Zimmers aus sah er ein kleines Stückchen blauen Himmel. Er lächelte erleichtert. Es musste Monate her sein, dass er die Sonne gesehen hatte!

Er öffnete das Fenster und stellte überrascht fest: Die Wäscherinnen waren wieder da! Auf den gegenüberliegenden Häusern waren sie eifrig dabei, ihre Laken und Tischdecken aufzuhängen und das milde Wetter zu nutzen. Ihre Stimmen mischten sich, wie damals, und flatterten durch die laue Morgenluft.

»Das ist sicher ein Irrtum!«, sagte die eine. »Ein Gerücht, nichts weiter!«

»Nein, nein«, ereiferte sich die Älteste. »Ich habe die Information von meiner Schwester. Sie ist Köchin in der Zitadelle. Solltest du sie noch einmal eine Lügnerin schimpfen, verpetze ich dich bei den Wachen!«

Die erste Frau ballte drohend die Faust.

»Und wofür willst du mich verpetzen, du verrücktes Weib?«

»Dafür, dass du gegen den vierundsechzigsten Erlass verstoßen hast, zum Beispiel!«, blaffte die andere kokett zurück. »Ich habe dich gehört. Du hast in deiner Küche gesungen!«

Amüsiert beobachtete Orfeus, wie sich bald auch alle anderen in den Streit einmischten. Manche wagten gar, leise zu behaupten, dass Arkus' Erlasse nicht rechtens seien und dass man sehr wohl das Recht hätte, in seiner eigenen Küche zu singen, während andere ängstlich ausriefen, Recht wäre eben Recht und basta!

Sie hörten auf mit ihrer Kabbelei, als die Jüngste rief: »Seht doch nur, unser schüchternes Kerlchen steht an seinem Fenster!«

Orfeus versetzte es einen Stich. Hatte er sich doch tatsächlich wieder erwischen lassen! Doch dieses Mal zwang er sich, nicht wieder das Weite zu suchen. Es kam nicht in Frage, dass er sich ein zweites Mal von den Wäscherinnen in Verlegenheit bringen ließ. Außerdem war die Luft an diesem Morgen so wunderbar mild. Er fühlte sich ein wenig wie neugeboren, wie ein Bär, der seine Höhle nach dem Winterschlaf verlässt.

»Guten Tag!«, rief er ihnen zu.

»Ist das möglich? Er hat ja eine Stimme!«, machte sich die Erste lustig.

»Und so blaue Augen«, ergänzte die Jüngste.

Augenblicklich errötete Orfeus. Aber er nahm sich fest vor, sich nicht aus der Ruhe bringen zu lassen.

»Von was für einem Gerücht habt ihr da eben gesprochen?«, erkundigte er sich.

Die älteste der Wäscherinnen stützte sich am Rand des Daches ab. »Das ist aber nicht gerade die feine Art, Monsieur Schüchtern, einfach so Unterhaltungen zu belauschen. Aber wenn Ihr es unbedingt wissen wollt: Anscheinend ist gestern ein Reiter in der Zitadelle eingetroffen. Meine Schwester hat ihn mit eigenen Augen gesehen. Ein sehr seltsamer Mann, mit Schlitzaugen und dunkler Haut. Er spricht nicht unsere Sprache, aber er hatte einen Brief für den König bei sich. Und genau das habe ich gerade meinen Nachbarinnen erzählt!«

Die Jüngste stellte ihren Wäschekorb ab und stützte sich ebenfalls auf das Dach.

»Sie glaubt, der Brief käme von Filomena, der Zofe von Prinzessin Malva. Ihr wisst schon, die, die mit ihr zusammen verschwunden ist.«

»Verstehe«, sagte Orfeus, dessen Interesse plötzlich wuchs. »Demnach ist also die Zofe nicht tot?«

»Eben nicht!«, antwortete die ältere Wäscherin. »Und wenn sie nicht tot ist und dem König einen Brief schreibt, wette ich, da ist was im Busch!«

»Von wo kam der Reiter?«, fragte Orfeus weiter.

»Aus einem sehr fernen Land«, erklärte die Frau in einem verschwörerischen Tonfall. »Noch hinter dem Girkistangebirge. Meine Schwester hat mir berichtet, er hätte diese Strecke in weniger als zehn Tagen mit dem Pferd zurückgelegt.«

»Das ist unmöglich!«, mischte sich eine weitere Wäscherin ein. »Kein Pferd, kein Reiter kann das schaffen!«

»Natürlich ist das möglich!«, erwiderte die Älteste. »Du willst also wieder sagen, dass meine Schwester lügt?«

Der Streit entbrannte erneut. Orfeus hatte genug gehört. Er winkte der jungen Wäscherin freundlich zu und schloss das Fenster. Dann ging er hinunter in den Salon.

Dort lag Al zusammengerollt in seinem Sessel, aber diesmal regte er sich nicht darüber auf.

»Verdammter Alisius!«, sagte er zu ihm. »Du bist gar kein richtiger Bernhardiner, sondern ein faules Maultier!«

Der Hund spitzte die Ohren und öffnete seine großen feuchten Augen.

»Ja, genau!«, lächelte Orfeus. »Überraschung! Ich bin dir nicht böse. Du darfst sogar in meinem Sessel liegen bleiben, denn ich habe etwas zu erledigen!«

Eilig kleidete er sich an. Wenn die Wäscherinnen recht hatten, würde der König sicher bald eine Entscheidung treffen, was die Zofe betraf. Vielleicht würde er eine Expedition losschicken? Er würde also mutige Männer brauchen!

»Und wenn dem so ist, werde ich einer von ihnen sein!«, verkündete Orfeus und betrachtete sein Spiegelbild.

Vor lauter Aufregung stellten sich ihm die Nackenhärchen auf. Er musste unbedingt herausfinden, wer der geheimnisvolle Reiter gewesen war und was in dem Brief stand, den er überbracht hatte. Er musste es vor allen anderen in Erfahrung bringen, um dem König als Erster seine Dienste anbieten zu können. Orfeus stampfte mit dem Fuß auf: Diese Chance durfte er keinesfalls vergeben!

Er verließ das Haus und nahm den Weg in die Oberstadt. Die Sonne spielte mit den Wolken, und ein leichter Wind wehte den Geruch der in den Hauseingängen aufgetürmten Abfälle durch die Gassen. In allen Gassen begegnete Orfeus mehr Menschen als gewöhnlich. Die Frauen wirkten wie blühende Frühlingsblumen. Eigentlich hätte man die ersten Herbstvorboten spüren müssen, doch die Sonne verwandelte den November in April.

Weiter vorn sah Orfeus ein paar Kinder in lumpigen Kleidern, die herumstreunende Katzen mit Steinen bewarfen. Sie lachten, sprangen und rannten herum, ohne sich um den einunddreißigsten Erlass zu scheren. Orfeus näherte sich ihnen: Er meinte den Jungen erkannt zu haben, der zweimal bei ihm geklopft hatte.

»Hey, du!«, rief er ihm zu. »Erinnerst du dich an mich?«

Der Junge unterbrach das Spiel und stellte sich vor Orfeus auf.

»Ihr seid Mac Bott, nicht wahr? Ich erinnere mich gut an Euch. Und an die vielen Galniks, die Ihr mir gegeben habt! Euch verdanke ich, dass ich mir die Karten legen lassen konnte und mir aufregende Abenteuer vorhergesagt wurden!«

»Na, das nenn ich sinnvoll ausgegebenes Geld!«, machte sich Orfeus lustig. »Ich hoffe, man hat dir wenigstens goldene Berge versprochen!«

»Und ob!«, antwortete der Junge. »Ihr könnt Euch nicht vorstellen, was für eine Zukunft mich erwartet! Und außerdem habe ich mir noch Soldatenstiefel gekauft. Seht her!«

Er präsentierte stolz seine Lederschuhe mit metallenen Absätzen, die ihm etwas zu groß waren.

»Mit denen bin ich der Anführer der Bande!«, erklärte er feierlich und klopfte sich auf die Brust. »Alle anderen sind nur einfache Barfüßer!«

»Deine Eltern sind sicher sehr stolz auf dich!«, rief Orfeus aus.

»Meine Eltern? Welche Eltern?«

Orfeus zog die Brauen hoch. »Das erste Mal, als du bei mir warst, hast du gesagt, sie würden sich Sorgen machen, wenn du dich die ganze Nacht draußen herumtreibst.«

Der Junge zuckte mit den Schultern.

»Hab ich das gesagt? Ich muss mich getäuscht haben. Ich bin nämlich Waise!«

Orfeus musste über die Gerissenheit des Jungen lachen.

»Wie heißt du?«, fragte er.

»Bevor ich die Stiefel hatte, hieß ich Diego … aber jetzt nennen mich alle Galotcho!«

»Nun denn, Galotcho, hast du Lust, dir noch ein paar Galniks zu verdienen?«

Der Bengel kniff durchtrieben die Augen zusammen.

»Wie viel?«

»Mindestens dreihundert«, raunte Orfeus ihm verschwörerisch zu.

Die Augen des Jungen leuchteten.

»Was muss ich tun?«

Orfeus fixierte die Zitadelle auf der Anhöhe.

»Ich möchte, dass du dich dort hineinschleichst«, sagte er. »Ich weiß, es wird nicht einfach, aber du machst mir einen sehr gerissenen Eindruck … Du sollst die Ohren offen halten. Anscheinend ist in der Nacht ein Fremder mit einer wichtigen Nachricht eingetroffen. Wenn du mir sagst, um welche Nachricht es sich handelt, bezahle ich dir … sagen wir: vierhundert Galniks!«

Galotcho warf einen abschätzenden Blick auf die Mauern der Zitadelle. Mit einem Kopfnicken bedeutete er Orfeus, dass er das Angebot annahm.

»Wir treffen uns bei Sonnenuntergang an der Brücke über dem Gadvir!«, rief Orfeus dem davonrennenden Galotcho hinterher.

»Ich werde da sein!«, antwortete der Junge.

Orfeus verbrachte den ganzen Tag an der frischen Luft. Sobald er zwei Galnizier zusammenstehen sah, sperrte er die Ohren auf. So erfuhr er, dass sich das Gerücht schnell ausbreitete. Am Morgen war nur von einem ankommenden Reiter die Rede gewesen, doch im Verlauf des Tages kamen unzählige Details hinzu.

»Es ist wohl ein Kaiser«, sagten die einen. »Er kommt aus einem Land ohne Namen, in dem fliegende Pferde gezüchtet werden! Er ist durch die Lüfte hierhergeflogen!«

»Anscheinend bringt er dem König Gold«, überboten ihn andere, »denn er möchte eine Galnizierin heiraten!«

»Welche Galnizierin?«

»Das ist nicht bekannt.«

Gegen Ende des Tages machten die wildesten Gerüchte in der Stadt die Runde. Die Menschen blieben auf den Straßen, sie versammelten sich unter den Platanen, schwatzten laut durcheinander und lachten immer wieder – trotz all der Erlasse von Arkus. Es hieß, die

Patrouillen wären ausgesetzt worden. Kein Soldat durfte die Zitadelle verlassen. Es hieß gar, Arkus sei verschwunden.

Als Orfeus Galotcho an der Brücke traf, war der Junge ganz rot im Gesicht. Er war völlig außer Atem und sehr schmutzig.

»Nun?«, fragte Orfeus. »Bist du in die Zitadelle hineingekommen?«

»Ja, durch die Gärten. Beinahe wäre ich in eines der Becken gefallen und ertrunken. Das Becken war voller Schlamm und Kröten, igitt!«

»Du hast dir dein Geld wahrlich verdient«, lächelte Orfeus. »Doch vorher will ich wissen, was du in Erfahrung gebracht hast.«

Galotcho schaute sich um, um sicherzugehen, dass sie niemand belauschte, dann fing er an zu berichten.

»Ich habe den Fremden gesehen«, sagte er. Er heißt Ugmir oder so ähnlich. Er ist sehr kräftig, und er trägt äußerst seltsame Kleider, einen Hut aus Tierfell. Er ist auf Geheiß von Filomena, der Zofe der Prinzessin, in den Palast gekommen.«

»Warum?«, fragte Orfeus voller Ungeduld.

Galotcho schnalzte mit der Zunge und hielt die Hand auf.

»Für den Rest der Geschichte hätte ich gern hundert Galniks.«

Orfeus seufzte und gab ihm das Geld.

»Der Fremde ist gekommen, um eine Nachricht zu überbringen. Und zwar ausschließlich an den König, nur an ihn persönlich. Arkus hat anscheinend einen Wutanfall bekommen, weil der Fremde sich geweigert hat, ihm den Inhalt des Briefs mitzuteilen. Aber ich habe alles direkt aus dem Mund der Zofe der Königin erfahren. Filomena sagt in dem Brief, dass die Prinzessin nicht tot ist, sie ist nicht im Hafen von Cardusa ertrunken!«

»Aber … aber …«, stotterte Orfeus. »Wo ist sie denn dann?«

»Für hundert Galniks verrate ich es Euch gern«, sagte Galotcho und verschränkte die Arme.

Orfeus bezahlte.

»Die Prinzessin wurde von Kriegern entführt … wartet … von den Ameden, glaube ich. Sie wollen sie an einen König im Orniareich verkaufen.«

»Sie verkaufen?« Orfeus war entsetzt.

»Ich wiederhole nur das, was ich gehört habe«, rechtfertigte sich Galotcho. »Dieser König hat einen Barem, in dem er junge Frauen einsperrt.«

Orfeus kratzte sich verwirrt am Kopf.

»Einen Harem!«, rief er. »Das ist wohl das richtige Wort!«

Galotcho zuckte mit den Achseln. Für ihn ergaben all diese fremden Wörter keinen Sinn.

»Aber das Interessanteste«, fügte er hinzu, »ist, dass der Fremde einen Gegenstand mitgebracht hat. Einen Gegenstand, der in einer Kiste verschlossen war. Einen wirklich erstaunlichen Gegenstand.«

Orfeus gab sich geschlagen und zahlte die noch fehlenden zweihundert Galniks.

»Arkus' Medaillon!«, feixte Galotcho. »Als der König die Kiste geöffnet hat, wurde Arkus anscheinend leichenblass. In ihrem Brief hat die Zofe Arkus beschuldigt, die Prinzessin dem Tod ausgesetzt zu haben. Der König verlangte eine Erklärung, aber Arkus ist aus dem Zimmer des Königs gerannt. Die Angestellten haben beobachtet, dass er die Zitadelle im Galopp verlassen hat. Seitdem hat ihn niemand mehr gesehen!«

Orfeus war sprachlos. Diese Enthüllungen gingen weit über das hinaus, was er sich den ganzen Tag über zusammenphantasiert hatte. Noch war nicht klar, in welchem Verhältnis Arkus zu dem Fremden stand, aber da war etwas faul. Eines war sicher: Galnizien erwachte endlich aus seiner Erstarrung. Die lähmende Herrschaft von Arkus war ohne jeden Zweifel vorbei!

Er legte Galotcho eine Hand auf die Schulter.

»Danke«, sagte er. »Du bist ein echter Anführer!«

»Ich habe es sogar geschafft, etwas mitgehen zu lassen!«, freute sich der Junge. Aus seiner Tasche zog er einen kleinen Beutel aus gegerbtem Leder.

»Was ist das?«, fragte Orfeus.

»Ein Geschenk, das der Fremde der Königin mitgebracht hat. Ich habe es einem Küchengehilfen geklaut. Hier, probiert, man muss es kauen!«

Orfeus schüttete einige Körner in seine Hand und dann in seinen Mund. Er kannte nichts Vergleichbares. Die Körner schmeckten eigentlich nach nichts, und doch war es angenehm, sie zu kauen.

»Ich werde ein paar am Flussufer einpflanzen«, entschied Galotcho. »Vielleicht werden sie keimen.«

»Vielleicht …«, sagte Orfeus nachdenklich.

Worum es sich auch handeln mochte, diese Körner schmeckten eindeutig nach Abenteuer und großen Reisen.

14 ✧ Das Mädchen aus Balmun

Die Amoyeden hatten Malva gefesselt und ihr die Augen verbunden, bevor sie sie auf einen Wagen warfen. Seit einer Ewigkeit wurde sie hin- und hergeschüttelt. Vor Angst wie gelähmt, konnte sie weder weinen noch schreien. Die Wunde an ihrem Bein schmerzte. Außerdem hatte sie Hunger, schaffte es aber nicht, an die Pagulkekse in ihrer Tasche zu kommen. Sie versuchte sich zu beruhigen, indem sie immer wieder all die Wörter, die sie nach ihrer Flucht aus dem Schloss gelernt hatte, vor sich hin sagte. Sie setzte die Wörter zu ganzen Sätzen zusammen, doch es gelang ihr nicht recht, sich abzulenken. Meist flatterten ihre Gedanken wild durcheinander. Alles, was ihr blieb, war ihre Angst, eine entsetzliche Angst, die ganz tief in ihrem Bauch saß.

Von Zeit zu Zeit hörte sie draußen Schreie, Lachen und Gemurmel, zuweilen auch ein schreckliches Kreischen. Die Sprache der Amoyeden war voller knurrender, zischender und bellender Laute. Waren es überhaupt menschliche Wesen? Oder eher Zwitter wie ihre Reittiere, halb Mensch, halb Tier?

Düstere Gedanken bemächtigten sich Malvas, als die Räder des Wagens plötzlich zum Stehen kamen. Sie glaubte, einen Befehl zu hören, doch schon wurde es wieder still. Es war das erste Mal, dass der Konvoi anhielt. Und das erste Mal, dass eine derartige Stille eintrat.

Malva nutzte die Gelegenheit, um ihre Position zu ändern und ihre angestrengten Muskeln zu entspannen. Rechts von ihr lagen Säcke. Sie rutschte auf dem Po über die splittrigen Holzbretter und legte sich hin, die Wange an die umgekippten Ballen gelehnt. In diesem Moment zerschnitt erneut ein deutlicher Befehl die Stille. Für Malva klang es wie »Mirgai«!

Wieder geschah längere Zeit nichts. Sogar die Tiere gaben keinen Laut von sich. Malva sank in eine Art Tiefschlaf. Im Traum sah sie Filomena auf sich zurennen. Sie blutete. Malva sah, wie sie strauchelte und leblos auf dem Boden zusammensank. Sie wollte nach ihr rufen, doch da wurde sie von zwei Händen an den Schultern gepackt.

Sie stieß einen spitzen Schrei aus. Ein starker Schweißgeruch drehte ihr den Magen um. Ein Amoyede! Ein Amoyede war in den Wagen eingedrungen und rüttelte sie wach. Er bellte ein paar Worte, dann riss er Malva ohne Vorwarnung die Augenbinde ab.

Ein gleißendes Licht nahm ihr den Atem. Der Amoyede gab ihr keine Möglichkeit zu verstehen, was vor sich ging. Er zerrte sie ohne Umschweife ins Freie, setzte sie dort ab und schubste sie vorwärts. Die Füße der Prinzessin berührten die Erde, aber sie konnte keinen Schritt tun. Ihre Beine gaben unter ihr nach. Sie fiel ins Gras.

»Temirgai!« Der Befehl hallte in ihren Ohren. Der Amoyede schrie etwas und zwang sie aufzustehen, indem er an ihren Armen zerrte. Sie wankte. Der Amoyede hielt sie fest, und von allen Seiten erklangen Befehle. »Temirgai! Temirgai!«

Langsam gewöhnten sich Malvas Augen an die Helligkeit. Sie lehnte sich gegen ihren Wächter, Schmerzen und Krämpfe durchzuckten ihren Körper. Dann kam sie dahinter, welches Spektakel sich hier ereignete: Sie befand sich auf einem riesigen Platz, der von einer hölzernen Wand umgeben war, die so hoch war wie eine Felswand. Ringsherum standen Wachtposten. Ihre Schreie hatte sie die ganze Zeit also gehört.

Tausende von Kriegern waren auf dem Platz versammelt, der an eine Arena erinnerte. Die meisten Anwesenden waren maskierte Amoyeden, aber es gab auch noch andere Krieger, die mit Schaffellen bekleidet waren und schwarz-rote Banner hochhielten. In der Mitte jeder Gruppe befanden sich junge Frauen. Sie waren gefesselt und zitterten genau wie Malva, deren Atem schneller ging. Woher kamen all die Mädchen?

Sie wandte den Kopf. Ein paar Schritte entfernt, an einen der Wagen gelehnt, sah sie ein kleines blondes Mädchen mit kugelrunden blauen Augen. Sie war mit einem einfachen Baumwollhemd bekleidet und barfuß. Ihre Blicke trafen sich.

»Lea«, schrie das Mädchen.

War das ihr Name?

»Malva«, rief die Prinzessin zurück.

Das Mädchen lächelte ihr schüchtern zu. Sofort versetzte ihr der neben ihr stehende Amoyede einen Schlag auf den Kopf. Malva sah weg. Es war besser, den Zorn dieser Rohlinge nicht auf sich zu ziehen.

Wieder hallte ein Schrei über den Platz. Augenblicklich stob die

Meute auseinander. Am anderen Ende der Arena öffnete sich ein Tor in der Wand.

»Temirgai …«, murmelte der Amoyede, der Malva festhielt.

Eine Reihe bewaffneter Männer betrat nun den Platz. Sie gingen immer zu dritt hintereinander her. Gekleidet waren sie in schillernde Gewänder, und auf dem Kopf trugen sie goldene Turbane. Inmitten der Reihen tauchte ein außergewöhnliches Tier auf. Es sah aus wie ein lebendiger Berg: so hoch wie drei Mann, so breit wie deren sechs, mit einem enormen Kopf, der auf einem stämmigen Hals saß. Über den Augen ragten zwei silberne Hörner hervor. Die Pfoten der Kreatur waren so dick wie Stützpfeiler. Noch nie zuvor hatte Malva ein derartiges Wesen gesehen! Es strahlte eine so große Macht aus, dass es einem den Atem verschlug.

»Die Göttliche Auriga«, flüsterte plötzlich jemand hinter Malvas Rücken. »Das mythische Tier des Orniareiches.«

Malva fuhr zusammen. Das blonde Mädchen namens Lea hatte sich zu ihr geschlichen. Sie legte Malva die Hand auf die Schulter. Rechts von ihnen beobachtete der Wächter fasziniert den Einmarsch der Soldaten.

»Du sprichst meine Sprache?«, fragte Malva leise.

»Ich spreche alle Sprachen«, antwortete das Mädchen ebenfalls flüsternd, »denn ich stamme aus dem Königreich Balmun. Sieh dort: Temir-Gai, der Herrscher, dem die Göttliche Auriga gehorcht. Damit besitzt er die Macht einer Gottheit.«

Auf dem Rücken der Kreatur entdeckte Malva eine Gestalt. Der Kaiser war eingetroffen. Er saß hinter einem Baldachin aus Stoff verborgen. Offenbar waren die Krieger in dieser Arena zusammengekommen, um ihn zu empfangen.

»Wir sind die Geschenke«, erklärte Lea leise. »Geschenke für Temir-Gai.«

Malva zitterte, doch sie hatte keine Gelegenheit, ihrer Begleiterin weitere Fragen zu stellen. Wieder erhob sich ein Gejohle in der Arena. Temir-Gai war aus dem Baldachin hervorgeklettert. Er stand aufrecht auf der Göttlichen Auriga und enthüllte sein Gesicht. Auf die Schreie folgte eine große Stille. Der Amoyede, der Malva bewachte, lockerte seinen Griff. Er senkte den Kopf. Die Gesichter um sie herum waren von Ehrfurcht erfüllt.

»Hast du Angst?«, flüsterte Lea Malva ins Ohr.

Malva nickte.

»Ich bin nur wütend. Die Amoyeden und der Kaiser …« Lea spuckte aus. Dann sah sie Malva mit ihren blauen Augen direkt ins Gesicht und lächelte sie an. »Wir sollten zusammenbleiben, du und ich. Dann sind wir stärker. Versprochen?«

Die unerwartete Gesellschaft dieses Mädchens tat der Prinzessin gut. Nicht nur, dass sie galnizisch sprach, sie hatte auch ein unerschrockenes Temperament, was ein großer Vorteil war. Malva lächelte zurück. »Versprochen«, flüsterte sie.

Kaum hatte sie den Schwur getan, wurde der Griff des Wächters um ihren Arm wieder fester. Die kurze Verschnaufpause war vorüber. Er schubste sie vor sich her, und auch Lea wurde nach vorne gestoßen. Die Krieger führten die Gefangenen vor den Kaiser.

»Geschenke …«, dachte Malva. »Wir sind Geschenke.« Vor

Schreck verstummte sie. Humpelnd und vor Schmerz stöhnend, bemühte sie sich, vorwärtszugehen und neben Lea zu bleiben, die den Kaiser offen und ohne Umschweife anblickte. Malva hatte noch nie etwas vom Königreich Balmun gehört. Vielleicht bildete man dort Kriegerinnen aus, Mädchen ohne Furcht, die bereit waren, sich den Prüfungen des Lebens zu stellen? Wie auch immer, Lea ließ sich nicht einschüchtern.

Als sie nur noch wenige Schritte von der Göttlichen Auriga entfernt waren, war Malva trotz ihrer Angst von diesem unglaublichen Wesen stark beeindruckt. Von nahem erschien es noch gigantischer und majestätischer. Der Kaiser war wieder unter seinem Baldachin verschwunden und beobachtete das Geschehen durch einen Spalt zwischen den Stoffbahnen. Er sah zu ihnen, zu ihr und Lea … oder vielmehr fixierte er genau sie, Malva!

»Dein Bein«, flüsterte Lea ihr zu. »Nicht humpeln! Sonst wählt dich der Kaiser nicht aus!«

»Ich kann nicht anders. Ich bin verletzt … ich …«

»Wenn dich Temir-Gai zurückweist, töten dich die Amoyeden.«

Panisch biss Malva die Zähne zusammen und schaffte es, trotz der entsetzlichen Schmerzen während der letzten Schritte nicht zu hinken. Endlich sah der Kaiser weg. Er sah sich um, stellte sich auf seinem Reittier auf und stieß einen kehligen Laut aus. Nach diesem Befehl führten die Männer mit den Turbanen die Gefangenen aus der Arena.

»Weiter, weiter«, ermunterte Lea Malva. »Wenn wir erst mal im Harem sind, heile ich dein Bein.«

»Im Harem?« Malva verzog das Gesicht.

»Der Harem von Temir-Gai in Zispasien. Er ist im ganzen Orniareich berühmt! Es wird erzählt, dass er davon träumt, Zehntausende junger Mädchen zu seiner Verfügung zu haben.«

Lea lächelte. »Meine Schwester hat genau den gleichen Weg hinter sich wie wir. Aber … sie ist geflohen! Vor drei Monden ist sie nach Balmun zurückgekehrt. Und genau das mache ich auch. Und auch du, Malva! Du kommst mit mir.«

Wie viele Mädchen schritten hinter den Soldaten des Kaisers durch das Tor? Vierzig? Fünfzig? Manche weinten leise vor sich hin, andere waren leichenblass. Nur Lea wahrte ihre Würde. Und auch in Malva keimte ein wenig Hoffnung auf, als sie sie so zuversichtlich und stolz vor sich gehen sah.

Sie hatte ihre Freiheit verloren, sie hatte Filomena und den Schutz von Uzmir verloren, und sie würde ganz sicher mit weiteren Erniedrigungen konfrontiert werden, doch sie war nicht allein. Die wenigen Worte, die sie in ihrer Not gewechselt hatten, waren der Beginn einer Freundschaft zwischen Malva und dem Mädchen aus Balmun.

15 ✧ Auf dem Weg ins Orniareich

Im Morgengrauen schloss Orfeus seine Haustür doppelt ab. Er steckte den Schlüsselbund in einen Leinensack, den er sich über die Schulter warf. In diesem waren warme Kleider zum Wechseln, eine regendichte Kappe, Stofftücher, verschiedene Seefahrtslehrbücher, ein Logbuch, eine Seekarte und ein Kompass. Das war alles, was er von jetzt an brauchte. Der alte Al spürte, dass etwas Ungewöhnliches im Gange war, wich seinem Herrchen nicht von der Seite und verfolgte jede noch so kleine Geste. Es schien, als hätte er erraten, dass dieser morgendliche Aufbruch keinem vorhergehenden glich.

Es war alles ganz schnell gegangen. Kaum hatte der König die Nachricht von Uzmir vernommen, war er aus seiner Erstarrung erwacht. In Begleitung der Berater, die ihm treu geblieben waren, hatte er die Zitadelle verlassen und den Galniziern höchstpersönlich mitgeteilt, dass er die Regentschaft wieder übernommen habe. Er hatte alle Erlasse von Arkus einzeln außer Kraft gesetzt, die Trauer aufgehoben, die Grenzen wieder geöffnet und die Heiligenverehrung für die Göttinnen der Harmonie und Ruhe wieder eingeführt, bevor er in jeden Winkel des Landes einen Boten schickte und dem Volk verkünden ließ, dass die Prinzessin noch lebte. Außerdem war eine

Belohnung für Hinweise ausgesetzt worden, die zur Verhaftung von Arkus führten. Filomenas Brief hatte seine Wirkung nicht verfehlt: Arkus war angeklagt, der Prinzessin nach dem Leben getrachtet zu haben, um die Macht an sich zu reißen.

Diese Enthüllungen lösten im Volk große Bestürzung aus. Dieser Mann schien aus einer einzigen Lüge zu bestehen! Die Trauer, die Angst, der Hunger, die Kälte, der Regen und die Verzweiflung, all das hatte er zu verantworten. Innerhalb kürzester Zeit wurde Arkus für die Galnizier zum schwarzen Schaf. Sie stellten Suchtrupps zusammen, um ihn zu finden, es kursierten Karikaturen, und Spottlieder wurden gesungen, um das Leid zum Ausdruck zu bringen, das er ganz absichtlich über das Volk gebracht hatte.

Eine weitere Neuigkeit verbreitete sich wie ein Lauffeuer: Der König suchte Freiwillige, die sich zu einer Expedition ins weit entlegene Land Zispasien, in dem Malva gefangen gehalten wurde, zusammenschlossen. Orfeus hatte keinen Moment gezögert. Endlich bot sich die so lange ersehnte Möglichkeit!

Voller Begeisterung machte er sich also an diesem Morgen auf den Weg zur Zitadelle. Er eilte mit raumgreifenden Schritten voran und achtete dabei nicht auf den Hund, der mit hängender Zunge versuchte, ihm durch die Gassen zu folgen. Die Luft war frisch, der Himmel azurblau, etwas Neues, Elektrisierendes erfüllte die Atmosphäre und ließ das Herz schneller schlagen.

Die Türen zum Festsaal waren noch geschlossen, als er sich unter die ersten Bewerber einreihte. Im morgendlichen Frühnebel hatte sich schon etwa ein Dutzend wartender Männer versammelt. Sie traten frierend von einem Fuß auf den anderen. Vor den Toren standen Wachtposten. In ihren Gürteln steckten Lanzen.

Orfeus bahnte sich einen Weg durch die Menge und sah dabei den anderen Männern ins Gesicht. Er konnte nicht anders, als in jedem einzelnen von ihnen einen Rivalen zu sehen. Es lag auf der Hand, dass der König nur die Besten auswählen würde. Einer unter ihnen zog alle Blicke auf sich: Er war ungewöhnlich groß gewachsen, seine Schultern waren so breit wie ein Schrank, und seine Hände waren riesig. Er überragte alle anderen, und sein kantiges Gesicht hatte etwas Furchteinflößendes. Orfeus kam sich lächerlich klein vor, als er dicht an ihm vorbeiging. Viele Jahre lang war er wegen seiner angeblichen Krankheit nicht mehr gelaufen, hatte keine schweren Kisten gehoben. Jetzt bereute er, dass er keine Muskeln vorzuweisen hatte … Es war möglich, dass die Lüge seines Vaters ihm ein weiteres Mal alles verdarb! Wie oft hatte er in den vergangenen Wochen das Bedürfnis verspürt, zum Friedhof zu rennen und das frisch aufgeschüttete Grab zu zertrampeln!

»Zu wem gehört dieser dreckige Köter?«, schrie plötzlich jemand wütend.

Orfeus wurde aus seinen Gedanken gerissen, als er bemerkte, dass Al nicht mehr da war. Weiter vorn hatte sich ein kleiner Auflauf gebildet. Er ging dorthin und sah Al breit auf einem Sack liegen, im Maul ein gebratenes Huhn. Vor Verwirrung ganz rot, wandte er sich an den Mann, der so wütend geschrien hatte.

»Tut mir leid«, sagte er. »Er ist ein sehr alter Hund … er …«

»Er hat mir ein Huhn gestohlen!«, brüllte der Mann.

Orfeus erkannte ihn sofort wieder. Es war das nervöse unruhige Männlein, dem er schon so oft im Meeresinstitut über den Weg gelaufen war. An diesem Morgen, so schien es, leuchtete sein Haar noch flammender als sonst. Man hätte meinen können, es handelte sich um einen Kobold aus dem Land Dunbraven.

»Ich werde diesem Tier den Bauch aufschlitzen«, japste er, »ich werde ihn abmurksen und in Stücke reißen!«

Orfeus versuchte, das Huhn freizubekommen, doch Al hatte sich so festgebissen, dass er ihm lediglich eine Keule entreißen konnte.

»Zu spät!«, tadelte der rote Kobold. »Bei der Heiligen Ruhe, diesen Köter sollte man aufspießen!«

»Ich bezahle Euch den Verlust«, schlug Orfeus vor.

»Ihr könnt Eure Galniks behalten!« Der Rothaarige schlug sich gegen die eigene Brust. »Könnt Ihr Euch vorstellen, dass ich Stunden damit verbracht habe, diese Köstlichkeit zuzubereiten? Es sollte ein Geschenk für den König sein! Ein mit Kräutern und wilden Zwiebeln mariniertes Huhn. Ein Geheimrezept! In diesen mageren Zeiten ist ein solches Huhn unbezahlbar!«

Der Mann warf einen bedauernden Blick auf sein zerfetztes Meisterwerk. Seine Stimme versagte.

»Und jetzt?«, klagte er. »Wie kann ich dem König beweisen, dass ich der beste Koch von ganz Galnizien und damit unentbehrlich für diese Expedition bin? Für die Moral von Seeleuten gibt es nichts Wichtigeres als eine gut abgestimmte Grundversorgung!«

Orfeus schluckte schwer. Stimmen erhoben sich rundum, teils amüsiert, teils empört.

»Wenn Ihr ein so guter Koch seid«, bemerkte einer, »kreiert doch eine Sauce, basierend auf Hundegeifer!«

Diese Bemerkung löste einige Lacher aus, aber der kleine Rote fand das Ganze überhaupt nicht komisch. Er warf Orfeus einen missmutigen Blick zu und brummelte in seinen Bart:

»Ich habe keine Ahnung, wer Ihr seid, aber Ihr kommt mir bekannt vor. Ich werde mich an Euch erinnern, darauf könnt Ihr Gift nehmen! Wenn der König mich nicht auswählt, schwöre ich Euch, dass ich mich räch…«

Die Türen wurden geöffnet. Eine Wache verkündete mit wuchtiger Stimme den Beginn der Anhörung.

Orfeus spürte, wie sich sein Herz zusammenschnürte, als er mit den anderen den Festsaal betrat. Zu seiner großen Erleichterung machte Al keine Anstalten, ihm zu folgen. Er blieb allein zurück und beschäftigte sich mit seinem Huhn.

Das Auswahlverfahren verlief zügig und streng. Der König unterhielt sich kurz mit jedem, dann untersuchte der Arzt des Meeresinstituts die Kandidaten. Zu guter Letzt mussten die glücklichen Auserwählten im Nebenraum ihren Eid schwören. Im Hafen warteten bereits zwei Fregatten auf ihre Besatzung.

Als er an die Reihe kam, trat Orfeus vor und kniete nieder.

»Euer Name?«, fragte der König.

»Orfeus Mac Bott, Eure Majestät.«

»Mac Bott?«, wiederholte der König nachdenklich. »Seid Ihr der Sohn von Hannibal?«

Orfeus hatte einen Kloß im Hals.

»So ist es, Eure Majestät.«

»Sehr gut!«, freute sich der König. »Ihr seid sicher ein ausgezeichneter Seemann! Wie geht es Eurem Vater?«

»Er ist tot, Eure Majestät.«

Der König war offensichtlich sehr erschüttert über diese Nachricht. Er drückte Orfeus sein Beileid aus, dann gab er dem Arzt ein Zeichen.

»Ich bin also ausgewählt?«, fragte Orfeus überrascht.

»Euer Name spricht für Euch!«, verkündete der König. »Ich mache Euch zum Gefreiten. Die Mac Botts haben Galnizien immer mit Mut und Selbstlosigkeit gedient!«

Orfeus schmerzten diese Worte so sehr, dass er beinahe protestiert und allen die Wahrheit über seinen Vater erzählt hätte. Er wollte wegen seiner eigenen Fähigkeiten angeheuert werden und nicht wegen seines Namens! Aber wie konnte er seine Stärken nachweisen? Bücher und schöne Reden nützten ihm gar nichts. Wenn der König mitbekam, dass er noch nie einen Fuß auf ein Schiff gesetzt hatte, könnte er seine Meinung ändern!

Es blieb ihm nichts anderes übrig, als aus seinem Herzen eine Mördergrube zu machen. Er erhob sich, bedankte sich untertänig und wandte sich dem Arzt zu, während der nächste Bewerber vor dem Thron niederkniete.

»Habt Ihr ein Problem mit den Augen?«, erkundigte sich der Arzt. Er trug Orfeus' Namen in eine lange Liste ein.

Orfeus schüttelte den Kopf, und der Arzt machte mit der Feder ein Kreuz in ein Kästchen.

»Und Euer Gehör?«

»Ist ausgezeichnet.«

»Ist Euer Blut schön rot und dünnflüssig?«

»Keine Ahnung. Ich schneide mich so gut wie nie.«

»Auch nicht, wenn Ihr Euch rasiert? Ich würde sagen, dann seid Ihr recht geschickt!«, freute sich der Arzt und machte erneut ein Kreuzchen. »Kopf, Hals, Leber, Lunge?«

Orfeus musste an die Krankheit denken, von der er so lange gedacht hatte, sie zu haben. Er wurde blass, fing sich aber wieder.

»Ich muss lediglich öfter niesen und bin hin und wieder erkältet«, erklärte er.

»Seid Ihr seekrank?«, fragte der Arzt noch.

Orfeus spürte, wie er rot wurde. Wie sollte er diese Frage beantworten, ohne zuzugeben, dass er keinerlei Erfahrung hatte?

Der Arzt bemerkte seine Verlegenheit und lachte: »Macht Euch keine Gedanken! Die besten Seefahrer haben manchmal einen empfindlichen Magen, das ist kein Hinderungsgrund!«

Er zeigte ihm den Weg in den anderen Raum und fügte noch hinzu: »Galnizien zählt auf Euch! Bringt die Prinzessin heil zurück. Viel Glück!«

Orfeus betrat das Zimmer neben dem Festsaal. Es hatte eine niedrige Decke und war spärlich beleuchtet, denn es gab nur ein einziges Fenster, das nach Norden hinausging. Auf dem Fußboden lag ein schwerer Teppich, der alle Geräusche schluckte. Instinktiv gingen alle, die eintrafen, auf Zehenspitzen, als wollten sie vermeiden, einen Schlafenden aufzuwecken. In der Mitte des Raumes stand der Altar der Göttinnen: ein Sockel aus Holz, auf dem die Statuen der beiden Göttinnen Ruhe und Harmonie ruhten. Die Luft war feucht und kühl. Es war deutlich zu spüren, dass dieser Raum lange Monate verschlossen gewesen war.

Monje Venerable, ein alter Mann mit einem ausgemergelten und gekrümmten Körper, der an den Ast eines Olivenbaums erinnerte, legte seine verkrüppelte Hand auf Orfeus' Schulter.

»Kommt näher zum Altar«, befahl er.

Orfeus gehorchte. Hoch oben von ihrem Holzsockel aus schienen Ruhe und Harmonie aufmerksam und wohlwollend auf ihn niederzublicken.

Monje Venerable nahm einen steinernen Becher und hielt ihn Orfeus hin.

»Nehmt einen Schluck«, empfahl er.

Der Becher enthielt erfrischendes Bergquellwasser, das leicht sprudelte. Orfeus nahm genüsslich einen kleinen Schluck.

»Nun sprecht mir den Schwur nach«, sagte der Monje. »Ich schwöre, mich in den Dienst meines Landes und den der Gottheiten zu stellen … Ich schwöre, alles Leiden auf mich zu nehmen und alle mir auferlegten Prüfungen durchzustehen, ohne aufzugeben.«

Orfeus wiederholte den Schwur. Seine Kehle war vor Aufregung wie zugeschnürt. Seit Generationen hatten seine Vorfahren genau an diesem Ort die feierlichen Worte gesprochen. Bis hin zu seinem Vater, der die Traditionen verraten hatte …

»Ruhe und Harmonie vernehmen Euren Schwur«, fuhr der Monje fort. »Nun trinkt aus!«

Er streckte Orfeus erneut den Becher entgegen. Als seine Lippen den Becherrand berührten, bemerkte Orfeus, dass die Flüssigkeit sich verändert hatte: Sie war nicht mehr süß und sprudelnd, sondern ungemein bitter. Dennoch schluckte er sie in einem Zug hinunter und schüttelte sich dabei. Der Monje beendete die Zeremonie mit den folgenden Worten: »Auf dass dieses bitter gewordene Wasser für immer Euren Mund verunreinige, solltet Ihr vergessen, Euer Wort gegeben zu haben. Nun geht!«

Zutiefst beeindruckt, verließ Orfeus den Raum.

Zwei Tage später überquerte Orfeus, einen Matrosensack über der Schulter, zusammen mit Al, die Brücke der Errabunda, für die er zum Gefreiten ernannt worden war. Er fühlte sich glücklich und eingeschüchtert zugleich. »Und wenn mein Vater mich erneut belogen hat?«, dachte er bei sich. »Wenn ich wirklich binnen zweier Tage auf dem offenen Meer sterbe?« Von einem plötzlichen Schwindel erfasst, musste er sich am Schiffstau festklammern, um nicht ins Wasser zu fallen.

»Braucht Ihr Hilfe, Herr Mac Bott?«, fragte neben ihm eine zarte Stimme.

Orfeus beugte sich vor und entdeckte Galotcho, der am Fuße der Schiffsbrücke hockte und ihn amüsiert beobachtete. Er hatte eine neue Hose an, trug aber immer noch seine Soldatenstiefel. Ein breites Grinsen lag auf seinem Gesicht.

»Für fünfzig Galniks trage ich Euch Euren Matrosensack!«

»Nur fünfzig Galniks? Dein gutmütiges Herz wird dich ins Verderben reißen, Galotcho«, gab Orfeus zurück. »Was tust du denn hier?«

»Ich wollte mir nicht die Abfahrt der Helden entgehen lassen! Nehmt meine Hilfe an, und ich versorge Euch mit einer sehr interessanten Information!«

Orfeus zögerte. Dieser Bengel war wirklich imstande, ihn einzuwickeln, aber seine Unerschrockenheit gefiel ihm. Er legte den Sack in der Mitte der Brücke ab, und mit nur zwei behenden Sätzen war Galotcho bei ihm. Al knurrte und beschnüffelte die Schuhe des Neuankömmlings.

»Ist das Euer Hund?«, fragte Galotcho. »Geht er auch mit an Bord?«

»Al hat eine langjährige Marineerfahrung«, erklärte Orfeus. »Er hat bereits den Maltischen Ozean und das Kyprische Meer durchquert, und er ist sogar schon bis zum Okrameer gesegelt, entlang den Küsten des Orniareiches.«

Voller Bewunderung verzog Galotcho das Gesicht und hockte sich vor den Bernhardiner.

»Also wirst du unsere Prinzessin retten?«, murmelte er und kraulte dem Tier die Brust. »Ich sehe schon, Galnizien ist in guten Pfoten!«

»Ich konnte ihn einfach nicht zurücklassen«, rechtfertigte sich Orfeus. »Er ist schon alt. Er würde die Zeit, bis ich nach Zispasien gereist und wieder zurückgekommen bin, nicht überleben. Also kann er mich genauso gut begleiten.«

Galotcho stand auf und schulterte den Seesack.

»Er ist wirklich ziemlich schwer!«, stellte er fest. »Ich werde wohl Hilfe brauchen.«

Der Junge pfiff durch die Zähne. Auf dem Steg sah Orfeus einen zweiten Jungen auftauchen, der sich hinter einer Reihe Fässer versteckt hatte.

»Na, so was …«, stammelte er.

Der zweite Junge sah genauso heruntergekommen aus wie Galotcho! Der gleiche klare Blick, die gleichen Klamotten, das gleiche schmutzige Gesicht und die gleichen struppigen Haare!

»Wir machen Euch einen guten Preis!«, sprudelte der zweite Junge los. »Fünfzig Galniks für meinen Bruder und mich zusammen!«

»Zwillinge!«, dachte Orfeus erleichtert, denn für einen Moment hatte er geglaubt, das Opfer einer Halluzination zu sein. Er lächelte.

»Abgemacht! Ich erwarte euch hier. Aber beeilt euch. Wir legen in Kürze ab.«

Blitzschnell hatten die Zwillinge den Seesack nach oben gehievt. Sie überquerten polternd die Pontonbrücke der Errabunda.

»He, ihr habt mir noch nicht die interessante Neuigkeit verraten!«, schrie Orfeus ihnen nach.

Aber die beiden Jungs waren bereits hinter der ersten Schiffsluke verschwunden. Orfeus atmete tief durch. Seine Übelkeit legte sich langsam. Um ihn herum begann das geschäftige Treiben der Matrosen: Sie holten die Leitern ein, brachten die Blocks in Gang und rollten die Segelleinen aus. Eine große Zahl an Trägern und Neugierigen tummelte sich am Anlegeplatz. In den Laderäumen der Errabunda wurden unter lautem Geschrei Tonnen von Wein und Wasser, Kisten mit Salzheringen sowie etwa fünfzig Hühner, zwanzig Ziegen, zehn Schafe und fünf Kühe eingelagert. Orfeus entdeckte auf dem hinteren Deck eine flammende Mähne: Es war der Küchenchef, der das Verladen der Tiere überwachte.

»Nun, Al …«, murmelte Orfeus, »das heißt wohl, wir haben bereits jetzt einen Feind an Bord. Falls du vorhaben solltest, deine Schnauze in die Schiffsküche zu stecken, nimm dich in Acht!«

Orfeus entdeckte auch den Riesen mit dem düsteren Gesicht, der ihm am Tag der Musterung in der Zitadelle über den Weg gelaufen war. Mit großer Geschicklichkeit schleppte er Kisten auf die Brücke des zweiten Schiffes. Die Marie-Belle war für die militärische Ausrüstung reserviert: Vorräte an Schießpulver für die Kanonengeschütze … und jede Menge Pfeile für die zu erwartenden Schlachten gegen die Männer Temir-Gais, des Herrschers von Zispasien.

Wenn die Winde günstig stünden, würde die Expedition nach den Berechnungen der königlichen Kartographen ihr Ziel in weniger als zwei Monaten erreichen. Bei der Rückkehr müssten sicher neue Seewege erschlossen und die Grenzen der Bekannten Welt ausgelotet werden. Das Abenteuer war nicht ohne Risiko, deshalb hatte der König auch einen Chirurgen an Bord der Marie-Belle und einen Pfarrer an Bord der Errabunda berufen.

Orfeus sah hinauf zum Großmast. Die Segel flatterten im Wind, und die galnizische Fahne wiegte sich gelb und grün vor dem klaren Himmel. Hatte er nicht schon immer von diesem Augenblick geträumt? »Auf geht's«, dachte er, »es ist an der Zeit!«

Gefolgt von Al, ging er über die Brücke und hielt nach den Zwillingen Ausschau. Es war schon eine gute Viertelstunde her, dass sie verschwunden waren. Wenn sich die beiden Bengel nun mit seinen Sachen aus dem Staub gemacht hatten? Das sähe ihnen ähnlich! Beunruhigt näherte sich Orfeus der Treppe, die zum Zwischendeck führte. Unter der niedrigen Decke warteten ein paar Matrosen auf den Moment des Ablegens. Orfeus fragte sie, aber niemand schien die Zwillinge gesehen zu haben.

»Was bin ich nur für ein Dummkopf!«, ärgerte sich Orfeus. »Die beiden Schlitzohren haben mich einfach bestohlen! Nun werden sie meine Sachen, meine Bücher und meinen Kompass wieder verkaufen … und das wird ihnen bestimmt mehr als fünfzig Galniks einbringen!«

Während er noch vor sich hin fluchte, entdeckte er plötzlich seinen Matrosensack, der zusammen mit anderen Gepäckstücken in einer Ecke stand. Er öffnete ihn. Es war alles noch da. Verwirrt suchte er weiter nach den beiden Brüdern – vergeblich. Als er wieder auf die Brücke stieg, war er sich fast sicher, dass die beiden wieder von Bord gegangen sein mussten.

»Seltsam«, murmelte er. »Das sieht Galotcho nun wahrlich nicht ähnlich, ohne Bezahlung zu verschwinden!«

Es war keine Zeit mehr für Erklärungen. Orfeus zuckte mit den Schultern und machte sich auf den Weg zum Kapitän, um sich zum Dienst zu melden. Die Anker wurden bereits gelichtet.

Kurz darauf verließen die Marie-Belle und die Errabunda unter dem Jubel der Menge den Hafen. Angespannt, aber ausgestattet mit einem umfassenden Wissen, das er sich über die Schifffahrt angeeignet hatte, überwachte Orfeus das Manövrieren der Segel, ohne ein Versäumnis feststellen zu können. Das Kreuzbramsegel, das kleine Vorbramsegel und das kleine Toppsegel wurden gehisst. Zuletzt stand Orfeus am vorderen Deck und sah zu, wie sich das Schiff von der Zitadelle und den Ufern Galniziens entfernte, während Al sich der ersten Siesta an Deck hingab.

Hoch oben in der Oberstadt läuteten die Glocken des Turms zum Abschied der Seeleute. Orfeus konnte sogar die weißen, von der Sonne angestrahlten Mauern des Mac-Bott-Hauses erkennen. Während es seinem Blick entschwand, schwor er sich, diese Aufgabe zu überstehen und damit seinem Namen den großen Ruhm zurückzugeben, den sein Vater ihm genommen hatte.

Zweiter Teil

Irrfahrt

16 ✧ Die Bäder der Reinheit

Beim fünften Gongschlag mussten sich alle Mädchen bereithalten. Malva und Lea hatten schnell verstanden, was das bedeutete. In ihre roten Saris gekleidet, die Hände vor der Brust gefaltet, reihten sie sich im Chorumgang barfuß in die lange Schlange der Haremsmädchen ein. Schweigend gingen alle gemeinsam zu den Bädern der Reinheit. Kein Wort durfte gesprochen werden, Lächeln und Seufzen waren verboten. Das einzig hörbare Geräusch war das Schlurfen ihrer Füße auf dem weißen Sand des Chorumgangs.

Um diese frühe Tageszeit hörte man noch keinen Vogel singen. Nebelschwaden hingen zwischen den gedrechselten Säulen aus Holz, und von Zeit zu Zeit wagte höchstens ein Frosch, die königliche Stille aus der Ferne zu stören.

Lea blieb immer dicht hinter Malva. Seit Malva humpelte, bemühte sie sich, ihre Schritte in der Schlange ein wenig zu verlangsamen, damit niemand die Verletzung ihrer Freundin bemerkte. Für Malva war der fünfte Gongschlag der Beginn eines nicht enden wollenden Tages voller Schmerzen und Leiden. Der Gang zu den Bädern der Reinheit war lang, und danach folgte die Eintauchzeremonie.

Der Herrscher Temir-Gai hatte ein riesiges Zentrum in den zispasischen Bergen errichtet: die kaiserliche Stadt. Jedes Gebäude, jede Tür, jeder Gang war aus dem Holz des Mesua gefertigt, den man auch Eisenbaum nannte. Terrassenartige Türme mit glockenförmigen Dächern überragten die Stadt. In jedem Turm waren Wachen aufgestellt.

Malva ging weiter. Sie hielt den Kopf gesenkt und versuchte, ihr rechtes Bein nicht zu sehr zu belasten. Die Prozession erreichte bald den Mandapa, einen seltsamen nach oben offenen Raum mit aneinandergereihten Säulen. Die Säulen waren mit Schneckenornamenten und unzähligen Steinchen verziert, die das Licht wie ein Spiegel reflektierten. Wenn die ersten Sonnenstrahlen auf die Säulen des Mandapa fielen, war die Stunde des Eintauchens gekommen.

Die Mädchen trennten sich und stellten sich in kleinen Gruppen vor den Säulen auf, wie es ihnen der oberste Eunuch beigebracht hatte. Keines der Mädchen würde je wagen, sich weder den Befehlen des obersten Eunuchen noch denen der anderen Eunuchen zu widersetzen. Sie wussten alle, welche Strafe sie erwarten würde: das Martyrium im Käfig.

An ihrem Ankunftstag im Harem hatte Malva Schreie und verzweifelte Rufe gehört. Sie kamen von einem bestimmten Ort in der Stadt, den die anderen Mädchen »Schlachthaus« nannten. Sie hatte sich heimlich dorthin geschlichen, um herauszufinden, wer da schrie. Ihr blieb beinahe das Herz stehen, als sie sah, was dieses Schlachthaus war. Auf einem erhöhten Platz, der dem Wind und der Sonne ausgesetzt war, standen aufgereiht mehrere Käfige aus Eisenholz. Ein außen angebrachtes Getriebe ermöglichte es, die Gitterstäbe zu senken, zu erweitern oder zu verengen. In den Käfigen waren Mädchen gefangen: Manche waren so stark eingezwängt, dass sie nur noch schreien und weinen konnten. Und je mehr sie schrien, desto enger zogen die Eunuchen die Stäbe zusammen, so dass die Mädchen qualvoll zerquetscht wurden. Dieses Schicksal erwartete alle, die Temir-Gai nicht zufriedenstellten oder sich ihm widersetzten.

Endlich erreichte die Sonne den Mandapa. Augenblicklich strömten die Eunuchen aus den Nischen, in denen sie sich versteckt gehalten hatten, hervor und fingen mit ihren hohen Stimmen an zu singen, um den neuen Tag zu begrüßen.

Begleitet von diesen hellen Gesängen, näherten sich die Mädchen den Bädern der Reinheit: mehrere aufeinanderfolgende, künstlich angelegte Wasserbecken, in denen sich die Haremsmädchen zu verschiedenen Tageszeiten badeten. Das größte Becken, auf dessen Oberfläche Lotusblüten schwammen, war mit Meerwasser gefüllt. In dieses Becken stiegen sie alle. Wie schon so oft zuvor beschleunigte sich Malvas Pulsschlag. Sie fürchtete diesen Augenblick so sehr, dass ihre Schmerzen täglich schlimmer wurden. Aber was blieb ihr anderes übrig? Entweder sie gehorchte, oder sie kam in den Käfig.

Am Rande des Beckens blieb sie stehen. Neben ihr starrte Lea auf die graue Oberfläche des Wassers. Eine leichte Veränderung in der Stimmlage der Eunuchen war das Zeichen für die Mädchen, ins Wasser zu steigen.

Malva atmete tief durch und hielt dann die Luft an. Sofort reizte das salzige Wasser ihre Verletzung am Bein, als würden ihr bei lebendigem Leibe unzählige Nadeln in die Haut gestochen.

»Schwimm«, raunte ihr Lea zu. »Schrei bloß nicht.«

Die Prinzessin biss die Zähne zusammen und schwamm mit den anderen Mädchen durch die Lotusblüten in die Mitte des Beckens. Temir-Gai hatte sich auf der gegenüberliegenden Beckenseite eingefunden. Er trug ein langes silbernes Gewand, dessen Ärmel bis zu seinen Füßen reichten. Er war von einem Heer von Eunuchen umgeben und beobachtete die Eintauchzeremonie.

Jedes Mal, wenn Malva ihr Bein bewegte, spürte sie, wie die Wunde kribbelte. Das Brennen war beinahe unerträglich, und nur mit Mühe erreichte sie die Mitte des Beckens. Sie warf Lea einen verzweifelten Blick zu. Gleich folgte der sechste Gongschlag, und dann mussten sie untertauchen und so lange unter Wasser bleiben wie möglich. Sonst …

Der Gong ertönte. Malva öffnete den Mund, atmete tief ein und tauchte gleichzeitig mit den anderen unter. Die Regel war einfach: Wer zuerst auftauchte, war auserkoren, die nächste Nacht mit Temir-Gai in seinem königlichen Gemach zu verbringen. Jedes Mal, wenn Malva in das kalte Wasser des Beckens abtauchte, versuchte sie sich vorzustellen, was in einer solchen Nacht geschehen würde, und das gab ihr die Kraft, unten zu bleiben. Plötzlich jedoch … von einem Moment auf den anderen, bekam sie solche Atemnot, dass sie nach oben musste.

Als sie auftauchte, sah sie, dass sie an diesem Morgen noch einmal Glück gehabt hatte: Ein anderes Mädchen hatte das Schicksal bereits ereilt.

»Gut, Malva«, Lea lächelte sie an, als sie hochkam, »wir haben noch mal einen Tag geschenkt bekommen.«

Malva lächelte zurück, doch sie wusste, dass das nur ein kleiner Aufschub war. Was war morgen? Oder übermorgen? Mit den Schmerzen in ihrem Bein würde sie nicht schwimmen können – und dann …

Während die Eunuchen die Unglückselige aus dem Wasser zogen, die für Temir-Gai vorgesehen war, beeilten sich die anderen, schnell wieder an den Beckenrand zu kommen. Malva sah hinüber zu dem armen Mädchen, das heute das Opfer war: Es war ein schmächtiges Mädchen mit sandfarbener Haut und Locken. Sie stammte wahrscheinlich aus der Maharawüste. Das Mädchen wehrte sich und flehte den Herrscher an, sie zu verschonen, doch vergeblich. Noch nie war ein Mädchen zurückgekehrt, nachdem sie das Zimmer Temir-Gais betreten hatte. Einmal sogar hatte der Herrscher sich nicht nur mit einem Mädchen zufriedengegeben. Er hatte zwei ausgewählt: eine für sich selbst und eine für einen besonderen Gast. Keines der beiden Mädchen wurde je wieder gesehen.

»Heute Nacht habe ich endlich die Galeoden-Larven gefunden«, flüsterte Lea plötzlich. »Die letzte Zutat, die noch fehlte, um das Heilmittel herzustellen. Du wirst sehen. Heute Abend mache ich dein Bein wieder gesund.«

Voller Hoffnung sah Malva ihre Freundin an. Seit sie in diesem Harem gefangen war, hatte sie auf die magische Medizin gewartet, deren Zutaten Lea geduldig gesammelt hatte. Die Larven der Nachtspinnen hatten ihr kaum Linderung verschafft.

»Hoffentlich wirkt deine Medizin«, flüsterte Malva und stützte sich erleichtert auf den Rand des Beckens.

»Ganz bestimmt!«, antwortete Lea fröhlich. »Es ist eine alte Balmunmedizin, vergiss das nicht!«

Das Mädchen mit den Perlenaugen stand in ihrem tropfnassen Sari vor Malva und streckte ihr die Hand entgegen.

»Sobald deine Verletzung geheilt ist, fliehen wir aus diesem Harem«, flüsterte sie. »Genau wie meine Schwester. Vertrau mir!«

Malva legte sich erschöpft ins Gras. Mittlerweile war die Sonne aufgegangen und die Mädchen verteilten sich in den Säulengängen, um sich auszuruhen und zu plaudern. Der Herrscher Temir-Gai hatte sich mit seiner Gefangenen zurückgezogen. Der Tag würde vorübergehen, ohne dass die Mädchen größere Ängste durchzustehen hatten, bis am nächsten Morgen der Gong wieder ertönte und das kleine grausame Spiel von neuem begann.

»Ich vertraue dir, Mädchen aus Balmun«, sagte Malva nachdenklich. »Und wenn wir hier raus sind, werde ich Filomena suchen, wo auch immer sie sein mag, und mit ihr nach Elgolien gehen. Dort gibt es weder einen König noch einen Arkus oder einen Vincenzo, und auch kein Meerungeheuer und keine Amoyeden, und ganz sicher auch keine Herrscher, keinen Harem und keine Folter.«

Seit ihrer Flucht aus der Zitadelle wurde die Liste der Dinge, die Malva nie wieder erdulden wollte, länger und länger. So langsam begriff sie, dass die Bekannte Welt sehr selten den Regeln von Ruhe und Harmonie gehorchte.

17 ✧ Ein nächtlicher Festschmaus

Der neunundsechzigste Tag auf See, und ich lebe noch, schrieb Orfeus in sein Schiffstagebuch. *Das Meer ist ruhig, die Winde stehen günstig. Während meiner Wache habe ich Vögel gesichtet, die aussehen wie unsere Seemöwen, und ungewöhnlich große Fischschwärme. Unser Koch (der, nebenbei bemerkt, ein richtig guter Fischer ist) hat einen günstigen Moment zum Tauchen genutzt. Er war mit einer Harpune ausgerüstet und hat große Dauracudas mit silbernen Schuppen gefangen. Er sagt, diese Fische seien typisch für das Okrameer. Es besteht kein Zweifel, dass wir uns Zispasien nähern.*

Nachdenklich schloss er das Tagebuch. In der Stille seiner Kammer warf das Kerzenlicht bewegte Schatten auf die Holzwände. Al schlief mit herunterhängenden Lefzen am Fußende der Pritsche. Die Stunde kurz vor Sonnenaufgang war die ruhigste, lediglich das Knarren des Schiffsrumpfs und das Schnarchen der Matrosen waren zu hören. Es war der beste Moment, um unbeobachtet etwas zu unternehmen.

Orfeus blies die Kerze aus, stand auf, öffnete vorsichtig die Tür seiner Kajüte und begab sich auf Zehenspitzen zur Proviantkammer. Außer den beiden Männern auf der Brücke, die ihn gerade erst beim Wachdienst abgelöst hatten, konnte ihn nichts daran hindern, Lebensmittel zu stehlen.

In den vielen Nächten, in denen sich Orfeus in die Kammer geschlichen hatte, war er vertraut geworden mit den Gewohnheiten von Finopico, dem Koch. Hinter dem Ofen im hinteren Teil der Kammer stand ein Regal voller Bücher und Abhandlungen. Es handelte sich nicht um Kochbücher, sondern um wissenschaftliche Werke über Fische. Ganz offensichtlich interessierte sich der Koch sehr für alle Lebewesen, die die Tiefen der Meere bewohnten. Orfeus jedoch war erpicht auf das, was sich hinter dem Bücherregal befand: die Vorräte an Geleefrüchten sowie Kornblumen- und Marzipangebäck. Auf anderen Regalen fand er außerdem ein Glas mit eingelegten Heringen und scharf gewürzten Sardellen. Natürlich bemerkte Finopico, dass etwas fehlte, doch er traute sich nicht, es dem Kapitän zu melden, denn solche Leckerbissen waren an Bord nicht zugelassen … Das einzige Problem war, dass der rotbärtige Kobold Al verdächtigte und den armen Bernhardiner immer mit Tritten traktierte, sobald dieser seine Schnauze aus der Kajüte streckte.

»Ach was«, dachte Orfeus, als er sich die Taschen mit den Leckereien füllte, »Al ist nicht gerade zimperlich! Außerdem ist er halbseitig gelähmt, da wird er nicht viel spüren!« Auf diese Weise beruhigte er sein Gewissen und sagte sich immer wieder, dass es für einen guten Zweck sei.

Er schlich aus der Kammer, stieg auf leisen Sohlen in den untersten Schiffsraum hinab und tastete sich dort zwischen Fässerreihen, Mehlsäcken und vom Salz angenagten Tauen vor.

»Ich bin's«, flüsterte er in die Dunkelheit.

Kurz darauf hörte er ein Rumpeln hinter den Säcken.

»Was bringt Ihr uns?«, fragte eine Stimme.

»Hoffentlich Geleefrüchte!«, war eine zweite Stimme zu hören.

»Ich habe alles dabei!«, sagte Orfeus und setzte sich auf einen Querbalken.

Er nahm einen Kerzenstummel aus der Tasche, den er immer bei sich trug, und zündete ihn an. Zwei dreckige Burschen mit vor Appetit leuchtenden Gesichtern traten aus der Dunkelheit hervor.

»Zuerst die Heringe!«, verkündete Galotcho und stürzte sich auf das Einmachglas.

»Für mich erst die Früchte!«, rief Pepe aus.

Orfeus sah amüsiert zu, wie sich die Zwillinge über das Essen hermachten.

»Eine Mahlzeit pro Tag ist nicht gerade viel«, bemerkte Pepe und leckte sich die Finger. »Aber sie schmeckt dafür sehr gut.«

»Ich kann tagsüber nicht zu euch herunterkommen«, entschuldigte sich Orfeus. »Es ist zu riskant, das wisst ihr genau. Wenn irgendjemand wüsste, dass ihr an Bord seid …«

»… würde uns der Kapitän kopfüber am großen Rahsegel aufknüpfen, das ist uns klar«, antworteten die Zwillinge im Chor.

»Und mich dazu!«, fügte Orfeus hinzu. »Ein Gefreiter, der blinde Passagiere versteckt hält, hat nichts Besseres verdient. Ehrlich gesagt, weiß ich nicht, was mich davon abgehalten hat, euch gleich über Bord zu werfen, als ich euch entdeckt habe. Es ist jedenfalls keine

Entschuldigung, dass ich so naiv war zu glauben, ihr wärt ohne eure fünfzig Galniks von Bord gegangen!«

Die beiden Brüder nickten, ohne ihr Essen zu unterbrechen.

»Wir wussten, dass wir auf Euch zählen können«, grinste Galotcho. »Ihr könntet keiner Fliege etwas zuleide tun!«

»Als uns klar war, dass Ihr an Bord der Errabunda ablegen würdet, haben wir keinen Moment gezögert!«, warf Pepe zwischen zwei Bissen ein.

»Außerdem haben wir unsere Reise ja in gewisser Weise bezahlt«, fuhr Galotcho fort. »Die Information, die wir Euch geliefert haben, ist doch wohl zwei Plätze im Schiffsbauch wert, nicht wahr?«

Orfeus machte ein skeptisches Gesicht. Diese »wichtige« Information war nicht sehr viel wert: Es handelte sich lediglich um die Wahrsagung einer Kartenlegerin, nach der sich Arkus einige Tage vor der Errabunda auf den Weg gen Zispasien gemacht haben sollte. Die Zwillinge glaubten ganz fest daran, aber Orfeus war zu sehr Verstandesmensch, als dass er den Karten Glauben geschenkt hätte. Um sich nichts vorwerfen zu müssen, hatte er dem Kapitän kurz darüber berichtet, doch der hatte ihn nur ausgelacht. Arkus konnte sich unmöglich eingeschifft haben, denn seit zwei Monaten hatte kein Schiff mehr den Hafen Galniziens verlassen!

»Schmeckt's?«, fragte Orfeus und wechselte das Thema.

»Ein wahrer Festschmaus!«, seufzte Galotcho und verschlang einen vierten Hering. »Wie geht es eigentlich Eurem Hund? Ist er immer noch seekrank?«

»Keine Ahnung«, lachte Orfeus. »Er schläft immerzu. Und ich dachte, er wäre ein ausgezeichneter Seefahrer!«

»Wann erreichen wir Zispasien?«, fragte Pepe.

»Morgen, wenn die Winde uns gewogen sind.«

»Und dann? Dann rettet Ihr die Prinzessin, nicht wahr? Ich bin gespannt, wie Ihr das anstellen wollt.«

»Ich weiß es nicht«, gab Orfeus zu. »Aber ich denke, der Kapitän hat einen Plan.«

Galotcho setzte sich plötzlich auf.

»Wenn ich Kapitän wäre«, sagte er voller Inbrunst, »dann wüsste ich, was ich tun würde. Ich würde den Riesen zu Temir-Gai schicken, um mit ihm zu reden …«

»Den Riesen?«, Orfeus lachte laut auf. »Sprichst du von Babilas?«

»Genau! Der, der mit einer Hand vier Fässer auf einmal hochheben kann! Ich habe ihn neulich beobachtet. Er kam in den Schiffsbauch herunter. Er ist wirklich sehr stark!«

»Keine Frage«, antwortete Orfeus. »Ich habe noch nie einen so starken Mann wie Babilas gesehen. Aber der Kapitän kann ihn nicht zu Temir-Gai schicken.«

»Warum nicht?«

»Babilas ist stumm«, erklärte Orfeus. »Er spricht schon seit Jahren nicht mehr. Keiner weiß, was mit ihm geschehen ist.«

»Aha.« Galotcho war enttäuscht.

Er setzte sich wieder neben seinen Bruder und stibitzte ihm ein Stück vom Marzipangebäck.

»Auf jeden Fall wird es heiß hergehen!«, nahm Pepe das Gespräch wieder auf. »All die Kanonen und Geschütze, die die Marie-Belle geladen hat, werden die Zispasier schon lehren, mit wem sie es zu tun haben!«

»Genau!«, rief Galotcho. »Sie werden unsere Prinzessin auf der Stelle freilassen.«

Orfeus lächelte, als er die leuchtenden Augen der beiden Möchtegernkrieger sah.

Jede Nacht, wenn er sie besuchte, vergaß er ein wenig die Sorgen und die Verantwortung, die auf seinen Schultern lasteten. Zwar erledigte er seine Aufgaben als Gefreiter sehr gut, und wenn er mal Fehler machte, blieben sie ohne schlimme Folgen. Aber die Mannschaft war nicht sehr gehorsam. Einige der älteren Seeleute hatten Mühe damit, seinen Befehlen Folge zu leisten. Unter sich nannten sie Orfeus den »Grünschnabel«. Wann immer sie ihm Unannehmlichkeiten bereiten konnten, taten sie dies auch: Einmal hatten sie ihm Kakerlaken in die Suppe getan, ein anderes Mal eine tote Ratte in die Schuhe, und wiederum ein anderes Mal spritzten sie ihm – angeblich aus Versehen – Essig ins Gesicht. Grundsätzlich waren das alles keine wirklich bösartigen Angriffe, die typischen Seefahrerscherze eben. Trotzdem fühlte sich Orfeus ungerecht behandelt und ausgeschlossen. Als der König ihn auf diesen Posten berief, hatte er ihm damit ein etwas zweifelhaftes Geschenk gemacht. Und so taten ihm die Momente mit den Zwillingen gut.

»Sagt ihr mir nun endlich, warum ihr unbedingt an Bord der Errabunda sein wolltet?«, fragte er die beiden. »Jedes Mal, wenn ich euch frage, tut ihr so geheimnisvoll!«

Im Laufe der Nächte hatten die Zwillinge Orfeus einiges aus ihrem wenig glücklichen, doch sehr abenteuerlichen Leben erzählt. Vor dreizehn Jahren wurden sie in einer fernen Provinz geboren, am Grenzübergang zwischen Galnizien und Armunien. Ihre Eltern starben an Krankheiten, so dass die beiden bereits mit drei Jahren zu Waisen wurden. Eine alte Frau aus dem Dorf hatte sie bei sich aufgenommen. Sie hatten viele Jahre bei ihr gelebt, aber die alte Frau hatte sie mehr geschlagen als ihnen zu essen gegeben. Als sie zehn Jahre alt waren, hatten die beiden beschlossen wegzulaufen.

Sie waren umhergeirrt und hatten gebettelt, bis sie in die Stadt gekommen waren. Doch dort hatte man sie geschnappt und in ein Waisenhaus gesteckt. »Das war schlimmer als ein Gefängnis!«, hatte Galotcho erklärt. »Man hat uns gezwungen, auf Strohsäcken zu schlafen, die voller Würmer waren, und Geld zu erbetteln, das die Mönche, die sich um uns kümmerten, in die eigene Tasche wandern ließen. Zum Dank peitschten sie uns aus und sperrten uns tagelang in dunkle Löcher.«

Galotcho und sein Bruder hatten eisern durchgehalten und sich nicht kleinkriegen lassen. Schließlich waren sie erneut weggelaufen. Seitdem hatten sie auf der Straße gelebt, zusammen mit einer Bande anderer Kinder, die eine Art Familienersatz für sie waren. So viel Leid hätte genügt, um zu begründen, warum sie Galnizien den Rücken kehren wollten, aber Orfeus war sicher, es steckte noch etwas anderes dahinter. Ein Geheimnis, das nur die beiden kannten.

»Wir haben kein Geheimnis«, versicherte Galotcho. »Wir wollten einfach die Welt erkunden.«

»Wir wollten dem Elend entkommen und frei leben!«, ergänzte Pepe. »Auf jeden Fall wird unsere Zukunft …«

Galotcho stieß ihn in die Seite, um ihn zum Schweigen zu bringen.

»Wer weiß schon etwas über die Zukunft, du Blödmann? Don Mac Bott hat uns davor gewarnt, an das zu glauben, was Hellseher sagen!«

In diesem Moment hörte Orfeus, wie auf dem Zwischendeck hantiert wurde. Die Sonne ging auf. Es war Zeit für ihn, wieder seinen Platz in der Mannschaft einzunehmen.

»Haltet euch gut versteckt«, befahl er den Jungen. »Sobald wir angelegt haben, hole ich euch, und ihr könnt gehen, wohin ihr wollt.«

Er löschte die Kerze und stieg hastig wieder nach oben. Er hatte keine Lust, einem Matrosen zu begegnen, und noch viel weniger hatte er Lust auf eine Begegnung mit dem Koch. Kaum war er sicher in seiner Kajüte angekommen, nahm er seine irdene Waschschüssel hervor, füllte sie mit Wasser und wusch sein Gesicht. Er hatte kaum geschlafen, aber an ein Nickerchen war jetzt nicht zu denken. Er begann sich zu rasieren.

Dabei dachte er über seine beiden Schützlinge nach. Zweifelsohne bereiteten sie ihm große Freude! Sie waren frech und mutig. Sie hatten genau das gewagt, was Orfeus in ihrem Alter hätte wagen sollen: wegzugehen, ohne jemanden um Erlaubnis zu fragen! Genau deswegen riskierte er es, sie zu verstecken. Es war nicht rechtens, und seine Gewissensbisse quälten ihn ständig. Hätte er die beiden Jungen jedoch an den Kapitän verraten, würde er sich noch schlechter fühlen. Außerdem gefährdete die Anwesenheit der beiden die Mission der Reise nicht: Sie schmälerten lediglich die persönlichen Essensreserven eines jähzornigen Kochs!

Al drehte sich am Fußende der Pritsche um, riss gähnend das Maul auf und schlief wieder ein.

Orfeus legte die Rasierseife weg und betrachtete sich im Spiegel. Die Sonne und die Gischt hatten seine Haut gegerbt. Er sah beinahe aus wie ein echter Seemann, doch neunundsechzig Tage auf See ohne besondere Vorkommnisse reichten nicht aus, um aus ihm einen Mann zu machen. »Stürme!«, dachte er. »Ich wünsche mir Stürme, Schiffbruch, Seeschlachten und Kanonenlärm!«

18 ✧ In den Käfigen von Temir-Gai

Malva und Lea wachten noch vor dem ersten Gongschlag auf. Die anderen Mädchen um sie herum schliefen friedlich auf ihren Bambusmatten.

»Zeig mal her!«, murmelte Lea.

Malva schlug ihr Laken zurück und entblößte ihr Bein. Am Abend zuvor hatte ihr Lea einen Umschlag mit der zubereiteten Salbe gemacht, und nun wollte sie sehen, ob es geholfen hatte.

Vorsichtig machte das Mädchen aus Balmun den Verband ab. Malva biss sich auf die Lippen und suchte fieberhaft nach einem der Pagulkekse, die sie unter ihrer Matte versteckt hielt. Sie knabberte daran, um sich Mut zu machen. Seit sie nicht mehr unter Uzmirs Schutz stand, hatte sie sich angewöhnt, auf den in den Keksen enthaltenen Kernen herumzukauen. Sie hatten eine beruhigende Wirkung auf sie.

Leas Gesicht hellte sich auf.

»Sieh nur!«, flüsterte sie.

Malva zog ihr Bein zu sich heran. Es war unglaublich: Die Wunde war kaum noch zu sehen! Nur eine lange weiße Narbe war an der Stelle zurückgeblieben, in die das unbekannte Ungeheuer seine Zähne geschlagen hatte.

»Fass mal hin!«, ermunterte Lea sie.

Mit zitternden Fingern fuhr Malva über die Narbe. Sie spürte nur ein Streicheln. Sie begann fester zu reiben ... Nichts! Kein Schmerz mehr!

»Beweg dein Bein«, schlug Lea vor.

Malva folgte freudig ihrer Anweisung. Sie zappelte etwas in der Luft, dann wagte sie, sich hinzustellen.

»Ich habe keine Schmerzen mehr«, flüsterte sie. Ihre Augen waren vor ungläubigem Staunen weit aufgerissen. »Überhaupt keine Schmerzen mehr ... Schau, Lea, ich kann laufen! Genau wie früher!«

»Still!«, flehte Lea und legte einen Finger auf ihren Mund. »Du weckst die anderen auf!«

»Ich kann laufen! Ich kann wieder laufen!«, wiederholte Malva immer wieder überglücklich. »Das ist ein Wunder, Lea! Du bist eine wahre Zauberin!«

Sie tanzte jetzt beinahe. Sie sprang auf den Eisenholzplanken herum, mit denen das Frauengemach ausgelegt war, spreizte die Zehen und presste sie wieder zusammen, bis eines der anderen Mädchen den Kopf hob.

»Schlaf weiter«, flüsterte Lea ihr zu. »Du träumst nur.«

Das Mädchen grummelte vor sich hin, drehte sich auf die andere Seite und schlief wieder ein. Doch das hatte genügt, um Malva zur Vernunft zu bringen. Sie saß im Schneidersitz da und starrte voller Verwunderung auf ihr Bein.

»Danke, ich danke dir, Lea! Du hast mich gerettet! Ich weiß nicht, wie ich dir je ...«

Der erste Gongschlag ertönte und unterbrach sie. Mit einem Mal waren alle Mädchen wach. Sie sprangen auf, griffen nach ihren Saris, legten sie um und knieten sich vor ihre Matten.

»Schnell«, flüsterte Lea. »Niemand darf auf uns aufmerksam werden.«

Malva und sie beeilten sich, in ihre sauberen Saris zu schlüpfen. Sie hatten sich kaum niedergekniet, da ließ sie der zweite Gong zusammenzucken. Die Mädchen ergriffen alle gleichzeitig ihre Kämme aus Elfenbein und begannen sich zu frisieren.

Malva sah das alles in einem neuen Licht. An den Morgen zuvor war sie von ihrem Schmerz betäubt gewesen und hatte ihre Umgebung nicht wahrgenommen. An diesem Morgen war sie fasziniert von der perfekt einstudierten Choreographie im Frauengemach. Wie konnte jemand, und sei es auch der Herrscher von Zispasien, gleichzeitig so vielen Personen diese Abläufe befehlen? Das war anziehend und beunruhigend zugleich. Und auch Malva entzog sich diesem gemeinschaftlichen Zeremoniell nicht: Wie alle anderen kämmte sie ihr schwarzes Haar, das nachgewachsen war und ihr wieder über die Schultern fiel.

Der dritte Gong kündigte das Eintreten der Eunuchen an. Sie kamen im Gänsemarsch näher, stumm, mit gesenkten Köpfen, um die Stirn das leuchtend gelbe Band, das sie als Sklaven kennzeichnete. Vor jedem Mädchen stellten sie eine Schale ab, in der Kokosmilch dampfte.

Mit dem vierten Gong führten die Mädchen die Schale an ihre Lippen. Die Milch war cremig und duftete. Malva fügte immer heimlich etwas von den Pagulkeksen hinzu. Doch an diesem Morgen blieb keine Zeit, etwas in der Milch aufzulösen. Eilig ließ sie die restlichen Kekse in die Tasche ihres Saris gleiten.

Beim fünften Gongschlag waren die Mädchen bereit. In Reih und Glied standen sie still im Chorumgang. Als sie sich in Bewegung setzten, verspürte Malva eine solche Freude, dass sie Mühe hatte, sich zurückzuhalten. »Ich kann laufen«, wiederholte sie sich immer wieder. »Unglaublich! Ich muss überhaupt nicht mehr humpeln.«

Sie war so erleichtert, dass die bevorstehende Tauchzeremonie keinen Schrecken mehr für sie darstellte. Das Salzwasser im ersten Becken konnte ruhig an ihre Haut kommen, es würde nicht mehr brennen!

Als sie am Rand des Beckens stand, lächelte sie beinahe.

»Deine Miene«, flüsterte ihr Lea zu. »Reiß dich zusammen. Nicht lächeln!«

Malva biss sich auf die Backen und glitt ins Wasser. Die Lotusblüten verströmten einen angenehmen Duft. Mit kräftigen Zügen schwamm sie los und erreichte die Mitte des Beckens als Erste. Genau in diesem Moment sah sie den Mann, der an der Seite von Temir-Gai auftauchte.

Er trug einen Umhang wie die reichen Handelsleute, die an den Küsten des Okrameers Handel trieben. Er war groß und überragte den Herrscher um einen ganzen Kopf. Ein bestickter Hut verdeckte einen Teil seines Gesichts. Malva irritierte seine Anwesenheit, fast so, als würde sie den Fremden kennen. Der Herrscher flüsterte seinem Gast etwas zu.

»Dieser Mann«, flüsterte Malva Lea zu. »Wer ist das?«

Das Mädchen aus Balmun betrachtete den Fremden und zuckte mit den Schultern.

»Keine Ahnung. Auf jeden Fall werden heute zwei Mädchen geopfert. Pass lieber gut auf.«

Der sechste Gongschlag stand kurz bevor, und Malva musste sich zum Tauchen bereitmachen, doch der Mann zog ihre volle Konzentration auf sich … Er schritt am Beckenrand entlang und betrachtete die Mädchen in der Wassermitte aufmerksam. Plötzlich durchdrangen seine stählernen Augen Malva wie Pfeile.

Es versetzte ihr einen Stich ins Herz. Beinahe hätte sie geschrien, als sie den Mann erkannte. Der Gong ertönte genau in diesem Augenblick. Lea schaffte es gerade noch, Malvas Hand zu erwischen; alle Mädchen tauchten gleichzeitig unter.

Malva spürte sofort, dass sie nicht lange durchhalten konnte. Sie hatte nicht genug Luft geholt. Dieser Blick! Bei der heiligen Göttin der Ruhe! Dieser Blick! Sie strampelte nach Leibeskräften, doch ihre Brust war zum Zerreißen gespannt. Sie brauchte Luft. Luft!

Als sie auftauchte, war außer ihr nur ein Kopf oben. Sofort zeigte der Herrscher auf sie und gab den Eunuchen ein Zeichen: Malva sollte dem Gast des Herrschers angeboten werden!

Wieder trafen sich Malvas Blicke und die des Fremden. Es bestand kein Zweifel: Es war Arkus!

Wie war er hierhergekommen? Wie hatte er es angestellt, Temir-Gais Gast zu sein? Malva stand vor einem Rätsel. Doch eine Sache war völlig klar: Er war gekommen, um sie zu töten! Und genau das würde er tun, an diesem Abend, in einem ihm vom Herrscher zur Verfügung gestellten Zimmer, ohne dass er dafür eine Bestrafung befürchten musste.

Die Eunuchen fischten Malva aus dem Wasser und brachten sie in das Hauptgebäude am anderen Ende der Stadt. Sie sperrten sie zunächst in ein kleines Zimmer mit vergitterten Fenstern, in dessen Mitte ein einzelnes weißes Kissen lag. Dort ließ man sie fast den ganzen Tag allein mit ihrer Angst.

Sie ging auf und ab und vermied es, sich auf das Kissen zu setzen oder aus dem Fenster zu sehen. Ihr Sari war getrocknet. Sie hatte weder Hunger noch Durst. Durch die Gitterstäbe sah sie die Sonne ihren Bogen ziehen, und als sich der Himmel rot färbte, traten zwei Eunuchen ein und bedeuteten ihr, ihnen zu folgen. Sie brachten sie bis zum Eingang eines Salons, der sehr viel größer war als das Zimmer zuvor und dessen Boden mit Lotusblüten bedeckt war. Offensichtlich war dies Teil eines Rituals, das sie auf die Nacht mit dem kaiserlichen Gast vorbereiten sollte …

Wieder ließen die Eunuchen sie allein.

Malva betrat den Raum. Hinten in der Ecke bemerkte sie eine Truhe, auf der Schalen mit frischen Früchten und eine Karaffe mit Likör standen. Diese Gaben waren offensichtlich für sie bestimmt, doch sie rührte sie nicht an.

Wieder und wieder sah sie die grauen Augen von Arkus vor sich. Wut und ein grenzenloser Widerwille zogen ihr die Eingeweide zusammen. Wie hatte er sie bloß aufgespürt? Was hetzte ihn so gegen sie auf? War in Galnizien etwas vorgefallen?

»Oh, Lea«, klagte sie still, »könnten deine magischen Fähigkeiten mich doch noch einmal retten.« Aber das Mädchen aus Balmun konnte nichts mehr für sie tun. Unerbittlich verstrich die Zeit.

Auf ein Glockenläuten hin erschienen weitere Eunuchen. Sie trugen die Schalen mit den Früchten und die Karaffe ab und führten Malva in ein drittes Zimmer.

Diesmal ging es einige Stufen hinunter, in die Geheimgänge unter der Stadt. Schließlich schubsten die Eunuchen Malva in einen Raum, in dessen Mitte ein riesiges Bett auf verzierten Holzfüßen stand. Ein Galgen hätte das Mädchen kaum mehr erschrecken können. »Das ist das Ende«, sagte sie sich, als die Tür hinter ihr ins Schloss fiel. Ihre Wut und ihr Ekel waren einer schrecklichen Angst gewichen. Das Warten hatte noch immer kein Ende, so dass Malva nur noch ein Nervenbündel war, als sich die Tür endlich öffnete.

Sie sprang auf und drehte sich hastig um. Arkus blieb am Eingang des Zimmers stehen. Er trug einen grünen Sari. Malvas Brust schnürte sich zusammen, und sie bekam Magenkrämpfe.

»Nun, Prinzessin …«, begann Arkus. »… wie es scheint, seid Ihr nicht kleinzukriegen.«

Er kam nicht näher, sondern lehnte selbstsicher an der Tür. Malva brachte kein Wort heraus.

»Ihr haltet mich ganz schön auf Trab«, fuhr Arkus mit süßlicher Stimme fort. »Und Ihr bereitet mir Kummer … Also habe ich beschlossen, die Arbeit selbst zu erledigen und mich nicht länger auf unfähige Trottel wie Vincenzo zu verlassen.«

Mit diesen Worten löste er den Gürtel und wickelte ihn um seine beiden Handgelenke. Malva wollte schreien, hielt sich aber zurück. Wenn sie irgendeine Chance haben wollte, musste sie einen kühlen Kopf bewahren. Sie rappelte sich hoch und versuchte, ihren Atem unter Kontrolle zu bekommen.

»Hat Euch der König geschickt?«, fragte sie, um Zeit zu gewinnen.

Arkus lächelte böse.

»Niemand schickt mich. Die Zeit, als ich noch Befehle des Königs entgegengenommen habe, ist vorbei. Uns verbindet also noch eine weitere Gemeinsamkeit: Wir gehorchen nicht gern blindlings den Mächtigen dieser Welt.«

Er wickelte den Gürtel noch einmal um sein Handgelenk.

»Temir-Gai versteht natürlich, dass Unfälle passieren können … Selbst in einer Liebesnacht ist man nicht davor gefeit, erdrosselt zu werden.«

Er spannte den Gürtel. Malva schluckte schwer.

»Apropos Liebe«, fuhr Arkus voller Ironie fort, »stellt Euch vor, das ganze Land ist in Trauer versunken, seit Euer Verschwinden bekannt wurde. Ich habe zwar versucht, wieder ein wenig Ruhe und Harmonie herzustellen, aber … Ihr seid einfach zu schnell wieder aufgetaucht.«

Malva bemühte sich, nicht zu zittern oder sich zu bewegen. Aber jedes Mal, wenn Arkus den Gürtel in seinen Händen straffte, zuckte sie zusammen. Seltsam: Zehn Jahre lang hatte sie in der Nähe dieses Mannes verbracht, ohne je an ihm zu zweifeln. Sie hatte sich sogar glücklich geschätzt! Und nun stand sie ihm gegenüber und hatte noch nie eine solche Angst gehabt.

»Zehn Jahre lang habe ich gewartet!«, brach es aus Arkus hervor, als hätte er ihre Gedanken gelesen. »Alles war perfekt geplant. Es ist mir gelungen, Euch Euren Eltern zu entfremden und umgekehrt. Ihr wart gerade zur rechten Zeit bereit, Prinzessin. Ich musste nur noch Eure Flucht ermöglichen. War das nicht ein genialer Plan?«

»Ihr könnt Euch des Throns immer noch bemächtigen«, gab Malva zurück. Sie ließ den Gürtel nicht aus den Augen. »Ich hindere Euch nicht daran. Hier verliert Ihr nur Eure Zeit. Ihr solltet lieber in Galnizien sein, um dort Euer Werk zu vollenden.«

»Ich brauche keine Ratschläge von Euch!«, brauste Arkus auf und ließ den Gürtel wie eine Peitsche durch die Luft sausen.

Malva trat verstört einen Schritt zurück.

»Falls es Euch tröstet, bevor ihr sterbt: Der Thron wird niemals Mein sein. Eure Zofe hat es geschafft, der Zitadelle eine Nachricht zukommen zu lassen, und mich verraten. Verraten … von einer … so einer …«

Arkus zitterte vor Wut. Malva dagegen konnte mit dieser Neuigkeit nichts anfangen, so verängstigt, wie sie war.

»Wenn ich mit Euch fertig bin«, setzte Arkus hinzu, »nehme ich mir diese Zofe vor. Wo auch immer sie sein mag, ich werde sie finden. Es gibt für mich nur noch einen Grund zu leben: meine Rache.«

Er ging einen Schritt auf Malva zu. Die Tür hinter ihm stand offen. Das war die Chance!

Malva nahm ihre letzte Kraft zusammen und schnellte nach vorne. Blitzschnell sprang sie wieder zurück und entkam so Arkus'

Gürtelschlag. Sie wirbelte herum, rollte über den Boden, rappelte sich wieder hoch und schaffte es, die offene Tür zu erreichen. Als Arkus sich umgedreht hatte, sah er sie nur noch am Ende des langen Ganges verschwinden.

Noch nie in ihrem Leben war Malva so schnell gerannt. Mit ihrem geheilten Bein konnte sie noch schneller laufen und mit voller Kraft die Treppen und Gänge entlangstürmen, die sich unter der königlichen Stadt erstreckten.

Arkus reagierte blitzschnell. Er stieß einen wütenden Schrei aus und jagte hinter ihr her.

»Du entkommst mir nicht noch einmal«, brüllte er. »Ich werde dich noch heute Abend töten. Deshalb bin ich hier!«

Malva rannte immer schneller. Die Gänge wanden, verzweigten sich, die Treppenstufen gingen nach oben und wieder nach unten, an unzähligen Räumen vorbei. Sie lief vollkommen planlos weiter, ohne nachzudenken, angetrieben von Arkus' Schreien.

Plötzlich tauchte eine Mauer vor ihr auf. Sie prallte dagegen, und hämmerte auf die Mauer ein. Nichts, keinerlei Durchgang. Sie drehte sich um. Sie suchte nach allen Seiten und stieß schließlich auf eine Öffnung am Boden. Sie legte sich hin und steckte den Kopf durch die Luke. Es war eine Art Rohr, das nach unten führte, vielleicht ein Müllschlucker oder eine Abwasserleitung? Sie kroch hinein. Der Kanal war eng, doch sie war so stark abgemagert seit ihrer Flucht aus Galnizien, dass sie ganz hineinschlüpfen konnte.

Als auch ihre Füße im Rohr verschwunden waren, hörte sie, wie

Arkus die Mauer erreichte und nun ebenfalls dagegenhämmerte. Mit klopfendem Herzen krallte sich Malva an den Innenwänden des Rohres fest und rutschte weiter hinein.

»Da ist ja unser kleines Vögelchen …«, hörte sie Arkus sagen.

Die Worte hallten in dem Rohr wider. Malva drehte den Kopf und konnte mit Mühe die Öffnung erkennen, durch die sie entkommen war. Sie sah direkt in Arkus' knochiges Gesicht. Er beobachtete sie mit einem bösartigen Grinsen.

»Sie ist ganz allein in die Falle gegangen«, feixte er und steckte gleich darauf seinen Kopf in den Kanal.

Panisch krabbelte Malva mit letzter Kraft weiter und weiter, um Abstand zu Arkus zu gewinnen. Als sie sich wieder umdrehte, stellte sie fest, dass er ihr nicht folgen konnte: Seine breiten Schultern passten nicht in die Öffnung! Er trommelte mit den Fäusten auf den Boden, das Gesicht war vor Hass verzerrt.

Malva schob sich in dem schmalen Gang weiter voran. Sie fürchtete nur eines: dass am anderen Ende ein Gitter sie daran hindern könnte wieder hinauszukommen. Aber sie hatte Glück: Der Gang wurde breiter und ging in eine Art dunklen Abfluss über, der nach Abfällen und Urin stank.

Sie rutschte dem Boden entlang, bis es ihr schließlich gelang aufzustehen. Im Gang war es so dunkel, dass sie nicht einmal ihre eigenen Füße sehen konnte. Sie lauschte. Da war jemand. Ihre Kehle war wie zugeschnürt. Sie hörte ein Atmen.

Malva streckte die Arme nach vorne aus und tastete sich vor. Mit einem Mal hatte sie das Gefühl, auf etwas zu treten. Etwas Weiches.

Sie bückte sich. Dieses Ding, auf das sie da getreten hatte, dieses Ding fühlte sich warm an … und es hatte ein Fell.

Ein Knurren durchschnitt plötzlich die Stille. Malva wich zurück und drückte sich gegen die Mauer. Ein Tier! Sie war im Käfig eines Tieres! Das Rohr, durch das sie sich hindurchgequetscht hatte, war das Belüftungsrohr des Käfigs gewesen!

Das Tier schnaufte laut. Malva hörte, wie es sich herumwälzte. Der Boden erzitterte, und das Tier richtete sich auf. Den Rücken an die Wand gepresst, hielt Malva den Atem an.

Als das Tier knurrte und immer aufgeregter wurde, war plötzlich das Rasseln eines Schlüsselbunds zu hören. Ein Lichtschein fiel in den Käfig und erhellte den Gang und die Gitterstäbe des Käfigs, in dem das Tier eingesperrt war. Von dem Radau aufgeschreckt, machte ein Eunuch mit seiner Fackel einen Kontrollgang. Malva ließ sich an der Mauer hinabgleiten und kauerte sich zusammen.

Der Eunuch hielt seine Fackel hoch und flüsterte ein paar beruhigende Worte. Durch das einfallende Licht konnte Malva nun die Umrisse des riesigen Tieres genau erkennen. Und dann sah sie die beiden Hörner. Sie waren silbern. Ihr Herzschlag setzte aus. Die Göttliche Auriga! Bei der Heiligen Harmonie! Sie war im Käfig dieses Monsters gefangen!

Die Auriga war so groß und schwer, dass sie Mühe hatte, sich in dem engen Käfig zu bewegen. Aber sie schaffte es, und Malva sah, wie sich der mächtige längliche Kopf zu ihr herunterbeugte. Sie biss sich auf die Lippen, um nicht vor Entsetzen loszuschreien.

Währenddessen fuchtelte der Eunuch weiter mit seiner Fackel

herum, um den Käfig auszuleuchten. Doch Malva wurde von dem massigen Körper der Auriga verdeckt, die sich daran machte, sie mit ihrer schleimigen Schnauze zu beschnüffeln. Sie spürte einen langen Speichelfaden auf ihren linken Arm tropfen: Kein Zweifel, die Auriga hatte Hunger!

Schlagartig fiel Malva ein, dass sie ja noch die Pagulkekse in der Tasche ihres Saris hatte. Behutsam ließ sie ihre Hand in die Tasche gleiten. Die Kekse hatten sich während des Tauchens mit Wasser vollgesogen und waren nur noch Brei. Aber doch besser als nichts. Sie öffnete ihre Faust und hielt sie dem Ungeheuer unter die Nüstern.

Für einen Moment beruhigte sich die Auriga und hörte zu knurren auf. Eingehend beschnupperte sie die Kekse. Dann schien sie sich entschieden zu haben. Malva spürte die riesige Zunge des Monsters auf ihren Händen und hörte ein Schmatzen. Sie beeilte sich, den Rest der Kekse aus ihrer Tasche zu kratzen und hielt sie dem Monster hin. Dabei zitterte sie so sehr, dass ein Teil der Kekskrümel hinunterfiel. Die Auriga senkte den Kopf, um den Boden abzulecken.

In diesem Augenblick blendete die Fackel Malva. Der gesenkte Kopf des Tieres hatte den Blick auf sie freigegeben. Der Eunuch schrie auf. Gegen die Wand des Käfigs gelehnt, stieß Malva einen Seufzer der Verzweiflung aus. Jetzt war sie endgültig in die Falle gegangen.

Ein Dutzend Eunuchen liefen herbei. Sie hatten Fackeln und Säbel bei sich. Einer öffnete den Käfig und zwängte sich zusammen mit vier weiteren Eunuchen hinein. Sie packten Malva und schleppten sie nach draußen, während das Monster immer noch über den Boden schnüffelte und weitere Kekse zu finden hoffte.

An den Lauten, die die Eunuchen ausstießen, erkannte Malva, dass sie etwas Unverzeihliches begangen hatte: Das Eindringen in die Höhle des angebeteten kaiserlichen Tieres war ein Sakrileg! Unsanft schubsten die Eunuchen Malva durch die Gänge und über die Treppen bis zum Gemach des Herrschers. Temir-Gai war bereits von anderen Eunuchen vorgewarnt worden. Er saß auf seinem Bett und erwartete die Schuldige.

Die Eunuchen warfen ihm Malva vor die Füße. Sie gaben dem Herrscher in ihrer Sprache ein paar Erklärungen. Malva hielt den Kopf gesenkt, das Blut pochte in ihren Schläfen. Sie verstand kein Wort, aber der Ärger Temir-Gais war so offensichtlich, dass es keiner Übersetzung bedurfte. Für einen Moment fürchtete sie die Hinrichtung.

Der Kaiser beugte sich zu ihr hinunter, packte sie an den Haaren und zwang sie, ihn anzusehen. Er hatte ein blasses, rot geädertes Gesicht. Hinter ihm im Bett lag das Mädchen, auf das seine Wahl für diese Nacht gefallen war. Sie lag zusammengerollt in den Kissen und weinte still vor sich hin. Der Kaiser bellte ein paar Worte, ließ Malva los und stürzte aus dem Zimmer.

Kurz darauf schleppten die Eunuchen sie aus dem Gebäude. In der stockdunklen Nacht war nur das Quaken der Frösche in den Bädern der Reinheit zu hören. Die Eunuchen stießen Malva durch alle Gärten. Als Malva das Schlachthaus mit den davor aufgereihten

Folterkäfigen sah, war ihr schließlich klar, welches Schicksal sie erwartete.

Die Eunuchen öffneten einen der Käfige und warfen Malva hinein. Sie schlossen die Tür ab, und ein Eunuch ging zu der Kurbel, mit der die Stäbe bewegt werden konnten. Er drehte mehrmals an der Kurbel und senkte damit die Decke des Käfigs. Malva saß auf dem Boden, hatte die Knie zu sich herangezogen und den Kopf darauf abgelegt. Die Käfigdecke lastete auf ihren Halswirbeln. Vor Schmerzen verzog sie das Gesicht.

Dann hörte sie Stimmen, die von weiter her kamen. Pferdegetrappel ertönte. Malva drehte leicht den Kopf. Weitere Eunuchen kamen angerannt. Sie trugen Laternen. Und vor ihnen lief ein Mädchen in einem einfachen Baumwollhemd. Malva versetzte es einen Stich, als sie sie erkannte: Es war Lea.

»Malva!«, schluchzte sie. »Du lebst ja!«

Sie kniete sich vor den Käfig und schob ihre Hände hinein.

»Die Eunuchen haben mich geholt, damit ich übersetze, was du sagst«, erklärte sie hastig. »Du weißt ja, das Mädchen aus Balmun spricht alle Sprachen.«

Erneut gab es ein lautes Durcheinander in den Gärten, Temir-Gai erschien. Arkus begleitete ihn. Beide stiegen auf den Vorsprung.

Der Kaiser wandte sich an Arkus und bellte einige wütende Worte.

»Er will wissen, warum du dich der Ehre, ausgewählt worden zu sein, widersetzt hast, warum du weggelaufen bist?«

Malva spürte, wie ihr der kalte Schweiß den Rücken hinunterlief. Sie war kurz vor einer Ohnmacht.

»Er wollte mich töten«, murmelte sie.

»Sie lügt!«, schrie Arkus, bevor Lea übersetzen konnte.

Der Kaiser setzte das Verhör fort.

»Er möchte wissen, was du im Käfig der Göttlichen Auriga zu suchen hattest … und was du ihr zu fressen gegeben hast. Er glaubt, du wolltest sie vergiften.«

»Pagulkekse«, schluchzte Malva am Ende ihrer Kräfte, »es waren nur Pagulkekse.«

Lea übersetzte es in die zispasische Sprache, der Kaiser gab daraufhin einige Befehle. Lea erbleichte. Ihre Lippen zitterten.

»Er glaubt, du seist eine Hexe. Und dass du lügst. Er verurteilt dich zum Folterkäfig. Er sagt, du seist innerhalb von drei Tagen tot.«

»Das geschieht dir recht«, mischte sich Arkus ein. Zufrieden beugte er sich zu Malva hinunter: »Ich hätte dich lieber mit meinen eigenen Händen getötet. Aber es wird mir ein Vergnügen sein, der Arbeit des Käfigs zuzusehen. Ich möchte jeden einzelnen deiner Knochen brechen hören.«

Lea weinte und presste eine Wange gegen den hölzernen Käfig. Die Eunuchen zogen sie weg. Der Kaiser gab ein Zeichen, und alle anderen entfernten sich ebenfalls. Sie überließen Malva ihrem Schicksal.

19 ✧ Eine Nacht in Zispasien

Am selben Abend warfen die Errabunda und die Marie-Belle Anker in einer kleinen windgeschützten Bucht. Seit genau siebzig Tagen hatten die Matrosen keinen festen Boden mehr unter den Füßen gehabt. Und als jetzt der Kapitän fragte, wer freiwillig den Hafen von Zispasia erkunden wolle, zeigten Dutzende von Händen auf. Nur Orfeus, der sich die ganze Nacht damit beschäftigt hatte, wie er Galotcho und Pepe von Bord schaffen könnte, versteckte seine Hände hinter dem Rücken.

Der Kapitän wählte unter den Männern die zwölf kräftigsten aus, dann wandte er sich überraschend an Orfeus.

»Ich brauche auch noch einen klar denkenden Mann für diese kleine Expedition. Seid nicht zu bescheiden, Mac Bott. Ihr habt gute Arbeit geleistet auf See und es verdient, Euch die Beine zu vertreten.«

Orfeus spürte die feindseligen Blicke. Wenn er sich weigerte, einen Landgang zu machen, würde er wieder als Grünschnabel dastehen … Und so fand er sich kurz darauf auf einer kleine Schaluppe wieder. Er saß dem Riesen Babilas gegenüber, der ruderte, ohne ihn aus den Augen zu lassen.

Sie legten an einem kleinen Strand an, der von Felsen umgeben war. Babilas hob die Schaluppe mit einer Hand an und zog sie mit einer verblüffenden Leichtigkeit an Land. Orfeus unterdrückte eine Bemerkung. In Gesellschaft dieser starken Männer fühlte er sich ganz und gar nicht wohl, aber er hatte sich fest vorgenommen, sich nichts anmerken zu lassen. Gemeinsam schlugen sie einen stark verwurzelten Weg ein, der sich im Dunkel der Nacht von Ornia verlor.

Hier war alles so anders als in Galnizien! Die Pflanzen, die Gerüche, die Geräusche und sogar der klare Himmel erschienen Orfeus fremd. Einige Male stolperte er und fiel beinahe hin, was seine Nervosität nur noch vergrößerte. Er spürte trotz der Dunkelheit Babilas' Blick stets auf sich ruhen.

Nach einer Stunde Fußmarsch sahen sie die Lichter der kaiserlichen Stadt Zispasia. Unzählige rote Laternen erleuchteten die Einfahrt zum Hafen, der seltsame Segelschiffe mit flachen Kielen beherbergte.

»Teilen wir uns auf«, schlug Orfeus vor, als sie die ersten Häuser erreicht hatten. »Zwei und zwei, dann fallen wir weniger auf als in der Gruppe.«

Die Matrosen drehten sich zu Babilas um, der kaum merklich nickte und sich direkt neben Orfeus stellte.

»Wir treffen uns oberhalb der Bucht kurz vor Sonnenaufgang wieder«, ergänzte er. »Und gebt gut Acht. Vergesst nicht, dass wir keine Büchsen und Lanzen zu unserer Verteidigung dabei haben.«

Orfeus kontrollierte die Seitentasche seiner Gefreitenjacke, um sich zu vergewissern, dass sein Messer noch da war. Es war die einzige Waffe, die der Kapitän ihnen für ihre Mission zugestanden hatte, damit sie kein Aufsehen erregten.

Die einzelnen Grüppchen machten sich auf den Weg. Orfeus und Babilas umrundeten das Hafenviertel und begaben sich in die höher gelegenen Viertel der Stadt. Leise und immer auf der Hut mieden sie es zunächst, zu weit in die Straßen vorzudringen. Sie versteckten sich hinter großen Blumenkübeln, um das Kommen und Gehen der Zispasier zu beobachten.

»Ein Volk von Nachtschwärmern«, raunte Orfeus.

Zwischen den Holzhäusern mit den spitz zulaufenden Dächern schlenderten einige Männer im Licht der roten Papierlaternen umher. Sie redeten sehr laut, lachten viel und blieben ein ums andere Mal stehen, um sich auf die Schenkel zu klopfen. Sie trugen bestickte Jacken mit langen Ärmeln und auf dem Kopf geflochtene Kappen. Manche rauchten lange Pfeifen, und wieder andere tranken sogar aus kleinen silbernen Bechern.

»Ich weiß nicht, was die da trinken«, flüsterte Orfeus, »aber sie sind allesamt betrunken. Das ist unsere Chance. Ein angetrunkener Mann wird nicht so schnell misstrauisch. Los, Babilas.«

Schon etwas selbstsicherer, führte er den Riesen unter den Laternen hindurch in ein Gewirr aus kleinen Sträßchen. Vor jeder Tür standen hölzerne Skulpturen mit Augen aus Jade, die aussahen wie Wachen. Ihr fratzenartiges Antlitz ließ Orfeus frösteln: Diese Monster erinnerten ihn an die Masken im Büro seines Vaters.

Plötzlich legte Babilas seine riesige Hand auf Orfeus Schulter.

Eine Gruppe sehr seltsamer Männer kam näher. Sie lachten nicht, sie sprachen kein Wort, sie tranken nichts und rauchten auch nicht. Sie gingen eng hintereinander mit gesenkten Köpfen. Sie trugen alle ein leuchtend gelbes Stirnband. In ihrer Mitte gingen im gleichen Tempo junge Burschen, die nicht älter als elf oder zwölf Jahre sein konnten. Die Jungen hatten geschorene Köpfe, nur eine Strähne fiel ihnen in die Stirn.

»Meinst du, das sind Soldaten, die Rekruten zusammentrommeln?«, flüsterte Orfeus Babilas zu, als die Truppe vorbeigezogen war.

Der Riese schüttelte den Kopf.

»Folgen wir ihnen trotzdem. Sie machen den Eindruck, als wüssten sie, wohin sie wollen, und ich bin neugierig, wohin sie die Jungen bringen.«

Sie beeilten sich, den seltsamen Konvoi einzuholen und folgten ihm in sicherem Abstand durch die Straßen, die breiter wurden und stetig anstiegen. Schließlich erreichten sie einen weitläufigen, mit Gras bewachsenen Platz, der mit grünen Papierlaternen beleuchtet war. Der Lärm des roten Viertels war verstummt.

»Sieh dir das an, Babilas!«, flüsterte Orfeus.

Am Ende des Platzes erhob sich eine große Mauer aus Holz. In der Mitte öffnete sich eine riesige Pforte, durch die die Männer mit den gelben Stirnbändern und die Jungen eintreten konnten.

Orfeus und sein Begleiter gingen näher an die Mauer heran. Im Hintergrund konnten sie trotz der Dunkelheit weitere Gebäude erkennen: Türme mit glockenförmigen Dächern, Säulen und langgestreckte Bauten. Der ganze Komplex schien gänzlich aus gedrechseltem Holz zu bestehen.

Babilas und Orfeus blieben nahe vor dem riesigen Tor stehen. Da es nun wieder geschlossen war, konnte man die Inschriften erkennen.

»Kannst du die Zeichen lesen?«, fragte Orfeus beiläufig.

Statt zu antworten, zeigte Babilas mit dem Finger nach oben. Eine Statue thronte über dem Gebäude: Es war die Darstellung eines Mannes, der ein riesiges Tier mit zwei silbernen Hörnern ritt.

»Genau das habe ich mir gedacht«, sagte Orfeus, »wir stehen vor dem Palast von Temir-Gai. Und hier ist sicher auch sein Harem. Hinter dieser Mauer.«

Während er noch nachdenklich die Statue betrachtete, sah er, wie es im Osten hell wurde. Bald würde die Sonne über diesem entlegenen Land aufgehen!

»Kehren wir zur Errabunda zurück«, ordnete Orfeus an.

Als sie die Anhöhe über der Bucht erreichten, verblassten am fahlen Himmel nach und nach die Sterne. Die anderen Männer erwarteten sie bereits in der kleinen Schaluppe. Orfeus und Babilas stiegen rasch zum Strand hinunter. Kaum waren sie an Bord, ruderte Babilas los.

Orfeus seufzte. Er war erschöpft und wäre während der Überfahrt beinahe eingeschlafen, doch dann wurde er von lauten Schreien aufgeschreckt.

»Ah«, rief einer der Matrosen aus und sah hinauf zu den Wanten des Bootes. »Was ist denn das? Hört sich ganz nach einer erfolgreichen Affenjagd an.«

Orfeus drehte sich um und sah ebenfalls in die Richtung, aus der die Schreie kamen. Was er sah, ließ ihm den Atem stocken: Zwei Körper baumelten hoch oben an der großen Rahe. Es waren Galotcho und Pepe, die an den Füßen aufgehängt worden waren. Sie wanden sich wie Aale und schrien lauthals um Hilfe.

Die Strickleiter wurde heruntergelassen. Einer nach dem anderen kletterte aus der Schaluppe an Bord der Errabunda. Als Orfeus ihnen nachfolgen wollte, schwanden seine Kräfte. Er war leichenblass und ließ sich ein wenig Zeit, um wieder zu sich zu kommen. Wenn die Zwillinge nicht dichtgehalten, wenn sie seinen Namen genannt hatten, war er geliefert. Der Kapitän würde ihn verachten, die Mannschaft würde sich keinen Moment scheuen, ihn endgültig fertigzumachen, und er könnte nie wieder zur See fahren …

»Nun, Gefreiter?«, wandte sich der Kapitän an Orfeus, als dieser endlich die Reling übersprungen hatte und an Deck gelandet war. »Diese Mission war offensichtlich erfolgreich! Babilas hat mir gerade zu verstehen gegeben, dass ihr den Harem gefunden habt.«

Orfeus nickte. Er brachte kein Wort heraus. Die Schreie der Zwillinge schnürten ihm die Kehle zu.

»Seht euch diese beiden Gestalten an, die wir während Eurer Abwesenheit entdeckt haben!«, rief der Kapitän. »Blinde Passagiere! Sie wollten gerade die eingelegten Heringe aus der Kombüse stibitzen, aber Finopico hat sie erwischt.«

»Aha …«, war alles, was Orfeus herausbrachte.

»Wir lassen sie ein paar Stunden da oben hängen. Das wird ihren Appetit schon zügeln!«

Als der Kapitän sich bereits etwas anderem zuwenden wollte, fand Orfeus endlich seine Sprache wieder.

»Haben sie gesagt, wie sie an Bord gelangt sind?«

Der Kapitän zuckte mit den Schultern.

»Es war völlig aussichtslos, ihnen auch nur ein Sterbenswörtchen zu entlocken. Seit wir sie eingefangen haben, schreien sie nur wie am Spieß.«

Orfeus fiel ein Stein vom Herzen.

Die tapferen zwei! Sie hatten dichtgehalten. Nur, wie konnte er sie jetzt aus dieser Situation befreien?

»Berichtet mir vom Harem!«, forderte der Kapitän Orfeus auf.

Orfeus hatte eine Idee. Natürlich! So müsste es funktionieren.

»Der Harem … ja, – genau!«, rief er aus. »Stellt Euch vor, genau da könnten die beiden Jungen uns von Nutzen sein!«

»Diese kleinen Diebe? Ganz sicher nicht!«, knurrte der Kapitän. »Sie sind dürr wie die Heringe und höchstens als Fischfutter zu gebrauchen.«

In Orfeus' Kopf überschlugen sich die Gedanken. Und je lauter die Jungs schrien, desto deutlicher formte sich der Plan vor seinem inneren Auge. Er berichtete dem Kapitän kurz, was er und Babilas gesehen hatten. Er beschrieb ihm die Soldaten, die die jungen Männer als Gefangene direkt bis zu der Mauer geführt hatten, hinter der sich der Harem befand.

»Eine Mauer, aha«, murmelte der Kapitän. »Wir müssten also Geschütze auffahren. Ich lasse die Munition zählen.«

»Wartet!«, hielt ihn Orfeus zurück. »Ich habe einen anderen Vorschlag. Wir könnten uns mit einer List Zugang zum Harem verschaffen.«

»Mit einer List?« Der Kapitän war überrascht. »Der König hat uns befohlen, Temir-Gai anzugreifen. Und wenn es der Beginn eines hundertjährigen Krieges wäre. Also lassen wir die Waffen sprechen.«

Orfeus wischte sich über die Stirn. Die unerbittliche Sonne des Orniareiches ging auf, es wurde schwülwarm.

»Die Waffen, natürlich«, sagte er vorsichtig. »Aber damit könnten wir auch die Prinzessin gefährden.«

Der Kapitän zog die Augenbrauen hoch. Offensichtlich hatte er diese Möglichkeit nicht in Betracht gezogen.

»Die Gebäude, in denen der Harem untergebracht ist, sind aus Holz«, fuhr Orfeus fort. Wenn wir mit Kanonen und Feuerpfeilen angreifen, riskieren wir, alles in Brand zu setzen.«

»Das ist wahr«, gab der Kapitän zu.

»Meine Idee wäre, die Prinzessin heimlich von dort herauszuholen. Sobald sie sicher an Bord der Errabunda ist, könnt Ihr alles in Brand setzen.«

Dem Kapitän blieb der Mund offen, so verblüfft war er.

»Und wie sollen Euch die beiden Heringsdiebe nützlich sein?«

Orfeus sah hinauf zur Rahe.

»Bindet sie los und lasst mir ein Stück gelben Stoff bringen, dann will ich es Euch zeigen«, sagte Orfeus und grinste.

20 ✧ Die Befreiung

»Fünfzig Einmachgläser mit Heringen! Siebenunddreißig Portionen Kekse! Ein Kilo Oliven! Den ganzen Rest nicht einmal mitgezählt!«, zeterte Finopico. Er war außer sich vor Wut.

Der Koch trommelte gegen seine Brust und schüttelte seinen roten Bart, während er umherlief und zum Himmel blickte, als wollte er die Seevögel, die die Errabunda umkreisten, als Zeugen verpflichten.

»Diese Strolche haben mich einfach ausgenommen!«, wetterte er in einem fort. »Und anstatt sie gehörig zu bestrafen, gibt man ihnen auch noch einen ordentlichen Platz an Bord. Das ist ja wohl der Gipfel!«

Orfeus versuchte weiterzuarbeiten. Er hatte Mühe, an sich zu halten. Seine Idee war genial. Sie rettete nicht nur die Zwillinge, sondern verschaffte ihm zudem das Vergnügen, diesen Giftzahn zur Weißglut zu bringen!

»Die Hände sollte man ihnen abschneiden!«, jaulte Finopico und ging zu dem Fass, auf dem die Zwillinge hockten. »Die Hände, jawohl, und nicht die Haare!«

»Hört endlich auf zu brüllen«, mischte sich Orfeus ein. »Ihr bringt mich ganz durcheinander.«

Er hatte ein langes Barbiermesser in der Hand, mit dem er gerade Pepes Kopf kahlgeschoren hatte. Filzige Locken flogen durch die Luft, die Al zum Niesen brachten. Der Hund hatte sich ausnahmsweise mal aus der Kajüte hervorgewagt, und das ärgerte den Koch nur noch mehr. In seinen Augen waren der Bernhardiner und die beiden Jungen nichts weiter als nichtsnutzige Esser, Parasiten, die den anderen etwas wegfutterten.

Galotcho saß neben seinem Bruder und seufzte, als er sich in einer Spiegelscherbe betrachtete.

»Ich sehe aus wie ein Ei«, stellte er fest. »Ist ja entsetzlich. Und dann auch noch diese lächerliche kleine Locke auf der Stirn … Ist das wirklich nötig?«

»Ja«, antwortete Orfeus. »So ist nun mal die zispasische Mode.«

Seit Orfeus dem Kapitän seinen Plan dargelegt hatte, war alles ganz schnell gegangen. Die Mannschaften der beiden Fregatten bereiteten sich auf die Mission vor, die für den kommenden Abend angesetzt war. Rund um die Errabunda waren Taucher im Wasser, um abzuschätzen, wie lange sie brauchten, den Hafen schwimmend zu erreichen. Auf der Brücke der Marie-Belle wurden die Kanonen geputzt, die Säcke mit dem Schießpulver bereitgestellt und die Pfeile und Büchsen zum Glänzen gebracht. Selbst wenn der erste Teil des Plans ganz im Stillen ablaufen sollte, galt das keinesfalls für den zweiten Teil …

»Sobald euch der Kapitän nicht mehr gebrauchen kann«, drohte Finopico den Zwillingen mit erhobenem Zeigefinger, »bringe ich euch Manieren bei!«

Er blickte um sich und fügte hinzu: »Die Brücke der Errabunda müsste dringend mal mit Essig geschrubbt werden. Damit könnt ihr meinetwegen die gesamte Heimreise verbringen.«

Nach Einbruch der Dunkelheit machten sich Orfeus, Babilas, die Zwillinge und zwei weitere kräftige Matrosen auf nach Zispasia. Sie trugen unauffällige dunkle Tuniken und als einzige Waffen ihre Taschenmesser.

»Vergesst nicht«, ermahnte Orfeus sie immer wieder, »ihr dürft kein Wort sagen. Kein Wort auf Galnizisch, verstanden?«

»Wir sind stumm wie Babilas!«, versprachen die Zwillinge.

Trotz der großen Gefahr, die mit der Mission verbunden war, freuten sich die beiden Jungen sehr, endlich wieder festen Boden unter den Füßen zu haben. Ganze zwei Monate hatten sie sich die Beine nicht mehr vertreten können. Trunken vor Aufregung über das bevorstehende Abenteuer hüpften sie von Felsen zu Felsen wie junge Zicklein.

Bevor sie in die Straßen der Stadt einbogen, versteckten sie sich hinter Sträuchern. Die Männer banden sich Glücksbänder um die Stirn, die sie sich aus gelbem Fahnenstoff zurechtgeschnitten hatten. So gelb wie die Bänder der Zispasier.

Sie nahmen Galotcho und Pepe in ihre Mitte und gingen entschlossenen Schrittes in Richtung der Holzmauer. Die Zwillinge senkten ganz brav ihre kahlen Köpfe. Sie spielten ihre Rollen perfekt. Wie am Abend zuvor stolperten im roten Licht der Laternen die Nachtschwärmer lachend und grölend von einer Taverne zur anderen.

»Im Augenblick läuft alles bestens …«, dachte Orfeus bei sich. »Hoffentlich bleibt das auch so.«

Als sie den großen bepflanzten Platz erreichten, stutzten sie für einen Moment. Direkt vor ihnen kam aus einer anderen Gasse eine weitere Gruppe Männer mit gelben Stirnbändern, in Begleitung von Jungen mit kahlen Schädeln auf den Platz. Sie bewegten sich ebenfalls in Richtung der kaiserlichen Stadt. Orfeus warf Babilas einen fragenden Blick zu. Was sollten sie tun? Sollten sie sich der Gruppe anschließen oder ihr den Vortritt lassen? Endlich entschied er sich: Sie verschärften das Tempo und hängten sich an die Fersen dieser ersten Gruppe und zwar genau in dem Moment, als diese das riesige Tor erreichte.

»Ga Tai Ma Tai!«, riefen die Wachen.

»Sumor Tet Ga Tai!«, gab der Zispasier zurück, der die erste Gruppe anführte.

Die Wachen öffneten die schweren Türen und ließen sie eintreten. Als Orfeus an ihnen vorbeigehen wollte, hielten sie ihn an und richteten ihre Säbel auf ihn.

»Ma Tai Ga Tai?«, fragte eine der Wachen.

Orfeus trat der Schweiß auf die Stirn. Er schluckte. Mit vermeintlich fester Stimme wiederholte er das, was er gerade gehört hatte: »Sumor Tet Ga Tai!«

Sofort senkten die Wachen ihre Säbel und ließen auch sie passieren. Beim Vorbeigehen zitterte Orfeus am ganzen Körper, aber sobald sich die Tore hinter ihnen geschlossen hatten, atmete er erleichtert auf. Der erste Teil seines Plans war aufgegangen. Nun lag der weitaus schwierigere Teil vor ihnen: die Prinzessin finden und sie hier herausholen. Vorausgesetzt, sie befand sich überhaupt noch im Harem!

Im Innern der Mauer war alles still. In dieser mondlosen Nacht erleuchteten Fackeln und Laternen die langen Alleen und die Eingänge der Gebäude wie Hunderte von Glühwürmchen. Zusätzlich fielen von den Turmspitzen große gelbe Lichtkegel auf die Gärten. Die Frösche quakten, und in der Ferne ertönte eine Art Wehklage wie ein Lied.

»Wir bleiben zusammen«, flüsterte Orfeus. »Folgt mir.«

Sie folgten stumm den Alleen bis zu einem fremdartigen Saal, der nach oben geöffnet war und in dem sich Säulen mit Schneckenmustern reihten. Sie folgten den Säulen und erreichten einen langen Gang, dessen Boden mit Sand bedeckt war. Orfeus ließ alle anhalten. Sein Mund war trocken. Nichts bewegte sich, nicht einmal die Blätter der Bäume. Die ungewöhnliche Stille machte ihn stutzig.

»Hier entlang«, entschied er.

Sein Instinkt riet ihm, dem Gang zu folgen. Der Sand dämpfte die Geräusche ihrer Schritte, und man konnte gut erkennen, wohin der Weg führte.

Weiter vorne sahen sie eine Tür, über der zwei weiße Laternen hingen. Direkt daneben befand sich ein Fenster. Die Läden waren geschlossen. Orfeus ging näher heran und warf einen kurzen Blick durch die Holzlamellen. In dem schwach erleuchteten Raum schlief ein Dutzend junger Mädchen. Sie lagen auf Bambusmatten. Orfeus klopfte das Herz bis zum Hals. »Wenn die Prinzessin tatsächlich in diesem Harem ist, dann muss sie hier sein«, dachte er bei sich.

Die Tür zum Schlafraum war nicht abgeschlossen. Orfeus drückte sie vorsichtig auf und gab seinen Begleitern ein Zeichen, ihm zu folgen.

Sobald sie drinnen waren, teilten sie sich auf und suchten die Prinzessin. Als echte Galnizier würden sie sie dank ihres prachtvollen schwarzen Haars unter Tausenden erkennen.

Sie schlichen durch die Reihen der Schlafenden, beugten sich vorsichtig zu ihnen hinunter und schauten in jedes Gesicht. Am Ende einer Reihe bemerkte Orfeus eine leere Matte. Daneben lag ein Mädchen und schluchzte leise. Neugierig näherte sich Orfeus ihm. Es war nicht die Prinzessin: Das Haar dieses Mädchens war blond wie ein Weizenfeld im Sommer. Als Orfeus einen Schritt nach hinten machte, trat er auf einen am Boden liegenden Kamm, was ein stumpfes Knacken verursachte.

Das weinende Mädchen schreckte hoch.

»Ammun Lin?«, flüsterte sie und sah Orfeus entsetzt an.

Er legte einen Finger auf seine Lippen, um zu verhindern, dass sie losschrie.

»Es ist nichts«, murmelte er. »Wir tun dir nichts.«

Das blonde Mädchen sah ihn aufmerksam an.

»Ihr sprecht Galnizisch?« Sie war erstaunt.

Orfeus kniete sich neben sie.

»Ich suche jemanden. Ein Mädchen mit pechschwarzen Haaren. Malva.«

Bei diesen Worten sprang das Mädchen auf und packte Orfeus' Tunika.

»Ihr seid gekommen, um Malva zu retten? Ihr seid kein Eunuch?«, fragte sie und zeigte auf das gelbe Band an Orfeus' Stirn.

»Das ist nur zur Tarnung«, sagte er. »Kennst du Malva? Wo ist sie?«

»Seid Ihr Freunde?«

»Ja, ja«, antwortete Orfeus mit gepresster Stimme. »Wo ist sie?«

»Im Folterkäfig!«, flüsterte sie. »Folgt mir. Schnell!«

Sie warf sich hastig eine Art Kleid über den Kopf, das sie vor der Brust zusammenhielt. Auf Zehenspitzen schlich sie sich zum Ausgang des Schlafraums. Orfeus folgte ihr und alarmierte seine Männer, indem er in die Hände klatschte.

Als sie alle zusammen im Säulengang standen, betrachtete Lea die zusammengewürfelte Gruppe genauer. Babilas und die beiden Matrosen gaben ihr ein Gefühl der Sicherheit, der junge Mann jedoch sah nicht aus wie ein Krieger. Und die beiden Jungen waren dünn wie Weihrauchstängel!

»Habt Ihr Waffen bei Euch?«, fragte sie.

»Nein«, erklärte Orfeus. »Nur ein paar Messer.«

»Das ist zu gefährlich!«, stöhnte Lea bestürzt. »Es ist nicht gerade einfach, dem Harem zu entfliehen.«

»Bring uns zu Malva«, befahl Orfeus, »dann sehen wir weiter.«

Lea gab nach und führte sie durch die verschlungenen Gärten. Je weiter sie kamen, desto deutlicher war dieses seltsame Klagen zu hören, das einem Gesang ähnelte und die Nachtluft erfüllte.

Sobald sie den erhöhten Bereich des Schlachthauses sehen konnte, blieb Lea abrupt stehen und versteckte sich hinter einer Hecke.

»Da ist Malva«, flüsterte sie. »Sie ist in einem der Folterkäfige. Der Mann aus Galnizien bewacht sie.«

»Der Mann aus Galnizien?« Orfeus zog die Brauen hoch.

Sein Herz begann wie wild zu schlagen. Vorsichtig zog er die Zweige der Hecke auseinander und verschaffte sich einen Überblick. Vier Fackeln erleuchteten das Schlachthaus. Er konnte ganz deutlich die aufgereihten Käfige erkennen. Alle waren leer … bis auf einen. Und genau von dort, von einem gewundenen, kaum zu erkennenden Wesen im Innern, stammten die Klagelaute. Hinter dem Käfig war die große Gestalt eines Mannes auszumachen. Er streckte und bückte sich abwechselnd und schien dabei einem seltsamen Rhythmus zu folgen. Im Licht der Fackel erkannte Orfeus den glatten runden Schädel von Arkus.

»Bei der Heiligen Ruhe!«, murmelte er. »Die Zwillinge hatten völlig recht!«

Pepe und Galotcho stellten sich auf die Zehenspitzen, um einen Blick auf die Prinzessin zu erhaschen. Als auch sie Arkus erkannten, stießen sie sich gegenseitig mit den Ellbogen an. Die Kartenlegerin hatte die Wahrheit gesagt!

»Was tut er da?«, fragte Galotcho beunruhigt und zeigte auf Arkus.

»Er betätigt die Folterkurbel«, erklärte Lea. In ihr stieg neue Wut auf. »Malva wird zerquetscht.«

Mit einem Schlag wurden alle kalkweiß.

»Wir müssen sofort handeln«, presste Orfeus hervor. Sein Hals war wie zugeschnürt. »Wie kommen wir nur an Arkus vorbei?«

Ein beklemmendes Schweigen machte sich in der kleinen Gruppe breit. Die beiden Matrosen bereiteten sich schon darauf vor, loszuschlagen, aber Babilas gab ihnen ein Zeichen, sich wieder zu beruhigen. Beim kleinsten Mucks von Arkus würden die Wachen eingreifen, und alles wäre umsonst. Lea ging zu den Zwillingen und musterte sie von oben bis unten mit ihren Perlenaugen, bis die Jungen ganz rot wurden.

»Bei uns im Königreich Balmun heißt es, dass Zwillinge Glück bringen …«, murmelte sie.

Sie legte ihre Hände auf die kahlrasierten Köpfe der Zwillinge und streichelte sie.

»Bäh! Weg da!«, brauste Galotcho auf. »Wir sind doch keine …«

Lea lachte und zog ihre Hände zurück: »Sehr gelungen, diese Frisuren. Zum Verwechseln ähnlich. Jeder wird euch für Lehrlinge der Eunuchen halten.«

Sie drehte sich zu Orfeus um.

»Die Zwillinge könnten zu dem Fremden hingehen und ihn weglocken. Der Fremde wird denken, Temir-Gai hätte sie geschickt.«

Pepes und Galotchos Atem ging schneller.

»Aber … wir sprechen doch gar kein Zispasisch! Was sollen wir ihm denn sagen? Und wo sollen wir ihn hinbringen?«

»Ihr müsst nichts sagen«, beruhigte sie Lea. »Eunuchen geben nie einen Laut von sich, es sei denn, sie singen, um das Bad der Reinheit zu begleiten. Ihr bringt den Mann so weit wie möglich weg von Malva, ganz einfach.«

Plötzlich verstummten die Klagelaute aus dem Käfig. Orfeus erstarrte. War Malva ohnmächtig geworden? Oder noch schlimmer? Er packte die Zwillinge an den Schultern und führte sie an den Rand der Hecke.

»Los jetzt. Wenn etwas schiefgehen sollte, holen wir euch da wieder raus.«

Auf ihren dünnen Beinchen näherten sich Pepe und Galotcho dem Felsvorsprung. Sie stiegen die Stufen hinauf und gingen um den Käfig herum, um Arkus auf sich aufmerksam zu machen. Als sie ihm gegenüberstanden, lehnte er sich gerade mit vollem Gewicht auf die Kurbel. Sein Gesicht war verzerrt vor Anstrengung.

»Wer ist da?«, fragte er.

Die Jungen gingen weiter vor und senkten die Köpfe. Arkus ließ von der Kurbel ab.

»Eunuchenlehrlinge.« Er grinste. »Wie entzückend ...«

Er kam auf sie zu. Mit einer heftigen Geste packte er sie am Kinn und zwang sie, ihn anzusehen. Im Halbdunkel leuchteten Arkus' Augen wie zwei weiß glühende Metallstücke.

»Was wollt ihr?«, schnauzte er. »Ihr seht doch, dass ich zu tun habe.«

Galotcho öffnete den Mund, doch Pepe kam ihm zuvor.

»Temir-Gai.«

»Was soll das heißen, ›Temir-Gai‹?«, brauste Arkus auf. »Will der Kaiser mich sehen? Ist es das?«

»Temir-Gai«, wiederholte Pepe nur.

Arkus stöhnte lautstark.

»Na schön, ich komme mit. Ich werde dem Kaiser sagen, wie dankbar ich ihm dafür bin, dass ich die Kurbel selbst bedienen darf. Das bin ich ihm schuldig!«

Wie um seine Worte zu unterstreichen, lehnte er sich noch einmal auf die Kurbel. Die Stäbe, die Malva einzwängten, verengten sich noch mehr. Ein Schrei kam aus dem Innern des Käfigs. Er traf die beiden Jungen bis ins Mark.

»Auf geht's«, rief Arkus lachend. »Bringt mich zu eurem Kaiser.«

Die Zwillinge stiegen vom Felsvorsprung hinab, schlugen die entgegengesetzte Richtung ein zu der, in der Orfeus und die anderen versteckt waren, und verschwanden in der Dunkelheit. Arkus folgte ihnen.

Sofort lief Lea zum Käfig.

»Malva! Hörst du mich?«, flüsterte sie. »Ich bin's, Lea. Wir holen dich da raus.«

Aus dem Käfig war ein schwaches Stöhnen zu vernehmen.

Währenddessen bemühten sich Orfeus und die beiden Matrosen, den Kurbelmechanismus umzudrehen.

»Die Kurbel hängt fest!«, rief der eine Matrose verzweifelt.

Babilas schubste sie zur Seite. Er stemmte sich gegen die Kurbel und versuchte, sie zu lösen. In diesem Moment erfüllte ein entferntes dumpfes Geräusch den Himmel. Es klang wie Donnergrollen. Überrascht sah Orfeus nach oben. Keine einzige Wolke weit und breit.

Babilas hing mit Armen und Beinen an der Kurbel und zerrte, bis er plötzlich mit einen Ruck die Kurbel in der Hand hielt. Sie war abgebrochen.

»Oh nein!«, schrie Orfeus entsetzt.

»Malva!«, stöhnte Lea und kniete sich hin. »Sie wird ohnmächtig!«

Babilas warf die Kurbel wütend weg und näherte sich dem Käfig. Zähneknirschend packte er zwei Stangen und versuchte sie auseinanderzubiegen. Das Holz war extrem hart. Babilas Muskeln zitterten vor Anstrengung.

Ein zweites Grummeln, näher als das erste, ließ die umstehenden Bäume erzittern. Orfeus sah sich um. Weiter unten, in östlicher Richtung, meinte er, ein blitzartiges Flackern zu erkennen. Der Himmel war aber nach wie vor klar. Diese seltsamen Erscheinungen hatten etwas Bedrohliches an sich.

Babilas machte sich derweil an dem Käfig zu schaffen, jedoch ohne Erfolg. Die Stäbe ließen sich nicht bewegen. Orfeus holte sein Messer und bearbeitete das Schloss. Nach einer Weile wurde er von einem erneuten Grollen abgelenkt. Ein Heulen stieg von Osten her auf, es kam von den Stadtmauern.

»Der Käfig ist zu robust!«, sagte Lea. »Es ist unmöglich, Malva dort herauszuholen. Ihr müsst fliehen! Es ist zu gefährlich!«

Da erreichten die Zwillinge atemlos den Felsvorsprung.

»Wir haben Arkus in einem Raum im Palast eingesperrt. Sicher schlägt er gerade Alarm!«

Wie um ihren Worten Nachdruck zu verleihen, waren jetzt Schreie und Befehle zu hören, die die Ruhe der Gärten störten. Im Hintergrund flackerten rote Lichter am Himmel.

Orfeus warf Babilas einen hilfesuchenden Blick zu. Was sollten sie nur tun? Sie mussten fliehen, aber nicht ohne die Prinzessin.

Der Riese riss sich plötzlich das gelbe Stirnband vom Kopf. Er holte tief Luft, sammelte sich, schlang seine kräftigen Arme um den Käfig und hob ihn hoch. Orfeus, die Zwillinge und Lea blieben wie angewurzelt stehen und trauten ihren Augen nicht. Seine Beine zitterten, die Adern traten an seinen Armen hervor, aber es gelang Babilas, den Käfig auf seine Schultern zu stemmen. Als er sein Gleichgewicht wiedergefunden hatte, gab er Orfeus ein Zeichen.

»Gut«, flüsterte Orfeus. »Raus aus der Stadt!«

»Ich komme mit. Ich fliehe mit euch!«, verkündete Lea.

Alle sieben machten sich auf den Weg zum Tor. Es war kaum zu glauben, aber Babilas lief voraus. Den Käfig mit Malva trug er auf seinem Rücken. »Bei der Heiligen Harmonie und der Heiligen Ruhe«, betete Orfeus inbrünstig, »bitte gebt ihm die Kraft, dass er es bis zum Schiff schafft!«

Sie näherten sich dem Tor. Das Grollen, das sie bereits mehrfach vernommen hatten, wurde immer lauter. Mit Entsetzen sahen sie jetzt ein ganzes Heer von Eunuchen und Wachen, die vor der Mauer versammelt waren. Von außen züngelten Flammen am Holz empor, und man hörte Kampfgeschrei und Pferdegetrappel. Sie blieben stehen.

»Eine Schlacht!«, rief Galotcho.

»Kriegsgefechte!«, fiel Pepe ein. »Das sind der Kapitän und die Männer der Marie-Belle!«

»Aber, aber …«, stammelte Orfeus, »wie konnten sie denn einen Angriff starten? Es ist doch zu früh. Viel zu früh!«

Mit einem Schlag und voller Wucht öffneten sich die Tore, rote Flammen schlugen ins Innere der Stadt. Die Eunuchen und die kaiserlichen Wachen bekamen es mit der Angst zu tun und zogen sich zwischen die Häuser und Türme zurück.

»Wir müssen hier raus!«, schrie Orfeus.

Eine Horde Reiter stürmte herbei. Es waren Dutzende. Sie saßen auf gepanzerten Pferden und bahnten sich einen Weg durch das Feuer. Sie sprangen mitten durch die Flammen und preschten in den Harem.

»Das ist ja gar nicht …«, murmelte Pepe.

»… der Kapitän!«, beendete Galotcho verdutzt den Satz.

Die Pferde drangen in die Straßen ein und trampelten alles nieder, was ihnen vor die Hufe kam. Versteckt hinter einer Säulenreihe, beobachteten Orfeus und seine Freunde, wie die Reiter vorbeizogen. Sie schwangen die Lanzen und knallten mit Peitschen. Ganz vorne führte ein einzelner Kämpfer die Reiter an: Er war jung und kräftig und stand fast aufrecht auf dem Rücken seines Pferdes.

»Es sind Krieger aus der Großen Asisischen Steppe!«, flüsterte Lea Orfeus zu.

Der Lärm des Feuers, der Pferde und der Waffen war ohrenbetäubend. Warum griffen diese Männer die Stätte Temir-Gais an? Wer waren sie? Was wollten sie? Orfeus war fassungslos und rührte sich nicht von der Stelle. Sobald aber die Horde vorbeigestürmt war, kam er wieder zu sich.

»Der Weg ist frei! Schnell!«

Sie stürmten zum Tor. Die Flammen züngelten an der Mauer empor und verschlangen schon die Statue Temir-Gais und seines mythischen Reittiers. Orfeus schirmte sein Gesicht mit dem Arm ab. Er hielt den Atem an und rannte vor Angst schreiend durch die Flammen.

Die anderen machten es ihm nach, und kurz darauf hatten sie die Stadt hinter sich gelassen und standen aufrecht und benommen auf dem begrünten Platz. Babilas hatte noch immer den Käfig auf dem Rücken. Sein Gesicht war rußverschmiert, sein Atem kurz, aber die Kraft seiner Muskeln war ungebrochen.

Unterhalb von ihnen, in den Straßen von Zispasia, war Alarm geschlagen worden. Im heillosen Durcheinander bildeten die Menschen Ketten, um die brennende Stadt mit Wasser zu versorgen.

»Die Prinzessin ist gerettet!«, seufzte Orfeus. »Lassen wir uns nicht länger aufhalten.«

Als sie sich vom Schlachtfeld entfernten, bemerkten sie nicht, dass eine weitere Gestalt dem Brand entkommen war. Es war ein Mann mit kahlem Schädel und verkohlten Augenbrauen. In den Händen hielt er die abgebrochene Kurbel der Folterkäfige …

An Bord der Fregatte war der Kapitän außer sich vor Wut. Der überraschende Angriff der Männer aus der Steppe hatte seine Pläne vollkommen durcheinandergebracht. Vor allem konnten die Taucher, die er in den Hafen gesandt hatte, um die Flotte des Kaisers lahmzulegen, ihr Werk nicht beenden. Als eine wild gewordene Meute von mit Eimern bewaffneten Zispasiern in den Hafen gerannt kam, hatten die Taucher Angst bekommen, ihre Mission abgebrochen und waren zur Errabunda zurückgekehrt. Die meisten zispasischen Schiffe waren nun zwar manövrierunfähig, aber doch nicht alle.

»Wer sind eigentlich diese Barbaren, die einfach so hierherkommen und Temir-Gai angreifen ohne irgendeine Vorwarnung?«, bellte der Kapitän Orfeus entgegen, als dieser die Brücke betrat. »Sie haben meine Pläne zunichtegemacht, diese Idioten! Habt Ihr sie gesehen?«

Noch immer außer Atem, begnügte sich Orfeus damit, dem Kapitän zuzustimmen. Dann drehte er sich um und warf Babilas, der wie die fünf anderen in der Schaluppe wartete, ein Tau zu. Orfeus beugte sich über die Reling. Er sah, wie sich die Zwillinge beeilten, den Käfig zu vertäuen, und dann Babilas, der ihm Zeichen gab zu ziehen.

»Na, endlich, Gefreiter!«, fuhr der Kapitän fort. »Sagt Ihr mir nun, was geschehen ist? Wo ist die Prinzessin?«

»Sie kommt, Kapitän«, antwortete Orfeus und befestigte das andere Ende des Taus in der Halterung eines kräftigen Flaschenzugs. »Helft mir, sie heraufzuziehen!«

Der Kapitän runzelte die Stirn. Die Prinzessin war zwar schon ein wenig füllig gewesen, aber das hieß doch noch lange nicht, dass man sie wie eine Kuh an Bord hieven musste ... Trotzdem packte er an und half Orfeus, bis der Käfig über der Reling hing.

»Was ist denn …«, fragte er verblüfft, »aber, aber …«

Babilas erschien am oberen Ende der Strickleiter, sprang an Bord, zog den Käfig herauf und stellte das Ungetüm auf der Brücke ab. Hinter ihm kletterten die Matrosen, die Zwillinge und Lea unter den erstaunten Blicken des Kapitäns an Bord.

»Wer ist dieses blonde Mädchen?«, fragte er.

»Das erkläre ich Euch später«, sagte Orfeus. »Die Prinzessin erstickt uns sonst.«

Er befahl den Zwillingen, nach Eimern zu suchen, in die möglichst viel Wasser hineinpasste, und stieg die Haupttreppe zu seiner Kajüte hinunter. Er sammelte alle auffindbaren Kerzen ein und stieg hastig wieder nach oben.

»Gefreiter!«, rief der Kapitän.

Er zeigte auf die Stadt in der Ferne. Selbst auf diese Entfernung war deutlich zu erkennen, dass die Flammen beinahe schon den Harem und die gesamte übrige Stadt verschlungen hatten.

»Wir müssen uns wohl keine Sorgen mehr machen, dass uns Temir-Gai verfolgen wird! Aber da nun die Prinzessin an Bord ist, legen wir umgehend ab!«

Orfeus nickte zerstreut und wandte sich dem Käfig zu. Er hielt Lea und Babilas die Kerzen hin.

»Setzt die Stäbe in Brand«, sagte er. »Wenn dieser Käfig aus dem gleichen Holz gemacht ist wie die ganze Stadt, wird er Feuer fangen. Wenn das Feuer der Prinzessin zu nah kommt, schütten die Zwillinge einen Eimer Wasser in die Flammen. Verstanden?«

Orfeus zündete die Kerzen an, und jeder hielt eine Flamme an einen der Stäbe. Das Holz knackte, dann rauchte es. Und plötzlich fingen einzelne Stäbe an zu brennen.

»Sollen wir?«, Galotcho klang besorgt.

»Wartet noch!«, befahl Orfeus. »Erst, wenn es brenzlig wird.«

Lea sah ängstlich zu, wie die Flammen den Käfig niederbrannten. Im Innern des Käfigs konnte man die zusammengekauerte und eingeklemmte Malva kaum erkennen. Eine ihrer Hände war zu sehen, und ein paar Locken hingen heraus.

»Los, löschen!«, schrie Orfeus nun.

Hastig leerten die Zwillinge beide Eimer aus. Die Flammen erloschen, das Holz ächzte, und sie hörten einen leisen Schrei.

»Malva?«, rief Lea. «Hörst du mich?«

Die Prinzessin brachte einen schwachen Laut hervor.

»Das kalte Wasser hat sie wieder belebt!«, freute sich Orfeus.

Er drehte sich zu Babilas um und zeigte auf die halb verkohlten Stäbe. Der Riese gab den anderen ein Zeichen, sich zurückzuziehen. Er packte die Stäbe und drückte sie mit einer kraftvollen Bewegung auseinander. Diesen Vorgang wiederholte er mehrmals. Mit jedem weiteren gebrochenen Stab wurde die Hoffnung größer. Schließlich erreichte Babilas einen der Stäbe, die Malva einquetschten. Er brach ihn entzwei.

»Endlich!«, triumphierte Orfeus.

Er half Babilas, die Prinzessin aus ihrem Gefängnis zu befreien. Behutsam legten sie sie auf die Brücke. Lea und die Zwillinge umringten sie. Orfeus betrachtete das schmerzverzerrte Gesicht der Prinzessin mit der Miene eines Goldgräbers, der zum ersten Mal fündig geworden war. Als er die Prinzessin so vor sich liegen sah, lebendig und außer Gefahr, wurde ihm bewusst, dass ihm zum ersten Mal in seinem Leben etwas gelungen war.

»Schön ist sie …«, flüsterte Galotcho.

»Ist sie vielleicht tot?«, fragte Pepe.

»Red keinen Unsinn«, raunzte ihn Orfeus an. »Besonders gut geht es ihr allerdings nicht. Wir sollten den Arzt der Marie-Belle benachrichtigen.«

»Die Marie-Belle?«, wunderte sich Galotcho. »Aber dazu sind wir schon viel zu weit weg! Seht doch!«

Orfeus hob den Kopf. Abgelenkt von wichtigeren Dingen hatte er vollkommen vergessen, bei dem Manöver der Mannschaft zu helfen. Die Matrosen hatten den Anker gelichtet und das Großbram- sowie das kleine Marssegel gehisst. Die Errabunda hatte die Bucht verlassen – und von all dem hatte er nicht das Geringste mitbekommen.

Das Schiff nahm Kurs nach Westen, gefolgt von der Marie-Belle, deren Umrisse noch gut zu erkennen waren. Dahinter meinte Orfeus noch einen weißen Punkt auszumachen. War das das Segel eines dritten Schiffes …? Und wenn das stimmte, musste er sich dann Sorgen machen? Er schüttelte den Kopf und sah noch einmal genauer hin. Diesmal konnte er nichts erkennen. Die Müdigkeit spielte ihm einen Streich.

»Ich kenne mich ganz gut mit Medizin aus«, sagte Lea mit sanfter Stimme. »Die Medizin des Königreichs Balmun. Sie ist magisch und sehr hilfreich. Damit habe ich schon Malvas Bein geheilt.«

Orfeus ließ den Blick über die Prinzessin gleiten. Sie bewegte leicht die Lippen, war aber kaum bei Bewusstsein. Sie lag dort auf den Holzplanken, und ihr nasses Haar umrahmte ihren Kopf prachtvoller als jedes Diadem.

»Sie hat Durst, nicht wahr?«, fragte Galotcho besorgt.

Orfeus lehnte sich erschöpft zurück.

»Gebt ihr etwas zu trinken und bringt sie in meine Kajüte«, sagte er. »Sie braucht Ruhe. Es muss immer jemand bei ihr bleiben.«

Er wandte sich an Lea:

»Versuch es mit deiner Medizin. Ich muss mit dem Kapitän sprechen.«

Als er sich umdrehte, bemerkte er, wie am Horizont Nebel aufzog, der schlechtes Wetter ankündigte. Dieser Nebel verhieß ganz sicher nichts Gutes.

21 ✧ Überraschungen und Geständnisse

Malva dachte, sie sei tot. Doch als sie wieder zu sich kam, sah sie in zwei junge Eunuchengesichter, die sich über sie beugten. Sie betrachteten sie mit einer Mischung aus Sorge und Ehrfurcht. Seltsamerweise sprachen sie galnizisch:

»Ihr habt drei gebrochene Rippen«, erklärte der eine der beiden.

»Und Euer linkes Handgelenk ist verrenkt«, ergänzte der andere. »Tut es sehr weh?«

Malva versuchte, den Kopf zu heben, aber diese kleine Bewegung schmerzte so sehr, dass sie einen Schrei ausstieß. Der Schmerz breitete sich bis in den letzten Winkel ihres Körpers aus, und sie verlor beinahe wieder das Bewusstsein.

»Ruhig«, murmelte einer der Eunuchen. »Lea hat gesagt, dass Ihr Euch nicht bewegen sollt.«

»Lea?«, wiederholte Malva schwach. »Wo ist sie?«

»Sie kommt bald zurück«, beruhigte sie der zweite Eunuch. »Sie sucht in der Kombüse die Zutaten für Eure Medizin zusammen.«

»Wir passen auf Euch auf. Wenn Ihr durstig seid, geben wir Euch ein wenig vom frischen Myrtenschnaps.«

Er hielt ein Fläschchen mit einer durchsichtigen Flüssigkeit unter Malvas Nase.

»Mögt Ihr?«

Sie nickte. Ihre Kehle war vollkommen ausgetrocknet, ihr Kopf leer und ihr Körper wie zerschlagen.

Der Eunuchenjunge flößte ihr einen Schluck Schnaps ein. Malva hustete und krümmte sich. Ihr wurde schlecht, und ihr Magen brannte. Doch schließlich fühlte sie sich besser als zuvor.

»Ich wusste nicht, dass Eunuchen galnizisch sprechen«, bemerkte sie. »Und außerdem dachte ich, sie sprechen überhaupt nicht.«

Die beiden Jungen grinsten um die Wette. Erst jetzt fiel ihr die verblüffende Ähnlichkeit der beiden auf.

»Seid ihr Zwillinge?«

»Ja«, sagte der eine. »Und wir sind auch keine … Eu-dingsda oder wie auch immer das heißt. Ich heiße Galotcho. Und das ist mein Bruder Pepe. Wir haben Euch gerettet.«

Malva hob die Augenbrauen. Langsam kehrte ihr Erinnerungsvermögen zurück. Ihr fiel der Harem ein, die Bäder der Reinheit … und …

»Arkus!«, schrie sie und schnellte aus ihrem Kissen hoch.

»Nicht bewegen!«, riefen die Zwillinge erschrocken.

Malva fiel schwerfällig wieder nach hinten. Ihr tat alles weh. Ihre Augen füllten sich mit Tränen, und sie brauchte eine Weile, bis sie wieder ruhig atmen konnte.

»Arkus wird Euch nie wieder ein Leid antun«, beruhigte sie Galotcho. »Pepe und ich haben ihn in der kaiserlichen Stadt eingesperrt. Und kurz darauf stand die ganze Stadt in Flammen. Wahrscheinlich wurde er wie ein Schwein am Spieß gegrillt!«

»Eigentlich schade«, bestätigte Pepe. »Da habt Ihr wirklich ein schönes Spektakel verpasst. Barbarische Reiterscharen, Flammen bis zum Himmel und Menschen, die in alle Himmelsrichtungen davonrannten. Aber Babilas, der größte Riese, den es in der ganzen weiten Welt gibt, hat Euch in dem Käfig davongetragen.«

All diese Erzählungen verwirrten Malva. Als sie das Wort Käfig hörte, erinnerte sie sich an die Auriga und an die Strafe, zu der sie Temir-Gai verurteilt hatte. Ihr liefen Tränen über die Wangen, und sie verlangte nach einem weiteren Schluck Schnaps.

»Ich möchte Lea sehen«, stöhnte sie. »Wo ist sie?«

»Sie kann nicht weit sein.« Galotcho lächelte. »Sie ist schließlich auch an Bord der Errabunda.«

Malva zitterte.

»Wir sind auf einem Schiff?«

Die Zwillinge feixten. Es gab so viel zu erzählen, so viele wunderbare Überraschungen für die Prinzessin!

»Dieses Schiff ist eine dreimastige Fregatte«, begann Galotcho zu erklären. »Sie fährt sehr schnell. Um von Galnizien hierherzukommen, haben wir gerade siebzig Tage gebraucht. Ungefähr so lange wird es wohl auch dauern, um wieder zurückzukehren.«

Malva vermied jede Bewegung, aber ihre Pupillen rollten hektisch hin und her.

»Zurückkehren?« Sie war entsetzt. »Ihr wollt damit sagen, dass ihr mich wieder zurückbringt … nach Galnizien?«

»Natürlich!« Die Zwillinge waren voller Begeisterung. »Das ist doch schließlich unsere Aufgabe!«

Malva schloss die Augen. Ihre Verzweiflung war grenzenlos. Nun, da sie ihre Sinne wiedererlangt hatte, schwirrten die Gedanken in ihrem Kopf wild durcheinander. Bruchstückhaft sah sie die Stationen ihrer Reise vor sich: den Schiffbruch vor der Felsküste von Espartanien, ihre Verletzung, den langen Fußmarsch mit Filomena nach Girkistan, ihre Begegnung mit Uzmir, den Angriff der Amoyeden … So viel Leid, so viel Angst, so viele Hoffnungen und Träume! Und all das, um nun wieder zum Ausgangspunkt zurückkehren zu müssen?

»Nein! Nein!«, schluchzte sie.

Die Zwillinge waren so erschrocken, dass sie aufstanden und sich die Hände vors Gesicht schlugen.

»Ich will nicht wieder zurück!«, schluchzte Malva lauter. »Geht! Lasst mich allein! Weg mit euch!«

»Aber …«, protestierte Pepe.

»… wir haben den Auftrag …«, verteidigte sich Galotcho.

»Ich habe gesagt, dass ihr verschwinden sollt«, unterbrach sie Malva wütend.

Die beiden Jungen gingen rückwärts zur Kajütentür. Diese plötzliche Heftigkeit passte überhaupt nicht zur Prinzessin. War sie nicht erfüllt vom Geist der Ruhe und Harmonie? Sie erinnerten sich an das Porträt, das damals in ganz Galnizien gezeigt wurde: Es zeigte eine sanft lächelnde Prinzessin, die Hände im Schoß, vor dem Hintergrund der prachtvollen Gärten der Zitadelle … Jetzt sah sie diesem Bild überhaupt nicht ähnlich. Malva war blass, ihre Gesichtszüge waren vor Wut verzerrt, und die sagenumwobenen Haare hingen schwer und verfilzt herab.

»Also ehrlich …«, stammelte Pepe.

»… jetzt übertreibt sie aber«, ergänzte Galotcho.

Verärgert und enttäuscht verließen die beiden die Kajüte.

Endlich allein, stieß Malva einen tiefen Seufzer aus. Sie war nicht nur vor Schmerzen gelähmt, sie war zudem wieder eine Gefangene! Sie schloss die Augen und weinte.

Plötzlich spürte sie etwas Warmes und Feuchtes an ihrer Hand. Sie zog sie zurück. Was war denn das schon wieder? Sie beugte sich ein wenig über ihre Liege und sah einen großen Hund, der sich vor ihrem Bett ausgestreckt hatte. Er sah sie aus freundlichen Augen an. Seine Zunge hing herunter, und Speichel tropfte von seinen Lefzen. Malva lächelte.

»Was machst du denn hier?«, fragte ihn Malva. »Du hast geschlafen, was? Und ich hab dich mit meinem Geschrei aufgeweckt. Mein Armer … Aber da haben auch diese beiden kleinen Bengel Schuld. Sie haben mich zum Weinen gebracht, weißt du.«

Sie streckte die Hand aus und streichelte dem Hund über den Kopf. »Du redest wenigstens nicht. Du hast keine schlechten Nachrichten für mich, stimmt's? Ich bin sicher, du verstehst mich genau. Du bist wohl auch nicht glücklich auf diesem Schiff … und würdest lieber durch die Wildnis streunen, oder?«

Sie streichelte weiter das Tier, das ihr mit gespitzten Ohren aufmerksam zuzuhören schien.

»Ich kenne ein wunderbares Land«, erzählte sie ihm. »Es heißt Elgolien. Dort hättest du es gut, mein Alterchen. Du könntest durch die Landschaft streunen und den roten Vögeln hinterherjagen ... Oder du könntest im Barathsee schwimmen und mich in die Dao-Boa-Bucht begleiten ...«

Malva spürte einen dicken Kloß im Hals. Warum reihte sich ein unglückliches Ereignis ans andere und verhinderte, dass sich ihr Traum erfüllte? Warum war die Welt voller grausamer und egoistischer Menschen? Sie verlangte doch gar nicht viel: nur, dass man sie gen Osten ziehen ließ. Sie brach erneut in Tränen aus. In diesem Moment betrat Lea die Kajüte, schwer beladen mit Gläsern und Tütchen.

»Malva! Du bist schon wach! Wie fühlst du dich?«

»Oh, Lea«, stöhnte Malva. «Ich bin ja so froh, dich zu sehen.«

Sie lachten und weinten zugleich und hielten sich gegenseitig in den Armen. Al schaute ihnen verwundert zu.

»Ich dachte schon, du würdest im Folterkäfig umkommen. Jetzt aber werde ich eine neue Medizin herstellen«, sagte Lea, als sie sich einigermaßen beruhigt hatten. »Der Koch ist nicht gerade begeistert, dass er mir von den Lebensmitteln etwas abgeben muss, aber das ist mir egal.«

Sie sah kurz zu Al.

»Hunde sind auch sehr nützlich«, fügte Lea hinzu und tätschelte Als Kopf. »In der Heilkunst von Balmun verwenden wir Tierspeichel und -haare.«

Malva verzog angeekelt das Gesicht, sagte aber nichts. Leas Fähigkeiten hatten bereits ihr Bein geheilt. Sie hatte grenzenloses Vertrauen in sie. Und wenn sie erst einmal wieder auf den Beinen war, würde sie schon eine Möglichkeit finden, die Fregatte zu verlassen, bevor sie in Galnizien anlegten.

Während Lea ihre Medizin zusammenmischte, erzählte sie Malva, was sich im Harem zugetragen hatte.

»Wer waren die Reiter, die das Feuer gelegt haben?«

»Reiter aus der Großen Asisischen Steppe«, antwortete Lea.

»Aus der Großen Steppe? Bist du dir da sicher?«

»Ich kenne die Bräuche und Gewohnheiten der verschiedenen Völker genau«, erläuterte Lea. »Die Reiter trugen Fellmützen und Oryackmäntel.«

Malvas Herz schlug schneller.

»Baiguren!«, rief sie aus. »Die Baiguren sind gekommen und haben Temir-Gai angegriffen! Hast du ihren … ihren Anführer gesehen?«

»Ja«, sagte Lea. »Ein junger kräftiger Mann. Er ist fast stehend auf seinem Pferd geritten.«

»Uzmir!«

»Du kennst ihn?«

»Das war Uzmir!« Malva nickte. »Er wollte mich befreien, und vielleicht war Filomena …«

Vor lauter Aufregung verlor Malva erneut das Bewusstsein.

Währenddessen stand Orfeus an Backbord und suchte gemeinsam mit dem Kapitän den Horizont ab.

»Dieser Nebel wird sich auflösen«, wiederholte Letzterer. »Verlasst Euch auf meine Erfahrung.«

Orfeus errötete. Wollte der Kapitän damit andeuten, dass er sein Spiel durchschaut hatte und ihm seine Unerfahrenheit ins Gesicht geschrieben stand? Er wagte nicht, etwas zu erwidern. Doch der Nebel beunruhigte ihn weiterhin. Es schien, als würde er mit der Sonne höher steigen und sich verdichten.

»Gut!«, sagte der Kapitän und schob sein Fernrohr zusammen. »Es kündigt sich ein schöner Tag an, und wir können uns glücklich schätzen, unsere Mission erfolgreich zum Abschluss gebracht zu haben. Wie geht es der Prinzessin? Ich wollte sie bislang nicht behelligen. Hoffentlich hat dieser Barbar von Temir-Gai sie nicht allzu grob behandelt?«

»Nun …«, begann Orfeus, »ich hoffe ebenfalls, dass sie sich schnell erholt.«

Er schaute zum Horizont. Seine Unruhe wuchs. Doch der Kapitän ignorierte das. Er war eher zu einem Schwatz aufgelegt.

»In jedem Fall, Gefreiter, gratuliere ich Euch zu Eurem Mut und Eurer Geschicklichkeit. Jetzt kann ich es Euch ja gestehen: Mit dieser Mission wollte ich Euch auf die Probe stellen. Die Matrosen schätzen Euch nicht sonderlich, aber ich denke, damit habt Ihr Euch empfohlen. Sogar Babilas scheint Euch seitdem zu respektieren.«

Orfeus hörte auf, den Horizont zu sichten. Diese Worte taten ihm gut. Er lächelte.

»Glaubt Ihr, sie nennen mich weiterhin Grünschnabel?«

Der Kapitän brach in ein schallendes Gelächter aus und legte Orfeus freundschaftlich eine Hand auf die Schulter.

»Seeleute sind oft sehr misstrauisch. Das darf man ihnen nicht verübeln. Euer Vater wäre sicher sehr stolz auf Euch. Ich habe gehört, dass er gestorben ist, aber wenn er Euch gesehen hätte …«

Augenblicklich erbleichte Orfeus.

»Ihr habt meinen Vater gekannt?«

»Wer kannte Hannibal Mac Bott nicht! Ihr seht ihm nicht sehr ähnlich, aber ich spüre bei Euch die gleiche Kraft, den gleichen Erfolgswillen! Oder täusche ich mich?«

»Nun, also, ich … ich muss sagen …«

»Also bitte«, murmelte der Kapitän und beugte sich zu Orfeus Ohr, »spielt nicht das Unschuldslamm …«

Er wurde von einer wütenden Stimme unterbrochen, die von hinten rief: »Kapitän! Tut etwas, oder ich quittiere meinen Dienst. Ich bin das Opfer einer Plünderung! Einer Ausbeutung!«

Orfeus drehte sich um und sah Finopico, den Koch, auf sie zustürmen. Er stampfte mit den Füßen auf, gestikulierte wild und zerknitterte dabei aufgeregt seine Schürze.

»Erst der Hund und diese kleinen Heringsdiebe, und jetzt gewährt ihr auch noch einer … einer Fremden Zutritt auf diesem Schiff. Einer Fremden, die aussieht wie eine Hexe. Genug ist genug!«

»Lea ist keine Hexe«, verteidigte Orfeus sie. »Sie pflegt die Prinzessin. Ich habe ihr erlaubt, sich alles zu nehmen, was sie für ihre Arbeit braucht.«

»Mein Schweinefett! Meine eingemachten Zitronen! Meine Dattelcreme! Meine Mirabellenmarmelade und meinen Myrtenschnaps!«, zählte Finopico jammernd auf. »Und als wäre das noch nicht genug, nimmt sie auch noch von meiner Hühnersuppe mit Bohnen! Was will sie damit? Das verstößt gegen alle Gesetze der Küchenharmonie!«

Außer sich vor Wut, riss er sich die Schürze herunter und trampelte darauf herum. Als der Kapitän trotz allem keine Anstalten machte, etwas zu sagen, wandte sich Finopico ab und schrie: »Ich will keine Beschwerden hören, wenn es bis zu unserer Ankunft in Galnizien nur noch trockene Kekse zu essen gibt!«

Der Kapitän seufzte verzweifelt und nahm die Unterhaltung mit Orfeus wieder auf.

»Hört mir gut zu, Mac Bott«, sagte er. »Wenn Ihr genauso erfinderisch und schlau seid wie Euer Vater, können wir miteinander ins Geschäft kommen.«

Orfeus krampfte sich der Magen zusammen. Diese Anspielungen auf Hannibal versetzten ihn in eine ungute Stimmung. Er hatte Galnizien verlassen, um all das zu vergessen, und nun holte ihn die Erinnerung wieder ein!

»Stellt Euch nur vor«, fuhr der Kapitän in einem vertraulichen Tonfall fort, »wie viel der König bereit wäre zu zahlen, um seine Tochter zurückzubekommen ...«

Orfeus öffnete den Mund, riss sich aber zusammen. Das finstere Lächeln des Kapitäns ließ ihn frösteln.

»Kein Wort, nicht wahr? Wir verstehen uns. Die Gelegenheit ist äußerst günstig. Die Prinzessin ist auf uns angewiesen ... Meiner Meinung nach ist sie eine Million Galniks wert!«

»Ein Lösegeld ...«, wiederholte Orfeus. Er war sprachlos.

»Natürlich!«, brach der Kapitän hervor. »Genau so hätte Euer

Vater gehandelt! Als ich hörte, dass Ihr an Bord seid, wusste ich gleich, dass ich in Euch meinen zukünftigen Verbündeten gefunden hatte! Der Apfel fällt nicht weit vom Stamm, nicht wahr?«

Glücklicherweise kam Orfeus durch eine weitere Unterbrechung um eine Antwort herum. Diesmal waren es die Wachen, die sich hastig an den Wanten des Masts herunterließen.

»Kapitän! Seht doch! Scharf Backbord! Da braut sich was zusammen!«

Orfeus und der Kapitän drehten sich gleichzeitig um. Der gesamte Horizont war verdeckt von etwas Tiefdunklem. Es sah aus wie ein riesiger Tintenfisch, der über dem Wasser schwebte. Die Miene des Kapitäns verhärtete sich.

»Setzt das große Segel!«, schrie er. »Alle Mann auf ihre Posten!«

22 ✧ Der Meister der Errabunda

Ganz plötzlich frischte der Wind auf. Der Ozean zischte und schäumte, wogte hin und her und schlug gegen den Schiffsrumpf der Errabunda. Der Himmel verfinsterte sich. Immer mächtigere Wellen türmten sich auf. Blitze zuckten in der Dunkelheit, und ein Donnern ließ den Himmel erzittern. Starker Regen trommelte auf das Deck des Schiffes.

Orfeus lief zu seiner Kajüte. Malva und Lea hatten sich auf der Liege zusammengekauert. Ein seltsamer Geruch nach Zitrone, Alkohol, Schweinefett und nassem Tierfell lag in der Luft. Orfeus musste mehrfach niesen, bevor er Lea fragen konnte, ob sie denn ihre Medizin inzwischen zubereitet hätte.

»Malva hat sogar schon von der Arznei getrunken«, antwortete Lea aufgeregt. »Es geht ihr schon besser. Ich habe allerdings Angst, dass das Schiff untergeht …«

»Es ist nur ein starker Sturm.« Orfeus lächelte und legte seinen Regenschutz ab. »Wo sind die Zwillinge? Und Al?«

»Der Hund hat sich verkrümelt. Er fand es nicht gerade angenehm, dass ich ihm ein paar Haare auszupfen musste. Und die Zwillinge haben sich auch verdrückt.«

Orfeus spürte, wie ihn Malva unsicher anschaute. Sie war noch sehr blass, aber ihre vielgepriesene Schönheit war trotz aller Müdigkeit und Anstrengung sehr gut zu erkennen.

»Seid Ihr der Kapitän?«, fragte sie.

»Oh nein!« Orfeus errötete. »Ich bin nur der Gefreite. Herzlich willkommen an Bord, Prinzessin. Es ist mir eine große Ehre, Euch …«

Ein heftiger Ruck ging durch das Schiff, und Orfeus verlor das Gleichgewicht. Er musste sich am Tisch abstützen.

»Es wird schlimmer«, stellte er fest. »Ich muss auf meinen Posten. Aber ich komme wieder. Bleibt ruhig und sorgt Euch nicht. Die Errabunda wird dem standhalten.«

Er verließ die Kajüte, nicht ohne sich zu vergewissern, dass er die Tür hinter sich auch fest verschlossen hatte, und begab sich wieder an Deck. Mit einem Schulterzucken schüttelte er die leichte Verwirrung ab, die Malvas Blick bei ihm ausgelöst hatte. Es kam nicht alle Tage vor, dass ein Galnizier mit einer echten Prinzessin zu tun hatte, aber jetzt war nicht die Zeit für Hofzeremoniell und steife Konversation …

Der Regen prasselte auf die wild durcheinanderlaufenden Matrosen, die die Segel einholten. Die Männer kletterten den langen Fockmast hinauf, erreichten in Windeseile das große Hauptsegel und holten es so weit wie möglich ein. Der Kapitän sprang von einem Deck zum anderen und gab lauthals Befehle. Seine Stimme übertönte kaum das Heulen des Windes und das Ächzen des Schiffes.

Orfeus begab sich schwankend zur Steuerkabine. Um ihn herum

tobten die Elemente, doch er hatte keine Angst. Keine Übelkeit konnte ihm den Magen verdrehen! Im Gegenteil, er verspürte sogar eine Art Trunkenheit, an diesem Ort zu sein, unter diesem wütenden Himmel, in den mächtigen Armen des Meeres, das das Schiff hin- und herschaukeln ließ wie eine Nussschale. Sein ganzes Leben lang hatte er sich nach diesen Momenten gesehnt!

Die Taue ächzten, und die Masten heulten. Die Wellen schlugen mit unerbittlicher Regelmäßigkeit gegen die Flanken des Schiffes. Orfeus kämpfte sich zur hinteren Kabine vor. Er wirkte wie ein Matador, der endlich die Arena betreten und sich dem Stier stellen kann.

Trotz ihrer Erfahrung hatten die Matrosen nicht genug Zeit, alle Segel einzuholen. Die Windstärke nahm noch einmal zu. Der Himmel und die aufgebrachten Wassermassen waren nicht mehr voneinander zu unterscheiden, und bald war es unmöglich zu sagen, ob das Schiff noch segelte oder schon flog. Es schnellte in die Höhe und fiel wieder herab und neigte sich mal nach Backbord, mal nach Steuerbord.

Als Orfeus endlich die Kabine erreichte, waren die Segel bereits zerfetzt, als wären sie aus Papier. Er stieg die Stufen hinauf, rutschte aus und kroch bis zum Steuerruder … Der Steuermann war nicht mehr auf seinem Posten! Die Errabunda war steuerlos!

»Geht in Deckung! Zieht euch in die Laderäume zurück!«, schrie der Kapitän und rannte selbst zur Hauptluke.

Orfeus umklammerte das Steuer und versuchte, es, die beiden Beine fest auf dem Boden, herumzureißen. Der Regen peitschte ihm ins Gesicht, die Haare klebten ihm an der Stirn und nahmen ihm gänzlich die Sicht. Seine Hände waren am Steuerknüppel festgeschweißt, seine Augen streng auf die Wellen gerichtet, als ob er sie hypnotisieren wollte. Sämtliche Seefahrerberichte, die er als Kind gelesen hatte, schossen ihm wie grelle Bilderfolgen durch den Kopf und begannen die realen Ereignisse zu überdecken: Er sah die Helden von früher vor sich, die die weitentlegenen Länder Aremika und Ornia entdeckt hatten, er sah ihre gegerbten Gesichter vor sich, ihre vor Fieber glänzenden Augen, und es war ihm, als wären sie ihm ganz nah.

»Du wirst uns nicht bezwingen!«, schrie er dem Sturm entgegen. Übermut erfasste ihn. »Ich bin Orfeus! Aus dem stolzen Geschlecht der Mac Botts von Galnizien!«

Die Wellen türmten sich immer mächtiger in die Höhe. Auf ihrem Scheitelpunkt schien sich das Meer gänzlich aufzutun. Orfeus beobachtete entsetzt, wie einige Matrosen von den Wassermassen mitgerissen wurden. Andere, die sich an die Reling geklammert hatten, versuchten, kriechend die Luke zu erreichen.

Ein Blitz nach dem anderen durchzuckte den nachtschwarzen Himmel. Es war beängstigend. Der Kapitän war verschwunden. Einzig Orfeus schien noch in der Lage, die Errabunda zu steuern. Überall strömte Wasser an Deck. Selbst der Bug war bereits überflutet. Orfeus' Regenmantel flatterte im Wind wie ein Segel. Was auch immer geschah, er musste es schaffen, den Kurs nach Westen zu halten … Richtung Galnizien!

Dann schlug mit einem ohrenbetäubenden Krach der Blitz in das Schiff ein. Der große Mast brach und stürzte auf den vorderen

Schiffsteil. Er riss dabei sämtliche Taue ab, die wie Peitschenhiebe auf das Deck knallten. Drei Männer wurden unter dem herabstürzenden Mast begraben. Andere wurden von den Tauen getroffen und gingen über Bord. Die verzweifelten Schreie der Verwundeten wurden vom Heulen des Windes verschluckt; sogar der Tod ging in dem großen Elend unter.

»Bei der Heiligen Ruhe!«, stöhnte Orfeus ernüchtert.

Kurz darauf drohten die Wellen alles zu überschwemmen. Orfeus spürte, wie ihm das Steuerrad aus den Händen glitt. Die Achse war gebrochen. Orfeus begriff, dass der Ozean die Macht übernommen hatte. Er streifte seinen Regenmantel ab und gab seinen Posten auf. Er rutschte über die Planken und hielt sich an der Reling fest. Die Wellen schaukelten das Deck so stark hin und her, dass er sich nicht halten konnte. Seine Nägel krallten sich in das Holz der Planken. Glücklicherweise bekam er Halt, als er gegen ein Hindernis stieß. Es war der Eingang zu einer der Luken. Halb benommen vom salzigen Meerwasser, das ihm in Nase und Mund lief, öffnete er die Falltür und ließ sich in das Innere des Schiffes hinunterfallen. Dass er noch am Leben war, grenzte an ein Wunder!

Wasser strömte von allen Seiten auf das Zwischendeck. Fässer trieben zwischen den gebrochenen Masten umher. Lebensmittel hingen an ihren Haken von der Decke herunter: Schinken und schwarze Fleischstücke, die aussahen wie Gehängte. Ratten schwammen panisch durch das Wasser, das den gesamten Laderaum überflutet hatte. Im Schiffsbauch war es totenstill. War Orfeus etwa der einzige Überlebende? Nein, das durfte nicht wahr sein!

Orfeus stand das Wasser bis unter die Achseln, doch er kämpfte sich vorwärts. Das Schiff schwankte unentwegt, es neigte sich nach Backbord, dann wieder nach Steuerbord. Mehrmals schluckte Orfeus Wasser. Erschöpft erreichte er schließlich die Tür zu seiner Kajüte. Sie war durch den Wasserdruck blockiert. Dahinter hörte er Schreie.

»Prinzessin!«, rief er.

Er sah sich um und entdeckte ein Stück eines Holzbalkens und ein dickes Tau. Er band sich das Tau um die Hüften und befestigte es an einem Haken an der Decke. Dann stützte er sich mit den Füßen gegen die Tür und schleuderte den Holzbalken mit aller Kraft dagegen. Diesen Vorgang wiederholte er zehn-, zwanzigmal. Sie begann nachzugeben. Die Schreie im Innern wurden lauter.

Zitternd und völlig außer Atem verlor Orfeus dennoch nicht die Hoffnung und setzte seine Anstrengungen fort. Seine Hände bluteten, und das salzige Wasser brannte in seinen Wunden. Dann, endlich, gab die Tür nach. Das Wasser drang mit einem Schwall in die Kajüte ein wie ein Tier, das alles verschlingen will. Orfeus schnitt das Tau durch, das ihn von der Decke aus sicherte, und stürzte sich in die Fluten.

Als er in der Kajüte war, stand das Wasser bereits tischhoch und umspülte die Koje. Er sah Lea auf einem Stuhl stehen. Sie war kreidebleich und blutete an der Stirn. Orfeus näherte sich ihr und berührte sanft ihre Hand.

»Wo ist die Prinzessin?«, fragte er, nichts Gutes ahnend.

Lea schüttelte den Kopf.

»Konnte sie das Bett verlassen? Was ist geschehen?«

Lea fasste sich an die Stirn. Ihre Hand zitterte.

»Ein Mann ist gekommen. Er hat mich mit dem Fernrohr geschlagen. Dann weiß ich nichts mehr. Malva ist verschwunden.«

Orfeus schloss fassungslos die Augen. Das Gespräch mit dem Kapitän kurz vor Ausbruch des Unwetters kam ihm wieder in den Sinn, und es wurde ihm klar, wie sehr er sich hatte ausnutzen lassen. Wie hatte er ihm nur vertrauen können? Orfeus war wütend und erschöpft. Was auch immer der Kapitän mit der Prinzessin vorhatte, er würde sicher nicht weit kommen. Im schlimmsten Fall würden sie beide ertrinken …

Orfeus setzte sich dicht neben Lea. Das Wasser um sie herum stieg weiter an, und die Errabunda ächzte wie ein Tier im Todeskampf. Sie sprachen kein Wort mehr und blieben stumm Seite an Seite sitzen. Sie waren bereit, sich in ihr Schicksal zu ergeben.

Kurz darauf jedoch hörte das Meer auf, über dem Schiff zusammenzuschlagen. Die Donnerschläge verhallten, die Wolken rissen auf und ließen ein paar schwache Sonnenstrahlen durch. Der Sturm legte sich genauso schnell, wie er ausgebrochen war.

Lea begann zu weinen. Orfeus traten ebenfalls die Tränen in die Augen, doch es gelang ihm, sie zurückzuhalten. Er arbeitete sich zu der eingeschlagenen Tür vor und murmelte:

»Lass uns den anderen helfen, wenn sie überhaupt noch am Leben sind.«

Trotz ihrer Erschöpfung und Benommenheit folgte ihm Lea und kämpfte sich ebenfalls durchs Wasser.

Als sie die Treppe zur Hauptluke hinaufstiegen, schien ihnen die warme Sonne ins Gesicht. Der Himmel wirkte wie gewaschen. Der Ozean um die Errabunda lag friedlich und ruhig da. Man konnte sich kaum vorstellen, dass es diesen Sturm überhaupt gegeben hatte. Nirgendwo waren Tote zu sehen. Das Meer hatte sie alle verschluckt. Auch die Marie-Belle war verschwunden.

Orfeus setzte sich mitten auf das verwüstete Deck. Die grün-gelbe Fahne von Galnizien lag zerrissen zu seinen Füßen.

23 ✧ Die Fabula

Das Erste, was Malva spürte, als sie wieder zu sich kam, war ein pochender Schmerz am Hinterkopf. Das Blut rauschte ihr in den Schläfen, und sie hatte das Gefühl, ihr Kopf wäre doppelt so groß. Sie erinnerte sich, dass ein Mann in Uniform in ihre Kabine gekommen war und ihr mit seinem Fernrohr einen Schlag auf den Kopf versetzt hatte. Wer war dieser Mann? Warum hatte er sie geschlagen? Sie wusste es nicht.

Malva öffnete die Augen. Um sie herum war es dunkel. Sie lag bäuchlings auf mehreren Tauen. Darunter waren nasse Planken, die einen penetranten Geruch nach Salz und Essig verströmten. Malva musste würgen. Etwas lastete auf ihren Beinen, aber dafür konnte sie die Arme frei bewegen. Sie stützte sich auf ihren Händen ab und schaffte es, sich leicht zu drehen, so dass sie besser atmen konnte. Weiter kam sie wegen der Last auf ihren Beinen nicht.

Sie sah nach oben und erkannte, dass sie unter einer wasserdichten Plane lag. Die Plane war am erhöhten Rand einer Schaluppe befestigt. Etwas Tageslicht drang durch die Maschen des Stoffes, und das Boot schaukelte leicht hin und her. Malva atmete tief durch. Sie erinnerte sich an den schrecklichen Sturm, der über die Errabunda hereingebrochen war. »Zumindest hat sich das Meer beruhigt, und ich bin noch am Leben«, dachte sie.

Doch etwas machte ihr Angst: die Last auf ihren Beinen. Sie drehte den Hals und versuchte, den Kopf so weit wie möglich anzuheben. Da sah sie aus den Augenwinkeln das Gesicht des Mannes, der sie niedergeschlagen hatte. Überrascht stieß sie einen Schrei aus und fiel wieder auf die Seite.

»Wer seid Ihr?«

Der Mann antwortete nicht. Er lag über ihr, seine Brust ruhte auf der Ruderbank, aber der Rest seines Körpers lastete schwer auf ihren Beinen. Mit klopfendem Herz unternahm Malva erneut einen Versuch, sich zu drehen, um ihren Angreifer besser sehen zu können. Er lächelte zufrieden, seine Augen ruhten auf seiner Gefangenen. Auf den Schultern seiner Uniform erkannte Malva die Insignien des galnizischen Meeresinstituts. Weiter kam sie mit ihren Beobachtungen nicht, sie fiel wieder auf die Seite.

»Ihr … Ihr seid der Kapitän der Errabunda, nicht wahr?«, sagte sie fassungslos.

Der Mann antwortete noch immer nicht. Sie konnte lediglich erkennen, wie er nickte.

»Ich habe keine Ahnung, warum Ihr mich niedergeschlagen habt«, versuchte es Malva erneut. Sie bemühte sich, die nackte Angst, die ihr die Kehle zuschnürte, in den Griff zu bekommen. »Ihr wolltet mich sicher … nur retten, oder? Aus diesem Grund befinden wir uns auch auf diesem Boot, hab ich recht?«

Das demonstrative Schweigen des Mannes machte ihr große

Angst. Für Malva war es ein Zeichen besonderer Boshaftigkeit. Sie drehte erneut ihren Hals und sah, dass er noch immer lächelte. Er war nicht aus der Ruhe zu bringen. Sicher bereitete es ihm Vergnügen, sie zappeln zu lassen.

»Wenn Euch das Ganze hier Freude bereitet«, sagte sie wütend, »schön für Euch! Aber eines solltet Ihr wissen: Was auch immer passiert, keine zehn Pferde bringen mich zurück nach Galnizien.«

Der Mann nickte wieder, machte aber keine Anstalten, auf ihre Aussage zu reagieren.

»Eher stürze ich mich ins Meer, als mit Euch zu kommen, habt Ihr mich verstanden?«, platzte es aus Malva heraus. »Mein Leben gehört mir und sonst niemandem! Nicht dem Prinzen von Andemark, nicht dem König und auch nicht dem galnizischen Volk! Wenn Ihr ein Ehrenmann seid, geht zu meinem Vater und meiner Mutter und sagt ihnen Folgendes: Malva macht sich nichts aus dem Thron und auch nichts aus den festlichen Bällen auf der Burg und erst recht nichts aus der Engstirnigkeit und den Intrigen, die Herrschaften Eures Ranges so eifrig betreiben wie zum Beispiel Arkus. Malva ist für ein freies Leben gemacht. Und für das Lesen, das Studieren und das Schreiben – egal, wie der König darüber denken mag! Sie ist gemacht für ein Leben in der Bucht Dao-Boa. Ihr erinnert Euch doch sicher noch an diesen Namen, nicht wahr?«

Sie war außer Atem und schwieg einen Moment, um die Reaktion des Kapitäns abzuwarten. Dann spürte sie etwas Warmes ihren Nacken herunterlaufen. Sie fasste sich ins Haar und sah auf ihre Hand …

»Blut!«, schrie sie auf.

Entsetzt drehte sie sich mit letzter Kraft auf den Rücken. Mit einem Mal sah sie mitten in das fahle Gesicht des Kapitäns. Ein dünner blutiger Faden rann aus seinem Mund, und seine glasigen Augen sahen offensichtlich ins Leere.

»Aber … er ist ja tot«, würgte Malva hervor. Ihr Magen drehte sich um.

Sie stieß einen spitzen Schrei aus. Heftig strampelte sie, und es gelang ihr, ihre Beine zu sich heranzuziehen. Ihre Stirn stieß gegen die Ruderbank, doch sie schaffte es, sich zu befreien. Das Blut des Kapitäns war überall, auf ihren Kleidern, ihren Armen und Beinen. Endlich schaffte sie es, sich ans eine Ende der Schaluppe zurückzuziehen. Das Gefühl, neben einem Toten zu liegen, war grauenvoll. Von Schluchzern geschüttelt, zerrte sie wie verrückt an der Plane, um sie zu zerreißen.

Als sie endlich an der frischen Luft war, wurde ihr schwindelig, und sie wankte. Fast wäre sie ins Wasser gefallen, doch sie hielt das Gleichgewicht und beugte sich über den Rand des Bootes. Ihr war hundeelend. Einige Minuten lang bewegte sie sich nicht. Sie lehnte über dem Wasser, ihr Kopf war leer. Als sie plötzlich gellende Schreie hörte, hob sie den Kopf.

Die Sonne stand hoch am Himmel. Weil sie Malva blendete, sah diese zunächst nichts weiter als etwas Dunkles in einiger Entfernung. Sie blinzelte und erkannte Lea, die auf der Errabunda stand und in ihre Richtung zeigte.

»Malva!«, schrie das Mädchen aus Balmun. »Wir kommen und holen dich!«

Malva brachte keinen Ton heraus. Sie konnte nicht fassen, dass Lea lebte. Es gelang ihr gerade noch, eine Hand zu heben, damit Lea wusste, dass sie sie erkannt hatte. Lea verschwand wieder. Wahrscheinlich holte sie Hilfe. Also war Malva nicht die Einzige, die den Sturm überlebt hatte.

Ohne sich dessen bewusst zu sein, weinte Malva. Die Tränen liefen ihr über die Wangen. Langsam kam sie wieder zu sich und erfasste die Situation: Die Schaluppe war immer noch mit der Errabunda verbunden, und zwar durch eine Fangleine, die der Kapitän nicht mehr hatte kappen können. Der Unglücksrabe lag unter der Plane, und in seinem Rücken steckte der Haken eines großen Flaschenzugs. Der Haken war von den entfesselten Winden des Unwetters durch die Luft geschleudert worden und hatte sich ihm zwischen die Schulterblätter gebohrt. Hätte der Kapitän nicht da gesessen, würde das tödliche Geschoss in Malvas Brust stecken. Bei diesem Gedanken begann Malva zu zittern wie Espenlaub.

Weitere Umrisse tauchten jetzt hinter der Errabunda auf. Lea zeigte auf das Beiboot, und zwei Männer holten die Leine ein, an der es hing. Malva sah sich erstaunt um. Das Wasser war merkwürdig ruhig und hatte eine tiefblaue Farbe. Kein Land weit und breit, kein Vogel in der Luft, kein Windhauch kräuselte die Wasseroberfläche. Sie zweifelte, ob sie diesen Sturm überhaupt erlebt hatte. Doch als sie ihre Aufmerksamkeit wieder auf die Errabunda richtete, erkannte sie das ganze Ausmaß der Schäden: Der große Mast lag zerschmettert an Deck, überall sah man zerborstenes Holz, verknotete Taue, zerrissene Segel … Als sie mit der Schaluppe näher herankam, bemerkte sie, dass sogar die goldenen Buchstaben am hinteren Bugende zum Teil von den Wellen zerstört worden waren: Ein Strich des E war verschwunden und verwandelte es in ein F, die beiden R waren nicht mehr zu erkennen, genauso wie das N und der Bogen des D. Malva traf fast der Schlag. Da stand nicht mehr Errabunda auf dem zerrütteten Rumpf des Schiffes, sondern … Fabula.

»So was …«, murmelte Malva entgeistert.

Das Schiff trug nun genau denselben Namen wie das Schiff aus der Geschichte des alten Seemanns Bulo! Genau denselben Namen wie das Schiff, das an den Ufern von Elgolien gestrandet war!

»Das ist ein Zeichen!«, sagte sie nun laut. »Bei allen Gottheiten dieser Welt! Das ist ein Zeichen, dass dieses Schiff mich dahin bringt, wo ich hin möchte.«

Trotz ihrer Erschöpfung und dem Hin und Her ihrer Gefühle war Malva plötzlich glücklich und voller Zuversicht. Ein Lächeln breitete sich auf ihrem Gesicht aus, das noch ganz verschmiert war vom Blut des Kapitäns. Malva begann zu tanzen.

»Lea! Lea! Es ist unglaublich! Wir haben unerhörtes Glück!«

Über die Reling gebeugt, lächelte das blonde Mädchen zurück, ohne recht zu verstehen, was Malva meinte.

»Schneller, los, schneller«, rief sie Orfeus und Babilas zu, die die Schaluppe einholten.

Kurz zuvor war der Riese aus den Laderäumen aufgetaucht, in denen er, unter Fässern begraben, ausgeharrt hatte. Seine linke Hand war gebrochen, aber die Kraft einer einzigen Hand genügte. Auch wenn Orfeus hoffte, noch weitere Überlebende zu finden, so war die Anwesenheit von Babilas schon eine große Erleichterung. Und was die Prinzessin anging, war es ein Wunder, dass sie noch lebte.

»Geht es Euch gut?«, rief er ihr zu, als die Schaluppe gegen den Rumpf der Errabunda stieß.

Als er den reglosen Körper des Kapitäns unter der Plane sah, dachte er unwillkürlich, dass dies kein großer Verlust war. Dieser Verbrecher musste den bitteren Geschmack eines Verräters auf der Zunge geschmeckt haben, als er seinen letzten Atemzug tat.

»Es geht mir gut«, antwortete Malva. »Werft mir eine Leiter herunter!«

Orfeus gehorchte. Er bewunderte, wie geschickt Malva die Strickleiter hinaufkletterte. Als sie an Deck sprang, sah er jedoch das Blut auf ihren Kleidern und war besorgt.

»Keine Angst!« Malva lächelte ihn an. »Ich bin nicht verletzt. Das ist das Blut des Kapitäns … und der ist mausetot.«

Sie kicherte nervös. Dann ging sie auf Lea zu und schloss sie in ihre Arme.

»Wo sind all die anderen?«, fragte sie.

Ein betretenes Schweigen war die Antwort. Malva zog die Augenbrauen hoch.

»Wollt ihr damit sagen … dass nur wir …«

»So sieht es im Moment aus, ja«, bestätigte Orfeus. »Wir sind nur noch zu viert.«

Die Prinzessin sah Orfeus entsetzt an. Dann blickte sie hoch zu Babilas.

»Obwohl Ihr sehr kräftig ausseht«, murmelte sie. »könnt Ihr doch unmöglich die Fabula allein reparieren und steuern!«

»Die Fabula?« Orfeus war überrascht.

»Unser Schiff!«, rief Malva. »Ich weiß, das klingt verrückt, aber das Schiff hat während des Sturms seinen Namen gewechselt. Seht selbst!«

Die drei anderen beugten sich über die Reling und lasen die verbliebenen Buchstaben auf dem Schiffsrumpf.

»Die Fabula …«, seufzte Orfeus. »Ich weiß ja nicht so recht, ob dieser Name zu einem solchen Wrack passt. Wir haben keinen großen Mast mehr, keine Segel, das Steuer reagiert nicht mehr, und ich kann mir kaum vorstellen, dass die Instrumente noch intakt sind. Die Fabula wird einige Schwierigkeiten haben, uns nach Galnizien zu bringen.«

Bei diesen Worten sah Malva mit ihren bernsteinfarbenen Augen Orfeus eindringlich an. Sie war ganz ruhig, aber ebenso entschlossen, ihre Meinung zu sagen.

»Ich werde nicht nach Galnizien zurückkehren«, sagte sie mit fester Stimme. »Ich weiß, dass Euch der König mit dieser Aufgabe betraut hat, aber … ich habe leider andere Pläne. Zunächst werde ich Filomena finden, meine Kammerzofe, die in der Asisischen Steppe geblieben ist. Wir werden zusammen nach Elgolien gehen, an den östlichen Rand der Bekannten Welt. Und was meine Freundin Lea betrifft, so möchte ich sie in ihr Königreich Balmun zurückbringen.«

Orfeus zuckte zusammen. Die Worte der Prinzessin bestürzten ihn.

»Ihr müsst nichts weiter tun, als uns auf dem nächsten Festland, das wir erreichen, abzusetzen«, schlug Malva vor, »und meinem Vater könnt Ihr sagen, dass ich den Sturm nicht überlebt habe. Schließlich wäre das ja auch beinahe der Fall gewesen. Es wäre also keine allzu schlimme Lüge.«

»Ich … ich verstehe nicht ganz, Eure Hoheit«, stammelte Orfeus. »Das galnizische Volk erwartet Eure Rückkehr … Ohne Euch hat das Land keine Zukunft. Wir haben eine schlimme Zeit der Trauer und des Chaos hinter uns, bis zu dem Tag, an dem bekannt wurde, dass Ihr noch am Leben seid und …«

Malva schüttelte den Kopf. Orfeus war vollkommen verzweifelt und sah hilfesuchend erst zu Babilas, dann zu Lea.

»Ihr könnt nicht von mir verlangen, den König anzulügen«, fügte er hinzu. »Ich habe einen Eid vor dem Altar der Götter geschworen …«

Als Malva noch immer den Kopf schüttelte, zeigte er auf das Schiff. »Diese Männer sind für Euch gestorben, Prinzessin! Sie haben an ihre Mission geglaubt! Wie könnt Ihr es wagen …«

»Ihr könnt das nicht verstehen«, unterbrach ihn Malva barsch. »Wenn ich jetzt nach Galnizien zurückkehre, ist mein Leben gescheitert. Entweder ich gehe nach Elgolien oder … ich sterbe.«

Orfeus schlug die Hände vors Gesicht. Ihm wurde heiß. Sehr heiß. Diese absurde Unterhaltung bereitete ihm Kopfschmerzen.

»Ich kenne dieses Elgolien nicht«, erklärte er. »Ich habe noch nie davon gehört. Und auf keinen Fall lasse ich Euch in einem unbekannten Land zurück.«

Malva seufzte entnervt.

»Schon wieder jemand, der für mich entscheiden will«, murmelte sie. »Ich habe wirklich kein Glück.«

Wut stieg in ihr hoch. Sie erinnerte sich an den Tag, an dem ihr Vater sie vor aller Öffentlichkeit beleidigt hatte, an den Tag, an dem ihre Mutter ihr eröffnet hatte, dass sie den Prinzen von Andemark heiraten sollte. Und auch an den Tag, als die Amoyeden sie an Temir-Gai verkauft hatten. Musste sie etwa ihr ganzes Leben lang kämpfen, bis sie endlich ihre Ruhe bekäme? Voll des Spottes und in Angriffslaune drehte sie sich zu Babilas um.

»Was ist mit Euch?«, fragte sie ihn. »Warum sagt Ihr nichts? Ihr habt bestimmt auch jede Menge Vorschläge, was ich zu tun und zu lassen habe! Also los! Worauf wartet Ihr noch? Raus damit! Die Prinzessin steht zum Verkauf!«

Der Riese schlug die Augen nieder.

»Babilas ist stumm!« Orfeus riss jetzt der Geduldsfaden. »Er war derjenige, der Euch auf seinen Schultern aus dem Harem von Temir-Gai getragen hat! Er ist durch die Flammen gesprungen, die die kaiserliche Stadt zerstört haben, und er war es auch, der die Stangen Eures Käfigs zerbrochen hat! Er hat einen anderen Ton verdient, Prinzessin!«

Schuldbewusst biss sich Malva auf die Lippen. Ihre Wut blieb ihr im Hals stecken.

»Genug!«, befahl Orfeus. »Diese Unterhaltung führt doch zu nichts. Wir befinden uns irgendwo auf dem offenen Meer! Lasst uns nicht mehr von Galnizien oder Elgolien sprechen! Wir müssen überleben, das allein zählt!«

Er sah zum Horizont. Die Luft zitterte. Es wurde von Minute zu Minute heißer, und das ruhige Meer machte ihn ganz nervös. Er ging zur Reling und sah zu dem kleinen Boot hinunter, in dem der Kapitän lag. Er durchschnitt die Leine, die das Beiboot noch mit dem Schiff verband. Ungerührt sah er zu, wie sich die Schaluppe mitsamt dem Leichnam entfernte. Dann wandte sich Orfeus an Babilas und Lea.

»Durchsuchen wir die Lagerräume«, ordnete er an. »Wir brauchen Nahrung und Süßwasser.«

Malva schaute griesgrämig drein. Ihr war plötzlich elend und schwach zumute. Die Beule an ihrem Hinterkopf tat weh, und diese erbärmliche halbe Schiffsmannschaft nahm ihr jegliche Hoffnung. Für wen hielt sich dieser Gefreite, dass er es wagte, so mit ihr zu reden? Sie setzte sich auf die Schiffswinde, verschränkte die Arme und rührte sich nicht mehr von der Stelle.

Als Babilas und Orfeus durch die Hauptluke hinunterkletterten, zerriss ein seltsames Geräusch die Stille. Es hörte sich an wie ein Nebelhorn, ein langgezogener Trompetenklang, der immer lauter und lauter wurde. Alle lauschten.

Sie bewegten sich nicht und warteten darauf, dass sich der Ton wiederholte.

»Wahrscheinlich ein Donnerschlag«, meinte Orfeus schließlich.

»Oder vielleicht … das andere Schiff?«, sagte Lea.

»Das glaube ich nicht«, antwortete Orfeus. »Das Horn der Marie-Belle hat einen helleren Klang.«

Er suchte nicht weiter nach einer Erklärung, zuckte mit den Schultern und stieg zusammen mit Babilas hinunter in die Laderäume. Schon auf der zweiten Stufe stellten sie fest, dass das Wasser stark abgesunken war. Kurz zuvor hatten sie sich praktisch nur schwimmend vorwärtsbewegen können, nun wateten sie durch das Wasser, das nur ein paar Zentimeter hoch stand und voller Algen war.

Sie durchquerten einen Laderaum nach dem anderen, ohne etwas Brauchbares zu finden. Zum Vorschein kamen zerborstene Fässer, zerbrochene Balken, durchweichte Seesäcke und jede Menge Ratten, die vor ihnen flohen. Schließlich öffneten sie die Tür zur Kombüse in der Hoffnung, hier ein paar trocken gebliebene Nahrungsmittel ausfindig zu machen. Aber sie sahen gleich, dass das Wasser auch diesen Raum nicht verschont hatte. In einem heillosen Durcheinander lagen dort die Bücher des Kochs, die aus dem Regal gefallen waren, sowie zerbrochene Kräuterbehälter und Gläser mit eingelegten Heringen.

Als sie die Kombüse schon wieder verlassen wollten, sah Orfeus im hinteren Teil des Raumes einen roten Bart hinter dem großen umgestürzten Ofen hervorgucken.

»Finopico?«, rief er mit klopfendem Herzen.

Keine Antwort. Orfeus ging näher heran. Hinter dem Ofen kauerte der Koch. Er saß im Wasser, sein Gesicht hatte er in das triefend nasse Fell von Al gedrückt, den er auf dem Schoß hatte. Als der Bernhardiner sein Herrchen sah, grummelte er heiser. Sofort hob Finopico den Kopf. Ihre Blicke kreuzten sich.

»Der Grünschnabel …«, flüsterte er vollkommen überrascht. »Bei allen Heiligkeiten der Welt … Er hat überlebt!«

Orfeus lächelte. Der Spitzname störte ihn nicht mehr im Geringsten. Er war einfach nur froh, Al lebend wiederzufinden. Und irgendwie freute er sich auch, dass dieser brummige Koch dem Sturm entkommen war!

»Wie ich sehe, habt Ihr schon nähere Bekanntschaft mit meinem Hund geschlossen«, sagte er zu Finopico. »Er scheint Euch zu mögen.«

Finopico zuckte mit den Schultern, schlug aber nicht die Hand aus, die ihm Orfeus entgegenstreckte, um ihm aufzuhelfen. Er hatte eine blutige Schramme auf der einen Wange und humpelte leicht.

»Ich habe es vorgezogen, hier zu warten«, knurrte er. »Um sicherzugehen, dass der Sturm auch wirklich vorbei ist … Bei der Heiligen Harmonie, meine Bücher!«

Der Koch hob einen Band auf und seufzte traurig. Die Bücher waren völlig durchnässt.

»Schön, dann sind wir jetzt also zu sechst«, sagte Orfeus und tätschelte seinem Hund den Kopf. »Vielleicht ist das ja noch nicht alles?«

Er verließ die Kombüse und wollte noch tiefer in den Bauch des Schiffes hinuntersteigen. Er dachte natürlich an Pepe und Galotcho. Schließlich kämpften sie sich doch sonst immer durch alle möglichen Situationen hindurch. Vielleicht hatten sie ja ein Versteck gefunden? Aber wo?

»Vergesst eure Bücher! Versucht lieber, etwas zu essen aufzutreiben und es dann zum Trocknen nach oben zu bringen«, rief Orfeus Finopico zu und verschwand.

Unten bot sich Orfeus ein entsetzlicher Anblick. Er stand bis zu den Oberschenkeln im Wasser und bahnte sich einen Weg durch lauter leblose Körper. Es waren etwa acht oder neun Seeleute, die mit dem Gesicht nach unten im stinkenden dreckigen Wasser trieben. Orfeus hielt die Hand vor den Mund. Der Anblick tat ihm im Herzen weh. Diese Männer waren noch vor einigen Stunden über das Deck gerannt und hatten die Segel eingeholt. Sie hatten noch gelebt, sie waren stark und voller Zuversicht gewesen. Sie hatten die Befehle des Kapitäns befolgt, und das war nun aus ihnen geworden …

»Galotcho!«, rief Orfeus mit erstickter Stimme. »Pepe!«

Er hielt die Luft an und irrte weiter. Je mehr Leichen er sah, desto weniger Hoffnung hatte er. Als er vor der kleinen Tür zum Schiffsbunker angekommen war, rief er noch einmal:

»Galotcho!«

Da, es kam eine Antwort.

»Wir sind hier!«

Orfeus ging näher an die Tür heran.

»Haltet durch! Ich komme!«

Er griff nach der Klinke. Überraschend und ohne Widerstand ging die Tür auf.

»Ihr wart ja gar nicht eingesperrt!«, sagte er überrascht zu den Zwillingen, die zusammengekauert auf den Ersatzsegeln saßen.

»Das haben wir auch nie behauptet«, antwortete Galotcho.

»Aha, und warum kommt ihr dann nicht heraus?«

Pepe beugte sich über die Schulter seines Bruders und warf einen Blick in die Laderäume.

»Es ist stockfinster da draußen …«, flüsterte er.

»Und alles voller Leichen …« ergänzte Galotcho und verzog das Gesicht.

Orfeus grinste. Er war sehr froh, diese beiden Lausbuben lebend wiedergefunden zu haben.

»Ihr habt also Angst vor Toten, ja?«, machte sich Orfeus über sie lustig.

Galotcho und Pepe sahen ihn voller Schrecken an.

»Es bringt Unglück, einen Toten zu berühren!«, riefen sie wie aus einem Mund.

Orfeus gelang es schließlich, sie von ihrem Aberglauben abzubringen, und die beiden Jungen folgten ihm durch die Laderäume und die Treppen hinauf. Als sie in die Sonne hinaustraten, klappten sie auf dem Deck zusammen. Sie waren ganz bleich und drohten ohnmächtig zu werden.

»Nun sind wir acht!«, verkündete Orfeus freudig.

Malva und Lea, die gerade dabei waren, einen Sack Mehl auf einem Stück Segeltuch auszuschütten, um es zu trocknen, warfen einen abschätzigen Blick auf die Zwillinge.

»Na ja«, seufzte Malva, »mit denen kommen wir nicht unbedingt nach Elg…« Das Ende ihres Satzes hörte niemand mehr. Es wurde von einem zweiten Trompetenstoß verschluckt, der in diesem Augenblick die Luft durchschnitt und sich in immer höher werdenden Tönen fortsetzte. Die Schiffbrüchigen erstarrten. Als der Ton wieder verklang, sahen sie sich verwirrt an. Der Ton kam näher.

»Das war kein Donnerschlag«, murmelte Malva.

Galotcho und Pepe schauderten.

»Die Toten …«, flüsterten sie. »Das sind ihre Seelen … sie weinen. Haben wir euch nicht gesagt, dass man die Toten nicht berühren darf? Sie kommen uns holen.«

Plötzlich hob Al den Kopf und begann laut zu heulen. Das Heulen war so laut, dass sich die Zwillinge ängstlich aneinanderklammerten und sich die Ohren zuhielten.

»Bringt diesen Hund zum Schweigen!«, kreischte Finopico. Er hielt eines seiner Bücher über den Kopf. »Und sagt diesen beiden Dummköpfen, dass sie mit ihren blödsinnigen Vorahnungen aufhören sollen. Sonst ziehen sie das Unglück am Ende tatsächlich an!«

Orfeus hörte schon nicht mehr zu. Er starrte mit vor Staunen weit aufgerissenen Augen zum Horizont.

»Zu spät«, sagte er nur und zeigte auf das, was da gerade am Horizont auftauchte.

24 ✧ Die Wächtervögel von Kata

Irgendetwas Dunkles erschien an der Wasseroberfläche, einige hundert Meter von der Fabula entfernt. Noch konnte niemand genau erkennen, um was es sich dabei handelte, aber es war riesig. Das Seltsamste war, dass es sich zu vervielfachen schien: Etwas, das genauso aussah wie das erste Wesen, tauchte auf und rauschte dabei wie ein Wasserfall, dann tauchte ein drittes Wesen auf und ein viertes. Diese riesenhaften Gebilde stiegen vor den Augen der Schiffbrüchigen aus dem Wasser empor und blieben dann bewegungslos stehen.

Al hatte aufgehört zu jaulen. Erschöpft hatte er sich mit hängender Zunge an Deck ausgestreckt. Es herrschte jetzt eine vollkommene Stille. Malva und Lea ließen die Mehlsäcke fallen und näherten sich der Reling. Sie spürten, wie das zerbrechliche Wrack des Schiffes unter ihren Füßen erzitterte. Orfeus ging zu ihnen und beobachtete den Verlauf der Wellen: Sie konnten sich nicht erklären, warum das Meer von Wirbeln aufgeschäumt wurde, die bis unter den Schiffsrumpf schwappten.

Als Orfeus den Kopf wieder hob, sah er, dass die schwarzen Formen sich noch weiter aus dem Wasser herausgeschraubt hatten. Sie schienen einem vorgegebenen Rhythmus zu folgen.

»Sie sehen fast aus wie … Statuen«, murmelte Malva.

»Sie sehen aus wie Menschen«, antwortete Lea, »man kann Köpfe, Hälse und Arme erkennen …«

Gebannt beobachtete Orfeus das Auftauchen dieser enormen Steinfiguren. Er hatte nicht die geringste Ahnung, wie es zu einer solchen Erscheinung kommen konnte. Die Statuen standen bis zur Taille im Wasser. Sie bildeten Zweiergruppen, die einander anschauten und dem Schiff wie eine beunruhigende Mauer immer näher kamen.

»Das ist das Werk dieser Hexe!«, schrie Finopico plötzlich laut und zeigte voller Panik auf Lea. »Sie steckt dahinter! Mit ihrer Zauberei!«

»Ruhe!«, befahl Orfeus streng.

Er beugte sich erneut über die Reling. Das, was er vermutet hatte, bewahrheitete sich: Die Fabula wurde zu den Statuen gezogen, von einer Strömung, die aus dem Nichts kam. Orfeus schaute fragend zu Babilas, aber der Riese zuckte nur hilflos mit den Schultern. Das Schiff hatte weder Anker noch Segel, er konnte also nichts tun. Alle stellten sich stumm neben Orfeus. Auf ihren Gesichtern lag eine unheilvolle Vorahnung.

Das Schiff nahm Fahrt auf. Die Steinfiguren standen starr im Wasser wie Wachsoldaten, und als die Fabula durch die enge Öffnung zwischen ihnen hindurchfuhr, wurde Orfeus erst klar, wie riesig sie wirklich waren. Ihre Gesichter, die aus bronzefarbenem Stein gemeißelt waren, überragten das Deck des Schiffes um mehr als zwanzig Meter!

»Menschen können so etwas nicht erschaffen«, murmelte Lea mehr bezaubert als verängstigt. »Hier sind Götter am Werk!«

Neben ihr saß eine beunruhigte Malva. In den unzähligen Reiseberichten, die sie gelesen hatte, war niemals von einer solchen Erscheinung die Rede gewesen. Vielleicht hatte der Sturm das Schiff ja in Regionen verschlagen, die auf keiner Landkarte verzeichnet waren?

Der kurze Augenblick, in dem die Fabula von der Strömung mitgerissen wurde, kam ihnen vor wie eine Ewigkeit. Die Zwillinge begannen erneut zu stöhnen und alle möglichen Katastrophen vorherzusagen, und Finopico warf Lea misstrauische Blicke zu.

Plötzlich war das Ende der Mauer erreicht. Der Vordersteven des Schiffes glitt in türkisblaues Wasser. In der Ferne sah Orfeus Land, doch er kam nicht dazu, die anderen darauf aufmerksam zu machen. Ein Schwarm Vögel, der knapp über den Wellen flog, näherte sich der Fabula. Ihr Flügelschlag verursachte ein schrilles Pfeifen.

Sofort sprang Al auf und preschte knurrend zum Vorschiff. Als die Vögel nah genug herangekommen waren, bellte er lautstark, doch das schien diese nicht im Geringsten zu beeindrucken. Sie landeten allesamt auf dem Deck der Fabula.

Eines war den Schiffbrüchigen nun klar: Sie waren wirklich in unbekanntes Terrain vorgestoßen.

Die Vögel, die sich auf ihren langen dünnen Beinen niedergelassen hatten, besaßen metallene Flügel. Ihre zarten Hälse trugen ganz kleine Menschenköpfe.

»Bei allen Gottheiten der Bekannten Welt!«, entfuhr es Finopico.

Er war der Einzige, der überhaupt ein Wort herausbrachte. Die anderen waren stumm wie Babilas.

»Na, so was«, sagte einer der Vögel, »sie sprechen ja auch Galnizisch!«

»Das wird Kata freuen«, sagte ein anderer.

Die Vögel mit den menschlichen Köpfen brachen in ein schauerliches Gelächter aus, das wie ein Quaken klang.

Malva lief es kalt den Rücken hinunter. Seit ihrer Flucht aus Galnizien hatte sie jede Menge seltsamer Gestalten zu Gesicht bekommen, aber diese auf dünnen Hälsen thronenden Köpfe verursachten ihr eine Gänsehaut. Als einer der Vögel sich näherte und seine metallenen Flügel ausbreitete, konnte sie nur mit Mühe einen Schrei unterdrücken.

»Habt keine Angst«, sagte der Vogel und zog sich wieder zurück. »Wir sind die Wächtervögel von Kata. Ihr seid in das Inselmeer eingedrungen und nun müsst ihr ein gewisses Zeremoniell durchlaufen. Wie lautet der Name des Schiffes?«

Die Schiffspassagiere tauschten panische Blicke. Inselmeer? Kata? Zeremoniell? Sie verstanden kein Wort!

»Der Name des Schiffes!«, wiederholten die Vögel drohend.

»Errabunda«, antwortete Orfeus mit erstickter Stimme.

»Fabula«, antwortete Malva im selben Moment.

Die Vögel mit den Menschenköpfen reckten die Hälse.

»Dieses Schiff soll also zwei Namen tragen?«, fragte einer von ihnen. »Nehmt euch in Acht. Wagt ja nicht, uns zu täuschen.«

Die anderen Vögel quietschten mit ihren Flügeln.

»Der Name ist … Fabula«, berichtigte Orfeus.

Die Wächtervögel entspannten sich.

»Wer hat das Kommando über diesen alten Kahn?«, fragte einer.

Schweigen. Pepe und Galotcho, die sich am Fuße des großen zerbrochenen Masts hingehockt hatten, wirkten wie erstarrt, und Finopico klapperte mit den Zähnen, ohne sich dessen bewusst zu sein. Babilas kniff seine dunklen Augen zusammen, und Malva schüttelte den Kopf. Gegenüber diesen bedrohlichen Vögeln wollte niemand die Verantwortung eines Kapitäns übernehmen.

»Unser Kapitän ist tot«, antwortete Orfeus.

Die Wächtervögel watschelten auf ihren großen Füßen hin und her. Unter ihnen erhob sich ein missbilligendes Gemurmel.

»Die Zeremonie erfordert, dass wir den Namen des Kapitäns kennen«, rief einer der Vögel. »Ohne den Namen müssen wir euch in das Verlies des Grauens werfen!«

»In das Verlies des Grauens!«

»In das Verlies des Grauens!«, wiederholten die anderen Vögel.

»Was ist das Verlies des Grauens?«, wagte Orfeus zu fragen.

Einer der Wächtervögel setzte sich von der Gruppe ab und hielt Orfeus seinen schauerlichen kleinen Kopf unter die Nase.

»Das Verlies des Grauens ist der Mittelpunkt unserer Inselgruppe. Es ist ein Gefängnis, in das wir alle werfen, die unsere Vorschriften nicht respektieren.«

Als Galotcho und Pepe das hörten, waren sie voller Angst.

»Nicht ins Gefängnis! Bitte nicht ins Gefängnis!«, flehten sie und fielen auf die Knie.

»Wir waren schon in so vielen Gefängnissen eingesperrt!«, klagte Galotcho. »Sie waren immer kalt, nass und dunkel! Wir wollen lieber sterben, als noch einmal in ein Gefängnis zu gehen!«

Malva zog Orfeus am Ärmel und sah ihn flehend an.

»Ihr habt Lea und mich aus dem Harem von Temir-Gai befreit. Ich würde es nicht ertragen, wenn man mich noch einmal einsperrt.«

Offensichtlich erwarteten die Wächtervögel eine rasche Antwort. Sie stießen bedrohliche Laute aus. Orfeus drehte sich zu Babilas um, dann zu Finopico. Beide schlugen die Augen nieder.

»Nun denn«, sagte er resignierend, »ich bin der Kapitän der Fabula. Mein Name ist Orfeus Mac Bott. Wir waren auf Kurs nach Galnizien, als ein verheerender Sturm über uns hereinbrach …«

»Papperlapapp!«, rief einer der Vögel und kniff seine Augen zusammen, die nur stecknadelgroß waren. »Was ihr da einen verheerenden Sturm nennt, war nichts anderes als Katas Zorn.«

»Jedenfalls …«, fuhr Orfeus fort, »… hat dieser Sturm …«

»Schluss damit!«, rief ein dritter Vogel aus. »Hört auf das, was man euch sagt, und unterlasst es, von diesem Sturm zu sprechen, als wäre es nur ein einfaches Naturschauspiel! Kata ist leicht zu reizen, das solltet ihr euch merken! Ihr habt ihren Zorn erregt, indem ihr die Große Grenze überschritten habt. Gebt ihr keinen weiteren Anlass mehr, zornig zu werden!«

Finopico war näher gekommen. Die Haut unterhalb seines roten Haarschopfs war mittlerweile olivbraun.

»Von was redet ihr da eigentlich, ihr Unglücksvögel?«, brauste er auf. »Haut doch ab und kehrt dahin zurück, woher ihr gekommen seid, und lasst uns in Frieden unseres Weges ziehen. Wir wollen nach Hause.«

Die Wächtervögel drehten sich allesamt blitzschnell zu dem Koch um und richteten ihre kleinen Augen auf ihn.

»Er will nach Hause!«, rief einer der Vögel.

»Nach Hause!«

»Nach Hause!«

Die Vögel brachen in Gelächter aus und schlugen scheppernd ihre Flügel gegeneinander. Malva stellten sich die Nackenhaare auf.

»Wenn sich ein Schiff zu unseren Inseln verirrt«, erklärte einer der Vögel plötzlich in einem normalen Ton, »weiß niemand, was mit seiner Besatzung geschieht. Was bekannt war, existiert nicht mehr. Euer Zuhause gibt es nicht mehr.«

»Und nun«, nahm der Vogel, der zuerst gesprochen hatte, den Faden wieder auf, »bringen wir euch zu Kata. Sie wird euch alles erklären, was ihr wissen müsst.«

Er spreizte einen seiner Flügel und zeigte auf den Bug der Fabula.

»Abschleppen!«

Auf diesen Befehl erhob sich der Schwarm mit einem metallenen Getöse, umkreiste den großen gebrochenen Mast und ließ sich erneut nieder, diesmal auf dem Hinterdeck. Wie einstudiert, breiteten die Wächtervögel gleichzeitig ihre Flügel aus.

Mit den ersten Flügelschlägen wurde die Fabula nach vorne getrieben. Sie nahm Fahrt auf, teilte überraschend kraftvoll das türkisfarbene Wasser und legte bald an dem Land an, das Orfeus vorher gesichtet hatte. Einer der Wächtervögel rief: »Herzlich willkommen bei Kata, ihr Fremden!«

Der Vogelschwarm stob plötzlich in Richtung der skelettartigen Bäume davon, die die Insel bedeckten. Die Passagiere der Fabula blieben völlig verblüfft zurück.

Der Bug des Schiffes saß in dem grauen Sand fest, dessen Farbe einen starken Kontrast zu dem intensiven Blau des Wassers bildete. Die Insel war schmal, wüst und steinig. Die Pflanzen schienen starr, seit langem tot, als würden sie unter einer Ascheschicht liegen. Die Bäume hatten keine Blätter, die Büsche sahen aus wie Felsen, und es herrschte eine Totenstille an diesem Ort, an dem es offensichtlich weder Insekten noch sonstige Lebewesen gab. An Bord der Fabula waren alle entsetzt.

»Das ist ein Scherz«, sagte schließlich Finopico, »eine Halluzination, jemand spielt uns einen Streich …«

Er hatte noch nicht zu Ende gesprochen, als ein plötzlich aufkommender Wind in die Äste der nahe am Ufer stehenden Bäume fuhr. Gleich darauf legte er sich wieder.

»Kein Mensch hat je von einer Großen Grenze oder diesem albernen Inselmeer reden hören …«, fügte der Koch jetzt leiser hinzu.

Tief im Wald knackte irgendetwas, dann noch einmal oben auf den Hügeln. Es klang wie das Knacken von trockenem Holz, trostlos und laut.

»Kein Mensch hat …«

»Schweigt!«, unterbrach ihn Malva.

»Oh ja, bitte, bei der Heiligen Ruhe!«, flehten die Zwillinge. »Ihr werdet sonst noch den Zorn von Kat...«

»Meine Güte!«, grollte Finopico. »Das ist doch alles absurd! Diese Unglücksvögel haben sich über uns lustig gemacht, das ist doch glasklar!«

Die anderen waren nicht seiner Meinung. Die seltsamen Trompetenlaute, die Riesenstatuen mit den steinernen Augen, die Vögel mit den Menschenköpfen – alles deutete darauf hin, dass sie in einer Welt gefangen waren, in der andere Gesetze galten. Sogar Al machte ein zweifelndes ängstliches Gesicht.

»Jetzt aber halblang!«, brach es aus Finopico hervor. »Seid doch vernünftig! All das ist sicher nur eine Halluzination, weil wir so hungrig und so durstig sind!«

»Und wenn wir tatsächlich eine wie auch immer geartete Grenze überschritten haben?«, flüsterte Malva. »Und wenn diese Große Grenze wirklich existiert?«

Sie suchte in Orfeus' Augen nach einer Antwort auf ihre Fragen. Doch dieser schüttelte beunruhigt und unschlüssig den Kopf.

»Ich weiß es nicht, Eure Majestät.«

»Nun, da niemand etwas zu wissen scheint«, mischte sich Finopico wieder ein, »schlage ich vor, dass wir an Land gehen. Die Insel sieht zwar verlassen aus, aber vielleicht können wir wenigstens unsere Trinkwasserfässer auffüllen. Oder wir finden ein paar Beeren und Wurzeln zu essen.«

Die Schiffbrüchigen suchten angestrengt das graue und trostlose Ufer ab. Finopico rüttelte an Babilas' Arm.

»Wir müssen die Errabunda wieder herrichten … ich meine, die Fabula, wie auch immer. Bist du nicht gleicher Meinung?«

Der Riese nickte zustimmend.

»Na also!«, rief Finopico begeistert. »Los geht's, dann verlassen wir diesen Ort schnell wieder. Solange noch galnizisches Blut in unseren Adern fließt, sollten wir uns dessen würdig erweisen!«

Orfeus stieß einen Seufzer aus. Eigentlich hatte Finopico recht. Und nun, da er sich selbst zum Kapitän ernannt hatte, musste er eine Entscheidung treffen.

»Wir brauchen einen kleinen Steg«, begann er. »Feuerholz, Werkzeuge und …«

»Wie Ihr wisst, bin ich ein ausgezeichneter Angler«, unterbrach ihn Finopico und krempelte die Ärmel hoch. »Ich brauche nur eine Harpune zu basteln, dann tauche ich sofort nach etwas Brauchbarem und koche eine wunderbare Suppe. Bei der Heiligen Harmonie, in diesen klaren Gewässern müsste es von Fischen doch nur so wimmeln! Und im Moment sehe ich hier weit und breit keine Kata, die …«

Noch während er das sagte, ging ein Zittern durch Bäume und Felsen. Die Insel selbst schien ein animalisches Knurren auszustoßen, und eine raue Stimme drang an die Ohren der Schiffbrüchigen:

»Ihr habt es gewagt, meinen Namen auszusprechen …«

Malva zuckte zusammen und suchte Schutz bei Orfeus. Eine riesengroße Frau tauchte aus dem toten Wald auf. Sie trug eine weite schwarze Tunika und näherte sich langsam über den Strand. Ihre großen Gliedmaßen hinderten sie beinahe am Gehen: Beine und

Arme erinnerten an Baumstämme, sie waren dick, knorrig und faltig wie Baumrinde. Lediglich ihr glattes und leuchtendes Gesicht hatte noch menschliche Züge.

»Ich bin Kata«, verkündete sie, »die Hüterin des Inselmeers.«

Beim Sprechen drangen graue Rauchwolken aus ihrem Mund.

25 ✧ Das Gesetz des Inselmeers

Das Gesicht von Kata verschwand fast gänzlich im Rauch. Auf der Brücke des Schiffes kniffen die Schiffbrüchigen die Augen zusammen, um sie nicht aus dem Blick zu verlieren.

»Ihr habt der Zeremonie zugestimmt«, erklärte Kata. »Und Ihr habt meinen Namen ausgesprochen. Indem Ihr die Große Grenze überschritten habt, habt Ihr die Grenzen der Bekannten Welt hinter Euch gelassen. Ihr seid in das Inselmeer eingedrungen, und nun müsst Ihr Euch unseren Gesetzen unterwerfen. Hört mir genau zu, Fremdlinge! Von dem, was ich Euch jetzt sage, hängt Euer Leben ab!«

Galotcho und Pepe erbleichten. Sie schlossen die Augen und stöhnten. Kata sprach weiter. Ihre tiefe Stimme übertönte ihr Gejammer.

»Die Regeln, die ich Euch mitteilen werde, sind unumstößlich. Ich warne Euch: Bislang ist es keinem Reisenden gelungen, sie einzuhalten. Keinem! Noch habt Ihr die Wahl: Ihr könnt Eure Freiheit aufgeben und für immer als Gefangene im Inselmeer bleiben. Entscheidet Ihr Euch dafür, könnt Ihr die Reichtümer unseres Meeres und der Inseln nutzen. Wir verlangen nichts von Euch. Wenn Ihr aber das Inselmeer durchfahren wollt, um es wieder zu verlassen, müsst Ihr Euch unseren Gesetzen unterwerfen.«

Die Schiffbrüchigen schwiegen betroffen und sahen sich verständnislos an.

»Nun?«, fragte Kata ungeduldig. »Wie entscheidet Ihr Euch? Wollt Ihr für immer hier bleiben? Oder unternehmt Ihr den aussichtslosen Versuch, in Eure Welt zurückzukehren?«

Orfeus' Nacken wurde ganz steif, und er bekam feuchte Hände. Er räusperte sich verlegen und wagte zu fragen: »Was geschieht, wenn wir es nicht schaffen, unser Versprechen einzuhalten?«

»Dann werdet Ihr in das Verlies des Grauens geworfen«, antwortete Kata ungerührt. »Dieses äußerst grausame Schicksal droht Euch allen. Ihr könnt Euch allerdings immer noch entscheiden, Bewohner des Archipels zu werden. Es gibt hier unzählige Inseln. Zweifellos wird eine dabei sein, die Euch gefällt. Ihr hättet ein langes friedliches Leben vor Euch.«

»Aber wir könnten niemals wieder nach Hause zurückkehren, nicht wahr?«, hakte Orfeus nach.

»Richtig. Ich sage es noch einmal deutlich: Wenn nicht alle Mitglieder der Besatzung hinter der Entscheidung stehen, gilt sie als nicht gefällt.«

Nervös zupfte Malva Orfeus erneut am Ärmel.

»Ich werde nicht als Gefangene an diesem Ort bleiben«, flüsterte sie. »Unterwerfen wir uns eben ihren Regeln, wenn das die einzige Chance ist zu fliehen!«

Galotcho und Pepe waren aufgestanden. Sie näherten sich Orfeus auf wackeligen Beinen, während Babilas völlig entkräftet über der Reling hing.

»Ich bin Malvas Meinung«, sagte Lea bestimmt. »Ich kann mir nicht vorstellen, hier zu bleiben, so weit von Balmun entfernt.«

»Eure Entscheidung!«, forderte Kata.

Babilas richtete sich auf und bedeutete Orfeus, dass er seiner Entscheidung folgen würde. Finopico aber kam ihnen allen zuvor:

»Wir wollen nach Hause zurückkehren, du Höllengeburt!«, schleuderte er der Inselwächterin entgegen. »Wir sind hier zwar erst am Rand Eures trostlosen Archipels, und doch habe ich bereits mehr als genug gesehen! Wenn ich hier alle vier Tage Vögel mit menschlichen Köpfen zu Gesicht bekomme, wandere ich lieber in Euer Verlies!«

Die Zwillinge stießen einen Schrei aus. Katas Mund öffnete sich, und Rauchschwaden entwichen mit einem pfeifenden Geräusch. Die Besatzung der Fabula erstarrte.

»Eure Entscheidung ist also gefallen!«, schrie die Kreatur. »Hier ist unser Gesetz!«

Sie ließ sich von den Rauchschwaden einhüllen und zog dann ganz langsam aus den Falten ihrer Tunika ein Gefäß hervor.

»Das ist ein Nokros, ein Zeittöter. Behaltet ihn gut im Auge, denn er wird Euch bei der Durchquerung der Inselgruppe begleiten.«

Der Nokros sah aus wie eine große Sanduhr: Er bestand aus zwei gläsernen Behältern, die durch einen metallenen Hals miteinander verbunden waren. Darauf befand sich ein durchsichtiger Kolben, der mit einer roten Flüssigkeit gefüllt war.

»Dieser Kolben enthält eine tödliche Säure. Sie läuft Tropfen für Tropfen aus bis …«

Kata unterbrach sich und nestelte aus ihrer Tunika einen braunen Stein hervor, den sie den Versammelten zeigte.

»Ein Obsilix!«, rief Lea aus. »Das ist ein sehr seltener Stein. Ich glaube, es gibt ihn nur im Innern von Vulkanen.«

»Ja, es handelt sich um einen Obsilix«, antwortete Kata. »Er wird auch häufig ›Stein des Lebens‹ genannt. Er ist so hart, dass nicht einmal glühende Lava ihn zerstören könnte.«

Sie öffnete den Kolben, legte den Stein des Lebens hinein und ließ etwas von der roten Flüssigkeit auf den Stein tropfen. Augenblicklich zerfiel der Stein in zwei Hälften. Er rauchte, bildete Blasen und zerfiel vor den ungläubigen Blicken der Anwesenden zu Staub. Nach dieser Demonstration schloss Kata den Kolben wieder und erklärte:

»Ihr seid zu acht. Ich werde also acht Steine des Lebens in den oberen Teil des Nokros hineinlegen. Jeder Stein steht für ein Mitglied Eurer Mannschaft.«

Trotz der Rauchschwaden, die Kata umgaben, konnte Malva sehen, wie sie den zerbrechlichen Nokros bearbeitete. Ihre Bewegungen waren äußerst langsam, aber auch überraschend präzise in Anbetracht ihrer Körperfülle. Sie schraubte den Destillierkolben auf, legte die Steine des Lebens ohne Zögern in den Glasbehälter und schraubte ihn wieder zu.

»Seht her«, sagte sie schließlich und hielt die große Sanduhr empor. »Die acht Steine sind an ihrem Platz. Schon bald wird ein erster Tropfen der ätzenden Flüssigkeit auf den ersten Stein fallen. Das zerstörerische Werk nimmt seinen Lauf, und niemand kann es aufhalten, bis alle Steine zu Staub zerfallen sind. Der Staub wird in das untere Gefäß des Nokros rieseln. Wenn von den acht Steinen nichts mehr übrig ist, wird Eure Zeit abgelaufen sein.«

Die Besatzungsmitglieder der Fabula sahen sich hilflos an. Orfeus biss sich auf die Lippen, fragte dann aber doch: »Was geschieht mit uns, wenn dieser Fall eintritt?«

»Es gibt zwei Möglichkeiten«, antwortete Kata. »Entweder Ihr habt versagt, dann werdet Ihr in das Verlies des Grauens geworfen. Oder aber Ihr wart erfolgreich, dann könnt Ihr das Inselmeer verlassen. Aber ich sage es Euch noch einmal: Keiner hat es jemals geschafft, keine Mannschaft.«

»Aber … was denn geschafft?«, schrie Finopico. »Ich verstehe kein Wort!«

Kata näherte sich dem Schiff und fixierte den Koch mit ihren verschleierten Augen. Sobald sie den Mund öffnete, wurde Finopico von einer Rauchwolke umhüllt und musste husten.

»Reißt Euch zusammen, aufmüpfiger Galnizier!«, warnte Kata. »Ich kenne Euer aufbrausendes und ungezügeltes Temperament genau, denn ich weiß, was in Eurem Innern vorgeht. Ich kenne all Eure …«

»Ach was«, keuchte Finopico und wedelte den Rauch mit dem Arm weg. »Was müssen wir schaffen?«

»Genau darum geht es!« Die Wächterin des Inselmeers grinste. »Ihr müsst Euren tiefsten und verborgensten Sehnsüchten entsagen.«

Sie drehte den Kopf und sah nacheinander Orfeus, Malva, Lea und all den anderen tief in die Augen.

»Ich kenne Eure Geschichten! Ich kenne Eure Verletzungen! Ihr habt alle sehnsüchtige Träume, schreckliche Mängel, verzehrende Ambitionen! Nie seid Ihr ganz zufrieden mit Eurem Schicksal!«

Malva zitterte. Jedes einzelne Wort von Kata war wie ein Pfeil. Und jeder Pfeil erreichte sein Ziel. Die Wahrsagerin blieb vor Al stehen, der flach auf der Schiffsbrücke lag, die Schnauze zwischen den Pfoten.

»Auch Hunde haben Geheimnisse!«, rief Kata. »Hier im Inselmeer öffnet sich der große Spiegel der Seele, in dem sich alle Eure Sehnsüchte und Ängste, Eure Träume und schlimmsten Befürchtungen widerspiegeln. Dieser Spiegel weitet oder verengt sich, je nachdem, wer an ihm vorüberzieht. Er verändert stetig seine Form. Jeden Tag entstehen neue Inseln, oder es gehen welche unter. Selbst ich kann ihre genaue Anzahl nicht nennen. Sie sind mal bewohnbar, mal lebensfeindlich, mal hell erleuchtet, mal von Dunkelheit umhüllt, mal sind sie feucht und fruchtbar, mal verdorrt, mal sind sie verlassen und mal überbevölkert, aber auf jeder einzelnen ist ein geheimer Schatz verborgen.«

Während Kata sprach und Rauch ausstieß, wiegte sie ihre riesigen Arme hin und her, als folgte sie einer unhörbaren Melodie. Ihr Haar, das struppig und von Asche bedeckt von ihrem Kopf abstand, zitterte, wenn sie ihren Kopf bewegte. Sogar die Bäume auf den Hügeln wiegten und neigten sich im gleichen Rhythmus. Kata *war* die Insel.

»Genau das also verlangt das Inselgesetz«, fuhr sie fort. »Wenn Ihr das Inselmeer durchqueren wollt, müsst Ihr über Euch selbst hinauswachsen! Unsere Meere zu bereisen, bedeutet, mit Euch selbst konfrontiert zu werden und gegen Eure ureigensten Dämonen anzukämpfen. Wenn Ihr Euch den Prüfungen, die Euch abverlangt werden, verweigert, seid Ihr verloren. Dann erwartet Euch das Verlies des Grauens.«

Sie näherte sich Orfeus und streckte ihm mit ihren riesigen unförmigen Armen den Nokros entgegen.

»Kapitän, Euch vertraue ich den Zeittöter an. Zwei Tage dauert es, bis die Säure einen Stein des Lebens zerstört hat. Ihr seid verantwortlich für den Nokros für die gesamte Dauer von sechzehn Tagen, die Euch gewährt wird. Wenn einer Eurer Mitstreiter oder Ihr selbst versuchen solltet, den Prozess zu stören, werdet Ihr umgehend bestraft. Seid also vorsichtig mit dem Gefäß.«

Orfeus trat der Schweiß auf die Stirn. Er nahm den Nokros mit feuchten Händen an sich, setzte ihn, ohne die ätzende Flüssigkeit aus den Augen zu lassen, auf der Schiffsbrücke ab und lehnte ihn gegen den Mast. Währenddessen wandte sich Kata der Prinzessin zu und sah ihr eindringlich in die Augen. Dabei stieß sie ein paar Rauchringe aus.

»Vor allem Euch muss ich auf eine Gefahr hinweisen, junge Prinzessin. Ein weiteres Schiff hat gerade am Inselmeer angelegt. Ihr habt die Trompetenklänge sicher auch zweimal vernommen: Sie ertönen immer, wenn ein Schiff die Grenzen zum Inselmeer überquert. Der zweite Besucher befindet sich an Bord eines zispasischen Schiffes, aber er spricht Eure Sprache. Er hat die gleiche Wahl getroffen wie Ihr, er zieht es ebenso vor, in das Verlies des Grauens geworfen zu werden, als ein Gefangener des Inselmeers zu werden. Ich habe seine Seele durchleuchtet. Da ist nichts als Hass. Und dieser Hass ist gegen Euch gerichtet.«

Malva erschauderte. Sie wurde kreideweiß.

»Arkus … Arkus ist hier?«

Kata wiegte ihren baumstammähnlichen Körper zustimmend vor und zurück.

»Das ist unmöglich!«, schrie Galotcho. »Wir haben ihn doch im Harem Temir-Gais eingesperrt!«

»Und die Tür zu dem kleinen Raum fest zugesperrt!«, bestätigte Pepe. »Der Brand hat schnell um sich gegriffen! Wie hätte er da …«

»Ich weiß über alles Bescheid, was sich in meinem Inselmeer zuträgt«, unterbrach ihn Kata, »was an anderen Orten geschieht, interessiert mich nicht.«

Sie entfernte sich mit langsamen Schritten.

»Nun werde ich mich zurückziehen und befehle Euch, diese Gewässer zu verlassen. Die tödliche Säure hat ihr Werk begonnen. Seht her!«

Im Nokros rauchte bereits der erste Stein. Bläschen bildeten sich an seiner Oberfläche.

»Verliert keine Zeit!«, riet Kata. »Sechzehn Tage! Vergesst das nicht. So ist unser Gesetz!«

Als sie das gesagt hatte, wandte sie sich ab und ging auf den Wald zu.

»Bitte, geht noch nicht!«, rief ihr Malva hinterher und krallte sich mit aller Kraft an der Reling fest. »Wir haben noch Fragen!«

Kata ließ sich nicht erweichen und schritt weiter. Ihre Stimme war schon kaum mehr zu vernehmen.

»So viele Inseln, wie Ihr es Euch nur wünschen könnt, Fremdlinge, so viele verborgene Schätze, die es zu heben gilt. Achtet vor allem auf Euch selbst! Vielleicht findet Ihr dann die Tore des Inselmeers!«

Dann machte sie eine letzte Bewegung mit ihren Riesenarmen. »Und nun geht!«

Ihre raue Stimme brach hart ab. Vollkommene Stille senkte sich über die Insel.

Dann ging alles ganz schnell: Kleine Wellen erfassten die Fabula, sie trieben das Schiff hinaus ins offene Meer. Innerhalb kürzester Zeit und zur größten Überraschung der Besatzung war die Fabula schon weit entfernt von Katas Insel, deren Konturen nur noch undeutlich am Horizont zu erkennen waren und schließlich ganz verschwanden. Die Bäume, die Felsen, alles war wie vom Erdboden verschluckt.

Benommen scharten sich die Mitglieder der Mannschaft um das Zeittötergefäß. Ein zweiter Tropfen des zerstörerischen Gifts glänzte am oberen Rand des Destillierkolbens.

»Was bedeutet das alles?«, stieß Finopico hervor. »Ich habe kein einziges Wort dieser Rauchschwadenrede verstanden! Ein Spiegel, Inseln, die auftauchen und wieder verschwinden! Verborgene Schätze! Ich will gern anfangen, alles zu durchwühlen … aber wo? Weit und breit kein Land in Sicht!«

»Kata hat in Rätseln gesprochen«, mischte sich Lea ein. »Es gibt keine echten Schätze, denke ich. Sie meinte die versteckten Schätze in unserem Innern.«

Die Zwillinge knieten sich vor den Nokros.

»Kapitän, was sollen wir denn jetzt tun?«

»Wir wollen nicht sterben«, sagte Pepe. »Wir sind doch noch so jung.«

Sie sahen Orfeus voller Angst an.

»Wir wollen nicht in das Verlies des Grauens geworfen werden!«, klagten sie einstimmig.

Orfeus seufzte. Er war verzweifelt. Kata stellte sie vor eine harte Prüfung, aber er hatte nicht die geringste Ahnung, was auf sie zukommen würde. Nur eines war klar: Die Fabula musste dringend repariert werden, und seine Mannschaft lief Gefahr, zu verhungern und zu verdursten.

In diesem Augenblick fiel der Tropfen der ätzenden Säure im Nokros auf den Stein des Lebens, und es bildete sich ein kleiner rauchender Krater. Alle zuckten zusammen.

»Wir sollten uns eine Insel suchen, um unsere Vorräte aufzufrischen«, sagte Orfeus finster. »Das scheint mir im Moment das Wichtigste.«

26 ✧ Freuden und Qualen

Die Sonne hatte bereits den Zenit erreicht und schien sich nicht mehr bewegen zu wollen. Sie stand hoch am Himmel über der Fabula, wie eine von unsichtbaren Göttern befestigte Lampe. Lange wusste keiner, was er sagen, tun oder denken sollte. Alle spürten das schwere Gewicht des Schicksals auf ihren Schultern, während der Nokros unerbittlich die Sekunden, die Minuten und die Stunden herunterzählte …

Die Fabula folgte brav der Strömung. Niemand kümmerte sich darum, sie in eine bestimmte Richtung zu lenken. Und welche sollte das auch sein? Ohne Landkarte, ohne Kompass inmitten eines sich ständig verändernden Inselmeers hätte sich kein noch so erfahrener Seemann zurechtgefunden.

Das Schiff schaukelte wie dem Zufall überlassen durch das Wasser, angetrieben von den Launen des seltsamen Meeres, dessen Oberfläche bald von einer dichten klebrigen Algenschicht bedeckt war. Die Fabula wurde langsamer. Die Algen hingen am Bug wie Blutegel, sie verfingen sich in den Seilen und Tauen, die am Heck des Schiffes mitgeschleift wurden. Schließlich kam die Fabula zum Stehen, inmitten einer dicken grünen Schicht, so weit das Auge reichte.

Es wurde immer heißer. Ein widerlicher Gestank breitete sich aus.

»Was ist los?«, fragte Finopico, über die Reling gebeugt. »Man könnte meinen, das Meer ist am Verwesen …«

Orfeus erschauderte. Er spürte einen bitteren Geschmack im Mund. Er hatte Durst und Angst zugleich. Um ihn herum sah er nicht mehr das Meer, sondern eine mächtige meergrüne Schlammbrühe, die Entsetzen bei ihm auslöste.

»Kapitän …«, stöhnte Galotcho, »ich habe Hunger! Ich habe Durst!«

»Tut doch irgendwas!«, platzte Pepe heraus.

Orfeus drehte sich ganz langsam um, als wären sein Geist und sein Körper ebenfalls von den Algen umschlossen.

Die Zwillinge lagen ausgestreckt auf der Schiffsbrücke in der Nähe des alten Bernhardiners, der vor Schmerzen keuchte. Malva und Lea saßen auf einer Kiste, ließen die Köpfe hängen und starrten ins Leere. Nur Finopico und Babilas hielten sich noch aufrecht. Sie lehnten gegeneinander, hatten die Augen niedergeschlagen und die Hände in die Segel verkrallt. Orfeus leckte sich über die sonnen- und salzverbrannten Lippen. Er rief sich den Tag seiner Abfahrt in Erinnerung, als er stolz und voller Ungeduld zugesehen hatte, wie die Küste seines Landes sich entfernte: Hatte er sich nicht geschworen, die verlorene Ehre der Mac Botts wiederherzustellen? Hatte er nicht Hunderte von edelmütigen und abenteuerlichen Versprechungen gemacht?

»Und nun?«, murmelte er.

Immer wieder durchzuckte ein Schmerz seinen Kopf. Er griff sich mit zitternder Hand an die Stirn. Das Gesicht seines Vaters auf dem

Sterbebett stand ihm vor Augen, und er musste an die Verletzungen denken, die ihm als Kind zugefügt worden waren. Waren sie nicht dabei, sich zu wiederholen?

»Nein!«, schrie er laut auf.

Seine Freunde zuckten zusammen. Sie sahen mit ihren müden und trüben Augen zu ihm hinüber. Orfeus wurde klar, dass sie sich von der Fäulnis der Umgebung hatten anstecken lassen. Sie waren bereit zu sterben. Ihn erfasste Panik.

»Babilas!«, schrie er und ging auf den Riesen zu, der in den Segeln hing. »Steh auf! Los! Wir müssen hier weg! Ich brauche dich und deine Kraft!«

Als der Riese keinerlei Reaktion zeigte, schüttelte Orfeus Finopico. Der Koch schwankte und fiel dann wie eine willenlose Marionette in sich zusammen. In seinen Augen spiegelte sich nur der düstere Himmel wider.

»He!«, rüttelte ihn Orfeus, indem er mit seinem Gesicht Finopico ganz nahe kam. »Du hast versprochen, Fische zu fangen, Koch! Du bist für die Verpflegung der Mannschaft verantwortlich! Spring hinein! Spring und bring uns etwas zu essen!«

Finopico antwortete nicht. Seine Brust hob und senkte sich im Rhythmus seines Atems, aber all seine Kräfte hatten ihn verlassen.

»Prinzessin!«, rief Orfeus.

Er ließ ab von Finopico und lief zu Malva. Sie saß immer noch auf der Kiste. Ihr Blick war leer, und sie lehnte sich gegen Lea. Orfeus kniete sich vor sie und nahm ihre Hände in die Seinen. Sie waren kalt wie die einer Toten.

»Prinzessin, sprecht mit mir! Sagt wenigstens ein Wort! Ein einziges, bei der Heiligen Ruhe!«

Zu seinem großen Entsetzen kam kein einziger Laut über die Lippen der jungen Frau. Lea dagegen war in einen tiefen Schlaf gesunken. Orfeus konnte machen, was er wollte, sie anflehen, sie schütteln, nichts half. Er ging weiter zu den Zwillingen. Er zog sie an sich, rief ihre Namen, drohte ihnen, streichelte sie, ohne Erfolg. Auch sie waren von einer seltsamen Ermattung erfasst worden, die ihnen jeden Überlebenswillen genommen hatte.

»Wir werden hier nicht sterben …«, murmelte Orfeus und warf einen besorgten Blick zum Nokros.

Er war entsetzt über die Vorgänge an Bord. Seine Kehle war wie zugeschnürt, sein Herz machte Sprünge in seiner Brust wie ein gefangenes Tier. Er drehte sich zu Al um und strich über das dichte Fell auf seinem Kopf. Die beiden Augen des Bernhardiners leuchteten.

»Al? Hörst du mich?«

Der Hund sah ihn direkt an.

»Du hörst mich!«, rief Orfeus erleichtert aus. »Du lebst, du verrückter Köter!«

Er umarmte ihn zärtlich, Tränen stiegen ihm in die Augen.

»Spürst du den nahenden Tod, Al?«, fragte er das Tier. »Wir müssen ihn verjagen, verstehst du? Ich werde meinen Posten nicht verlassen! Ich werde nicht an solch einem Ort sterben!«

Orfeus sprang auf und rannte nach vorne zum Bug. Seine Angst hatte sich plötzlich in Aufbegehren verwandelt. Er hängte sich in die Seile und schrie zum Himmel:

»Bei allen Göttern der Bekannten und Unbekannten Welt! Ich lebe, und ich kämpfe um mein Leben! Dieses Schiff fährt! Und ich bin sein Kapitän. Ich schwöre, dass es mich genau dahin bringen wird, wo ich es hinlenken werde. Ich werde meinen Schwur nicht brechen!«

Er holte Luft. Der Himmel sah genauso aus wie vorher, aber Orfeus spürte das Blut wieder in seinen Adern pochen. Er griff nach einem Stück Holz, das der Sturm abgerissen hatte, und schleuderte es mit aller Kraft in das Algenmeer.

»Weg mit euch, ihr Todesboten! Lasst uns unseren Weg fortsetzen!«

Er warf unter Flüchen weitere Wrackteile in das trübe Wasser. Schweißtropfen bildeten sich an seinen Schläfen. Er geriet außer Atem, seine Stimme wurde heiser, doch seine Wut ließ nicht nach.

»Gebt mir Wasser! Wasser!«, verlangte er wie in einem Fieberanfall. »Etwas zu trinken für unsere trockenen Kehlen! Etwas zu essen für unsere leeren Mägen! Wind für unsere schlaffen Segel! Hoffnung für unsere mutlosen Herzen!«

Er brach ab, öffnete den Mund und musste heftig niesen. Er spürte einen frischen Windhauch im Gesicht.

Die Schnauze nach oben gereckt, bellte Al zwei-, dreimal. Der Wind erfasste nun die verschmutzte Wasseroberfläche. Hier und da zeigten sich Wellen, die die dichte Algendecke durchbrachen. Azurblaue Löcher waren zu sehen, und die Fabula begann, sich leicht zu bewegen.

»He!«, schrie Orfeus. »Seht euch das an!«

Die anderen bewegten sich nicht. Plötzlich teilte sich die Algenschicht, riss auf und löste sich, so dass sich vor dem Bug des Schiffes ein Weg aufzeigte.

»Wir fahren!«, rief Orfeus begeistert.

Eine unsichtbare Kraft trieb die Fabula voran. Hoch in den Seilen folgte Orfeus mit seinen Augen der blauen Linie zwischen den Algen. Kurz darauf sah er die Umrisse einer neuen Insel am Horizont auftauchen.

»Land in Sicht! Wir sind gerettet!«

Bäume, Blumen, Felsen und ein Wasserfall, der über den begrünten Vorsprung eines Hügels herabfiel, waren zu sehen. Al begann zu bellen, als die Insel immer näher rückte, doch die anderen Passagiere zeigten nach wie vor keine Regung.

Kurz darauf befand sich die Fabula in den ruhigen Gewässern einer großen Bucht. Voller Hoffnung warf Orfeus Anker.

»Wartet hier auf mich!«, rief er den anderen zu. »Ich komme gleich wieder.«

Er tauchte unter den Algen hindurch und schwamm mit voller Kraft bis zum Strand, dem Schiff voraus, das langsam durch die Untiefen folgte. Ein Baum mit einem mächtigen Stamm wuchs direkt am Wasser. Sorgfältig schlang Orfeus das Ankertau um den riesigen Stamm.

Die Insel war im Gegensatz zu der, auf der Kata lebte, voller Leben. Insekten, Vögel (diesmal ohne menschliche Köpfe!), Früchte und Sandbuchten: Hier gab es alles, um Hunger und Durst zu stillen!

Orfeus lief über den Strand in Richtung Wald. Als er um einen großen Felsen gebogen war, erstarrte er und unterdrückte einen lauten Schrei. Auf einem Baumstumpf saß ein Mann und sah ihn an.

»Verzeiht«, entschuldigte sich Orfeus, »ich …«

Der Mann war wesentlich älter als er. Sein Gesicht war übersät von Altersflecken, und sein weißes Haar reichte ihm bis zu den Schultern. In seiner linken Hand hielt er ein kleines Messer und zwischen seinen Knien ein Schilfrohr.

»Ich bitte um Verzeihung«, wiederholte Orfeus. »Ich … wir brauchen Wasser und etwas zu essen. Meine Begleiter …«

Er zeigte auf sein Schiff, ohne seinen Satz zu beenden.

»Nehmt, was Euch gefällt«, antwortete der Mann in perfektem Galnizisch. »Diese Insel gehört allen und keinem. Sie bringt Reichtümer hervor, mit denen ich nichts anzufangen weiß. Habt Ihr ein Messer?«

Orfeus zeigte auf das Messer, das in seinem Gürtel steckte.

»Ihr könnt also Früchte und Wurzeln abschneiden«, lächelte der alte Mann. »Bedient Euch ruhig.«

Dann senkte er den Kopf und schnitzte weiter an seinem Schilfrohr. Orfeus war verwirrt. Er zögerte einen Moment, denn er wusste nicht, welche Richtung er nehmen sollte.

»Wasser«, fügte der Mann hinzu, »gibt es in dem kleinen Fass dort hinten, im Schatten des Orangenbaums. Ich gebe es Euch gern.«

Orfeus nickte ihm dankbar zu. Er verschob seine vielen Fragen auf später und ging zu dem Baum mit den herabhängenden dornigen Ästen. Das Fass enthielt sauberes frisches Wasser. Eine Schöpfkelle aus Holz hing daneben. Orfeus füllte die Kelle, nahm einen tiefen Schluck und spürte augenblicklich, wie alle Erschöpfung von ihm abfiel. Er zögerte nun nicht mehr, sondern kehrte mit dem Fass zur Fabula zurück. Nur mit Hilfe eines Armes stieg er über die Strickleiter an Bord. Als er die Schiffsbrücke erklommen hatte, lief er zuerst zu Malva.

»Trinkt, Prinzessin …«, murmelte er und flößte ihr mit der Kelle etwas Wasser ein.

Sie trank zuerst zögerlich, dann gierig das Wasser. Schließlich öffnete sie die dunklen Augen. Sie blickte Orfeus an und erkannte ihn wieder. Er lächelte: »Und bald bringe ich Euch auch etwas zu essen.«

Er lief weiter zu Lea, zu den Zwillingen, zu Babilas und Finopico und füllte zum Schluss auch Wasser in ein Gefäß für Al. Jedes Mal vollzog sich das gleiche Wunder: Das Wasser schien alle, die es tranken, wieder zu beleben.

Erleichtert kehrte Orfeus an Land zurück und lief zu dem alten Mann, um sich zu bedanken.

»Den Wolken müsst Ihr danken«, sagte der Mann, ohne seine Arbeit zu unterbrechen. »Jede Nacht gibt es hier Regen.«

Er räusperte sich.

»Unter der Palme findet Ihr einen großen Korb, um Früchte zu sammeln. Ich borge ihn Euch.«

Orfeus dankte ihm erneut, brachte das kleine Fass unter den Orangenbaum zurück, nahm sich den Korb und ging auf die Waldgrenze zu. Bäume aller Art und von jeder Größe ächzten unter der Last ihrer Früchte. Orfeus sammelte innerhalb kürzester Zeit einen ganzen Korb voll. Im Vorbeigehen biss er in einen Apfel. Das saftige Fruchtfleisch schmeckte ihm sehr. Er beeilte sich, mit seinen Errungenschaften wieder an Bord der Fabula zu kommen, und verteilte die Früchte an seine Freunde. Und schon bekamen alle wieder rosige Wangen.

»Köstlich!«, seufzte Galotcho.

»Danke, Kapitän«, sagte Pepe.

Malva lächelte.

»Wenn ihr wieder bei Kräften seid«, sagte Orfeus zu ihnen, »kommt ihr mit mir an Land. Es gibt noch viel mehr Obst dort.«

Und schon war er wieder über den Bug der Fabula verschwunden. Der alte Mann hatte seine Neugierde geweckt. Er fragte, ob er mit ihm sprechen könne, wie sein Name sei und was er auf dieser Insel mache.

»Mein Name ist Jahalod-Rin«, antwortete der Mann. »Ich lebe schon seit so vielen Jahren auf dieser Insel, dass ich nicht genau sagen kann, wie viele es genau sind. Ich stelle Flöten her.«

»Ihr seid also Musiker?«, fragte Orfeus.

»Nein, ich bin Flötenbauer, das ist alles.«

»Ihr spielt gar nicht?«

»Nein, nie.«

Orfeus zog die Augenbrauen hoch.

»Für wen sind dann die Flöten gedacht, wenn Ihr gar nicht spielt?«

Jahalod-Rin kniff die Augen zusammen. Ein Lächeln umspielte seine feinen Lippen.

»Flöten zu schnitzen, ist nicht weniger verrückt, als einen Ausgang aus dem Inselmeer finden zu wollen.«

»Woher wisst Ihr, dass wir das Inselmeer wieder verlassen wollen?«

»Ihr seid wie all die anderen!«, stieß der alte Mann hervor. »Ihr dringt hier mit lautem Getöse ein, bringt die Alarmsirenen zum Heulen, scheucht die Wächtervögel auf und habt dann nichts weiter im Sinn als das eine: wieder hier wegzukommen! Ich habe mich in mein Schicksal gefügt und nutze meine Zeit anderweitig. Diese Insel ist durchzogen von Bächen und Flüssen, das Schilfrohr wächst hier wie nirgendwo sonst: Also stelle ich Flöten her!«

Orfeus sah Jahalod-Rin erstaunt an.

»Ihr wolltet nicht ...«, begann er.

»Nein!« Jahalod-Rin lächelte, denn er wusste, was Orfeus fragen wollte. »Warum immerzu im Kreis umherirren in diesem Insellabyrinth und dann auch noch riskieren, in das Verlies des Grauens geworfen zu werden? Hier geht es mir gut. Ich erwarte nichts mehr vom Leben, aber ich bin wenigstens nicht unglücklich.«

Orfeus setzte sich dem alten Mann gegenüber in den Sand. Er zog seine Offiziersjacke aus und wischte sich den Schweiß von der Stirn. Einen Moment lang schwieg er und überließ sich der Ruhe der Insel. Das entfernte Rauschen des Wasserfalls genügte, um ihn zu beruhigen und zu erfrischen. Jahalod-Rin hatte sich wieder voller Hingabe seiner Arbeit gewidmet.

»Kata hat uns allerdings gesagt, dass es eine Möglichkeit gibt, das Inselmeer zu verlassen ...«, seufzte Orfeus.

»Daran glaube ich schon lange nicht mehr«, sagte der Alte. »Diejenigen, die es versucht haben, sind meines Wissens nach alle umgekommen.«

»Habt Ihr sie gesehen?«, fragte Orfeus vorsichtig. »Ich meine … habt Ihr das Verlies des Grauens gesehen?«

Jahalod zuckte mit den Schultern.

»Natürlich nicht! Nur die, die hineingeworfen wurden, wissen, wie es dort aussieht. So, jetzt ist die Flöte fertig.«

Stolz hielt er die Flöte hoch. Als Orfeus anerkennend mit dem Kopf nickte, streckte er sie ihm entgegen.

»Ich schenke sie Euch«, sagte er. »So werdet Ihr auch nach Eurer Abreise noch an mich denken.«

Orfeus, der es eigentlich nicht gewohnt war, etwas geschenkt zu bekommen, nahm die Flöte freudig an sich. Alles schien so einfach zu sein neben diesem weisen Mann!

»Das soll nicht heißen, dass ich Euch von hier verjage«, setzte Jahalod hinzu. »Ihr seid hier herzlich willkommen. Bleibt so lange, Ihr wollt. Ihr leistet mir Gesellschaft. Das bringt mir ein wenig Abwechslung. Ich habe schon seit Urzeiten keinen Besuch mehr gehabt.«

Orfeus war so geistesgegenwärtig, ihn nach Arkus zu fragen: »Hier ist also kein Mann an Bord eines zispasischen Schiffes vorbeigekommen? Ein Mann mit einer Glatze und reich bestickten Kleidern?«

Als Jahalod-Rin sein langes weißes Haar schüttelte, war Orfeus wohler zumute. Falls es stimmte, was Kata gesagt hatte, nämlich dass ihnen Arkus in das Inselmeer gefolgt war, hielt er sich zumindest nicht in ihrer Nähe auf. Orfeus legte gedankenverloren die Flöte an seine Lippen und blies hinein. Ein reiner Ton erklang, und Jahalod lächelte.

»Ihr versteht es, sie zu spielen!«, rief er.

»Eigentlich nicht«, gestand Orfeus, »aber es dürfte nicht allzu schwer zu erlernen sein.«

»Blast noch einmal hinein! Bitte!«

Orfeus tat es. Er legte seine Finger auf die Löcher und es gelang ihm, eine kleine Melodie zu spielen, was den alten Mann sichtlich erfreute.

»Die Musik ... Sie ist ein Trost für mich. Ich bin jetzt schon traurig, wenn ich daran denke, dass Ihr mich wieder verlassen werdet.«

Sofort fühlte Orfeus einen Stich im Herz. Dieser alte Mann war so allein und so gütig. Er wollte ihm helfen, ihm Freude bereiten.

»Wir werden Euch nicht sofort wieder verlassen«, versicherte er ihm eifrig. »Wir brauchen einige Zeit, um uns auszuruhen und unser Schiff wieder auf Vordermann zu bringen. Wenn Ihr nichts dagegen habt, würden wir heute Nacht an Land schlafen ...«

Das Gesicht des alten Mannes hellte sich sichtlich auf. Er zeigte auf ein selbstgezimmertes Holzdach neben dem Orangenbaum.

»Der nächtliche Regen ist hier sehr heftig. Sucht Schutz unter dem Dach.«

Orfeus mochte weder Nässe noch Zugluft und war deshalb froh über die Freundlichkeit des Mannes.

Er lief zurück zur Fabula und berichtete seinen Begleitern von Jahalod. Er zeigte ihnen auch das Holzdach.

»Wir bleiben nicht lange«, sagte er mit einem Blick auf den Nokros. »Auf dieser Insel gibt es jedoch Köstlichkeiten, die wir uns nicht entgehen lassen sollten.«

27 ✧ Die Flöten der Zwietracht

Und so kam es, dass die Mannschaft der Fabula neue Kräfte sammeln konnte. Im Unterholz der Insel fand Lea die nötigen Pflanzen und Insekten, die sie für ihre Medizin brauchte. Sie braute daraus Salben und Arzneisäfte, mit denen sie die gebrochene Hand von Babilas behandelte. Der Riese konnte bald wieder auf seine unvergleichliche Art alles tragen, hochheben, zerteilen und ausgraben. Er war so fleißig, dass schon bald die Löcher im Bug des Schiffes gestopft, die Brücke gesäubert und die Masten ausgetauscht waren.

Nachdem Orfeus von Jahalod-Rin die Erlaubnis eingeholt hatte, die im Sturm ertrunkenen Seeleute zu beerdigen, hob er währenddessen mit Hilfe der Zwillinge und Finopicos bei den Wasserfällen Gräber aus.

»Mögen die Heilige Ruhe und die Heilige Harmonie sie für immer beschützen«, sagte er, als alle Toten begraben waren.

Er wischte sich den Schweiß von der Stirn und blickte über die Bäume hinweg zum Himmel.

»Dies hier ist ein bezaubernder Ort«, sagte er verzückt. »Und Jahalod-Rin ist ein bemerkenswerter Mann. Ihr seid doch meiner Meinung?«

»Ich finde ihn ein bisschen seltsam«, antwortete Galotcho. »Aber er ist nett.«

»Er ist sehr viel mehr als nett!«, bekräftigte Orfeus. »Dieser alte Mann ist … eine Wohltat.«

In der letzten Zeit hatte Orfeus so viele Männer erlebt, die sich als betrügerisch und unehrlich offenbart hatten: seinen eigenen Vater natürlich, aber auch Arkus und den Kapitän der Errabunda. Jahalod-Rin dagegen war von Grund auf gut und rechtschaffen. In seiner Gegenwart fasste Orfeus wieder Vertrauen zu den Menschen. Diesmal hatte er das Gefühl, ein gutes Vorbild gefunden zu haben.

»Jahalod ist äußerst klug!«, wiederholte Orfeus immer wieder, während sie zum Strand zurückgingen. »Nur weil er den ganzen Tag Flöten aus Schilfrohr schnitzt, kann man ihn nicht als seltsam bezeichnen. Er ist ein Künstler. Seine Fingerfertigkeit ist für sein Alter erstaunlich.«

Er nahm die Flöte, die der alte Mann ihm geschenkt hatte und spielte ein paar Töne. Als sie bei der Fabula angekommen waren, setzte er sich in den Sand und spielte weiter Flöte, während Babilas und Malva sich daran machten, die Löcher in den Segeln zu flicken. Die Prinzessin blickte von ihrer Arbeit auf und beobachtete Orfeus heimlich eine Weile.

»Ihr solltet lieber daran denken, die Schiffsinstrumente zu reparieren, Kapitän«, schlug sie vor.

Orfeus unterbrach das Musizieren für einen Augenblick.

»Später! Es eilt ja nicht.«

Malva drehte sich zum Nokros um. Der erste Lebensstein hatte sich schon halb aufgelöst. Wie konnte Orfeus mit einem Mal so sorglos sein? Sie sah zum Strand hinunter. Dort saß der alte Jahalod auf einem Felsen und bearbeitete Schilfrohr. Er machte ein ernstes Gesicht, doch irgendetwas in seinen Zügen beunruhigte Malva. Sein Anblick machte sie misstrauisch. Sie konnte einfach nicht verstehen, wie er sich dafür hatte entscheiden können, im Inselmeer zu bleiben.

»Seine Zeit damit zu verbringen, Flöten zu schnitzen«, murmelte Malva, »das ist doch völlig verrückt! Einfach dazusitzen und immer das Gleiche zu tun, wozu soll das denn gut sein?«

Die folgenden zwei Tage vergingen wie im Flug. Galotcho und Pepe, die es gewohnt waren, Ratten und streunenden Katzen in den Straßen von Galnizien hinterherzujagen, erbeuteten verschiedene Wildtiere. Kleine Nagetiere, Vögel und auch Beutelbären mit langen Schwänzen. Finopico füllte die Vorräte der Fabula wieder auf, fertigte aus dem im Wald wachsenden Bambus eine Angelausrüstung und kochte alle möglichen feinen Gerichte, die die Schiffbrüchigen mit dem alten Jahalod teilten.

Am zweiten Abend entfachte Orfeus ein großes Feuer am Strand. Als sich alle im Sand niedergelassen hatten, nahm er sein Glas Mangosaft und brachte einen Trinkspruch auf Jahalod-Rin aus: »Auf die Gesundheit unseres Gastgebers!«, rief er mit leuchtenden Augen. »Auf seine Klugheit und seine Freundlichkeit! Ohne ihn wären wir allesamt verhungert und verdurstet!«

Die anderen nickten bedeutungsschwer, denn sie erinnerten sich an den elendigen Zustand, in dem sie am Ufer der Insel gestrandet waren. Lediglich Malva wollte nicht auf Jahalods Wohl anstoßen. Sie zog ihre Knie heran und machte ein beleidigtes Gesicht. Während seine Freunde mit großem Appetit aßen, nahm Orfeus seine Schilfrohrflöte zur Hand. Er spielte lange Zeit, und der alte Mann lauschte ihm verzückt.

»Ihr seid erstaunlich begabt!«, rief er. »Noch nie habe ich so wunderbare Melodien vernommen!«

Die anderen sahen sich erstaunt an. Für einen Anfänger spielte Orfeus natürlich nicht schlecht, aber derartige Komplimente waren doch etwas übertrieben.

»Wir sind auch begabt!«, verkündeten die Zwillinge einstimmig.

Sie standen auf und boten an, ein paar galnizische Lieder zum Besten zu geben. Doch kaum hatten sie die ersten Töne angestimmt, begann Jahalod zu husten.

»Verzeiht mir«, sagte er zu ihnen, als er wieder bei Atem war, »aber mir ist der Klang der Flöte sehr viel lieber.«

»Das kann schon sein, aber Orfeus kommt ja nicht mal zum Essen!«, bemerkte Galotcho ein wenig verärgert. »Wir wollen ihm lediglich die Chance geben …«

»Ich habe keinen Hunger«, versicherte Orfeus. »Esst ruhig weiter, bitte! Ich werde euch noch ein wenig vorspielen.«

Pepe und Galotcho verzichteten auf ihr Lied und warfen Malva einen enttäuschten Blick zu. Malva kochte innerlich. Die Flötenmusik ging ihr auf die Nerven, aber sie wagte nicht, etwas zu sagen. Jahalod-Rin verdrückte das gegrillte Wild, die Früchte und den von Finopico gefangenen Fisch und wiegte seinen Kopf im Rhythmus der Musik. Er strahlte.

»Wenn ich einen Sohn hätte«, sagte er plötzlich, »er müsste so sein wie Ihr!«

Sofort hörte Orfeus auf zu spielen. Mit einem Mal war seine Kehle wie zugeschnürt.

»Ich hatte einen Vater«, murmelte er und legte das Instrument auf seinen Knien ab. »Er ist tot. Ich habe ihn vor ein paar Monaten beerdigt, in Galnizien. Ich habe mir so sehr gewünscht, er wäre …«

Er zögerte, während sich sein Blick in der Ferne verlor. Al jaulte kurz auf, als er sich die Schnauze an einem glühenden Stück Kohle verbrannte. Orfeus zuckte zusammen.

»Ihr wolltet von Eurem Vater erzählen«, erinnerte ihn Jahalod sanft.

»Ja, mein Vater«, murmelte Orfeus. »Er war leider kein so … aufrichtiger und zuverlässiger Mann wie Ihr.«

Er setzte die Flöte an, schüttelte den Kopf, als ob er sich von seinen Gedanken befreien wollte, und fuhr mit dem Flötenspiel fort. Malva fröstelte.

»Genug!«, rief sie. »Ich würde gern in Ruhe essen.«

Jahalod und Orfeus drehten sich gleichzeitig zu ihr um und sahen sie verdutzt an.

»Niemand hindert Euch, Euch zu entfernen«, sagte der alte Mann barsch. »Wenn Ihr mit dieser Schönheit nichts anfangen könnt …«

»Diese Flöte tut mir in den Ohren weh!«, beschwerte sich Malva. »Ich habe in meinem Leben schon weitaus schönere Melodien gehört, wenn Ihr es genau wissen wollt.«

Wütend warf sie eine Handvoll Sand ins Feuer. Ihre Hände zitterten.

»Ich habe das Lamento eines Seemanns aus Lombardien gehört, die abendlichen Stimmen der baigurischen Frauen in der Asisischen Steppe und die Gesänge der Eununchen von Temir-Gai! Und auch die Serenaden der Musiker meines Vaters klingen in meinen Ohren angenehmer als diese quietschende Flöte.«

»Wie schön für Euch, junge Dame!«, erwiderte Jahalod-Rin. »Ihr hattet das Glück, in der weiten Welt herumzukommen! Aber ich bin hier allein … Mir bleiben lediglich diese Schilfrohre!«

Aufgebracht baute sich Orfeus vor Malva auf und sah in seiner vollen Größe auf sie herab.

»Ihr seid hartherzig, Prinzessin!«, stieß er wütend hervor. »Jahalod empfängt uns mit aller Freundlichkeit auf seiner Insel, er versorgt uns mit seinen Früchten und seinem Wasser, da könntet Ihr zumindest versuchen, dankbar zu sein! Seit wir hier sind, beobachte ich Euch: Ihr zieht Euch in Eure Ecke zurück, als wärt Ihr die unglücklichste Person auf dieser Erde! Seht Euch doch um! Diese Insel ist wunderschön! Wir haben zu trinken, wir haben zu essen. Jahalod lebt allein hier, schon viele Jahre, ohne Zerstreuung, ohne einen Menschen, mit dem er reden kann. Wenn ihn also die Töne einer Flöte ein wenig über seine Einsamkeit hinwegtrösten können, bin ich …«

Malva hielt ihr Stück Fleisch über das Feuer und stand ebenfalls auf. Sie sah Orfeus mit ihren Mandelaugen direkt ins Gesicht.

»Jahalod hat dieses einsame Leben auf der Insel selbst gewählt!«, gab sie zurück. »Sein Pech! Es ist ganz sicher nicht unsere Aufgabe, ihm darüber hinwegzuhelfen, dass er ein Feigling ist!«

»Ein Feigling?«, entrüstete sich Orfeus. »Was fällt Euch ein, unseren Gastgeber derart zu beleidigen?«

Orfeus keuchte. Sein Hals war ganz dick vor Wut, und die Adern auf seiner Stirn traten blau hervor. Er war kurz davor, sich auf Malva zu stürzen. Entsetzt beobachteten die anderen die Szene. Sie wussten nicht, was sie tun sollten. Über dem Feuer brutzelte das Wild am Spieß. Ab und an stoben Funken in den dunklen Nachthimmel. Jahalod hustete erneut und sagte dann mit brüchiger Stimme: »Regt Euch nicht auf! Die junge Dame hat ja recht. Ich war feige, damals als Kata mich im Inselmeer willkommen geheißen hat. Ich hatte nicht den Mut zu versuchen, die Aufgabe zu lösen, die sie mir stellte. Das ist die Wahrheit!«

Erstaunt drehte sich Orfeus zu dem alten Mann um.

»Sagt so etwas nicht«, bat er ihn. »Ihr seid so ein guter und großzügiger Mensch! Die Prinzessin weiß nicht, was sie sagt. Sie ist ein … ein verwöhntes Kind!«

Malva öffnete den Mund, doch sie war zu verblüfft, um etwas sagen zu können. Jahalod-Rin warf ihr einen schrägen Blick zu. Ein gerissenes Lächeln umspielte seine Lippen.

»Vielleicht ist die junge Dame eifersüchtig«, spekulierte er. »Wenn ich es recht verstanden habe, entstammt sie einer edlen Familie. Sie ist es gewohnt, gehätschelt und umsorgt zu werden, und es gefällt ihr sicher gut, Anweisungen zu geben. Nun sieht sie, wie Ihr mir Eure Aufmerksamkeit schenkt, und hat das Gefühl, ihr Einfluss würde schwinden … also fühlt sie sich vernachlässigt!«

Malvas Gesicht färbte sich puterrot.

»Eifersüchtig? Ich?«, schrie sie. »Warum sollte ich auf einen armen alten Mann eifersüchtig sein?«

Orfeus packte sie an den Schultern und schüttelte sie heftig.

»Seid still!«, zischte er. »Wagt es nicht noch einmal, meinen Vater derart zu beschimpfen, sonst …«

In seiner Stimme lag so viel Hass und Abscheu, dass Babilas und die Zwillinge sich zwischen Orfeus und Malva drängten.

»Euren Vater?«, stieß die Prinzessin hervor. »Was erzählt Ihr denn da, Kapitän? Euer Vater ist tot! Das habt Ihr doch gerade gesagt!«

Orfeus sprang nach vorn, sein Mund war vor Wut verzerrt. Babilas hielt ihn mit einer Hand zurück, während die Zwillinge Malva in ihre Mitte genommen hatten und nach hinten drängten.

»Sorgt dafür, dass sie ihren Mund hält!«, stieß Orfeus hervor. »Bringt sie weg von hier, oder ich tue ihr etwas an!«

Lea und Finopico hatten sich ebenfalls erhoben. Sie waren entsetzt und sprachlos ob dieser plötzlichen Brutalität. Nur Jahalod-Rin blieb ungerührt am Feuer sitzen. Er leckte sich die Finger ab und schälte weiter Früchte.

»Komm her zu mir, mein Sohn«, murmelte er Orfeus zu. »Setz dich nah ans Feuer und beruhige dich.«

Orfeus, den Babilas mit seinen kräftigen Armen festhielt, sah Malva und den Zwillingen, die sich entfernten, nach. Als er die Stimme von Jahalod hörte, beruhigte er sich augenblicklich.

»Komm, komm her ...«, forderte ihn der Alte erneut auf. »Wenn diese Leute deine Freunde sind, werden sie dich schon verstehen. Gib ihnen Zeit. Setz dich dorthin und spiel mir noch ein kleines Stück ...«

Babilas zog die Brauen hoch, als sich Orfeus aus seinen Armen wand und tatsächlich zu Jahalod zurückkehrte. Er stand da und rührte sich nicht. Seine breiten Schultern warfen einen mächtigen Schatten über die Flammen, während Orfeus sich neben Jahalod setzte und zu spielen anfing.

»Es scheint, als wären wir nicht länger erwünscht«, meinte Finopico. »Und außerdem tun uns auch schon die Ohren weh!«

Orfeus blies so kräftig er konnte in sein Instrument. Die Flöte machte einen so durchdringenden Ton, dass Lea aufschrie. Jahalod-Rin lachte auf.

»Gut so, mein Sohn!«, ermunterte er Orfeus, während die anderen weggingen. »Endlich haben wir beide unsere Ruhe!«

Er legte Orfeus seine fleckige Hand auf die Schulter.

»Ich habe gut gegessen. Ich bin müde, ich werde mich hinlegen. Aber spiel mir weiter etwas vor, ich bitte dich. Die Musik wird mich in den Schlaf wiegen.«

Der Alte legte sich auf den Boden seiner Hütte und schloss die Augen. Orfeus saß am Feuer und spielte. Er spielte und spielte. Die Nacht hüllte die Insel ein, dunkel und schwer wie ein Hut aus Filz. Es hatte angefangen zu regnen. Malva, Lea, Finopico, Babilas und die Zwillinge hatten sich unter das nicht weit entfernte Bretterdach geflüchtet. Sie unterhielten sich leise und warfen immer wieder unsichere Blicke in Orfeus' Richtung. Ihm schien der Regen nichts auszumachen. Er spielte mit nassem Haar am Feuer, das langsam erlosch. Von Zeit zu Zeit musste er niesen. Jedes Mal schreckte Jahalod hoch: »Spiel bitte weiter …«, jammerte er. »Das Flötenspiel tut mir so gut.«

Orfeus gehorchte und kämpfte gegen seine Erschöpfung an, um seinem Gastgeber zu gefallen. Die Stunden vergingen, Note folgte auf Note, ein Niesen auf das nächste.

Bei Sonnenaufgang spielte Orfeus noch immer, seine Augen waren gerötet, seine Finger ganz steif.

»Danke, mein Sohn!«, sagte Jahalod und streckte sich. »Dank deiner Hilfe habe ich mich bestens erholt! Jetzt habe ich aber Hunger!«

Orfeus legte langsam seine Flöte beiseite. Seine Zähne klapperten. Der Himmel war blass, ein frischer Wind wiegte die Blätter der Bäume hin und her. Fügsam lief Orfeus zum Wald, um Früchte zu sammeln. Er konnte sich kaum auf den Beinen halten, aber er gab seinen schmerzenden Muskeln nicht nach, die ihm befahlen, sich auszuruhen. Er musste Jahalod etwas zu essen besorgen, koste es, was es wolle.

Von dem Bretterverschlag aus sahen seine Freunde ihm zu. Wegen der Flötenklänge hatten sie die ganze Nacht kein Auge zugetan.

»Bei der Heiligen Ruhe, der Grünschnabel würde sogar den Mond vom Himmel holen für diesen Schnitzmeister!«, grummelte Finopico. »Wenn er nochmal auf seiner verdammten Flöte spielen sollte, geb ich ihm Sand zu fressen!«

Babilas stimmte ihm zu. Wütend und voller Unruhe ballte er die Fäuste.

Die Sonne war aufgegangen. Es war der dritte Tag, seit Kata die Lebenssteine in den Nokros gelegt hatte, und der Besatzung der Fabula war die Unzufriedenheit und Traurigkeit im Gesicht abzulesen.

»Wir müssen hier weg!«, verkündete Malva. »Die Fabula steht bereit. Wir haben bereits genug Zeit verloren!«

»Ich bin einverstanden!«, sagte Lea. »Wir sollten aufbrechen. Aber was ist mit Orfeus?«

»Lassen wir ihn doch hier zurück!«, grummelte Finopico voller Abscheu. »Wenn er unbedingt vor Müdigkeit und Erschöpfung sterben will, um dem alten Tyrannen zu gefallen, dann ist das sein Problem!«

Babilas schüttelte den Kopf, er war nicht dieser Meinung. Und auch die Zwillinge protestierten: »Kata hat uns ganz klar gesagt, dass wir zusammenbleiben müssen!«, rief Pepe ihnen in Erinnerung. »Sonst landen wir im Verlies des Grauens!«

»Er hat recht«, gab Malva nach. »Wir müssen unseren Weg gemeinsam fortsetzen.«

Jahalod-Rin hatte seinen Platz auf dem Felsen wieder eingenommen. Mit dem Messer in der Hand setzte er seine sinnlose Arbeit fort und wühlte in dem Schilf, das Orfeus ihm gebracht hatte.

»Dieser hier ist zerbrochen«, bemängelte er, als er das Schilf durchschaute. »Und dieser hier ist zu grün. Und diese dort sind zu trocken! Hör zu, mein Junge, wie soll ich denn daraus brauchbare Flöten machen?«

»Es tut mir leid, mein Vater«, antwortete Orfeus. »Ich hole neue Schilfrohre!«

Am Ende seiner Kräfte, rannte Orfeus erneut in Richtung Wald los.

»Diese Insel ist unsere erste Probe«, sagte Malva, als sie ihm mit den Augen folgte. »Und Orfeus scheint sie offenbar nicht zu bestehen.«

In diesem Augenblick kam Orfeus aus dem Wald zurück. Er trug so viele Zweige, wie er nur konnte. Schwankend näherte er sich Jahalod und legte seine Last vor dessen Füße, wie es ein Pilger vor der Statue einer Heiligenfigur tun würde.

»Gut so, mein Sohn«, sagte Jahalod. »Jetzt spiel mir etwas auf der Flöte vor. Ich habe Magenkrämpfe, vielleicht lassen sie durch die Musik nach. Vielleicht war es das Wild deines Kochs? Es hatte so einen seltsamen Geschmack.«

Der Alte sprach absichtlich so laut, dass alle ihn hören konnten. Finopico zitterte vor Wut.

»Mein Wild? Das war perfekt!«, grollte er. »So langsam klingeln mir die Unverschämtheiten dieses alten Nörglers in den Ohren!«

Lea machte einen Schritt nach vorn und trat unter dem Dach hervor.

»Jahalod versucht, uns auseinanderzubringen«, sagte sie. »Er sät Zwietracht zwischen uns!«

Malva trat neben sie.

»Es reicht! Kommt!«

Sie ging auf Orfeus zu, der vor dem Felsen hockte und die Flöte fest an die Lippen presste. Sie betrachtete einen Moment lang das Gesicht des jungen Mannes: die blasse Farbe, die von der Müdigkeit eingefallenen Züge, seine aufgesprungenen Lippen, seine fiebrigen Augen. Als er ihre Anwesenheit bemerkte, hob Orfeus den Kopf.

»Geht weg!«, bellte er. »Jahalod-Rin will niemanden sehen außer mir!«

Malva setzte ein strenges Gesicht auf: »Seit wann wagt Ihr es, in diesem Ton mit Eurer Prinzessin zu sprechen?«

»Er hat dir gesagt, du sollst verschwinden«, sagte Jahalod und sah nicht einmal auf. »Lass uns in Ruhe!«

Malva beachtete Jahalod nicht. Sie holte tief Luft und kniete sich in den Sand.

»Wir wollen aufbrechen«, flüsterte sie Orfeus ins Ohr. »Wir warten nur noch auf Euch.«

»Ich gehe nirgendwohin«, antwortete der junge Mann. »Jahalod braucht mich hier. Er ist schwach, ich muss mich um ihn kümmern. Ich bin ihm ein guter Sohn. Ein guter Sohn lässt seinen Vater nicht im Stich.«

Hinter Malva hatten sich alle anderen Besatzungsmitglieder der Fabula versammelt. Sie beobachteten Orfeus.

»Lasst uns in Ruhe!«, sagte Jahalod erneut und hob drohend sein Messer.

»Ihr bringt ihn noch in Rage!«, schrie Orfeus Malva an. »Geht!«

»Jahalods Wut fürchte ich nicht«, gab Malva zurück. »Wir brauchen Eure Hilfe, Orfeus. Ohne Euch ist es unmöglich, die Fabula zu steuern. Erinnert Euch, was Kata gesagt hat: Um die Tore des Inselmeers zu finden …«

»Ich will das Inselmeer nicht mehr verlassen!«, bellte Orfeus mit verzerrtem Gesicht. »Ich habe meine Meinung geändert! Ich möchte hier bleiben, bei meinem Meister Jahalod!«

Plötzlich erhob sich Jahalod von seinem Felsen. Als Babilas die Hand hob, bedrohte ihn der Alte mit dem Messer. Der Riese blieb in sicherer Entfernung.

»Spiel mir ein Lied, Sohn!«, forderte Jahalod. »Meine Ohren pfeifen, ich brauche Musik!«

Orfeus wollte in seine Flöte blasen, doch zu spät: Malva hatte sich auf ihn gestürzt und ihm die Flöte entrissen, mit der sie ihm auf den Kopf schlug: »Schluss mit der Flöterei!«, schrie sie. »Aus und vorbei!«

Blitzschnell brach sie das Schilfrohr mitten entzwei. Orfeus stieß einen Schrei aus, aber er blieb wie gelähmt neben dem Felsen sitzen.

Jahalod dagegen erfasste eine rasende Wut. Mit gezücktem Messer ging er auf Malva los. Babilas sprang vor und entwand ihm die Waffe. Malva schnappte sich das Messer.

»Seid verflucht!«, jaulte Jahalod auf und sank in die Knie. »Ihr habt es gewagt, die Flöte meines Sohnes zu zerbrechen! Dafür habt Ihr den Tod verdient!«

Wie vom Donner gerührt, schaute Orfeus abwechselnd den alten Mann, seine Gefährten und die beiden Enden des Schilfrohrs an. Etwas war gleichzeitig mit der Flöte in ihm zerbrochen.

»Die anderen Schilfrohre!«, rief Lea. »Ins Feuer damit! Schnell!«

Während Babilas den alten Mann an den Schultern festhielt, rannten Malva, Lea und die Zwillinge zu den Schilfrohren. Sie schleppten sie zu dem verlöschenden Feuer und warfen die Flöten hinein.

»Nein! Nicht meine Flöten!«, flehte der Greis. »Meine Musik! Mein Sohn! Seid verflucht!«

Die Zweige entfachten die Glut erneut, Funken stoben wie Schwärme riesiger Glühwürmchen in den Himmel. Endlich erhob sich Orfeus. Er war wie betäubt. Zitternd hob er eine Hand an seine Stirn.

»Räche mich!«, befahl ihm Jahalod, der noch immer gegen Babilas' Arme ankämpfte. »Du siehst doch, dass sie uns auseinanderbringen wollen. Nimm Rache für deinen Vater!«

Al, der sich bislang im Hintergrund gehalten hatte, näherte sich Orfeus. Er jaulte und leckte ihm die Hand.

»Ich habe Durst!«, murmelte Orfeus. »Ich habe riesigen Durst!«

Galotcho beeilte sich, ihm Wasser zu reichen. Er ließ ihn trinken, dann streckte er ihm freundschaftlich eine Hand hin: »Kommt, Kapitän. Ich bitte Euch … Es ist Zeit.«

Orfeus ergriff seine Hand und ließ sich zur Fabula führen.

»Du kannst mich nicht allein lassen!«, schrie ihm der Alte hinterher. »Du musst dich um mich kümmern! Ich habe dir Wasser und Obst gegeben!«

Orfeus stand unter Schock, doch die hysterischen Schreie von Jahalod erreichten ihn nicht mehr. Er entfernte sich langsam in Richtung Schiff. Als er an der Leiter angekommen war, schrie Jahalod:

»Warum hast du erst mein Vertrauen erweckt, wenn du mich hinterher betrügst?«

Orfeus hielt inne. Er wandte sich an Galotcho, der ängstlich auf ihn wartete.

»Habe ich diesen Mann wirklich an der Nase herumgeführt? Habe ich ihn betrogen?«

»Hört nicht auf ihn, Kapitän«, empfahl ihm der Junge sanft. »Er hat Euch betrogen. Er würde einfach alles tun, um Euch hierzubehalten. Steigt jetzt die Leiter hinauf. Wir müssen hinaus aufs Meer.«

Orfeus nickte schwerfällig mit dem Kopf und stieg die Leiter empor. Hinter ihnen kamen Finopico, Lea und Malva angerannt, und Pepe packte Al am Halsband. Der alte Bernhardiner hatte einen Rest Fleisch in der Asche entdeckt und wollte seine Beute nicht so einfach aufgeben. Er knurrte und kläffte.

Als endlich alle an Bord waren, ließ Babilas Jahalod los. Er beeilte sich, den Anker zu lichten, bevor er sich gegen den Schiffsrumpf der Fabula stemmte. Mit einem kräftigen Stoß beförderte er das Schiff weit hinaus aufs Meer, dann ergriff er die Strickleiter und hievte sich an Bord.

Jahalod kniete vor dem verglimmenden Holzstoß und versuchte, ein paar noch nicht ganz verkohlte Flöten zu retten. Er verbrannte sich die Finger und stöhnte wie ein verwundetes Tier. Orfeus war auf der Schiffsbrücke zusammengesunken und hielt sich die Ohren zu, damit er die Klagen des Alten nicht hörte.

»Er soll aufhören! Er soll endlich aufhören!«, flehte er und wand sich vor Schmerzen.

Lea hatte sich dicht neben ihn gekniet. Sie fasste mit einer Hand an seine heiße Stirn und flüsterte ihm fremdartige, beruhigende Worte ins Ohr.

Die Zwillinge und Finopico hissten die reparierten Segel. Geräuschvoll blähten sie sich in den wolkenlosen Himmel hinauf.

»Der Wind steht günstig!«, schrie Galotcho.

Malva stand an der hinteren Reling und sah zu, wie sich die Insel entfernte und die Silhouette von Jahalod-Rin immer kleiner wurde. Wie konnte ihnen das nur passieren? Wie konnte dieser auf den ersten Blick so harmlose wirkende alte Mann einen solchen Einfluss auf Orfeus ausüben? Wie konnten ein paar Liedchen solch eine Zwietracht zwischen ihnen säen? Malva konnte sich das Geschehen nicht erklären, aber sie fühlte ganz deutlich, dass sie und ihre Begleiter nur knapp einer Katastrophe entkommen waren.

Im Glas des Nokros tropfte die rote Säure weiter auf die Lebenssteine. Es waren nur noch sieben.

28 ✧ Aus Orfeus' Tagebuch

Ich habe mein Tagebuch unter zerfledderten Karten und vom Meerwasser durchweichten Papieren wiedergefunden. Die ausgerissenen Seiten habe ich der Prinzessin gegeben. Sie möchte die Ereignisse der Reise festhalten.

Mein Tagebuch ist stark in Mitleidenschaft gezogen, und die Aufzeichnungen, die ich vor dem Sturm gemacht habe, wurden verwischt. Es ist an der Zeit, dass ich mich wieder meinen Aufgaben als Kapitän widme. Mein Fieber ist auf wundersame Weise gesunken; endlich fühle ich mich wieder wohl in meiner Haut.

Das, was ich auf der Insel von Jahalod-Rin erlebt habe, wirft jede Menge Fragen auf und treibt mich um. Lea, die sich mit allen möglichen seltsamen Phänomenen auskennt, glaubt, dass ich vom Ton der Flöte verhext wurde. Dieser Meinung ist auch Malva. Als sie das Schilfrohr entzweigebrochen hatte, war ich befreit. Die beiden haben sicher recht, aber ich denke, Jahalod-Rin hat vor allem meine Schwächen erkannt. Ihm gegenüber habe ich mich ebenso unterwürfig und gefällig verhalten wie gegenüber meinem wirklichen Vater. Wann nur wird es mir gelingen, mich von den Ängsten und Schrecken meiner Kindheit zu befreien?

Vorhin habe ich die Mannschaft im hinteren Schiffsteil zusammengerufen. Ich habe jedem Einzelnen gedankt, dass er mich aus den Fängen von Jahalod befreit hat, und ich habe mich für all die unsinnigen Beschimpfungen entschuldigt, die ich auf der Insel von mir gegeben habe, vor allem Malva gegenüber.

Die Prinzessin hat meine Entschuldigung angenommen; und ich bin ihr dafür sehr verbunden. Wenn ich mich recht entsinne, habe ich sie wie ein verzogenes Kind behandelt … Bei der Heiligen Harmonie, wie konnte ich nur? Ausgerechnet sie, die so viel durchgemacht hat, die in der letzten Zeit mehr als einmal dem Tod nur knapp entkommen ist, wie konnte ich es wagen? Malva ist kein verzogenes Kind, weit gefehlt! Sie ist stolz und mutig, entschlossen und unverfälscht und …

Orfeus setzte die Feder von den gewellten Seiten ab. Das strahlende Antlitz von Malva tanzte vor seinen müden Augen hin und her. Ihre feinen Züge, ihr schwarzes volles Haar, ihr Bernsteinblick. Der vorauseilende Ruf ihrer Schönheit war wahrlich nicht aus der Luft gegriffen. Orfeus schüttelte den Kopf und schrieb weiter.

Die Zeit schreitet voran. Der zweite Lebensstein ist vorhin in zwei Teile zerfallen. In der kommenden Nacht wird er sich auflösen.

Galotcho hat mich gefragt, wie der Schatz aussieht, den ich auf der Insel von Jahalod gefunden habe. »Kata hat uns doch gesagt, dass es auf jeder Insel einen Schatz gibt, oder nicht?«, hat er hinzugefügt.

Erst habe ich gezögert, doch dann habe ich mich erinnert, dass Kata uns ermahnt hat, ehrlich zu sein. So habe ich einen Entschluss gefasst. Wahrscheinlich bin ich ein wenig rot geworden, als ich ihm folgende Antwort gab: «Ich habe zwei Dinge auf dieser Insel gefunden. Einerseits ist mir klar geworden, dass ich meinen Vater wirklich verloren habe und dass niemand ihn mir ersetzen kann. Weder Jahalod noch irgendein anderer. Hannibal Mac Bott ist mir kein guter Vater gewesen. Es gab ihn einfach, und das ist auch schon alles. Ich muss lernen, mein Leben ohne ihn zu leben, genau wie ich ein Leben ohne meine Mutter leben musste.« Bevor ich fortfuhr, machte ich eine Pause. Galotcho und Pepe flüsterten sich etwas zu, dann sagte Pepe, ich wäre, wie sie beide, ein Waisenkind. Die beiden Brüder schienen überglücklich zu sein, mich zu den Ihren zählen zu können.

»Den zweiten Schatz, den ich auf dieser Insel gefunden habe«, nahm ich meine Rede wieder auf, »das seid ihr. Ihr alle. Ohne eure Hilfe würde ich noch immer die Flöte spielen.«

Finopico hat mir gegenüber zugegeben, dass er am liebsten geflohen wäre und mich meinem Schicksal überlassen hätte. Das wundert mich überhaupt nicht! Dieser Besessene hat mich noch nie besonders gut leiden können, aber ich bin ihm nicht böse. Er nennt mich »Kapitän«, genau wie die anderen, und in meinem Inneren weiß ich genau, dass er keiner Fliege etwas zuleide tun würde.

Wir müssen unsere Irrfahrt durch das bedrohliche Inselmeer fortsetzen. Wir sind uns dessen bewusst, dass die Gefahren, die auf uns lauern, ungewöhnliche Formen annehmen können, und ich spüre eine große Anspannung bei meiner Mannschaft. Es ist Nacht, doch ich fürchte, dass niemand ein Auge zutut, außer Al, der schon immer einen gesunden Schlaf hatte. Babilas und Lea schieben auf der Brücke Wache. Ich denke, ich werde sie ab…

(Satz unvollständig)

29 ✧ Sechs Zahnlose

Verzweifelte Schreie zerschnitten die Dunkelheit. Entsetzliche Schreie, heiser, tief und angsteinflößend, die plötzlich an Orfeus' Ohr drangen. Panisch stürzte er aus seiner Kabine und stieß beinahe mit Galotcho, Pepe und Malva zusammen, die ebenfalls, mit Sturmlampen ausgerüstet, auf die Brücke liefen. Als sie alle miteinander außer Atem dort ankamen, fanden sie Babilas und Lea zusammengekauert bei der Reling, die Hände auf die Ohren gepresst. Die Schreie waren unerträglich laut.

»Was ist das?«, fragten Galotcho und Pepe entsetzt.

Babilas schüttelte den Kopf. Er wusste nicht, was los war. Das Gesicht vor Schmerzen verzogen, nahm Orfeus Pepes Lampe und näherte sich der Reling. Die Schreie schienen von Steuerbord zu kommen. Er hob die Lampe hoch und lehnte sich über die Reling. Da unten schäumte die phosphoreszierende Gischt über den Rumpf der Fabula ... und weiter hinten, in einem hellen Lichtstrahl, glaubte Orfeus die Silhouette eines Menschen zu erkennen. Die Arme nach oben gereckt, strampelte dieser wild ... und schrie.

»Schnell!«, rief Orfeus. »Bringt noch mehr Lampen!«

Malva und die Zwillinge traten zu ihm.

»Da unten!«, sagte Orfeus und zeigte mit dem Finger auf die Silhouette.

Die anderen kniffen die Augen zusammen.

»Schiffbrüchige!«, schrie Malva. »Sie rufen um Hilfe!«

Trotz des schwachen Lichtes konnte Orfeus die Unglücklichen zählen, die wenige Armzüge vom Schiff entfernt im Wasser trieben. Ihre Schreie hatten kaum noch etwas Menschliches an sich.

»Es sind fünf oder sechs«, sagte Orfeus. »Holt die Segel ein! Wir müssen sie retten!«

Die Besatzung der Fabula gehorchte Orfeus trotz ihrer Angst. Babilas nahm die Hände von den Ohren und kletterte in die Wanten. Die Segel wurden eingeholt, und das Schiff verlangsamte seine Fahrt. Währenddessen hatte Orfeus das Ruder ergriffen. Babilas hatte es zwar repariert, aber es war nicht sehr stabil. Orfeus steuerte das Schiff ganz vorsichtig in Richtung der Schiffbrüchigen. Dann kehrte er an den Bug des Schiffs zurück.

Finopico tauchte mit verschlafenen Augen und zerzaustem Haar auf.

»Was ist denn jetzt schon wieder los?«, knurrte er.

Malva zeigte auf die Männer, die im wogenden Wasser trieben und deren Schreie schwächer wurden. Es waren in der Tat sechs.

»Werft ihnen die Taue zu!«, befahl Orfeus.

Babilas kam dieser Aufforderung am schnellsten nach. In Windeseile hatte er alle verfügbaren Seile und Taue zusammengetragen. Mit großer Kraft ließ er nun eines nach dem anderen zu den Schiffbrüchigen hinunter. Die Zwillinge, Malva und Lea bemühten sich, den Schauplatz so gut es ging mit ihren Lampen auszuleuchten. Ihre Augen waren weit aufgerissen, das Herz klopfte ihnen bis zum Hals.

Babilas hievte zwei Männer an Bord, die sich an demselben Tau festgeklammert hatten. Keuchend zog er die beiden auf die Brücke, lehnte sich erneut über die Reling und kümmerte sich um die übrigen.

Orfeus und Finopico nahmen einen Geretteten nach dem anderen in Empfang und wickelten sie so gut es ging in altes Segeltuch, boten ihnen Wasser an und redeten beruhigend auf sie ein. Als der Letzte an Bord war, rollte Babilas die Taue zusammen und verschwand in den Wanten des Hauptsegels.

Die Zwillinge, Lea und Malva machten einen Kreis um die Schiffbrüchigen und leuchteten in ihre nassen Gesichter. Es war schockierend: Die sechs Männer öffneten nacheinander wie benommen ihren Mund. Ihr Zahnfleisch blutete. Sie hatten alle keine Zähne mehr!

»Bei der Heiligen Harmonie«, murmelte Malva und erbleichte.

Sie hatten nicht nur keine Zähne mehr, manche von ihnen hatten auch keine Haare, und andere wiederum hielten die Augen geschlossen, als seien sie blind.

»Ihre Hände!«, würgte Galotcho hervor und atmete tief durch. »Seht doch ihre Hände!«

Die Finger der sechs Männer waren gekrümmt wie die Krallen von Raubvögeln, und doch war deutlich zu erkennen, dass sie keine Nägel mehr hatten …

»Wie furchtbar«, entsetzte sich Finopico und wandte sich ab.

»Sie müssen lange im Wasser gewesen sein«, versuchte sich Orfeus ihren Zustand zu erklären. »Was für eine Tragödie!«

Mutig hockte sich Lea neben den Mann, der am wenigsten erschöpft und mitgenommen schien. Er lehnte an der Reling. Ihm fehlten zwar Zähne und Nägel, aber er hatte noch seine Augen.

»Ydroim fwr graich?«, fragte Lea.

Der Mann betrachtete sie verblüfft. Es kam ein Gurgeln aus seiner Kehle und eine Blutblase bildete sich zwischen seinen wunden Lippen.

»Ysgybolg fwr graich?«, drängte Lea.

Diesmal begnügte sich der Mann mit einem Nicken. Er bemühte sich, sich verständlich zu machen, und fügte hinzu:

»Dillawisg … nozg … nozgeidim …«

Müde zeigte er in die Dunkelheit.

»Was sagt er?«, fragte Orfeus besorgt.

»Es sind Schiffsleute aus Dunbraven«, erklärte Lea mit beklommener Stimme. »Genau wie wir haben sie sich im Inselmeer verirrt. Ihr Schiff ist an den Felsen dort hinten zerschellt.«

Lea zeigte in die Richtung, in die die Fabula gerade fuhr. Sofort befahl Orfeus einen Kurswechsel. Er rannte zum Steuer und schrie: »Babilas! Die Segel! Schnell!«

Aber der Riese war wie vom Erdboden verschluckt und befolgte Orfeus' Befehle nicht.

»Wir kommen, Kapitän!«, riefen die Zwillinge, die erleichtert darüber waren, sich von den verstümmelten Männern entfernen zu können.

Währenddessen stellte Lea dem Schiffsmann weiter Fragen in ihrer kehligen Sprache. Malva hatte sich neben das Mädchen aus Balmun gekniet und versuchte, die Situation zu verstehen.

»Frag ihn, was mit ihren Zähnen passiert ist … und mit ihren Nägeln«, flüsterte sie ihrer Freundin ins Ohr.

Einfühlsam und geduldig gelang es Lea, ein paar bruchstückhafte Erklärungen aus ihnen herauszulocken, doch der Mann schien so erschöpft, dass er des Öfteren den Faden verlor. Malva hörte jedoch einige Wörter heraus, die sie nur zu gut kannte: Kata, Nokros …

Schließlich übersetzte Lea ihr, was sie verstanden hatte: »Sie waren mehr als zwanzig, als sie in das Inselmeer kamen. Kata hat auch ihnen einen Nokros mit Lebenssteinen gegeben, genau wie uns. Wenn ich es richtig verstanden habe, haben sie einige schreckliche Aufgaben lösen müssen. Ein paar Seeleute haben miteinander gekämpft. Gestern, als nur noch ein Lebensstein übrig war, prallten sie auf den Felsen. Der Nokros ist mit dem Schiff untergegangen. Die meisten Männer sind … tot.«

Nach dem abgeschlossenen Manöver waren Orfeus sowie die Zwillinge zurückgekehrt. Sie lauschten Leas Bericht mit gerunzelter Stirn und zusammengekniffenen Lippen.

»Der Mann sagt, dass eine von Kata geschickte Patrouille kurz vor Einbruch der Dunkelheit kam. Sie hat auf die Überlebenden eingehackt. Zwei Schiffsleute hat sie mitgenommen, in das Verlies des Grauens. Aber diese hier … wollten sich nicht mitnehmen lassen. Also haben die Wächter ihnen die Augen ausgehackt und die Zähne und Nägel ausgerissen …«

Lea atmete schwer, während sie erzählte. Sie zitterte wie Espenlaub. Verängstigt klammerten sich die Zwillinge aneinander. Ihnen war hundeelend.

»Als dann die Nacht hereinbrach«, endete Lea mit einem Seufzer, »sind die Wächtervögel davongeflogen.«

Orfeus fröstelte. Wie er diese armen Männer so daliegen sah, hatte er eine böse Vorahnung: Das war also das Schicksal, das diejenigen erwartete, die scheiterten! Verstümmelt zu werden, bevor man in das Verlies des Grauens geworfen wurde!

»Was tun wir nur?«, stöhnte Lea und sah ihn mit ihren Perlenaugen an. »Sie sind verdammt! Kein Nokros mehr, keine Lebenssteine!«

»Wenn ich das alles richtig verstehe«, murmelte Malva, »fliegen die Wächter nicht während der Nacht. Also haben wir bis zum Morgen Zeit, eine Entscheidung zu treffen.«

Galotcho stieß einen entsetzten Schrei aus.

»Ihr glaubt, die Wächter kommen zurück, Prinzessin?«

Niemand gab eine Antwort. Zweifellos würden die unglückbringenden Vögel kurz vor Sonnenaufgang zurückkehren, um ihre Arbeit zu vollenden. Einen Moment lang sanken die Anwesenden in Schweigen. Die Schiffbrüchigen schlotterten unter ihren Decken aus Segeltuch, sie bluteten, aber sie schrien nicht mehr.

»Verstecken wir sie!«, schlug Orfeus plötzlich vor. »Wir haben diese Unglücklichen nicht vor dem Ertrinken gerettet, um sie jetzt den Wächtervögeln zu überlassen! Wenn wir sie in die Laderäume der Fabula bringen, bekommt das doch keiner mit. Die Wächter werden denken, dass sie ertrunken sind!«

Malva, Lea und die Zwillinge tauschten ängstliche Blicke. Finopico dagegen schüttelte heftig den Kopf:

»In die Laderäume?«, fragte er. »Aber … diese Männer haben sicher alle möglichen Krankheiten! Sie werden die Würmer anziehen! Ich habe keine Lust, mich anzustecken!«

»Ich weiß nicht so recht, Kapitän …«, zögerte Pepe.

»Ich auch nicht«, gab Galotcho zu. »Wenn wir vielleicht die Treppen mit Essig desinfizieren …«

»Das ist es!«, rief Orfeus aus. »Wir desinfizieren alles, um den Wurmfraß abzutöten! Seid Ihr damit einverstanden, Koch?«

»Ich bin einverstanden!«, rief Malva. »Wir haben keine andere Wahl, als sie zu retten! Die Wächter sind schließlich genauso unsere Feinde wie ihre!«

Finopico senkte den Kopf, dem war nichts mehr entgegenzusetzen. So beugte sich Lea zu dem Mann und erklärte ihm, was sie entschieden hatten. Ein Lächeln huschte über sein Gesicht.

»Babilas!«, rief Orfeus erneut. »Wir brauchen dich! Wir müssen die Männer nach unten tragen!«

Der Riese blieb verschwunden.

»Bei der Heiligen Ruhe«, murrte Orfeus, »erst verausgabt er sich, um die armen Teufel hier zu retten, sammelt die Taue … und verschwindet dann einfach! Seltsam …«

»Wir werden ihn suchen!«, riefen die Zwillinge und näherten sich der Luke.

Als sie einen kurzen Moment später wieder auftauchten, machten sie betroffene Gesichter.

»Babilas ist in seiner Koje. Er will nicht heraufkommen«, erklärte Pepe.

»Und … er weint«, setzte Galotcho ungläubig hinzu.

»Er weint?«, wiederholten die anderen fassungslos.

Die Zwillinge nickten.

»Wie ein Schlosshund«, bekräftigten sie.

30 ✧ Warum Babilas weinte

Malva hatte sich angeboten, mit Babilas zu sprechen. Wenn der Riese die Zwillinge hatte eintreten lassen, würde er die Prinzessin nicht zurückweisen.

Sie verbrachte einen Teil der Nacht bei ihm und versuchte, ihn zu trösten und herauszufinden, was der Grund dieser plötzlichen Tränen war. Als sie in ihre eigene Koje zurückkehrte, ging schon fast wieder die Sonne auf. Obwohl man ihr die große Müdigkeit deutlich ansah, legte sie sich nicht hin. Babilas' Geständnisse hatten bei ihr jedes Bedürfnis erstickt, sich schlafen zu legen.

Einige Tage zuvor hatte sie Orfeus um Papier und Tinte gebeten. Er hatte ihr ein paar der ausgerissenen und von der Feuchtigkeit gewellten Blätter seines Tagebuchs gegeben, aber bislang hatte Malva nichts notiert. Schreiben, erzählen … wozu sollte es nützen, wenn die Worte doch irgendwann für immer ausgelöscht sein würden?

Der König hatte sie gezwungen, ihre ersten Tagebücher zu verbrennen, und die späteren waren mit der sinkenden Estafador untergegangen. Was sollte aus den Aufzeichnungen werden, die sie von jetzt an machen würde?

Doch in dieser Nacht nahm sie nichtsdestotrotz die Feder zur Hand. Indem sie alles aufschrieb, hoffte sie, von der schweren Last befreit zu werden, die auf ihrem Herzen lastete.

Als ich Babilas' Koje betrat, schrieb sie, *lag er ausgestreckt auf dem Bauch. Seine Beine waren viel länger als die Pritsche. Er ist so riesig! Doch was mich sehr verwundert hat, war, dass er trotz allem klein und zerbrechlich aussah, wie er so dalag und schluchzte. Man hätte ihn für ein Kind halten können. Ich trat zu ihm heran und berührte seine Schulter.*

Früher, als ich noch in der Zitadelle lebte, verbot mir das Protokoll, jemanden zu berühren, der von einem niedrigeren Rang war, außer Filomena natürlich. Das war eine klare Vorschrift, an die ich mich jedoch nicht immer gehalten habe. Es kam zum Beispiel vor, dass ich mich, wenn ich mich in der Küche bei den Bediensteten versteckte, bei ihnen auf den Schoß setzte, um beim Erbsenlesen zu helfen. Aber ich schwöre, dass ich niemals einen so starken und muskulösen Mann berührt habe wie Babilas. Seine Haut war heiß, feucht und fest … Es hat sich seltsam angefühlt.

Auch er war überrascht, als er mich sah. Er öffnete seine großen mitleiderregenden Augen, und mir wurde klar, dass er sich schämte. Ich fragte ihn, ob ihm die Männer aus Dunbraven Angst gemacht hätten. Er nickte. Er verzog das Gesicht und zeigte auf sein Herz. »Diese Männer haben dafür gesorgt, dass dir das Herz wehtut?«, fragte ich ihn. Babilas saß auf der Pritsche und stieß einen müden Seufzer aus.

Mit Gesten versuchte er, mir klarzumachen, was der Grund für seinen Kummer war. Ich glaube, dass ich es im Wesentlichen verstanden habe, und genau das will ich hier aufschreiben.

Malva hörte für einen Moment auf zu schreiben. Sie hatte ganz feuchte Hände und einen trockenen Hals. Das Blatt war schon fast gefüllt mit ihrer noch kindlichen Schrift, die Zeilen verschwammen vor ihren Augen, doch sie musste weiterschreiben.

Es gab eine Zeit, da war Babilas nicht stumm. Er hatte eine Verlobte, die er in einer Hafenstadt in Dunbraven kennengelernt hatte. Es war Liebe auf den ersten Blick, wenn ich es richtig verstanden habe. Beide liebten sie das Meer. Sie verbrachten viele Tage damit, gemeinsam mit dem Boot aufs Meer hinauszufahren und zu fischen. An einem Sommertag war es so heiß, dass die Verlobte von Babilas im Meer schwimmen wollte.

Babilas begann erneut zu weinen, als ihn die Erinnerung übermannte, aber er gab mir zu verstehen, dass er trotzdem alles erzählen wollte. Er tat mir sehr leid in seinem Kummer, doch ich versuchte weiter, seine Geschichte zu enträtseln.

An diesem schönen Sommertag also sprang seine Verlobte vom Boot aus ins Wasser. Er schrie ihr zu, sie solle aufpassen und sich nicht zu weit vom Boot entfernen. Aber sie war eine gute Schwimmerin und hatte keine Angst. Aus Spaß tauchte sie unter dem Boot hindurch und kam auf der anderen Seite wieder zum Vorschein. Immer wieder, bis sie länger als sonst unter Wasser blieb.

Plötzlich sah Babilas seine Verlobte nicht mehr. Sie tauchte nicht mehr auf. Er machte das Boot mit einem Seil am Gürtel fest und sprang ihr hinterher. Er schwamm, tauchte, suchte und rief stundenlang ihren Namen. Seine Verlobte ist nie wieder aufgetaucht.

Malva wischte sich eine Träne aus dem Gesicht, und wendete das Blatt, um auf der Rückseite weiterzuschreiben.

Ich habe keine Ahnung, wie Babilas die Kraft gefunden hat, allein in dem kleinen Boot wieder an Land zurückzukehren. Als er seinen Fuß ans Ufer setzte, fühlte er sich wie tot.

Er ging bis zu dem Haus, in dem die Eltern seiner Verlobten lebten. Mit den letzten Worten, die er jemals sprach, teilte er ihnen mit, dass ihre Tochter ertrunken war. Danach verstummte er.

Die Kerze, die Malvas Koje erhellte, war fast heruntergebrannt, aber es fiel Licht durch die Luke. Der Tag brach an. Sie tauchte erneut ihre Feder in die Tinte.

Als Babilas die um Hilfe schreienden Seeleute sah, war es ihm, als würde er erneut das damalige Geschehene durchleben; mit dem Unterschied, dass er sechs Männer aus Dunbraven, die er nicht einmal kannte, hatte retten können … während die Frau aus demselben Land, die er geliebt hatte, ertrank. Deshalb weinte er so …

Nachdem er mir all das anvertraut hatte, streckte er sich erschöpft auf seiner Liege aus. Ich blieb einen Moment an seinem Kopfende sitzen, mein Herz war ganz weit und mein Kopf voller schrecklicher Bilder. Ich dachte an Filomena und Uzmir. Ich fragte mich, wo sie wohl waren, ob sie noch nach mir suchten und ob sie während des Angriffs auf Zispasia nicht verletzt worden waren. Sie fehlten mir so! Wie kann man nur ohne die Menschen weiterleben, die man liebt?

Babilas schlief schließlich ein. Ich ging wieder hinauf auf die

Brücke und traf dort auf Orfeus. Es war ihm mit Hilfe von Finopico und Lea gelungen, die Seeleute in die Laderäume zu bringen.
Ich habe ihm kurz erklärt, was mit Babilas los war, und er zeigte Verständnis. Natürlich nimmt er es ihm nicht übel, dass er sich von seinem Schmerz hat überwältigen lassen. Orfeus ist ein aufrichtiger und sensibler Mann. Seit er sich von Jahalod-Rin befreien konnte, finde ich ihn richtig …

Malva fehlten die Worte, um Orfeus zu beschreiben. Sie strich die letzte Zeile durch, legte die Feder beiseite, faltete die Seiten zusammen und räumte sie in ein Fach über ihrer Koje. Ihre Augen waren gerötet. Bald würde die Sonne aufgehen. Sie fühlte sich so leer und traurig wie ein verlassenes Haus.

In diesem Augenblick klopfte jemand an die Tür. Es war Orfeus. Als sein Gesicht im Türrahmen auftauchte, machte Malvas Herz einen Sprung.

»Ich war in Gedanken«, rechtfertigte sie sich.

»Und trotzdem solltet Ihr ein wenig schlafen«, schlug Orfeus lächelnd vor. »Die Zwillinge halten Wache. Ich wollte nur mal sehen, wie es Euch geht, Prinzessin.«

»Mir geht es gut, danke. Aber, bitte, nennt mich nicht länger Prinzessin. Ich heiße Malva. Einfach nur Malva.«

Ein ›Niemand‹, wie sie Filomena am Abend ihrer Flucht aus der Zitadelle genannt hatte, ließ sie weg. Der Ausdruck kam ihr nicht über die Lippen. Ein ungewohntes Gefühl erfasste ihr Herz.

»Gut«, sagte Orfeus, »ich werde daran denken. Wir haben die Schiffbrüchigen in die Laderäume gebracht. Einige von ihnen sind mit Sicherheit krank … Haltet Euch von ihnen fern. Ich möchte keinesfalls, dass ihr Euch den Tod holt.«

Dabei war seine Stimme sanft und voller Besorgtheit. Als er die Tür wieder schließen wollte, fiel der erste Sonnenstrahl des Tages durch die Luke auf seine Stirn. Er lächelte.

»Da ist er schon, der Morgen«, sagte er. »Gebt auf Euch Acht.«

Dann verschwand er hinter der Tür und ließ eine erschöpfte und errötende Malva zurück.

31 ✧ Gefahren am Horizont

Orfeus stieg wieder hinauf auf die Schiffsbrücke und traf dort auf Pepe und Galotcho, die, an den Fockmast gelehnt, schliefen.

»Na, das ist ja eine seltsame Art, Wache zu halten!«, rief er und rüttelte sie wach.

Die Zwillinge sprangen auf die Füße und rieben sich die Augen. Sie stotterten einige wirre Entschuldigungen. Doch Orfeus war ihnen ohnehin nicht böse. Glücklicherweise war die Fabula nicht auf einen Felsen oder eine Sandbank gelaufen, so dass dieser Moment der Unachtsamkeit verzeihlich war. Orfeus schaute auf den Nokros, der immer noch beim Mast stand. Unerbittlich verstrich die Zeit: Ein zweiter Lebensstein war zu Staub zerfallen, nun blieben nur noch sechs. Eine feine Schicht aus bräunlichem Sand bedeckte den Boden des Stundenglases. Orfeus musste an die Seeleute aus Dunbraven denken. An ihre zahnlosen Münder, ihre blutigen Finger … Als er Pepe und Galotcho anschaute, war ihm klar, dass die Zwillinge an das Gleiche dachten wie er.

»Los geht's!«, sagte er zu ihnen. »Lassen wir uns nicht hängen. Es ist schon Tag, das Wetter ist schön und …«

Er suchte den Himmel mit den Augen ab.

»Kein Wächtervogel in Sicht!«

Als er sich jedoch der Reling näherte und über Backbord nach hinten beugte, zuckte er zusammen. Ein dreieckiges Segel war am Horizont aufgetaucht, keine fünfzig Taulängen von der Fabula entfernt. Die Form des Segels und der tiefliegende Rumpf des Schiffes ließen keinen Zweifel: Es handelte sich um ein zispasisches Schiff. Es sah genauso aus wie das Schiff, das die Taucher nicht mehr hatten unschädlich machen können vor der Schlacht gegen Temir-Gai. Es bedurfte keiner großen Anstrengung, um zu erraten, wer sich auf diesem Schiff befand …

»Arkus«, murmelte Orfeus.

Sein Gesicht verdunkelte sich. Die Dschunke war sehr viel leichter als die Fabula. Sie kam mit Rückenwind schnell voran, und ihr Segel schien in einem äußerst guten Zustand zu sein. Sie kam bedrohlich näher. Eingedenk der Warnungen von Kata, befahl Orfeus den Zwillingen: »Ich will, dass in zwei Minuten alle Mann an Deck sind!«

Galotcho und Pepe liefen in Windeseile in Richtung Luke, ohne Fragen zu stellen. Während sie Alarm schlugen, rasten Orfeus' Gedanken: An Bord der Fabula hatten sie weder Büchsen und Lanzen noch Armbrüste oder Kanonen. Alles war während des Sturms verlorengegangen. Die einzigen Waffen, die sie besaßen, waren ihre Fäuste und diverse Küchengeräte! Falls Arkus erneut mit zispasischer Waffengewalt aufwarten würde, sähe es nach einer ungleichen Partie aus!

Die Mitglieder der Mannschaft erschienen einer nach dem anderen auf der Brücke. Sogar Babilas war dem Aufruf gefolgt. Er sah zerknittert aus, aber Orfeus war froh, ihn zu sehen.

»Ich habe schlechte Neuigkeiten«, verkündete er. »Arkus ist uns auf den Fersen.«

Als er die Worte aussprach, ruhte sein Blick auf Malva. Die junge Frau verkrampfte sich, während die anderen laut ihrem Entsetzen Luft machten.

»Es tut mir so leid, Prin…«, ergriff Orfeus erneut das Wort.

Er räusperte sich, als er sich an das Versprechen erinnerte, das er gegeben hatte:

»Es tut mir leid, Malva.«

Er zeigte auf das dreieckige Segel, das bereits näher herangekommen zu sein schien.

»Nichts wie weg hier, Kapitän!«, rief Pepe.

»Ja, genau!«, fiel Galotcho ein. »Hissen wir das kleine Rahsegel und das Marssegel! Und dann zeigen wir mal, was die Fabula draufhat!«

Malva schloss die Augen, sie war am Boden zerstört.

»Ich habe das Focksegel benutzt, um das große Segel zu reparieren«, sagte sie mit düsterer Stimme. »Wir haben lediglich noch das kleine Toppsegel.«

»Hisst es«, befahl Orfeus den Zwillingen. »Es wird nicht ausreichen, aber wir müssen versuchen, den jetzigen Abstand zu halten.«

Er wandte sich an Babilas.

»Können wir auf dich zählen?«, fragte er ihn beunruhigt. »Für den Fall, dass Arkus uns einholt: Bist du in der Lage, die Prin… Malva zu beschützen?«

Der Riese nickte. Er drehte sich um, stellte sich hinter Malva und schlug sich mit der Faust gegen die Brust, als wolle er einen Eid darauf schwören.

»Schön.« Orfeus lächelte und wandte sich nun an Finopico. »Wir sollten alles sammeln, was sich als Waffe oder Geschoss eignet. Was hast du in deiner Kombüse?«

Der Koch verzog das Gesicht und überlegte.

»Zwei eiserne Töpfe, eine Pfanne, einen Kochtopf … Außerdem habe ich noch zwei Suppenkellen, einige stumpfe Messer und Gabeln …«

»Bring mir alles, was du entbehren kannst«, befahl ihm Orfeus.

»Verzeiht, Kapitän, aber ich finde das ein bisschen lächerlich«, widersprach Finopico. »Was haben wir denn zu befürchten? Kata hat doch gesagt, Arkus wäre allein an Bord.«

»Ihr kennt diesen Mann nicht!«, mischte sich Malva ein. »Er ist bösartiger als ein alter Affe und sehr viel gefährlicher als eine Schlange. Schon dreimal hat er versucht, mich zu töten. Es ist ihm nicht gelungen, mich im Kyprischen Meer zu ertränken, er hat es nicht geschafft, mich im Harem von Temir-Gai zu erwürgen, bevor er alle meine Knochen zermalmen wollte in diesem Käfig, in dem ihr mich gefunden habt! Sein Hass ist so groß, dass …«

»Aber Ihr lebt noch!«, unterbrach sie Finopico. »Bei den drei letzten Gelegenheiten wart Ihr ganz allein, jetzt hingegen sind wir zu siebt, um auf Euch aufzupassen.«

»Das stimmt«, bestätigte Malva. »Allerdings hat Arkus sich geschworen, mich zu töten, und dieses Vorhaben ist in ihm seit Jahren gereift. Er ist zu allem fähig.«

Babilas legte seine Hände beruhigend auf die Schultern der Prinzessin.

»Ich weiß, Babilas«, murmelte sie und lächelte müde. »Du hast keine Angst, dich ihm entgegenzustellen. Und doch könnt ihr euch nicht vorstellen, wie groß meine Furcht ist!«

Sie ging langsam bis zur Reling und beobachtete das Vorankommen des zispasischen Schiffes.

»Arkus hat seine Falle in aller Geduld gestellt. Zuerst hat er sich das Vertrauen meines Vaters erschlichen, indem er sich als treuer Diener der galnizischen Krone bewiesen hat. Dann, als er die Gelegenheit hatte, meine Erziehung zu übernehmen, hat er begonnen, sein Netz zu weben wie eine hinterhältige Spinne. Er hat gewusst, dass meine Eltern mich früh verheiraten wollten, aber er hat mir kein Wort davon gesagt. Im Gegenteil! Er hat mich ohne Skrupel Freiheit und Unabhängigkeit gelehrt. Er wusste, dass ich mich zu gegebener Zeit gegen eine Hochzeit auflehnen würde! Er hat sich meine Auflehnung zunutze gemacht. Und dann, als er sich sicher war, dass ich bereit war, mein Leben zu riskieren, hat er mir die Tore zur Freiheit weit geöffnet.«

Sie seufzte: »Das Schlimmste an all dem ist, dass ich ihm beinahe noch dankbar sein müsste! Ohne ihn hätte ich es nie gewagt, diese Reise anzutreten, und mich womöglich einsperren lassen …«

Sie beugte sich ein wenig weiter vor, mit den Händen klammerte sie sich am hölzernen Geländer fest. Ihre Stimme zitterte vor Wut.

»Danke! Ich danke Euch, Arkus!«, schrie sie voller Zorn. »Ich verdanke es Euch, dass ich die Welt entdeckt habe, wie sie ist: weit, strahlend, überraschend, gefährlich und grausam! Ich verdanke es Euch, dass ich von der Existenz von Elgolien weiß, und ich verdanke Euch außerdem … wunderbare Begegnungen!«

Sie drehte sich abrupt um und sah Orfeus direkt in die Augen. Dabei machte sie eine verlegene Geste mit den Armen.

»Ohne Euch, Arkus«, fuhr sie fort, »wäre ich Uzmir und dem Volk der Baiguren nicht begegnet, und auch nicht Lea, Babilas und seiner Traurigkeit, nicht diesen beiden verrückten Zwillingen, nicht der ungehobelten Direktheit von Finopico, nicht Kapitän Orfeus … und auch nicht diesem halbseitig gelähmten alten Hund! Und doch verabscheue ich Euch zutiefst, Arkus!«

Geschwächt sank sie zu Boden.

»Niemals würde er es mir verzeihen, wenn ich am Leben bliebe«, fuhr sie leise fort. »Ohne es zu wollen, bin ich zu seiner Obsession geworden. Solange ich lebe, wird er leiden. Obwohl es inzwischen für ihn unmöglich geworden ist, die Macht in Galnizien zu übernehmen. Er verfolgt mich, denn ich verkörpere seinen Misserfolg. Ein Mann wie er ist völlig unberechenbar, glaubt mir.«

Sie hob den Blick. In den Segeln hockten Pepe und Galotcho. Sie waren entsetzt und unglücklich. Um sie herum flatterten das große Segel und das kleine Toppsegel im Wind.

»Ihr dürft nicht sterben!«, rief Pepe Malva zu. »Unmöglich!«

»Er hat recht!«, schrie nun auch Galotcho. »Wollt Ihr wissen, warum?«

Malva seufzte.

»Wollt Ihr wissen, warum, Prinzessin?«, bohrte Galotcho weiter und kletterte am Segel hinunter.

Er rannte zu ihr.

»Ihr dürft nicht sterben, weil Euer Schicksal nicht hier sein Ende findet! Wir kennen Eure Zukunft genau, Pepe und ich!«

»Hör sich das einer an!«, regte sich Finopico auf. »Nur Blödsinn im Kopf, diese beiden kleinen Idioten! Wer kennt schon die Zukunft? Niemand!«

»Doch!«, bekräftigte Pepe, der sich zu seinem Bruder gesellt hatte. »In der Stadt war eine Wahrsagerin …«

»Eine Hellseherin!«, lachte Finopico auf. »Ich habe ja schon einigen Unsinn aus eurem Mund gehört, Kinder, aber das ist der Gipfel!«

Galotcho verteidigte sich: »Sie hat vorhergesagt, dass Arkus zu den Verfolgern der Prinzessin gehören würde! Das haben wir doch gesagt, oder nicht, Kapitän?«

Orfeus musste ihm wohl oder übel zustimmen.

»Manche Menschen haben besondere Fähigkeiten, echte Fähigkeiten!«, fügte Lea hinzu. »Bei uns daheim, in Balmun, glaubt man daran, dass Visionen die Wahrheit sagen.«

Die Zwillinge nickten mit den Köpfen. Sie waren begeistert, jemanden gefunden zu haben, der sie gegen Finopico unterstützte.

»Na und?«, grummelte dieser. »Was hat euch denn eure Hellseherin über das Schicksal der Prinzessin verraten?«

Pepe und Galotcho wechselten verärgerte Blicke.

»Wir haben geschworen, es niemandem zu sagen«, bedauerten

sie. »Wenn wir das Geheimnis verraten würden, würde sich alles verändern, und einige wichtige Dinge würden nicht eintreten.«

»Ach, wie praktisch!«, machte sich der Koch lustig. »Die Hellseherin zieht euch die Galniks aus der Tasche und nimmt euch dann das Versprechen ab zu schweigen! So ein Quatsch!«

»Überhaupt nicht!«, regten sich die Zwillinge auf. »Das Einzige, was wir der Prinzessin sagen dürfen, ist, dass sie nicht hier sterben wird. Ihr Schicksal erfüllt sich an einem anderen Ort.«

»Ich glaube euch!«, fiel Orfeus nun ein, um dem Streit ein Ende zu machen. »Malva hat nichts zu befürchten, davon bin ich überzeugt!«

Er ging zu ihr und reichte ihr seine Hand, um ihr aufzuhelfen. Als sie vor ihm stand, flüsterte er: »Tut den Zwillingen einen Gefallen, Malva. Sterbt nicht!«

Sie lächelte.

»Ich werde es versuchen, Kapitän.«

»Oh bitte, nennt mich nicht länger Kapitän, nennt mich Orfeus, einfach Orfeus.«

In diesem Augenblick begann Al zu bellen. Er hatte sich in den hintersten Teil des Hecks zurückgezogen, ihm waren die dramatischen Ausführungen der Prinzessin und die verärgerten Bemerkungen von Finopico egal. Er hatte die beiden Vorderpfoten auf die Stufen der Leiter gestellt und streckte die Schnauze in den Wind. Er knurrte und bellte aufgeregt. Die Passagiere der Fabula hoben die Augen zum Himmel.

»Da!«, schrie Lea und zeigte nach Osten.

Eine Wolke war am Himmel aufgezogen. Eine schwarze Wolke, bestehend aus kleinen beweglichen Punkten.

»Die Wächtervögel«, schrien die Zwillinge. »Sie haben uns gefunden!«

»Noch nicht!«, antwortete Orfeus. »Im Moment suchen sie noch die Seeleute in der Nähe der Felsen, wo ihr Schiff zerschellt ist.«

Er lief zum Steuer, umfasste es und befahl:

»Alle Mann an ihre Posten! Babilas begleitet Malva in meine Kabine! Die Zwillinge an den Ausguck! Finopico, sammle alles, was wir zur Verteidigung gebrauchen können! Und du, Lea, geh hinunter zu den Seeleuten aus Dunbraven. Sie dürfen sich weder bewegen noch sprechen noch schreien!«

Er riss das Ruder nach Steuerbord herum, und die Fabula wendete. Im gleichen Moment war eine Explosion zu hören. Eine Kugel sauste durch die Luft … und schlug nicht weit entfernt vom Vordersteven ein. Kein Zweifel: Arkus war bewaffnet.

32 ✧ Kämpfe

Eingeschlossen in ihrer Kabine, konnten Malva und Babilas das Kanonenfeuer hören. Eine Explosion, dann ein Zischen, das dem Einschlagen der Kugel vorausging. Jedes Mal zog Malva den Kopf ein, schloss die Augen und drückte Babilas' Hand, so fest sie konnte. Lediglich einmal, als eine der Kugeln ins Wasser traf, holte sie Luft. Der Riese war nervös und angespannt und verdrehte den Hals, um aus der Luke schauen zu können. Doch er durfte Malva nicht allein lassen. Alles, was er sehen konnte, waren Gischt und Fetzen von blauem Himmel, die vorübertanzten.

Plötzlich herrschte eine unheimliche Stille.

Malva öffnete die Augen. Sie bekam kaum Luft, in ihren Ohren rauschte es.

»Was ist los?«

Als Antwort war ein kurzes Geräusch zu hören, dann eine Erschütterung. Schreie. Weitere kleinere Erschütterungen folgten, hart und kurz wie die erste. Malva stellte sich vor ihre Liege, ohne Babilas' Hand loszulassen. Sie lauschte. »Kapitän!«, hörte sie. Es waren die Zwillinge mit ihren hohen Stimmen. »Enterhaken!«, schrien sie weiter.

»Enterhaken!«, wiederholte Malva. »Arkus! Er hat uns eingeholt!«

Orfeus wendete blitzschnell das Steuer in Richtung Backbord, doch die Enterhaken, die von dem kleinen zispasischen Schiff geworfen worden waren, hatten sich in den Holzlatten des Decks, in den Segeln und den hinteren Masten festgehakt. Die Fabula war an die Leine genommen wie ein Hund!

»Runter mit euch!«, schrie Orfeus den Zwillingen zu. Er fürchtete, dass sie herunterstürzen würden, wenn die Erschütterungen anhielten.

»Kommt runter und helft Finopico!«

Die Jungen ließen sich auf das Deck herab und rannten zu Finopico, der kampfbereit auf der Schiffsbrücke wartete. Zu seinen Füßen lag ein ganzes Arsenal an bizarren Gegenständen. Es sah aus, als hätte er sich auf einen kulinarischen Wettstreit vorbereitet. Das Kinn in die Luft gereckt, fixierte er das nahende feindliche Schiff und schwang einen Topf über seinem Kopf.

»Kommt her!«, schrie er Arkus entgegen. »Ich erwarte Euch, elender Pirat! Ihr macht mir keine Angst!«

Die Zwillinge deckten sich mit Spießen, eisernen Schüsseln und Gurkenzangen ein. Derart bewaffnet, näherten sie sich der Reling und schleuderten Arkus mutig böse Beschimpfungen entgegen.

Dieser stand aufrecht am Bug des zispasischen Schiffes und hatte sich an das Tau eines der Enterhaken geklammert. Er trug noch immer sein reichbesticktes Gewand. Seine Tunika war zerrissen und gab den Blick frei auf seine muskulösen angespannten Oberarme.

Mit vor Anstrengung verzerrtem Gesicht zog er am Tau. Auf seinem glatten Schädel glänzte der Schweiß.

»Wenn er sich noch näher herantraut«, höhnte Finopico, »schlag ich ihn tot!«

»Nein, wir spießen ihn auf!«, versicherte Galotcho.

»Wir reißen ihm die Nase ab!«, bestätigte Pepe und klapperte mit der Gurkenzange.

Indes hatte Orfeus sein Messer gezückt. Über der Reling hängend, versuchte er, die Taue der Enterhaken durchzuschneiden. Das zispasische Schiff war kaum mehr als zehn Taulängen entfernt.

»Da!«, schrie plötzlich Galotcho.

Mit aller Kraft warf er eine Gabel, die Arkus' Gesicht streifte. Doch dieser blinzelte nicht einmal. Unbeeindruckt fuhr er fort, das Tau heranzuziehen, das die stumpfe Klinge von Orfeus' Messer nicht durchtrennen konnte.

»Und da!«, rief Finopico.

Er schleuderte einen Topf in Arkus' Richtung. Mit einem lauten Krachen fiel er ihm vor die Füße. Die Zwillinge bombardierten Arkus mit allem, was sie auftreiben konnten: Fischmesser, Nussknacker, Pastetenformen und Teigschaber flogen durch die Luft. Ein Bierkrug aus Zinn traf Arkus genau an der Brust. Diesmal stöhnte er. Er hielt das Tau in der einen Hand und fingerte mit der anderen nach einem Säbel, der in seinem Gürtel steckte.

»Weiter!«, schrie Finopico.

Unten in der Kabine hatte sich Malva hinter Babilas geflüchtet. Das Klirren, das sie hörte, ließ sie erzittern. Einen Moment glaubte sie, ganze Heerscharen auf der Treppe zu erkennen.

»Er kommt!«, schrie sie und klammerte sich an Babilas.

Aber die Schritte verhallten, und Babilas lächelte ihr beruhigend zu. Es waren sicher nur Finopico und einer der Zwillinge gewesen, die neue Munition holten.

Kurze Zeit später jedoch vernahmen Malva und Babilas erneut Lärm auf der Treppe. Und ein Stöhnen. Dann rüttelte jemand an der Kajütentür.

»Nein!«, schrie Malva. »Fort mit Euch!«

»Malva ...«, rief eine Stimme von der anderen Seite.

Es war nicht Arkus.

»Lea?«, fragte Malva beunruhigt.

Sie sprang zur Tür und öffnete sie. Das Mädchen aus Balmun sank auf den Boden. Sie war einer Ohnmacht nahe. Malva packte sie unter den Achseln und versuchte, sie aufzurichten.

»Die Seeleute aus Dunbraven ...«, stammelte sie atemlos. »Sie haben ... mir eins über den Kopf gegeben! Sie ... sind auf der Flucht!«

Babilas richtete sich auf. Seine Gesichtszüge hatten sich verhärtet. Als Lea auf die Treppe zur Luke zeigte, rannte er aus der Kabine und ließ die beiden Mädchen allein und wie betäubt zurück.

An Deck hatte sich die Situation zugespitzt. Arkus war es gelungen, an Bord der Fabula zu springen. Er hing aufrecht am Segel, mit der einen Hand krallte er sich an den Tauen fest, mit der anderen fuchtelte er mit dem Säbel herum, um sich Orfeus, Finopico und die Zwillinge vom Leib zu halten. Letztere warfen weiterhin alle möglichen Objekte auf ihn, denen er nicht immer ausweichen konnte. Er blutete an der Stirn, aber kein Laut, kein Schrei entwich seinen Lippen. Er war einfach wie eine Wand aus Hass, wie eine Kriegsmaschine. Orfeus hielt das Messer auf ihn gerichtet und betrachtete ihn voller Furcht. Da er ihn nun aus nächster Nähe sah, beeindruckte ihn dieser Mann derart, dass er wie gelähmt war.

Als Babilas endlich aus der Hauptluke nach oben kam, sah er sich unmittelbar Arkus gegenüber. Vor allem aber erblickte er die sechs Seeleute aus Dunbraven, die aus den Laderäumen geflohen waren.

Einer von ihnen hatte sich den Nokros geschnappt.

Die anderen bildeten einen Kreis um ihn herum. Trotz ihres bedauernswerten Zustands schienen sie wild entschlossen, alles zu tun, um diesen Schatz zu hüten, der ihnen selbst abhanden gekommen war. Der Nokros enthielt genau sechs Lebenssteine: Er war ihre letzte Rettung!

Babilas zögerte keinen Augenblick. Ohne den Nokros, das wusste er, war jede Chance zu überleben verloren. Er ging auf den Mann zu, der das kostbare Stundenglas gegen seine Brust drückte.

»Balbh tafoad!«, knurrte dieser.

Die anderen krümmten die Rücken und wandten ihre blutigen Gesichter Babilas zu. Die Blinden versuchten sich an den Geräuschen zu orientieren, diejenigen, die keine Nägel mehr hatten, hoben ihre blutigen Hände und zogen ihre Finger krallenartig zusammen.

»Gwewyn pluchtar aim!«, krächzte einer von ihnen und warf sich auf Babilas.

Der Riese fing ihn im Flug auf. Er war so voller Zorn, dass sich seine Kräfte verdoppelten. Er hielt den Mann über seinem Kopf, als wäre er nur ein Stück Holz, und warf ihn zu Boden. Sofort griffen ihn zwei weitere Seeleute an. Babilas hämmerte drauflos, er schlug zu und schob sie beiseite. Außer sich vor Wut, hörte er die Schreie, die seine Freunde im Kampf gegen Arkus ausstießen, nicht mehr. Mit den Fäusten erkämpfte er sich einen Weg zu dem Mann, der den Nokros in den Händen hielt. Dieser hatte sich verängstigt zum Hauptmast zurückgezogen.

Als Babilas den Arm nach dem Nokros ausstreckte, wich der Mann noch weiter zurück, stolperte und fiel hin.

Dabei war ein seltsam kristallenes Geräusch zu vernehmen. Babilas erbleichte. Wenn der Nokros zerbrach, war alles vorbei!

Er warf sich auf den Seemann, drückte ihn zu Boden und schlug auf ihn ein. Endlich bekam er den Nokros zu fassen und stand auf. Einer der Männer aus Dunbraven hatte sich an seinen Schultern festgekrallt und versuchte, ihn mit einem Arm zu würgen. Babilas versetzte ihm einen Stoß mit dem Ellbogen und drehte sich im Kreis. Schließlich gelang es ihm, ihn abzuschütteln. Mit der linken Hand hielt er den Nokros hoch über seinem Kopf.

Als er sich umdrehte, sah er Malva und Lea aus der Luke steigen. Er ging auf sie zu und übergab ihnen das Stundenglas. Von der Rückseite der Fabula näherte sich Arkus. Malva stieß einen Schrei aus, als sie ihn erblickte. Wie irre sah Arkus sie mit seinen grauen

Augen an. Er fuchtelte wild mit seinem Säbel herum und machte einen großen Schritt nach vorn.

»Vorsicht!«, schrie Orfeus.

Es ging alles sehr schnell. Orfeus sprang dazwischen und sein Messer schnitt tief in Arkus' Arm. Der jähe Aufprall ließ ihn innehalten. Gleichzeitig spürte Orfeus einen unerträglichen Schmerz.

Der Säbel … Arkus' Säbel. Als er dazwischensprang, um die Prinzessin zu schützen, hatte er sich selbst aufgespießt!

In dem allgemeinen Durcheinander merkte es zunächst niemand. Malva und Lea hatten sich mit dem Nokros tief in den Schiffsbauch zurückgezogen, und während Finopico und die Zwillinge damit beschäftigt waren, ihre Wurfgeschütze wieder einzusammeln, war Babilas weiterhin mit den zahnlosen Seeleuten zu Gange. Diese wurden vor lauter Verzweiflung und Erschöpfung immer unverschämter.

Mit einem Mal verstand Babilas, dass er keine andere Wahl hatte: Diese Männer hatten sein Mitleid nicht verdient. Sie waren eine Gefahr für die Fabula. Also packte er einen von ihnen, schleppte ihn zur Reling und warf ihn mit einer weit ausholenden Geste über Bord.

»Lambrog! Eidaith!«, jaulten die anderen auf.

In Todesangst krochen sie schreiend in alle Richtungen auseinander und hinterließen an Deck blutige Spuren.

Babilas packte sie einen nach dem anderen und warf sie über Bord.

Als er den fünften ins Wasser befördert hatte, begann er, den sechsten zu suchen, denn der war verschwunden.

»Babilas!«, riefen in diesem Moment die Zwillinge verzweifelt.

Sie hatten sich an Arkus' Beine geklammert. Dieser schlug wild um sich, während Finopico so gut es ging den Eingang zur Luke versperrte.

Babilas warf sich wie ein Geschoss auf Arkus. Die Zwillinge ließen von ihm ab und brachten sich in Sicherheit. Durch den Angriff des Riesen aus dem Gleichgewicht gebracht, knallte Arkus zu Boden. Er schrie laut auf.

Von irgendwoher war Als Bellen zu hören.

Babilas packte den sich vor Wut hin- und herwindenden Arkus an den Handgelenken. Er näherte sich der Rampe, denn er wollte ihn über Bord werfen, aber Arkus gelang es, sich an der Reling festzuhalten. Seine Augen glühten vor Hass. Zu guter Letzt versetzte Babilas ihm einen Faustschlag mitten ins Gesicht. Arkus ließ die Reling los und stürzte in die Tiefe. Als er ins Wasser fiel, öffnete Babilas den Mund. Ein seltsamer tiefer Schrei entfuhr seiner Kehle.

Der Riese wandte sich um. Er war völlig außer Atem und schweißgebadet. Er suchte mit den Augen nach dem fehlenden sechsten Seemann, der seinem Wutanfall entkommen war. Er horchte. Als Bellen hatte sich in ein Knurren verwandelt. Babilas ging dem Knurren nach, seine Fäuste waren geballt, sein Nacken angespannt. Das Knurren kam vom Bug des Schiffes. Er stürzte los und entdeckte das, wonach er suchte, hinter einem Haufen Fässer: Der blinde Seemann kniete auf den Planken, und Al hielt ihn in Schach. Der Bernhardiner hatte sich im Arm des Mannes festgebissen und ihn so daran gehindert wegzulaufen.

Babilas packte den Blinden an der Gurgel. In Sekundenschnelle schnappte er ihn und schleuderte ihn einfach durch die Luft wie ein Paket. Der Mann ging in den Fluten unter. Ein zweiter durchdringender Schrei kam aus Babilas' Kehle. Ein heiserer, wilder, klagender Schrei, ein so lange zurückgehaltener Schrei aus unergründlichen Tiefen. Finopico und die Zwillinge konnten es kaum fassen.

In den unruhigen Fluten, die gegen die Flanken der Fabula klatschten, versuchten Arkus und die Seeleute sich über Wasser zu halten. Sie spuckten, husteten, rülpsten, krallten sich an den Rumpf und suchten den Himmel mit den Augen nach göttlicher Hilfe ab. Aber nicht die Gottheiten erhörten ihre Schwüre …

»Seht doch!«, schrie plötzlich Pepe und zeigte mit dem Finger gen Westen.

In geradliniger Anordnung flogen die Wächtervögel heran. Babilas gesellte sich zu den anderen, in ständiger Bereitschaft, sich erneut in den Kampf zu stürzen, während Al zur hinteren Kajüte hinkte. Malva und Lea, die den Nokros sicher abgestellt hatten, kletterten ihrerseits aus der Luke.

Sie sahen, wie die Vögel sich zwischen die beiden Schiffe stürzten. Trotz der beeindruckenden Spannweite ihrer mechanischen Flügel waren sie beweglich und geschickt und schlugen die Krallen in ihre Beute. Während die Seeleute aus den Fluten in die Lüfte gehoben wurden, stießen sie grauenhafte Schreie aus.

»Nicht mich! Nicht mich!«, flehte Arkus und schwamm verzweifelt zu der Strickleiter, die am Rumpf des Schiffes hing.

Die Wächtervögel, die eigentlich keinen Grund hatten, Mitleid mit ihm zu haben, ließen von ihm ab. Als sie sich die sechs Seeleute gekrallt hatten, erhoben sie sich in die Lüfte, kreisten einen Moment über der Fabula am azurblauen Himmel und entfernten sich dann schnell.

»Sie fliegen zum … zum … Verlies des Grauens.« Galotcho fröstelte.

Einen Moment lang senkte sich ein betroffenes Schweigen über das Schiff. Babilas bewies einmal mehr seine unglaublichen Kräfte: Er riss der Reihe nach die Krallen der Enterhaken heraus, die Arkus eingeschlagen hatte. Die Fabula war wieder befreit von der zispasischen Dschunke. Sofort spülten die Wellen einen Abstand zwischen die Schiffe.

Arkus war durchnässt und halbtot, doch er versuchte stöhnend, an seinem Schiff hinaufzuklettern. Malva sah ihm zu. Sie wusste nicht recht, ob ihr zum Lachen oder zum Weinen zumute war. Sie tat weder das eine noch das andere, denn sie war durch die Ereignisse zu verwirrt. Sie senkte den Blick.

Genau in diesem Moment bemerkte sie Orfeus. Er lag auf dem Deck, sein Atem flog, und er war ganz bleich. Unter ihm sickerte Blut hervor. Sie wollte schreien, aber Babilas kam ihr zuvor: »Orfeus!«, sagte er mit kratziger Stimme. »Orfeus, gwisdall esdog!«

Alle zuckten zusammen. Durch welches Wunder hatte Babilas seine Sprache wiedergefunden? Die Augen vor Überraschung weit aufgerissenen, antwortete ihm Lea in der Sprache Dunbravens: »Not gwisdall esdog! Orfeus crogoil!«

Sie warf den anderen einen flehenden Blick zu.

»Orfeus wird nicht sterben! Ich kenne eine Medizin!«

Sie kniete sich dicht neben den regungslosen Körper des Kapitäns und drehte ihn vorsichtig um. Arkus' Säbel hatte eine klaffende Wunde in seinen Bauch gerissen.

33 ✧ Aus Malvas Tagebuch

Während ich diese Zeilen schreibe, ringt Orfeus mit dem Tod. Wir haben ihn in Leas Kajüte gebracht. Mit Hilfe von Finopico ist es ihr gelungen, eine dieser Arzneien herzustellen, die bereits mich geheilt haben. Ich habe einige Laken in Meerwasser ausgekocht und Lea hat den Stoff mit einer Salbe getränkt, die furchtbar gestunken hat. Diesen Verband hat sie auf Orfeus' Wunde gelegt. Er hat das Bewusstsein verloren. Bei der Heiligen Harmonie, bei der Heiligen Ruhe …

Malva wischte sich die Tränen aus dem Gesicht und schrieb weiter:

… bitte lasst ihn überleben! Wenn ich gewusst hätte, welche Leiden wir zu durchleben haben, als Kata uns ihren finsteren Handel unterbreitet hat, hätte ich die Bedingungen niemals akzeptiert.

Wir sind alle am Ende unserer Kräfte. Lea macht mir Sorgen. Die Seeleute aus Dunbraven haben ihr derart übel mitgespielt, dass sie immer noch blaue Flecken auf ihren Armen und auf der Stirn hat. Sie ist so bescheiden, dass sie es ablehnt, sich selbst zu behandeln. Die Zwillinge sind sehr erschöpft nach dem Kampf gegen Arkus. Sie haben ein wenig angegeben, als sie erzählten, wie sie ihn mit allen möglichen Gegenständen bombardiert haben, aber ich habe genau bemerkt, dass sie noch immer gezittert haben. Finopico, der normalerweise immer sehr geschwätzig ist, sagt kein Wort mehr. Er hat sich in seiner Kombüse eingeschlossen und liest in seinen Fischbüchern! Das ist vielleicht nicht ganz der passende Augenblick, aber ich glaube, es ist seine Art, mit dem Schock fertigzuwerden. Was Babilas angeht, stehe ich vor einem Rätsel … Bei all dem, was ständig passiert, haben wir kaum Zeit, uns richtig mit ihm zu befassen, aber eines ist sicher: Er spricht wieder. Problematisch ist nur, dass er lediglich die Sprache von Dunbraven spricht. Er hat das Galnizische verlernt, das doch einmal seine Muttersprache war. Dafür hat er sich die Sprache der Seeleute angeeignet, die er in die Fluten geworfen hat. Es ist auch die Sprache seiner Verlobten … Könnte man darin eine Art Heilprozess erkennen?

Malva hörte auf zu schreiben und beugte sich hinunter zu Al, der sich zu ihren Füßen hingelegt hatte. Sie streichelte die warme Flanke des Bernhardiners. Die Anwesenheit des Tieres tat ihr gut.

»Du bist auch ein Held«, flüsterte sie ihm zu. »Schließlich hast du ja einen der Diebe des Stundenglases gebissen.«

Sie seufzte und sah zum Zeitzerstörer hinüber, der nun auf dem Regal über der Pritsche stand. Das Glas hatte bei dem Sturz einen Sprung bekommen. Um ein Haar wäre es zerbrochen … Malva zitterte. Damit wäre ihr Schicksal unumstößlich besiegelt gewesen.

Die tödliche Säure hatte bereits ganze Arbeit geleistet. Bis morgen Abend würden nur noch fünf Lebenssteine übrig sein, und damit blieben ihnen nur noch zehn Tage, um die verdammten Tore, die aus dem Inselmeer hinausführten, zu finden. Sie setzte die Feder wieder auf das Papier.

Unsere Prüfungen sind noch lange nicht vorbei. Wenn Orfeus überlebt, glaube ich daran, dass wir es schaffen. Aber wenn er nun stirbt? Ich kann mir nicht vorstellen, wie wir die Reise ohne ihn fortsetzen sollen. Ohne seine Entschlossenheit, ohne seinen Mut, ohne seine Freundlichkeit und seine Intelligenz. Ich kann es nicht ertragen, noch mehr Menschen zu verlieren, die ich liebe. Angesichts dieser Qualen hilft mir auch mein Traum von Elgolien nicht mehr weiter. Ich gebe mir Mühe. Doch wenn ich mich auf meiner Liege ausstrecke, die Augen schließe und mir den Berg Ur-Tha, die Bucht Dao-Boa und den Barathsee vorstelle, gelingt es mir kaum noch. Es ist, als hätte ich die Fähigkeit verloren zu träumen.

Als ich Arkus vorhin so dicht vor mir sah, hat mich eine derart tiefe Furcht erfasst, dass mich Lea wegziehen musste, um mich in Sicherheit zu bringen. Später war ich allein auf Deck und schaute dem Segel seines abdriftenden Schiffes hinterher. Babilas hatte das Steuer der Fabula nach Westen umgelegt. Erst danach wurde ich ruhiger. Bevor ich wieder in die Kajüte hinabgestiegen bin, habe ich noch einmal zurückgeblickt. Die Nacht war bereits hereingebrochen, und ich konnte nichts sehen. Ich wünsche mir nichts sehnlicher, als dass sie Arkus in das Verlies des Grauens werfen.

Malva hatte einen Krampf in der Hand und musste das Schreiben unterbrechen. Außerdem war sie sehr müde. Sie machte sich nicht einmal mehr die Mühe, die Papiere zusammenzufalten. Sie sank auf ihr Bett und wurde sogleich vom Schlaf übermannt.

34 ✧ Die Insel hinter dem Nebel

In dieser Nacht schliefen alle bis auf Lea. Sie wich nicht von Orfeus' Seite. Still und aufmerksam saß sie bei ihm, wechselte alle paar Stunden den Verband und flößte ihm den Trank ein, den sie aus den auf Jahalods Insel gesammelten Pflanzen und Kräutern hergestellt hatte.

Als der Morgen graute, stellte sie fest, dass er ruhiger schlief. Daraus schloss sie, dass er nicht mehr so große Schmerzen hatte. Die Wunde war sauber und blutete nicht mehr. Lea wischte sein Gesicht mit Margeritenstängeln ab, verließ die Kabine und ging hinauf an Deck, um die Sonne zu begrüßen. In ihrem weit entfernten Heimatland hielten die Heiler es für ein gutes Zeichen, wenn die Verwundeten oder Kranken die erste Nacht überlebten. Dann sollte man der Natur zum Zeichen der Dankbarkeit Opfer bringen.

Als sie den Kopf aus der Luke streckte, war das ganze Deck in dichten Nebel gehüllt. Man konnte die Hand vor Augen kaum erkennen! Lea tastete sich einige Schritte vor und versuchte, an die Reling zu gelangen. Es war kalt. Die Feuchtigkeit durchnässte bereits ihre Kleider und ließ sie mit den Zähnen klappern.

Sie beugte sich so weit wie möglich über die Reling, aber sie konnte nichts erkennen. Die Fabula schien in Watte gepackt zu sein. Um der Sonne zu huldigen, musste sie wohl noch warten.

Verwirrt kehrte Lea in die Kabine zurück. Sie zitterte noch immer und suchte überall nach einer trockenen Decke, die sie schließlich in der hintersten Ecke ihrer Koje fand. Sie deckte Orfeus damit zu. In seinem angeschlagenen Zustand konnte jede Art von Kälte tödlich für ihn sein. Vor allem deshalb – das war Lea bereits aufgefallen –, weil Orfeus schon beim geringsten Luftzug einen Schnupfen bekam. Als sie sich sicher war, dass ihr Patient gut zugedeckt war, suchte Lea nach etwas Wärmendem für sich selbst. Während der Stürme waren die meisten Kleider im Innern des Schiffes unbrauchbar geworden. Ihr Blick fiel auf die Jacke des Ersten Offiziers, die sie Orfeus ausgezogen hatte, um ihn zu behandeln. In dem dicken Stoff klaffte aufgrund des Säbelstoßes ein zehn Zentimeter langer Riss, und außerdem war sie voller Blutflecken … Wie sie mit einem Mal fror!

Lea zögerte nicht länger: Sie schlüpfte in die Jacke, die ihr viel zu groß war, krempelte die Ärmel um und verließ erneut die Kajüte. Unterwegs traf sie Finopico. Laut schimpfend wühlte er sich durch Kisten und Küchengeräte.

»Was für eine Kälte!«, meckerte er. »Wir sollten dieses verhexte Inselmeer schleunigst hinter uns lassen!«

Als er Lea bemerkte, riss er sich zusammen.

»Wie geht es Orfeus?«, erkundigte er sich, ohne die Kramerei in den Kisten zu unterbrechen.

»Ein wenig besser«, sagte Lea. »Er blutet nicht mehr. Ich glaube, er wird überleben.«

»Für einen Grünschnabel hat er ganz schön Mut«, meinte Finopico. »Und für eine Fremde …«

Er hob den Kopf und grinste Lea an.

»Ich muss sagen, auch du bist sehr mutig!«

»Danke«, murmelte die junge Frau.

»Na, also!«, rief Finopico und zog eine wollene Jacke heraus.

Er steckte seine Nase hinein, verzog das Gesicht, zuckte mit den Schultern und ließ die Jacke wieder fallen. Er rieb sich die Hände und verkündete dann, dass er für alle eine heiße Suppe zubereiten würde.

»Ich weiß zwar nicht, worin, denn alle meine Töpfe haben als Wurfgeschosse gegen Arkus geendet oder sind im Meer versunken, aber das kriege ich schon hin! Was für ein Sauwetter!«

Als sich Lea wieder auf Deck begeben wollte, öffnete Malva die Tür ihrer Kabine und rief: »Was ist denn bloß los? Mir ist eiskalt!«

»Nebel«, antwortete Lea und wies mit dem Kinn nach draußen.

Malva folgte ihr auf die Treppe. Ihre Lippen waren blau gefroren. Sie befragte ihre Freundin nach Orfeus' Zustand, und als diese sie beruhigen konnte, lächelte sie. Doch dann schlug ihre Stimmung um: »Ist das nicht seine Jacke, die du da trägst? Orfeus' Jacke?«

»Oh … ja«, sagte Lea. »Ich habe nichts anderes gefunden, um mich ein wenig zu wärmen.«

Malva warf ihr einen vorwurfsvollen Blick zu.

»Nicht böse sein«, fügte Lea hinzu. »Wenn es dich stört, gebe ich dir die Jacke und suche mir etwas anderes.«

»Nein«, antwortete Malva kurz angebunden. »Behalt sie. Die Jacke interessiert mich nicht im Geringsten. Filomena hat mir immer gesagt, dass es Unglück bringt, blutbefleckte Kleider zu tragen.«

Sie machte auf dem Absatz kehrt und warf die Tür zu ihrer Kabine mit Schwung zu. Lea stieß einen Seufzer aus, denn sie hatte eine Ahnung, warum Malva so wütend war. Sie beschloss aber, sich darüber keine weiteren Gedanken zu machen. Sie wollte vor allem sicher sein, dass Babilas noch das Steuer der Fabula fest in der Hand hielt. In diesem Nebel musste man unbedingt wachsam bleiben.

An Deck herrschte noch immer dieser dichte milchige undurchdringliche Nebel. Wenn man atmete, war es, als würde die Luft durch die Nasenlöcher und den Mund sickern und dort einen modrigen Geruch verbreiten. Lea presste die Arme enger um sich und ging ein paar Schritte in Richtung der hinteren Kajüte. Verwundert stellte sie fest, dass das Deck leicht schräg stand. Da es windstill war, bestand dazu eigentlich kein Grund.

Babilas war nicht da. Das Steuer war festgemacht, und das Schiff hielt den Kurs. Lea schien das nicht besonders umsichtig. Sie warf einen Blick nach Backbord, dann nach Steuerbord. In diesem Augenblick erkannte sie durch den Nebelvorhang Schemen.

Besorgt ging sie näher heran und rieb sich die Augen. Da war etwas, ganz nah. War es Arkus etwa gelungen, ihnen zu folgen? Sie blieb stehen und horchte. Plötzlich riss der Nebel auf und gab den Blick frei … auf einen mächtigen Felsen! Lea erbleichte.

»Felsen!«, schrie sie.

Sie rannte zur Luke und verhedderte sich mit den Füßen in den zusammengerollten Tauen.

»Felsen! Felsen!«

Ihr Schrei wurde sogleich von den anderen Mitgliedern der Mannschaft, mit Ausnahme von Orfeus, gehört. Finopico und Babilas reagierten am schnellsten. Sie sprangen aus der Luke und stießen fast mit Lea zusammen, die sich die Lunge aus dem Hals schrie.

»Brogsgin!«, sagte sie zu Babilas in der Sprache Dunbravens.

Der Riese rannte sofort zum Steuerrad und löste es. Doch es gelang ihm nicht, den Kurs zu ändern.

»Hufeneth gwar!«, fluchte er.

»Was sagt er?«, Finopico war beunruhigt.

Die Zwillinge kamen nun ihrerseits an Deck gerannt. Sie hatten sich in Decken gehüllt. Ihnen folgte Malva. Sie trug eine alte löchrige Strickjacke über ihrer Weste. Trotzdem schlotterte sie vor Kälte. Ihr fehlte Uzmirs Jacke aus Oryackhaut, die die Eunuchen Temir-Gais ihr entwendet hatten.

»Das Steuer lässt sich nicht mehr betätigen!«, übersetzte Lea aufgelöst.

Sie rannten zusammen zur Kajüte und rechneten mit einem lauten Krachen und einer großen Erschütterung.

Doch es passierte nichts.

Stille breitete sich aus. Nicht einmal das typische Klatschen der Brandung gegen den Felsen war zu hören. Es gab kein Gurgeln, kein Plätschern, nichts.

Mit einem Schlag entspannte sich die Mannschaft wieder. Sie tauschten verwunderte Blicke und sahen zu, wie der Nebel aufriss und die Sicht klarer wurde.

»Da!«, schrie Malva, die sich über die Reling gebeugt hatte. »Sand! Das Schiff ist auf Sand gelaufen!«

Die anderen beugten sich ebenfalls vor und stellten verdutzt fest, dass sie recht hatte.

»Wir sind in der Nacht auf eine Sandbank gelaufen!«, sagte Finopico. »Die Fabula steckt im Sand fest.«

In diesem Moment löste sich ein großer Nebelschwaden auf. Die Felsen traten deutlich hervor, hoch aufragend, dunkel und triefend vor Nässe. Sie waren dem Rumpf des Schiffes so nahe, dass es an ein Wunder grenzte, dass sie sie nicht gerammt hatten.

»Felsklippen, Sand …«, murmelte Malva. »Wir haben eine weitere Insel des Archipels erreicht.«

Der Nebel lichtete sich nun immer mehr und gab den Blick auf die Landschaft frei. Bäume tauchten auf, beschnittene Büsche und gepflasterte Wege, die sich an den Felsen entlangschlängelten. Dies hier war nicht das Werk der Natur, diese Insel war offensichtlich bewohnt.

»Gehen wir an Land«, schlug Galotcho vor.

»Wir müssen Holz hacken, damit wir Feuer machen können«, fügte Pepe hinzu. »Wenn es so weitergeht, kommen wir noch um vor Kälte.«

Kaum hatte er das ausgesprochen, brach ein Sonnenstrahl durch die dichten Wolken. Die Passagiere der Fabula schauten zum Himmel. Mit einem Mal hob sich der Nebel ganz. Es war, als öffnete sich der Vorhang zu Beginn einer Theatervorstellung! Und was für eine Vorstellung!

Vor den erstaunten Augen von Malva und ihren Freunden erstrahlte die gesamte Insel: Sie sah aus wie ein Kegel; zum Meer hin war sie breit, und am oberen Ende lief sie spitz zu. Sie ragte so hoch auf, dass sich die Reisenden die Hälse verrenken mussten, um ihren höchsten Punkt zu erblicken. Über den Felsklippen erstreckten sich weite, von Blumen bedeckte Felder, an die sich ein Wäldchen anschloss. Ganz oben auf der Insel lag eine Stadt mit roten Dächern. Straßen, die von Mauern gesäumt waren, kreuzten sich, unterteilten die Landschaft und verliehen ihr dadurch einen sehr geordneten und gepflegten Eindruck. Auf dem höchsten Punkt wurden Stadt und Meer von einem Leuchtturm überragt. Er sah aus wie eine riesige Kerze auf einem Kuchen.

»Kigchupen!«, entfuhr es Babilas.

»Unglaublich!«, riefen die Zwillinge gleichzeitig aus.

Die überwältigende Schönheit der Insel nahm ihnen den Atem. Im Sonnenlicht zeichnete sich jedes kleine Detail so deutlich ab, als wäre es mit einem Pinsel gemalt: hier ein Beet purpurroter Blumen, dort ein Waschtrog unter einem Scheunendach, ein frisch bestelltes Feld, ein Ochsenfuhrwerk, Vieh auf einer Weide und weiter oben kleine Sträßchen und Plätze mit Brunnen.

»Die Bevölkerung dieser Insel scheint durch und durch zivilisiert zu sein«, freute sich Finopico. »Endlich mal Menschen, die es verstehen, aus jedem Eckchen ihres Landes etwas zu machen.«

»Das ist wahr«, antwortete Malva, »aber … wo sind denn nur diese Menschen?«

»Vielleicht mögen sie den Nebel nicht?«, mutmaßte Lea.

»Aber der ist doch weg«, meinte Galotcho und ließ die Decke von seinen Schultern zu Boden fallen.

Es stimmte. Die Sonne begann sie zu wärmen, und die Lebensgeister kehrten zurück.

»Langsam wird es sogar richtig heiß«, ergänzte Malva und warf Lea, die Orfeus' Jacke noch immer nicht abgelegt hatte, einen fragenden Blick zu.

Um mit gutem Beispiel voranzugehen, entledigte sich Malva ihrer Strickjacke, doch das Mädchen aus Balmun schenkte ihr keine Beachtung. Sie starrte weiter auf die vor ihr liegende Insel.

»Ich möchte mich umsehen«, sagte sie. »Hier finden sich sicher andere Kräuter, mit denen ich Orfeus behandeln kann.«

»Aber du hast doch gesagt, es geht ihm schon besser«, wandte Malva ein.

»Besser, ja. Aber er ist noch nicht gesund. Eine wirklich gute Medizin wären Brombeerblätter, Büffelmilch und der Panzer von Skorpionen. Hier könnte ich vielleicht …«

»Wir kommen mit!«, schlugen die Zwillinge vor. »Al kann ja auf den Kapitän aufpassen.«

Malva, Finopico und Babilas zögerten noch. Diese Insel schien friedlich zu sein. Bei ihrem Anblick hatte man den unwiderstehlichen Wunsch, an den Bächen entlangzuspazieren und in den Feldern herumzutollen. Man wollte seinen Durst an den Brunnen stillen, sich vor die Häuser setzen und an den aufgeheizten Steinen der Häuserwände aufwärmen.

»Kommt schon!«, drängelten die Zwillinge. »Was kann uns schon passieren? Die Bewohner sind sicher friedliche Leute!«

»Jahalod-Rin sah auch aus wie ein freundlicher Mann«, gab Malva zu bedenken. »Ihr seid so leichtsinnig, dass ihr eure bisher gemachten Erfahrungen vergesst!«

Die Zwillinge stöhnten.

»Wir sind nicht leichtsinnig«, beklagten sie sich. »Wir haben es satt, immerzu misstrauisch zu sein.«

»Wir haben doch nicht nur Feinde in diesem Inselmeer!«, beschwerte sich Pepe.

»Kata hat von Schätzen gesprochen«, meinte Galotcho. »Meiner Meinung nach ist das hier einer: Die Insel erinnert mich ein wenig an Galnizien!«

Babilas zeigte plötzlich mit dem Finger auf die Häuser aus roten Ziegelsteinen und sagte etwas, das Lea übersetzte: »Seht doch nur die Fensterläden dort! Sie öffnen sich!«

Ein Haus nach dem anderen erwachte an diesem neuen Tag zum Leben. Von Deck der Fabula aus war es unmöglich, die Gesichter der Einwohner zu erkennen, aber die Stadt begann sich zu regen. Eine Glocke erklang von irgendwoher. Man hörte das Rumpeln von Rädern, die übers Pflaster rollten.

»Einverstanden. Diese Insel hat nichts Bedrohliches an sich«, erklärte Finopico schließlich. »Nutzen wir das schöne Wetter, um von Bord zu gehen!«

Alle bis auf Malva schlossen sich an. Sie wollte an Bord bleiben. »Ich bewache die Suppe«, sagte sie. »Und wenn Orfeus aufwacht, ist er nicht allein.«

Sie schaute ihren Freunden zu, wie sie die Strickleiter hinunterkletterten.

»Aber trödelt nicht!«, riet sie ihnen. »Im Nokros sind nur noch fünf Lebenssteine!«

Meeresvögel kreisten über der Steilküste. Von Zeit zu Zeit stießen sie in die Nischen zwischen den Felsen hinab, in denen ihre Jungen nisteten. Leichter Wind war aufgekommen, und es war jetzt angenehm warm. Gut gelaunt führte Lea ihre kleine Entdeckergruppe über einen steilen Weg bis zu einer Straße, die auf die Felder hinausging. Dabei suchte sie den Wegrand ab. Ihr geschultes Auge erkannte Kräuter, Pflanzen, Wurzeln und nützliche Beeren, und davon erntete sie reichlich. Die Taschen ihres Umhangs quollen fast über.

»Eine unglaubliche Vielfalt«, sagte sie aufgeregt. »Ich werde es schon hinbekommen, das alles zusammenzumischen. Die Wissenschaft aus Balmun ist ein weites Feld!«

Bald erreichten sie die Wiesen, auf denen das Vieh weidete. Es waren keine Ziegen und auch keine Schafe oder Kühe. Finopico stützte sich auf den Zaun und kramte in seinem Gedächtnis, ob ihm eine solche Spezies in seinem Leben schon einmal begegnet war. Sie waren kurzbeinig, kräftig und muskulös wie kleine Stiere, aber sie hatten keine Hörner. Lange haarige Ohren baumelten auf beiden Seiten an den breiten, flachen Schnauzen herunter.

»So etwas habe ich noch nie gesehen«, sagte der Koch dann. »Würde ja zu gern mal ein solches Steak probieren!«

Sie ließen die Weiden und Felder hinter sich und stiegen zur Stadt hinauf. Als sie durch einen Wald gingen, sammelte Lea viele Pilze und Früchte. Je näher sie den Häusern kamen, desto mehr Geräusche waren zu hören: Glockengeläut, klappernde Fensterläden, Stimmen. Sie blieben am Waldrand stehen und lauschten.

Niemand war zu sehen. In den Straßen erklang fröhliches Geschnatter, das Klappern von Werkzeugen und perlendes Lachen, aber kein Krämer, kein Handwerker, kein Kind tauchte auf, um die Fremden willkommen zu heißen.

»Vielleicht … sind sie sehr klein?«, schlug Galotcho vor. »So winzig, dass man sie gar nicht sieht?«

»Red keinen Quatsch«, antwortete Finopico. »Ihre Häuser sind genauso groß wie unsere. Wir müssen einfach noch weiter herangehen.«

Er näherte sich mit Lea und Babilas der ersten kleinen Gasse. Der Lärm schien so nah zu sein … Plötzlich schoss ein Handkarren auf sie zu. Lea schrie auf. Der Handkarren blieb stehen. Die beiden Deichseln standen in der Luft, ganz ohne Zutun, wie von Geisterhand. Der Wagen war beladen mit sorgfältig gebundenen Reisigbündeln, aber wer zog ihn? Da war niemand!

»He!«, rief Finopico. «Wo seid ihr?«

Sofort fielen die Deichseln des Wagens mit einem lauten Knall auf das Pflaster. Pferdegetrappel war zu hören, dann eine Stimme, die aus dem Nichts zu kommen schien und in einer unverständlichen Sprache redete. Unverständlich … allerdings nicht für Lea.

»Er trommelt die anderen zusammen!«, übersetzte sie aufgeregt. »Er sagt, dass … dass ›die Retter da sind‹!«

»Retter?«, wiederholte Finopico.

»Wer soll das denn sein?«, jammerten die Zwillinge. »Wer hat denn da gesprochen? Und wer hat den Handkarren gezogen?«

Lea sah sie an und schüttelte den Kopf.

»Lloedzar a smigoim«, sagte Babilas. »Cnohmbelb brogez!«

»Und er?«, schrien jetzt die Zwillinge aufgeschreckt. »Was sagt er dazu?«

»Babilas glaubt, dass die Menschen hier unsichtbar sind«, übersetzte Lea.

Das klang überzeugend. Bald darauf erfüllte das Gemurmel der Leute die Straßen. Entsetzt und verängstigt sahen die fünf Reisenden zu, wie Weidenkörbe und Holzkübel in der Luft schwebten und ein kleines Spielzeugpferd auf Rollen über das Pflaster glitt, ohne dass jemand es anschob. Eine Mistgabel schwebte von ganz allein über den Köpfen der Unsichtbaren. Pepe zog an Finopicos Arm.

»Lasst uns abhauen!«, flehte er.

»Wartet!«, rief Lea. »Diese … Menschen wollen uns nichts tun. Lasst mich mal zuhören!«

Stimmen von Frauen, Männern und Kindern mischten sich und steigerten sich zu einem Lärm, der zwischen den Mauern der Häuser hin- und herhallte. Lea runzelte die Stirn und versuchte, der einen oder anderen Unterhaltung zu folgen. Von Zeit zu Zeit übersetzte sie etwas:

»Sie sagen, dass eine große Epidemie ihre Insel heimgesucht hat. Es gab keine Medizin … Niemand verfügte über Arznei …«

Ein kleiner Stoffballen rollte den Zwillingen plötzlich vor die Füße. Sie zuckten zusammen. Kurz darauf wurde der Ballen hochgehoben und vor ihren Nasen herumbalanciert.

»Hau ab!«, stöhnte Pepe und fuchtelte in der Luft herum, als ob er jemanden wegstoßen wollte. »Weg! Weg! Ich will nicht spielen!«

Eine zarte Stimme antwortete etwas.

»Das Kind sagt, es hätte noch nie einen Lebenden gesehen«, übersetzte Lea.

»Einen Lebenden?«, fragte Galotcho. »Soll das heißen … wir sind hier unter Toten?«

Lea nickte: »Sie sind alle Phantome. Keiner hat die Epidemie überlebt. Seitdem sind sie unsichtbar. Und jeden Tag warten sie auf Retter.«

Finopico erbleichte. Er stolperte rückwärts und stammelte, er wäre kein Erlöser, sondern nur ein Koch. Er schlug vor, so schnell wie möglich von diesem Ort zu verschwinden.

»Nein«, sagte Lea. «Wartet noch!«

Sie stellte jede Menge Fragen ins Leere und bekam darauf Antworten in der Sprache der Unsichtbaren. Währenddessen blieben Babilas, Finopico und die Zwillinge mit aufgerissenen Augen etwas abseits stehen. Schließlich wandte sich das Mädchen aus Balmun wieder ihnen zu. Sie lächelte: »Sie wollen uns etwas zeigen. Kommt!«

»Wie bitte?«, entrüstete sich Finopico. »Wir sollen ihnen folgen? Das kommt überhaupt nicht in Frage!«

»Diese Insel ist verflucht!«, fielen die Zwillinge ein. »Lasst uns zum Schiff zurückgehen!«

»Wie sollen wir denn bitte einer Meute Unsichtbarer helfen?«, beharrte Finopico und wich weiter zurück.

»Kata hat uns gesagt, dass wir unseren Ängsten ins Auge sehen sollen, sonst scheitern wir. Ich kann nicht anders. Wenn ihr zu feige seid, dann geht. Ich muss diesen Menschen helfen.«

»Him horch!«, rief Babilas und schloss sich Lea an.

Finopico biss sich auf die Lippen und senkte den Kopf. Er erinnerte sich genau an die Warnungen der Inselmeerherrscherin. Er seufzte, grummelte etwas, fügte sich aber dann und folgte den Unsichtbaren.

Galotcho und Pepe, die rechts und links neben ihm standen, sagten nichts. Widerwillig und ohne einen weiteren Blick auf die Plätze, Brunnen oder Türen zu werfen, gingen auch sie mit. Diese Stadt, die von Weitem so vielversprechend ausgesehen hatte, wurde in Wahrheit seit Jahren vom Tod beherrscht. Es war grauenvoll.

Die Mistgabel, die Holzkübel und Weidenkörbe, der Ballen und das Spielzeugpferd führten die Reisenden durch die gewundenen Straßen der Stadt. Schließlich versammelten sie sich um den Leuchtturm.

Jetzt bekamen die fünf Gefährten die andere Seite, das unbekannte Gesicht der Insel zu sehen. Hier hatte die Landschaft nicht mehr viel mit dem zu tun, was von der Fabula aus zu sichten war.

Dieser Ort war kaum mehr als ein riesiger Friedhof, ein Feld der Verwüstung, überwuchert von Brombeersträuchern und trockenen Zweigen, bedeckt von einer grauen Staubschicht. Die Gräber, die über die Böschung verstreut waren, sahen aus wie schwarze Wunden inmitten der wuchernden Sträucher.

Lea erschauderte. Wie schrecklich und unerbittlich musste diese Epidemie gewesen sein! Manche Gräber waren nicht größer als Kinderbetten. Sie spürte, wie sich ihr Herz, ihr Hals und ihre Hände zusammenzogen. Ihr ganzer Körper war erfüllt von dem Schmerz der Mütter, die ihre Kinder zu Grabe getragen hatten, von der Verzweiflung der Männer, die die Gräber ihrer Frauen hatten ausheben müssen, und von dem Elend dessen, der der letzte Überlebende gewesen war. Ganz allein auf seiner Heimatinsel, hatte er sich selbst ein Grab schaufeln müssen und war wie ein Hund gestorben.

Tränen liefen über Leas Gesicht, während die Unsichtbaren ihr erklärten, was sie erwarteten. Es war verrückt, ergab keinen Sinn und erschreckte sie, aber wenn ihnen jemand helfen könnte, dann war sie es, das Mädchen aus Balmun. Sie leistete einen Eid in der Sprache der Unsichtbaren und drehte sich dann zu ihren Gefährten um: »Ich werde heute Nacht wieder herkommen«, verkündete sie. »Ich werde das in Ordnung bringen, was zerbrochen ist. Dank der Heilkraft von Balmun werde ich das wieder zusammenfügen, was getrennt wurde.«

35 ✧ Die Stunde der Toten

»Du weißt ja nicht einmal, woran sie gestorben sind!«, entrüstete sich Malva.

Sie saß auf einer Kiste in einer Ecke auf dem Zwischendeck. Neben ihr rannte Lea hin und her, sortierte die Pflanzen und Wurzeln und schürte das Feuer unter dem letzten Topf, den es noch auf dem Schiff gab. Sie hatte die Ärmel ihres Umhangs hochgekrempelt und war so in Bewegung, dass ihre Stirn vor Schweiß glänzte.

»Wie kannst du nur annehmen, ein solches Wunder vollbringen zu können?«, beharrte Malva. »Deine Medizin kann Bisswunden heilen, gebrochene Knochen zusammenflicken, und sie kann sogar … tiefe Säbelschnitte wieder schließen! Aber das, um was dich diese Unsichtbaren bitten, ist etwas ganz anderes!«

Lea antwortete nicht. Sie konzentrierte sich mit Hingabe und Akribie auf ihr Vorhaben. Sie hackte die Blätter mit einem Messer, entkernte die wilden Beeren, bestimmte die richtige Dosis, maß ab, vermengte – nur noch dafür interessierte sie sich.

»Es sind Tote!«, schrie Malva. »Tote, die seit Jahren begraben sind! Du wirst es niemals schaffen, sie wieder zum Leben zu erwecken, Lea!«

Malva fand ihre Freundin vermessen: Für wen hielt sie sich? Wer auf diesen beiden Welten könnte sich damit brüsten, Toten wieder Leben einhauchen zu können? Tief in ihrem Innern war Malva eifersüchtig auf Leas Fähigkeiten. Orfeus würde ihr sicherlich grenzenlose Bewunderung entgegenbringen, wenn er denn wieder gesund würde …

»Ich habe keine Wahl«, antwortete Lea sanft. »Das ist meine Prüfung. Wenn ich mich der Prüfung verweigere, wird es Kata erfahren. Und sie wird uns alle in das Verlies des Grauens werfen.«

Malva umschlang ihre Knie mit den Armen und war beleidigt.

Dieser Tag hatte ihre Nerven auf eine harte Probe gestellt. Stundenlang hatte sie auf dem Schiff unruhig ihre Runden gedreht, während Orfeus in seiner Kajüte schlief. Sie hatte ihn unzählige Male besucht und immer gehofft, er würde die Augen aufschlagen und sie erkennen. Vergeblich: Orfeus schlief und schlief … Völlig verzweifelt hatte Malva sich Al geschnappt und ihn mit auf ihre Pritsche genommen, damit sie sich nicht so allein fühlte. Im Nokroskolben tropfte die Säure unerbittlich auf die fünf verbliebenen Lebenssteine. Dunkle Gedanken überwältigten sie. Als sie ihre Gefährten aber zurückkehren hörte, atmete sie erleichtert auf und lief ihnen entgegen.

Kaum waren sie an Bord, fingen sie auch an zu berichten, was sie entdeckt und erlebt hatten. Malva konnte schwerlich glauben, dass sie unsichtbaren Wesen über die Insel gefolgt waren. Aber es war die Wahrheit. Hier wie überall in diesem Inselmeer ereigneten sich unerklärliche Dinge.

Auf dem Friedhof, auf der anderen Inselseite, hatte Galotcho achtundsechzig Gräber gezählt. Was für ein Unglück!

Lea hatte das Wichtigste, das die Unsichtbaren ihr erklärt hatten, zusammengefasst. Jede Nacht wurde die Insel in Nebel gehüllt. Dann schlossen sich die Unsichtbaren in ihren Häusern ein. Es war die Stunde der Toten. Auf der anderen Seite der Insel verließen die Kadaver ihre Gräber. Sie stiegen hinauf auf den Leuchtturm und liefen durch Straßen, Felder und Wälder. In diesem Augenblick fiel die Temperatur um einige Grade. Trotz des dichten Nebels arbeiteten die Toten: Sie waren es, die die Straßen instand hielten, die verfallene Mauern ausbesserten, die Nubas-Nubas-Herden fütterten. Die Toten läuteten am Morgen, wenn der Nebel sich lichtete, die Glocken. Dann zogen sie sich wieder in ihre Gräber zurück und blieben ruhig bis zur nächsten Nacht. So war es seit dem Ende der Epidemie.

Als sie all das hörte, stellten sich Malva schon die Haare im Nacken auf. Aber als das Mädchen aus Balmun auch noch ankündigte, dass sie den Unsichtbaren versprochen hatte, ein Mittel zu finden, mit dem sie die Toten behandeln könnte, war sie sprachlos. Das in Ordnung zu bringen, was zerbrochen war, das zusammenfügen, was getrennt wurde … »Darauf haben sie gewartet. Der Prophezeiung nach würde ein Retter kommen und ein Wunder geschehen lassen: Er würde die beiden Inselteile wieder vereinen, die Körper, die die Krankheit zerstört hatte, wieder zusammenfügen, damit die Seelen wieder darin wohnen könnten und alles wieder so wäre wie früher.« Wenn es mir gelänge, eine Medizin zu finden, hatte Lea geendet und dabei ihre Kräuter und Früchte an Deck ausgebreitet, wäre der

Fluch, der über der Insel liegt, aufgehoben. Und dann können wir wieder gehen.

Seitdem wirbelte sie auf dem Zwischendeck umher und bereitete ihre Medizin zu.

Es wurde bereits dunkel. Nebelschwaden blieben an den Luken hängen, und die Kälte legte sich erneut auf die Fabula. Doch Lea bemerkte es gar nicht. Sie hatte Orfeus' Jacke abgestreift und auf die Kiste gelegt, während Malva schon mit den Zähnen klapperte.

»Nimm die Jacke«, forderte Lea sie auf. »Es sei denn, du fürchtest ein Unglück wegen der Blutflecken ...«

Malva zuckte mit den Achseln und schlüpfte in die Jacke. Am Kragen roch die Jacke besonders stark nach Orfeus. Malva atmete seinen Duft tief ein.

»Babilas hat gesagt, dass er mit mir kommt«, fing Lea wieder an. Stetig rührte sie den Trank um, der in dem Topf kochte. »Wir müssen achtundsechzig Toten diese Medizin verabreichen, bevor die Sonne aufgeht.«

»Das sind viele«, bestätigte Malva.

»Ich brauche noch Hilfe«, fügte Lea hinzu. »Die Zwillinge sind zu ängstlich. Finopico auch, aber du?«

Malva krallte die Finger ins Revers der Jacke, denn sie wusste nicht, was sie antworten sollte. Lea schüttete gerade das Pulver, das sie aus den gesammelten Wurzeln gewonnen hatte, in den Topf. Eine übelriechende Rauchwolke verbreitete sich über das gesamte Zwischendeck. Finopico kam entsetzt aus seiner Kombüse gerannt.

»Wie riecht denn das?«, schrie er. »Das ist ja unerträglich!«

»Um eine tödliche Krankheit zu heilen«, antwortete Lea ungerührt, »braucht es ein grässliches Gebräu.«

Der Koch schüttelte angewidert den Kopf:

»Bei der Heiligen Harmonie, bewahre unsere Warzen vor dieser Hexerei!«

Malva und Lea sahen sich an und brachen in Gelächter aus. Finopico schimpfte vor sich hin und knallte die Tür zu.

»Ich habe keine Angst«, sagte Malva, als sie wieder ernst geworden waren, »du kannst auf meine Hilfe zählen.«

Babilas, Lea und Malva verließen die Fabula zwei Stunden später. Sie waren bepackt mit Fläschchen und kleinen Gläschen, die Leas Heiltrank enthielten. Jeder von ihnen hatte eine Sturmlaterne bei sich, die ihren Weg allerdings kaum erhellte. Der Nebel hellte die Nacht auf, die Nacht verdunkelte den Nebel, man konnte kaum die eigenen Füße erkennen, wenn man nach unten blickte.

Es war so kalt, dass niemand an Deck die drei begleiten wollte. Die Zwillinge und Finopico hatten sich in der Kombüse rund um den Herd gekauert, und Al diente Orfeus als Decke. Das war Malvas Idee gewesen, damit der Kapitän nicht auskühlte. Der alte Bernhardiner hatte sich bereitwillig in voller Länge auf seinem Herrchen niedergelassen. Er sabberte ihn reichlich voll, aber Orfeus merkte es ja nicht.

Babilas sprang an Land und ging den beiden Mädchen voraus. Seine große Silhouette schwankte vor ihnen her. Es sah gespenstisch aus, beruhigte sie aber gleichzeitig. Im Gänsemarsch folgten die drei den Straßen und Wegen. Jenseits der Mauern verschwanden die Felder und Landschaften im Nebel. Plötzlich hörten sie von rechts ein Blöken. Es waren die Nubas-Nubas, die gefüttert werden wollten. Lea blieb stehen.

Sie hob ihre Laterne hoch und kletterte über die Mauer. Die beiden anderen folgten ihr schweigend. Sie nahmen den Weg durch die Felder. Das Korn und die Blumen waren ganz nass. Um sich Mut zu machen, roch Malva an Orfeus' Jacke. Jedes Mal, wenn sie einatmete, stieg ihr sein Geruch in die Nase und wärmte ihr ein bisschen das Herz.

Das Blöken der Nubas-Nubas war jetzt viel stärker zu hören. Zudem war ein lautes Knirschen, das Rascheln von Stroh und das Gluckern von Wasser vernehmbar. Irgendwo im Nebel waren die Toten gerade dabei, die Herde zu füttern und zu tränken.

Lea nahm ein Fläschchen aus der Tasche ihres Umhangs. Vorsichtig schlich sie heran und spitzte die Ohren, um sich zu orientieren. Hinter ihr klammerte sich Malva an Babilas. Die Angst schnürte ihr die Kehle zu.

Plötzlich tauchten im Schein der Laternen Schatten auf. Malva unterdrückte einen Schrei.

»Das sind nur die Nubas-Nubas«, flüsterte Lea und ging weiter.

Die Tiere mit den langen Ohren schüttelten sich und stampften mit den Beinen. Sie waren friedlich. Malva atmete tief durch. Doch in diesem Augenblick tauchte aus dem Dunkel ein größerer Schatten auf. Er trug auf seinem Rücken ein Bündel Heu. Lea riss sofort die Laterne nach oben und sagte ein paar Worte in der Sprache der Unsichtbaren. Der Schatten blieb stehen. Als sie nahe genug herangekommen waren, sahen die drei Gefährten sein Gesicht und waren sprachlos. Der Mann war abgemagert wie ein Skelett. Auf seinem ausgemergelten Hals saß ein aufgeblähtes Gesicht, leichenblass, mit violetten Streifen. Seine aufgerissenen, blutunterlaufenen Augen rollten hin und her.

Bei diesem erbarmungswürdigen Anblick versagten Malva die Beine. Babilas hakte sie fest unter, während Lea auf den Mann einredete. Sie hielt ihm das Fläschchen hin.

Der Tote legte sein Heubündel ab. Er betrachtete Lea erstaunt. Sie redete weiter auf ihn ein, bis er das Fläschchen nahm. Er drehte und wendete es in seinen Skelettfingern. Malva schloss die Augen: Der Anblick dieses Mannes, der seinem Grab entstiegen war, war ihr unerträglich. Als sie die Augen wieder öffnete, sah sie, wie der Mann das Fläschchen entkorkte und es an seine Lippen führte. Lea war nun so nahe bei ihm, dass sie ihn berühren konnte. Sie redete noch immer sanft auf ihn ein.

Der Tote trank den gesamten Inhalt des Fläschchens aus, dann gab er das Gefäß an Lea zurück. Er sagte kein Wort, nahm sein Heubündel, drehte sich um und verschwand im Nebel. Lea, Malva und Babilas sahen sich an und seufzten erleichtert.

Nun waren es nur noch siebenundsechzig Tote, die sie finden und überzeugen mussten …

Es dauerte die ganze Nacht. Auf Zehenspitzen ging es durch Felder, Wälder und die Straßen der Stadt. Lea führte Malva und Babilas auf ihrer aussichtlosen Suche. Jeder Tote, der plötzlich aus dem Nebel auftauchte, war wie ein einziger Alptraum. Leere Augen, die Münder verunstaltet von erlittenen Qualen, aufgequollene Gesichter, klapprige Körper, manche hatten sogar noch Spuren von getrocknetem Blut auf den Wangen. Malva konnte sich nicht an den Anblick ihrer kranken und zerschundenen Gesichter gewöhnen, vor allem nicht, wenn es sich um Kinder handelte. Mehrmals war sie drauf und dran, davonzulaufen. Doch jedes Mal half ihr Babilas, ihren Widerwillen zu überwinden, während Lea unermüdlich zu den Toten hinging und auf sie einredete, bis sie schließlich die Medizin getrunken hatten. Doch das Schlimmste war, dass niemand wusste, ob die Medizin irgendetwas nützen würde …

Im Grunde ihres Herzens ahnte Malva, dass die Mühe ihrer Freundin umsonst war, doch Lea ließ sich nicht entmutigen. Sie wollte diese Menschen unbedingt retten und den Unsichtbaren die Chance geben, sich wieder mit ihren Körpern zu vereinen. Und sie wollte nicht nur ihnen gegenüber ihre Fähigkeiten als Heilerin beweisen, sondern auch gegenüber einem viel größeren Gegner, dem Tod.

Babilas zählte die Fläschchen und die Gläser zusammen und auch die Toten, die sie bereits getroffen hatten. Als er dem Mädchen aus Balmun verkündete, dass alle achtundsechzig Toten die Medizin eingenommen hatten, sah sie ihn mit ihren müden Augen an. Sie schwankte. Ihre Lippen waren ausgetrocknet und ihre Stimme war heiser. Sie sah zum Himmel empor. Der Nebel begann sich zu lichten und gab den Blick frei auf ein paar Sterne. Malva setzte sich erschöpft auf den Boden. Sie bedeckte ihr Gesicht mit den Händen und begann vor Erschöpfung zu weinen.

Plötzlich ertönte ganz in ihrer Nähe ein Glockenläuten. Lea zuckte zusammen. Das war die Ankündigung, dass die Toten wieder in ihre Gräber zurückkehrten.

Einen Moment später verschwand der Nebel, genauso schnell wie am Vortag. Die Sonne überflutete die Insel und die drei Reisenden hielten die Hände schützend vor die geblendeten Augen. Ohne dass sie es gemerkt hatten, waren sie am Fuße des Leuchtturms angelangt. Vor ihnen breiteten sich die gepflegten Straßen der Stadt und ihre Plätze mit den Brunnen aus. Weiter unten in der kleinen Bucht sahen sie die Fabula liegen. An Deck standen Finopico und die Zwillinge und hielten vergeblich nach ihnen Ausschau.

Babilas und die beiden Mädchen warteten noch eine Weile. Die Sonne stieg hoch in den azurblauen Himmel, und die Meeresvögel nahmen wieder ihren Lufttanz über der Felsküste auf. Lange kam den dreien kein Wort über die Lippen. Lea starrte voller Ungeduld auf die Häuserfassaden. Wenn sich die Läden öffneten, würden es keine Unsichtbaren mehr sein, die den Tag begrüßen würden, sondern Menschen aus Fleisch und Blut, vorausgesetzt, ihre Medizin hätte geholfen …

Die Minuten vergingen. Malva spürte, wie sich ihre Glieder durch die wärmende Sonne entspannten. Sie schlief kurz ein, während ihre beiden Gefährten um den Leuchtturm kreisten und auf ein Lebenszeichen warteten.

Nach einer Weile, als nichts geschah, setzten auch sie sich hin. Ihr Herz war schwer, und sie sahen ganz mitgenommen aus.

An diesem Morgen blieben die Fensterläden geschlossen. In den Straßen war es still. Kein einziger Unsichtbarer zeigte sich, um Wasser aus dem Brunnen zu schöpfen. Keine Heugabel arbeitete im Heu, kein Wäschekorb wurde zur Wäscheleine getragen, kein Holzpferdchen rollte über das Pflaster …

Es hatte sich ohne Zweifel etwas ereignet in dieser schwer zu ertragenden Nacht, aber es war nicht das, was Lea sich erhofft hatte!

»Ich habe versagt«, murmelte sie schließlich.

Malvas Kehle war wie zugeschnürt. Sie sah zu ihrer Freundin hinüber. Lea, anmutig wie immer in ihrem Umhang, saß aufrecht da und schaute hinüber zum Friedhof. Der Wind spielte in ihrem blonden Haar. Sie weinte. Es war das erste Mal, dass Malva sie derart schwach erlebte. Das Mädchen aus Balmun reckte der Stille der Insel verzweifelt die Arme entgegen. Sie war am Ende ihrer Weisheit. Ihre Medizin hatte genau das Gegenteil bewirkt: Die Unsichtbaren waren mit ihren sterblichen Körpern vereint worden und lagen nun für immer unter der Erde begraben.

»Newynas gun!«, schrie Babilas plötzlich und zeigte zu den Gräbern.

Malva sprang auf und ging zu ihm. Sprachlos wurden die drei Zeugen eines seltsamen Ereignisses, das von einem Leuchten begleitet war: Die Sträucher und wilden Kräuter begannen mit rasender Geschwindigkeit zu wachsen und breiteten ihre dornigen Ranken und ihre grünen Äste über den gesamten Abhang aus. Vor ihren Augen forderte die Natur ihr Recht. Schon bald waren die Gräber unter den Blättern und Pflanzen verschwunden.

»Vorsicht!«, schrie Malva und trat zurück.

Das Gestrüpp wuchs in Windeseile auf den Leuchtturm zu, es wucherte unter den Pflastersteinen der Straßen hervor, kletterte an den Fassaden hoch und versuchte sich an den Beinen der drei Lebenden festzukrallen.

»Wir müssen hier weg!«, schrie Malva und riss sich eine Brombeerranke vom Knöchel.

Babilas nahm die beiden Mädchen auf seine Arme und rannte mit ihnen quer durch die Stadt. Die Bäume sprossen bereits mitten aus den Straßen, die Pflastersteine hoben sich, und die Mauern stürzten ein. Die Brunnen wurden von Moos bedeckt, die Dachziegel von dem an den Häusern hochrankenden Efeu überwuchert und gelockert. Die Schornsteine stürzten zu Boden, die Fensterläden wurden aus ihren Angeln gehoben.

»Die Stadt geht unter!«, kreischte Malva.

Sie rannten weiter, ohne sich umzusehen. Um sie herum verwandelte sich die gesamte Insel. Im Wald liefen sie in riesige Spinnennetze hinein. Babilas nahm sein Messer und bahnte ihnen einen Weg durch das Gestrüpp.

»Keine gute Medizin! Ich habe die Unsichtbaren nicht gerettet!«, stöhnte Lea entsetzt.

Auf den Feldern hatten die Büsche alles überwuchert. Die Kadaver der Nubas-Nubas lagen überall am Wegesrand und auf den eingestürzten Mauern. Ein Geruch nach Fäulnis erfüllte die Luft. Der Tod hüllte die Insel ein.

Babilas brachte Lea und Malva bis zum Strand. Die Meeresvögel schrien bedrohlich über ihren Köpfen, während Finopico und die Zwillinge an Deck der Fabula wie wild mit den Armen fuchtelten.

»Ich habe versagt!«, wiederholte Lea und rollte sich an Deck zusammen. »Ich bin meines Volkes nicht würdig!«

»Hisst die Segel!«, rief Finopico den beiden Jungen zu.

Er selbst bediente das Steuer, während Babilas dem Schiff einen kräftigen Schubs versetzte, damit es vom Strand ablegte.

Malva zitterte am ganzen Leib und hielt sich an der Reling fest. Ihre Lungen brannten. Die schrecklichen Bilder dieser Nacht schwirrten ihr im Kopf herum. Sie fühlte sich ausgebrannt, erschlagen und verbraucht. Sie hob den Kopf und schaute auf den höchsten Punkt der Insel. Der Leuchtturm war komplett unter den Pflanzen verschwunden. Innerhalb von wenigen Minuten war die Insel wieder eine Wildnis geworden.

Als die Fabula Fahrt aufnahm, drehte sich Malva um und erblickte Lea, die sich an Deck ganz klein zusammengerollt hatte und vor Enttäuschung und Verzweiflung schluchzte. Sie ging zu ihr hin, streifte Orfeus' Jacke ab und wickelte Lea darin ein. Dann zog sie sie etwas unbeholfen in ihre Arme. Sie wusste nicht, wie sie ihr in ihrem Schmerz helfen sollte. Leas Versagen konnte durchaus schlimme Konsequenzen für sie alle haben, aber eines war sicher: Weder Malva noch irgendeines der anderen Mitglieder der Mannschaft waren ihr deswegen böse. Das Mädchen aus Balmun hatte alles gegeben, was in seiner Macht stand, um die armen Seelen der Unsichtbaren zu retten. Sie hatte sich dieser Aufgabe verschrieben, obwohl sie von vorneherein zum Scheitern verurteilt gewesen war. Sie verdiente die Achtung aller.

36 ✧ Hoffnung

Als Orfeus seine Augen öffnete, zerfiel gerade der fünfte Lebensstein im Innern des Nokros zu Staub. Al lag schwer auf seiner Brust, und ein seltsamer Geruch stieg ihm in die Nase.

Kaum war er wieder bei Bewusstsein, erinnerte er sich an alles: an die Schiffbrüchigen von Dunbraven, den Kampf mit Arkus, die Töpfe, die Enterhaken und dann an den Hieb mit dem Säbel. Er schlug die Decke zurück und drehte und wendete sich, um sich zu betrachten: Die Wunde war verschwunden! Lea hatte erneut ein Wunder vollbracht! Und wenn sie Zeit gefunden hatte, um sich um ihn zu kümmern, bedeutete das wahrscheinlich, dass die Fabula wieder friedlich dahinsegelte, weit weg von Arkus und den Wächtervögeln. Orfeus drehte sich zur Tür und rief: »Hallo!«

Al zuckte zusammen und hob seinen großen Kopf. Unter den Falten seines dichten Fells, das ihm über die Augen hing, erahnte Orfeus seinen feuchten Blick.

»Danke, dass du mich warm gehalten hast, mein Alter«, sagte er. »Du darfst jetzt ruhig aufstehen.«

Al streckte seine Zunge heraus, leckte ihm über die Nase und rührte sich nicht von der Stelle.

»Ab mit dir, aber schnell!«, wiederholte Orfeus. »Such die anderen! Sag ihnen, dass ich aufgewacht bin!«

Al bewegte sich nicht. Wie gewohnt, gehorchte er nicht. Orfeus versuchte, ihn wegzuschieben, aber er hatte viel Kraft verloren.

»Hilfe!«, rief er. »Ich ersticke!«

Es dauerte einen Moment, bis sich die Tür zu seiner Kajüte weit öffnete. Es war Galotcho, der mit hoch erhobenen Fäusten kampfbereit hereinstürmte. Als er merkte, dass nur der große Bernhardiner sein Gegner war, blieb er abrupt stehen.

»Oh«, sagte er verwirrt. »Ich dachte, es …«

»Du warst schnell!«, Orfeus lächelte ihn an. »Gratulation, Matrose! Wenn es dir gelingt, mich von diesem geifernden Ungeheuer zu befreien, ernenn ich dich zum Zweiten Offizier!«

Galotcho pfiff durch die Zähne. Sofort und ohne Murren sprang Al vom Bett herunter und legte sich dem Jungen zu Füßen. Orfeus schüttelte den Kopf: Dieser Hund machte sich zweifellos einen großen Spaß daraus, ihn zu ärgern.

»Bin ich jetzt wirklich Zweiter Offizier, Kapitän?«, fragte Galotcho listig.

Orfeus klopfte auf den Rand seiner Pritsche und bedeutete ihm, sich zu setzen. Er wollte wissen, was während seiner Genesung passiert war. Galotcho ließ sich nicht lange bitten und erzählte, wie Babilas seine Sprache wiedergefunden hatte. Auch berichtete er in allen Einzelheiten von den Ereignissen, die sich auf der Insel der Unsichtbaren zugetragen hatten. Er freute sich, dass er den Kapitän beeindrucken konnte. Doch plötzlich verfinsterte sich seine Miene: »Leider ist es Lea nicht gelungen, die Toten wieder lebendig zu machen. Sie hat eine ganze Stunde lang geweint und ständig wiederholt, dass wir nun alle durch ihre Schuld dazu verflucht sind, in das Verlies des Grauens geworfen zu werden. Glaubt Ihr, das ist wahr?«

Orfeus kratzte sich am Kinn. Ein dichter Bart bedeckte seine Wangen und störte ihn.

»Ich weiß es nicht«, sagte er dann. »Es hängt davon ab, wie sich Kata entscheidet. Im Grunde genommen hat Lea ja die Seelen und Körper der Unsichtbaren vereint …«

Galotcho seufzte.

»Ich habe Angst vor dem Verlies des Grauens, Kapitän. Und Pepe hat noch mehr Angst als ich. Er ist so sensibel … Nach all den dunklen Verliesen, in denen wir in Galnizien gesessen haben, bin ich nicht sicher, ob er es noch einmal ertragen würde, eingesperrt zu werden …«

»Und du?«, fragte Orfeus vorsichtig.

»Ich? Manchmal denke ich, ich bin einfach widerstandsfähiger als mein Bruder. Wir sehen uns zwar zum Verwechseln ähnlich, und doch … ich weiß nicht. Ich könnte jedenfalls nie ohne Pepe leben. Wir zwei leben zusammen, oder wir sterben zusammen!«

Orfeus lächelte. Die Überzeugung des Jungen rührte ihn, und er versuchte, ihm seine Angst, was das Verlies des Grauens anging, so gut wie möglich zu nehmen. Dann wickelte er sich aus den Decken und stand auf.

»Ich fühle mich schon fast wieder gesund!«, rief er aus und streckte sich. »Wer hält Wache an Deck?«

»Finopico«, sagte der Junge.

Orfeus verkündete, dass er ihn ablösen würde. Als er seine Jacke suchte, erzählte ihm Galotcho, dass sich Malva und Lea darum gestritten hätten.

»Schließlich sind sie beide darauf eingeschlafen, Rücken an Rücken an Deck. Ich habe der Prinzessin meine Weste angeboten, aber sie wollte sie nicht. Ich verstehe das nicht: Meine Weste ist nicht schmutziger als Eure Jacke!«

Er sagte das mit leichtem Bedauern und einem Anflug von Eifersucht. Orfeus musste grinsen.

»Mädchen sind kompliziert«, gab er zurück und zog sich die Stiefel an. »Sie haben ihre Geheimnisse, aber du solltest nicht verzweifeln.«

»Oh, ich verzweifle gar nicht!«, erwiderte Galotcho schnell. »Nach der Vorhersage der Hell...«

Er unterbrach sich und wurde puterrot. Orfeus sah ihn blinzelnd an: »Was hat euch diese Hellseherin prophezeit? Das würde mich schon sehr interessieren!«

In diesem Augenblick öffnete sich erneut die Tür. Es war Pepe. Er war noch ganz verschlafen.

»Ah, da bist du ja!«, rief er aus, als er seinen Bruder erblickte. »Ich mag es nicht, wenn du mich nachts allein lässt. Da werde ich immer wach!«

»Ich komme.« Galotcho erhob sich, sichtlich erleichtert.

Er folgte seinem Bruder, und die beiden verschwanden in ihrer Kajüte. Pepe hatte nicht einmal einen Blick auf den gesundeten

Kapitän geworfen. Einzig sein Bruder war ihm wichtig. »Die zwei sind so unzertrennlich wie die beiden Seiten einer Münze«, dachte Orfeus bei sich. »Man könnte fast Kopf und Zahl zu ihnen sagen.«

Dann beschloss er, an Deck zu gehen. Al folgte ihm und schleppte seinen alten Körper über die Lukentreppe.

Der Himmel war sternenklar. Ein kräftiger Wind blähte die Segel der Fabula. Bevor er sich zu Finopico gesellte, lehnte sich Orfeus an die Reling. Die Nase in den Wind gereckt, sog er den salzigen Geruch ein. Bei der Heiligen Harmonie, wie schön es doch war, zur See zu fahren! Die Geschwindigkeit und die Nacht nahmen ihn gefangen. Für einen kurzen Augenblick vergaß er Kata, die Wächtervögel, Arkus, das Stundenglas und das schreckliche Schicksal, das die Mannschaft erwartete. An Deck, verloren auf diesem namenlosen Meer, war er für einen kurzen Augenblick so glücklich wie nie zuvor. Das Gewicht, das so lange Jahre auf ihm gelastet hatte, war verschwunden. Hier und jetzt hatte er endlich das Gefühl zu leben. Vielleicht schuldete er dieses Gefühl der Gefahr? Oder der stillen Anwesenheit seiner Gefährten? Oder, viel simpler, seiner wundersamen Heilung nach der Verletzung durch den Säbel? Wahrscheinlich war es alles zusammen.

Er bückte sich und streichelte liebevoll die Flanken seines Hundes.

»Ich hätte nicht gedacht, dass du das alles so lange mitmachen würdest, alter Kumpel«, sagte er zärtlich. »Sollten wir aus diesem Inselmeer herausfinden, werde ich Lea bitten, eine Medizin für deine

Pfoten zusammenzumischen. Vielleicht kann sie dir sogar deine Jugend zurückgeben, wer weiß?«

Dabei blickte er zur Mitte des Decks, wo die beiden Mädchen eingeschlafen waren. Sie lagen eng beieinander, eingehüllt in seine Offiziersjacke. Sie hatten beide so viel durchgemacht … Der einen verdankte er sein Leben, der anderen, dass er endlich erkannt hatte, was sein Schicksal war und wovon er so oft geträumt hatte. Orfeus richtete sich wieder auf und ging ein paar Schritte auf die Mädchen zu.

»Ich werde Euch nicht dazu zwingen, nach Galnizien zurückzukehren, Prinzessin«, flüsterte er. »Wenn wir diese Reise lebend überstehen, hoffe ich für Euch, dass Ihr das erträumte Land finden werdet. Elgolien, so hieß es doch? Ihr habt es so sehr verdient …«

Es sah fast so aus, als bewegte sich Malva im Schlaf. Er beugte sich über sie und betrachtete einen Moment lang ihr strahlendes Gesicht.

»Pech für mich!«, fügte er leise hinzu. »Weg mit all den Schwüren! Weg mit der großen Ehre für die Mac Botts!«

Er schaute hoch zu den Sternen und lächelte. Dann ging er entschlossenen Schrittes in Richtung Schiffsbug. Kaum hatte er sich abgewandt, öffnete Malva die Augen. Sie hatte alles gehört.

»Wenn wir hier herauskommen, Kapitän, wer weiß, wofür ich mich entscheide?«, murmelte sie.

Sie schlief wieder ein und schlang Orfeus' Jacke noch enger um sich. Ein Lächeln umspielte ihre Lippen.

Finopico stand aufrecht am Steuer. Direkt neben ihm leuchtete auf einer Kiste eine Sturmlaterne, und darunter lag aufgeschlagen ein Buch, dessen Seiten im Wind flatterten. Während er die Fabula steuerte, war Finopico ganz versunken in sein Buch und merkte nicht, wie Orfeus sich näherte.

»Lernst du neue Rezepte auswendig?«, fragte ihn Orfeus.

Finopico zuckte zusammen, dann hellte sich sein Gesicht auf.

»Welch Wunder, Euch wieder auf den Beinen zu sehen, Kapitän! Wir dachten schon, Euer letztes Stündlein hätte geschlagen. Arkus müsste sich also ein zweites Mal bemühen!«

»Ich hoffe, dass er das nicht tun wird!«, erwiderte Orfeus erfreut. »Vielmehr hoffe ich, dass er mittlerweile untergegangen ist und sich die Fische um ihn kümmern.«

Während er das sagte, warf er einen Blick auf das Buch, das Finopico auf die Kiste gelegt hatte. Es handelte sich um eines der vielen Werke über Fische, die der Koch sammelte.

»Ich wollte deine Lektüre nicht unterbrechen«, entschuldigte sich Orfeus. »Wenn du willst, kann ich …«

Finopico zuckte mit den Schultern und schlug das Buch zu.

»Nur ein Zeitvertreib. Das Meer ist diese Nacht so ruhig.«

Orfeus setzte sich auf die Kiste und schwieg einen Moment lang. Er genoss die laue Luft und das sanfte Wiegen der Fabula. Alle schliefen, es drohte keine Gefahr.

»Genau so habe ich mir eine Nacht auf dem offenen Meer vorgestellt«, seufzte er. »Von diesen Augenblicken habe ich immer geträumt …«

»Euch liegt das Meer im Blut, nicht wahr?«, fragte Finopico. »Warum hat es so lange gedauert, bis Ihr an Bord eines Schiffes gegangen seid?«

Orfeus spürte einen Stich in der Brust. Er biss sich auf die Lippen.

»Das ist eine lange Geschichte«, murmelte er. »Ich glaube, es ist noch nicht an der Zeit, sie zu erzählen.«

Finopico hielt das Steuer mit beiden Händen fest und wiegte bedeutungsvoll den Kopf.

»Es ist ja auch nicht mehr wichtig. Ihr habt Euren Mut zur Genüge unter Beweis gestellt, und niemand wird Euch mehr einen Grünschnabel nennen! Dafür werde ich schon sorgen!«

Orfeus betrachtete ihn von der Seite. Seinen roten Bart, sein kantiges nervöses Gesicht … Dieser Koch war überhaupt kein schlechter Kerl.

»Es tut mir wirklich sehr leid, dass Al dein Huhn verschlungen hat, damals bei der Anhörung des Königs«, sagte er.

»Vergesst das Huhn!«, rief Finopico aus. »Auch das ist eine alte Geschichte! Ich interessiere mich sowieso sehr viel mehr für Fische als für Geflügel!«

»Darf ich mal reinschauen?«, fragte Orfeus und zeigte auf das Buch.

Der Koch ließ ihn im Schein der Laterne in seinem Buch blättern. Auf jeder Seite waren Zeichnungen von erstaunlichen Meerestieren; neben den Zeichnungen standen Texte, die die Lebensgewohnheiten dieser Tiere beschrieben und Empfehlungen gaben, in welchen

Meeren man nach ihnen fischen sollte. Auf der ersten Seite befand sich ein Stempel des Meeresinstituts von Galnizien.

»Aha, du hast es also gestohlen!«, sagte Orfeus erstaunt.

»Das ist nur eine Leihgabe«, verteidigte sich Finopico. »Nur eine Leihgabe.«

»Und all die anderen? Die vielen Bücher, die du in deiner Kombüse hast?«

»Auch alles Leihgaben. Mit meinem bescheidenen Gehalt als Koch kann ich mir solche Bücher jedenfalls nicht leisten. Ich werde sie zurückgeben, sobald wir wieder zu Hause sind.«

Orfeus zuckte mit den Schultern.

»Na, sie werden niemandem groß fehlen. Wer interessiert sich schon für diese Ungeheuer?«

»Täuscht Euch da mal nicht, Kapitän! Diese seltenen Fische sind die Leidenschaft vieler galnizischer Wissenschaftler! Es gibt sogar eine spezielle Wissenschaftskommission, die regelmäßig Expeditionen auf den bekannten Meeren durchführt!«

»Du solltest ihnen deine Dienste anbieten«, schlug Orfeus vor. »Du kennst dich doch aus!«

Der Koch machte ein beleidigtes Gesicht.

»Ich habe mich schon mehrfach bei der Kommission vorgestellt. Die Herren des Instituts haben mich nicht ernst genommen. Obwohl ich schon fast überall getaucht bin und bereits einige interessante Objekte heraufgebracht habe! Nur … ich bin eben ein Koch und habe keine Ausbildung …«

Orfeus erinnerte sich an das erste Mal, als er Finopico gesehen hatte, und das war genau vor dem Institut gewesen. Er erinnerte sich, wie er ihn hatte schimpfen hören über diese Wissenschaftler mit ihren Bärten. Jetzt verstand er endlich, warum er so verärgert gewesen war.

»Das ist einfach ungerecht«, meinte Orfeus. »Wieso braucht man ein Diplom oder irgendwelche Ehrentitel?«

»Ganz Eurer Meinung«, antwortete Finopico. »Aber ich habe die Hoffnung noch nicht aufgegeben, die werten Herren Wissenschaftler zu überzeugen. Hier, schaut mal auf Seite 243 …«

Orfeus schlug die Seite auf.

»Seht Ihr diese Inschrift da unten rechts?«

»Die bei dem großen Fisch, der gerade sein Maul öffnet?«

»Der Autor des Buches sagt, es gäbe diesen Fisch nicht. Er sagt, er wäre nur eine Erfindung des untergegangenen Volks von Polvakien. Ein Hirngespinst.«

Orfeus las den kleinen eingerahmten Text laut vor:

»*Tiefsee-Gum – so benannt von den Besatzungsmitgliedern eines polvakischen Segelschiffs nach der Rückkehr von einer Expedition ins Orniareich. Laut ihren Angaben misst das Tier etwa fünf bis zehn Meter und besitzt eine doppelte Reihe spitzer Zähne. Es ist glatt, seine Haut durchscheinend, und es hat zudem zwei eigenständige Schwänze. Sie berichten, es sei mehrere Seemeilen von der Küste entfernt gesichtet worden, in den Untiefen des Meeres. Mehr ist über dieses Tier nicht bekannt.*«

»Hört, hört!«, rief Finopico freudig aus. »Was sagt Ihr dazu, Kapitän? Meint Ihr nicht auch, dass dieser Gum unsere ganze Aufmerksamkeit verdient hat?«

»Zweifellos …«, antwortete Orfeus ohne große Überzeugung. Finopico fuhr aufgeregt fort: »Wenn ich nur ein solches Tier auftreiben könnte! Wenn ich ein Exemplar mit nach Galnizien bringen könnte! Wenn ich erhobenen Hauptes ins Institut spazieren und dieses Exemplar, das es eigentlich gar nicht gibt, den eingebildeten Weisen unter die Bärte halten könnte! Dann würden sie mich endlich ernst nehmen!«

Als er ihn so reden hörte, wurde Orfeus bewusst, dass Finopicos Leidenschaft für die Fische weit mehr war als ein rein biologisches Interesse.

»Sie würden sich die Haare raufen!«, rief der Koch und wandte sein Gesicht den Sternen zu. »Ach, sie würden sich vor meiner Entdeckung verneigen! Sie würden mich beneiden! Sie würden vor mir herumkriechen wie ein Bettvorleger! Ich, der kleine Koch ohne Vermögen und Diplom, würde bei diesen Blödmännern dafür sorgen, dass sie an ihrer Überheblichkeit ersticken!«

Er ließ plötzlich das Steuer los und kniete sich neben Orfeus vor die Kiste. Für einen kurzen Augenblick flackerte Wahnsinn in seinen Augen auf.

»Ihr seht, Kapitän, ich hasse diese Wissenschaftler! Sie sitzen bequem auf ihren Institutsstühlen. Seit Generationen werden diese Plätze vom Vater an den Sohn weitergegeben. Sie schauen auf uns herab, sie verurteilen uns und machen sich über unsere Bemühungen lustig, aber eines Tages werde ich Rache nehmen! Mit Hilfe des Gum!«

Er beruhigte sich wieder und strich mit zitternder Hand über die Seite 243.

»Sachte, mein Schöner«, sagte er zu der Zeichnung. »Ich weiß, dass du kein Interesse daran hast, in einem Museum zu enden, du tummelst dich lieber in den dunklen Tiefen des Ozeans, aber Geduld … Ich bin dir schon seit so vielen Jahren auf den Fersen. Ich bin sicher, die Götter werden meine Stimme eines Tages erhören, und dann begegnen wir uns, du und ich, wie zwei alte Feinde. Wenn dieser Moment endlich da ist, werde ich dich einfangen. Und du wirst in die offiziellen Handbücher unter dem schönen Namen ›Finopicuum de profundis‹ eingehen!«

Er atmete tief durch, schloss voller Bedauern das Buch und stand auf.

»Wir alle haben unsere Geheimnisse«, sagte er mit einer ruhigeren Stimme. »Nicht immer kann man sie beichten, aber … von Zeit zu Zeit tut es gut, sie mit jemandem zu teilen. Ist es nicht so, Kapitän?«

Der Tag brach an, ein milchiger Streifen wurde am Horizont sichtbar. Finopico schien plötzlich sehr müde. Orfeus übernahm das Steuer und gab ihm frei. Gebeugt verließ der Rotschopf den Kapitän und verschwand ohne ein weiteres Wort in der Luke. Das Buch trug er so vorsichtig unter seinem Arm, als wäre es ein kleines Kind.

Ratlos schaute Orfeus in die unendliche Weite des heller werdenden Himmels. War Finopico vielleicht schon verrückt geworden auf seiner Suche nach diesem sagenumwobenen Fisch?

Er zuckte die Achseln. Nein, Finopico war nicht verrückter als alle anderen auch. Er jagte seinem Traum nach, so wie jeder an Bord der Fabula. Für ihn war dieser Traum der Gum. Für Malva war es Elgolien. Für die Zwillinge war es ein Geheimnis, das in den Karten einer

Hellseherin zu lesen war … »Und für mich?«, überlegte Orfeus. Er dachte wieder an seinen Vater. Wann würde er endlich aufhören, sich für die Vergangenheit zu schämen? Finopico hatte sich ihm anvertraut, und doch konnte Orfeus sich nicht von der Vorstellung lösen, dass er nichts weiter war als ein Hochstapler, ein Thronräuber, und dass er es nicht verdient hatte, Kapitän der Fabula zu sein.

In Gedanken versunken, blieb er lange so stehen. Aber als die Sonne aufging und die ersten Strahlen sein Gesicht erwärmten, kam Freude in ihm auf. Tagsüber waren seine Gedanken weniger wirr, und er atmete freier. Er legte die Hände auf das Steuer und seufzte.

Malva und Lea regten sich. Als sie blinzelnd ihre Köpfe unter der Jacke hervorstreckten, winkte Orfeus ihnen zu und begrüßte sie. Sie lächelten.

»Dies ist ein neuer Tag!«, rief er zu ihnen hinüber. »Der Wind treibt uns voran, und wir leben noch! Ein Hoch auf die Fabula!«

Die beiden jungen Frauen sprangen auf und kamen zu ihm.

»Danke, Lea! Meine Wunde ist vollkommen geheilt!«, sprach Orfeus begeistert weiter. »Ich habe mich noch nie besser gefühlt! Das nächste Mal, wenn ich Arkus gegenüberstehe, werde ich es sein, der ihm einen Hieb mit dem Säbel verpasst. Das Wort eines Mac Botts darauf!«

Lea lachte. In der aufgehenden Sonne sah alles so schön aus!

»Seht doch!«, rief Orfeus und breitete die Arme aus. »Der Himmel ist klar. Wir haben unsere Ängste und Schmerzen hinter uns gelassen. Kata wird nichts anderes übrigbleiben, als sich zurückzuhalten! Heute trübt kein Schatten das Bild!«

Malva betrachtete ihn mit einem schüchternen Lächeln. Seine gute Laune, seine Begeisterung bereiteten ihr unendliche Freude. Es waren nur noch vier Lebenssteine im Nokros, noch war nichts gewonnen, aber sie wollte gern glauben, dass Orfeus recht hatte. Vielleicht befanden sich die Tore aus dem Inselmeer ja dort hinten, ein bisschen weiter geradeaus? Vielleicht reichte es, einfach Kurs zu halten?

Während Orfeus weiter schrie und Kata herausforderte, kamen Babilas und die Zwillinge an Deck. Sie waren noch ganz verschlafen. Die Sonne begrüßte sie. Sie hatten seit langem das erste Mal wieder ausgeschlafen, ihre Gesichtszüge waren entspannt und ausgeruht. Orfeus rief ihnen einen Morgengruß zu, und sie versammelten sich alle am hinteren Deck mit dem Blick zum Horizont. Sie lächelten.

An diesem Morgen keimte wieder Hoffnung in den sorgenvollen Herzen der Reisenden auf, wenn auch noch ganz schwach.

37 ✧ Die Welle

Zwei Tage vergingen, ohne dass sich etwas ereignete. Die Fabula traf weder auf eine Insel noch auf ein anderes Schiff oder ein sonstiges Hindernis. Malva lag auf ihrer Pritsche und beobachtete, wie die Säure im Nokros heruntertropfte. Sie schwankte zwischen dem Wunsch, dem Inselmeer heil zu entkommen, und der Angst, dann immer noch eine Gefangene zu sein. Je nachdem, in welche Richtung ihre Gedanken gerade gingen, war sie voller Zuversicht oder niedergeschlagen, entspannt oder am Boden zerstört. Ihre Stimmungsschwankungen wunderten alle.

»Kommt schon, Prinzessin«, sagte Finopico ein ums andere Mal zu ihr, »macht doch nicht so ein trauriges Gesicht! Schaut, was ich Euch mitgebracht habe!«

Der Koch nutzte die ruhige See und widmete sich eifrig dem Fischfang. Er breitete verschiedene Fische vor ihr aus, einer ungewöhnlicher als der andere. Manche waren winzig, blau und glatt wie eine Messerklinge, andere waren riesengroß und kugelförmig und erinnerten an aufgeblasene Luftballons. Unermüdlich listete Finopico die Fische auf, zeichnete und beschrieb sie, und wenn er mit seinen Studien fertig war, warf er sie in kochendes Wasser und machte eine Suppe daraus. Im Stillen hoffte er, in diesem ruhigen Ozean den Tiefsee-Gum zu finden. Und dazu musste er immer weiter unermüdlich fischen.

Orfeus hielt Kurs, ohne sich wirklich sicher zu sein. In diesem Bereich der Unbekannten Welt waren die Sterne so anders, die Sonne trieb ihr Spiel mit den Himmelsrichtungen, und es gab keinen Anhaltspunkt. Man musste sich auf gut Glück ein Ziel aussuchen und einfach hoffen.

In der zweiten Nacht jedoch, als Orfeus zu Galotcho ging, um ihn abzulösen, bemerkte er eine Veränderung der Wetterlage. Der Wind drehte plötzlich und frischte auf.

»Was ist los, Kapitän?«, fragte Galotcho beunruhigt, ließ aber das Steuer nicht los.

Orfeus runzelte die Stirn und befahl ihm, äußerst wachsam zu sein. Im gleichen Augenblick gab das Wasser einen seltsamen Laut von sich, und plötzlicher Seegang erschütterte den Schiffsrumpf.

Malva lag schlaflos in ihrer Kabine. Als die Säure den drittletzten Lebensstein angriff, musste sie voller Entsetzen an den Tod denken. Sie musste auch an Filomena, an Elgolien und an die Baiguren denken, und eine große Sehnsucht schnürte ihr die Kehle zu. Als sie die Erschütterung des Schiffsrumpfes bemerkte, setzte sie sich ruckartig auf.

Ihre Stirn war von Schweiß bedeckt, und ihr Herz klopfte wild. Ohne nachzudenken, verließ sie ihre Kabine und stieg an Deck. Orfeus beugte sich über die Reling. Er hatte eine Laterne in der Hand.

»Die Fabula wird von einer Strömung mitgerissen, die immer stärker wird«, verkündete er, als er Malva sah. »Seht!«

Die junge Frau kam näher. Trotz der schlechten Sicht war der schnelle Verlauf der Wellen nicht zu übersehen. Unter dem Rumpf dröhnte es ununterbrochen. Es klang wie ein Tier. Fast hätte man meinen können, das Schiff stünde auf Schienen und würde einer unsichtbaren und unausweichlichen Spur folgen.

»Wir kommen vom Kurs ab«, erklärte Orfeus. »Es geht kein Wind, also können wir der Strömung auch nichts entgegensetzen.«

»Und da hinten? Was ist das?«, fragte Malva, die den Kopf gehoben hatte.

Der Himmel klarte ein wenig auf, und man konnte etwas Dunkles erkennen, das sich senkrecht über dem Wasser erhob.

»Ein anderes Schiff?«

»Vielleicht«, murmelte Orfeus. »Es bewegt sich, aber …«

Sie schwiegen eine Weile und starrten auf das Gebilde, das sich näherte. Die Umrisse waren nun deutlicher zu erkennen: Es war kein Schiff.

»Man könnte meinen, es wäre … eine Welle«, sagte Malva.

Orfeus erschauderte. Eine Welle? Dieses senkrechte Ding, das sich bewegte und fast genauso hoch war wie der Hauptmast der Fabula? Orfeus drehte sich um und sagte zu Galotcho: »Weck die anderen! Schnell!«

Ohne weiter zu fragen, ließ Galotcho das Steuer los und verschwand durch die Luke, während Orfeus und Malva dieses seltsame

Ding, das ihnen den Weg abzuschneiden drohte, Seite an Seite beobachteten. Beiden klopfte das Herz bis zum Hals. Malva hätte sich am liebsten in Orfeus' Arme geworfen, um dort Schutz und Trost zu finden, aber sie wagte es nicht.

»Habt Ihr Angst?«, fragte er sie.

»Ein bisschen.«

Er stellte sich hinter sie und umschlang sie vorsichtig mit den Armen. Ein Schauer lief der jungen Frau über den Rücken.

»Habt Ihr jetzt immer noch Angst?«, erkundigte sich Orfeus.

Sie hätte gern so vieles darauf geantwortet, doch die Worte blieben ihr im Hals stecken. Lediglich ein kleiner Seufzer kam über ihre Lippen. Mit einem Mal kämpfte sie nicht mehr länger gegen ihre Gefühle an und gab sich der Wärme und Zärtlichkeit von Orfeus' Körper hin. Für ein paar Augenblicke sah sie nichts mehr um sich herum: nicht das Meer, nicht den Sonnenaufgang, nicht die Welle, die immer größer wurde. Die ganze Welt existierte nicht mehr. Sie fühlte sich wie in einer Seifenblase, schwerelos. Verstand und Herz schlugen im gleichen Rhythmus und waren eins. So seltsam das klingen mag, noch nie hatte sie sich dem Glück so nahe gefühlt.

Aber dieser Zustand dauerte nicht an.

Babilas, Finopico, Pepe und Lea rannten, von Galotcho alarmiert, zum Vorschiff und schrien. Die Seifenblase, in der Malva und Orfeus eben noch schwebten, zerplatzte, und an die Stelle der Zärtlichkeit trat Angst. Die Realität schnürte ihnen die Kehlen zu: Die Fabula segelte direkt auf die riesige Welle zu … oder umgekehrt.

»Gorchnaim ei arthan!«, schrie Babilas und rannte zum Steuer. »Cypell olc bung!«

»Wir sind verloren!«, übersetzte Lea. Ihre Stimme überschlug sich.

Orfeus rannte zu Babilas, der vergeblich versuchte, den Kurs zu ändern. Mit vereinten Kräften gelang es ihnen, das Steuer herumzureißen, doch das reichte nicht. Je näher die Welle kam, desto größer wurde sie, und ihre schäumende Krone schraubte sich immer höher in den Himmel. Gleich würde sie ihnen den Weg abschneiden.

»Bindet euch fest!«, befahl Orfeus, als ihm klar wurde, dass es keine Hoffnung mehr gab, der Welle auszuweichen. »Das ist die einzige Chance, nicht zu ertrinken!«

Er stürzte los, rollte Ladetaue und Seile aus, fädelte ihre Enden durch die Nut der Schiffswinde und warf die Taue seinen Gefährten zu. Plötzlich merkte er, dass Al nicht da war.

»Al? Al!«, rief er. »Wo ist dieser verdammte Köter?«

»Er schläft auf dem Zwischendeck!« antwortete Finopico, während er sich ein Tau um die Taille wickelte.

Orfeus schaute auf die Welle. Wenn er zum Zwischendeck kletterte, um seinen Hund zu holen und ihn festzubinden, hätte er nicht genug Zeit, um sich selbst in Sicherheit zu bringen.

»Kapitän!«, schrie Lea. »Ich bin überfordert!«

Die junge blonde Frau hatte sich ungeschickt in den Segelleinen verheddert und fingerte nervös an den Halterungen herum.

»Kümmert Ihr Euch um Al!«, sagte Malva zu Orfeus. »Auf der Estafador habe ich alles über Knoten gelernt!«

Sie machte sich los und rannte zu Lea, um ihr zu helfen. Orfeus zögerte, doch als er sah, dass Malva bestens zurechtkam, kletterte er durch die Luke hinunter. Er fand den großen Bernhardiner zwischen zwei Kisten der Länge nach ausgestreckt, mit hängender Zunge und schwer atmend.

»Komm hierher!«, befahl er ihm. »Schnell, bei der Heiligen Harmonie!«

Er packte Al am Halsband und versuchte, ihn zur Treppe zu schleifen, doch davon schien das Tier wenig zu halten. Es fing an zu knurren und fletschte die gelben Zähne. Orfeus rann vor Panik der Schweiß den Rücken hinunter. Eine Katastrophe stand unmittelbar bevor. Einige Minuten lang verharrte er, flehte, beschwor, schimpfte auf den Hund ein, ohne Ergebnis. Der Bernhardiner widersetzte sich, genau wie immer.

»Na dann eben nicht!«, schnauzte Orfeus ihn an und ließ das Halsband los.

Außer sich vor Erregung, sprang er die Stufen der Leiter – immer vier auf einmal – wieder hoch. Als er das Deck erreichte, knieten Babilas und Malva vor den Zwillingen und bemühten sich, die Segelleinen an der Schiffswinde festzuknoten. Hinter ihnen ragte die Welle wie eine blaue Wand auf. Während Babilas festgeschnallt war, war die Prinzessin völlig ohne Halt.

»Bindet Euch fest!«, schrie Orfeus und rannte zu ihr hin.

Er hatte kaum noch die Zeit, sich ein Tau zu schnappen und sich damit festzuknoten. Er packte die junge Frau um die Taille und riss sie an sich. Die Welle hob die Fabula empor, saugte sie an und brachte sie aus dem Gleichgewicht. Orfeus rollte über das Deck. Seine Arme schlangen sich noch enger um Malva. Entsetzte Schreie zerrissen ihm fast das Trommelfell, als die Welle mit voller Wucht über das Deck hereinbrach. Es war, als würde ein gewaltiges Kanonenfeuer auf das Schiff niederprasseln. Schon bald gingen die spitzen Schreie von Lea und den Zwillingen in der Riesenwelle unter.

Die Fabula wurde erst nach Backbord, dann nach Steuerbord geschleudert, es fehlte nicht viel, und sie hätte sich einmal komplett gedreht. Die Erschütterung war so stark, dass Orfeus weggeschleudert wurde. Er wurde davongefegt, von den Fluten erfasst, hochgehoben wie eine Feder. Das Wasser schoss ihm in Mund und Nase, wirbelte ihn in alle Richtungen, durchspülte ihn, bis er schließlich das Bewusstsein verlor.

Als er wieder zu sich kam, lag er im Vorschiff. Er hörte nichts mehr und war wie taub. Er spie das Wasser aus, hustete, schüttelte sich und musste würgen. »Malva … Malva …«, murmelte er, und seine Stimme hallte in seinem Kopf wider. Seine Arme griffen ins Leere. Die junge Frau war nicht mehr da.

38 ✧ Malvas Insel

Im Gegensatz zu Orfeus hatte Malva ihr Bewusstsein nicht verloren. Als sie spürte, dass er sie losließ, hatte sie versucht, sich am Schiff festzuhalten, aber die Strömung war zu stark. Die Welle hatte sie mit einer seltsamen, fast zarten Kraft in ihre feuchten Arme genommen und mit einer unglaublichen Geschwindigkeit weit weg vom Schiff getragen.

Für einen Moment hatte Malva das Gefühl zu fliegen, auf der Schaumkrone zu thronen, als wäre sie eine Reiterin. Sie sah den Himmel über sich dahingleiten. Sie sah die Farben des Sonnenaufgangs, die letzten Nebelschwaden des Tages, die sich um sie herum auflösten wie Watte. Sie kämpfte nicht dagegen an. Sie hatte keine Angst. Etwas in ihr sagte ihr, dass diese übernatürliche Welle nicht gekommen war, um sie zu töten, dass sie nicht ertrinken würde, dass sie nicht sterben würde. Jetzt noch nicht.

Die Wellenkrone trug sie und trieb sie voran. Dann schien die Welle sich abzuschwächen, ihr höchster Punkt neigte sich allmählich. Schließlich setzte sie Malva an einem Strand ab und gab sie frei.

Die junge Frau blieb im Sand liegen. Ihre Augen hatte sie geschlossen, und sie war leicht benommen. Sehr schnell trocknete die

Sonne ihre Kleider. Sie hörte auf zu zittern, spürte wieder ihre Glieder und nahm lange die Wärme auf, die der Strand ausstrahlte. Die Brandung wiegte sie. Von Zeit zu Zeit hörte sie Vogelgezwitscher, das Rascheln von Flügeln und von Zweigen. Wie beruhigend und rein ihr das hier erschien nach all der Angst, nach all dem Entsetzen! Wie wunderbar war es, sich von der Sonne einlullen zu lassen, ohne sich um etwas anderes Gedanken machen zu müssen als um sein Wohlbefinden! Malva machte sich kaum Gedanken darum, dass die Fabula vielleicht untergegangen war, sie war kein bisschen beunruhigt. Alles, was sie in diesem Augenblick interessierte, waren der Sand zwischen ihren Zehen, auf ihrem Bauch und ihren Wangen und die leicht süßliche Brise, die ihr in die Nase stieg. Ein tiefer Frieden erfüllte ihr Herz.

Nach einer Weile öffnete sie die Augen und setzte sich auf.

Sie fand sich an einem weißen Strand wieder, der eine makellose Bucht säumte. Bäume mit tiefen Ästen, an denen rote oder braune Früchte hingen, umgaben die Bucht. Zwischen den Bäumen erhob sich ein kegelförmiges Gebäude.

Malva kehrte dem Meer den Rücken und näherte sich dem Haus. Es schien, als hätte sie vergessen, was geschehen war. Die Kuppel war mit Pflanzen bewachsen und verlieh dem Gebäude fast so etwas wie eine lockige Haarpracht. Die ockerfarbene Fassade des Hauses war mit zahlreichen Figuren verziert, Menschen und Tiere, die die alte Geschichte eines untergegangenen Volkes zu erzählen schienen. War dies ein Tempel? Ein Ort des Kultes, der den Gottheiten gewidmet war? Eine einfache Behausung oder das Grab eines Königs?

Rote Vögel zogen über dem Gebäude ihre Kreise, schwebten um die Baumkronen und ließen sich von Zeit zu Zeit auf den Steinmauern nieder.

Malva blieb vor dem riesigen Eingangsportal stehen. Sie zögerte kurz: Sollte sie hineingehen? Riskierte sie nicht, den Frieden dieses Ortes zu stören? Sie beschloss, einen Bogen um das Gebäude zu machen. Später würde sie hierher zurückkehren. Zunächst schien es ihr wichtiger, den Rest der Insel zu erkunden.

Sie verließ den Strand und wagte sich ins Unterholz. Die einzigen zu vernehmenden Laute waren die Schreie der roten Vögel und das Rauschen des Windes in den Blättern.

Malva hatte keine Angst. Sie ging immer weiter und sorgte sich um nichts. Obwohl sie noch nie einen Fuß auf diese Insel gesetzt hatte, fühlte sie sich hier sicher wie an einem vertrauten Ort.

Der Wald öffnete sich bald zu einer Lichtung. In der Mitte der Lichtung entdeckte Malva einen See, der von Bäumen mit glatten Stämmen gesäumt war. Das Wasser sprudelte und dampfte. Ihr Herz begann wild zu schlagen. Die Worte des alten Bulo, des Seemanns auf der Estafador, kamen ihr wieder in den Sinn: Hatte er nicht von einem solchen See gesprochen … in Elgolien?

Malva ging näher heran, kniete sich am Ufer nieder und atmete die Rauchschwaden tief ein, die über dem See hingen. Sie verströmten einen lieblichen Duft nach Früchten und Honig. Sie tauchte eine Hand in das lauwarme Wasser, und als sie sie wieder herauszog, bemerkte sie, dass ihre Haut ganz zart geworden war, so zart wie die eines Kindes.

»Der Barathsee«, murmelte sie entzückt.

Sie richtete sich auf. Ihr Herz klopfte wild. Wie konnte ein solches Wunder geschehen? Wie war es möglich, dass die Welle sie genau dorthin getragen hatte, wo sie immer hatte sein wollen? Es war vollkommen unerklärlich, aber Malva war sich sicher: Sie befand sich in Elgolien!

Voller Schwung und Begeisterung verließ sie die Lichtung und rannte den Abhang der Insel hinunter. Ein von duftenden Kräutern gesäumter Weg erstreckte sich vor ihr. Steil fiel er ab, aber sie hatte keinerlei Mühe ihm zu folgen. Bald lichteten sich die Bäume und gaben den Blick frei auf eine von Bächen durchzogene Landschaft. Malva schaute nach oben. Wie erwartet, stand auf dem höchsten Punkt der Insel mitten auf einem blühenden Hügel ein Baum mit einem dicken Stamm und schweren Ästen. All das entsprach genau dem Bericht des alten Bulo!

Erfüllt von einer unglaublichen Freude, rannte Malva über Blumenwiesen und sprang über Bäche und Felsen. Als sie am Fuße des Baumes ankam, war sie völlig außer Atem. Sie lachte laut auf und tanzte im Laub umher, bis ihr schwindelig wurde. Sie lehnte sich an den Baum und drückte ihre Wange gegen seine raue Rinde. »Ich bin auf dem Berg Ur-Tha! Ich bin auf dem Berg Ur-Tha!«, wiederholte sie immer wieder. Noch nie hatte sie einen solchen Freudenrausch erlebt.

Um sie herum breitete sich die Insel in ihrer ganzen beeindruckenden Schönheit aus. Die rot gefiederten Vögel zeichneten über den Bäumen Bogen in den Himmel, die Bäche schienen zwischen den glänzenden Felsen Lieder zu singen, das Meer säumte die Ränder der Bucht, alles wirkte so rein und vollkommen. Genau das war Elgolien: ein Ort des Friedens und der Freude, ein Ort des Rückzugs, weit weg von allem, was Malva bisher unglücklich gemacht hatte. Hier konnte sie keiner zwingen, jemanden zu heiraten oder die zu werden, die sie nicht war. Hier war alles möglich.

Dem Versprechen folgend, das sie sich gegeben hatte, kletterte Malva auf den uralten Baum. Sie kroch am Stamm des Baumes hinauf bis zur Krone, bis zum letzten Ast. Dort setzte sie sich rittlings hin und schaute sich um. Wenn der alte Bulo die Wahrheit gesagt hatte, würde sich nun die magische Wirkung des Baumes entfalten!

Kaum saß sie auf dem Ast, spürte sie ein Stechen in den Augen, dann ein Brennen. Sie verzog vor Schmerz das Gesicht, aber sie blinzelte nicht. Sie wollte unbedingt hinschauen …

»Galnizien!«, rief sie und wandte den Blick nach Westen.

Vor ihren weit aufgerissenen Augen sah sie die vertraute Fassade der Zitadelle auftauchen: ihre Stadtmauern und ihre Türme, die hoch auf dem Felsgipfel aufragten, ihren imposanten wehrhaften Anblick und weiter unten die glänzenden Krümmungen des Gadvir. Malva war so beeindruckt, dass sie sich fest an den Ast klammern musste, um nicht herunterzufallen. Ihr war schwindelig und übel zugleich, sie war überwältigt. Sie atmete ganz langsam, ohne ihre Augen zu schließen.

Jetzt sah sie die Gärten der Zitadelle, die Südfassade, und die ersten Häuser der Unterstadt, die im Schatten lagen. Die Obstbäume hatten ihre Blätter abgeworfen, als ob Winter wäre. Die Brunnen plätscherten nicht, und niemand verweilte auf den Terrassen. Alles wirkte grau, trübe und leblos. Auf dem Gipfel der Oberstadt erklangen die Glocken des Campanile.

»Es muss jemand gestorben sein«, murmelte Malva und zitterte. Sie drehte leicht den Kopf und sah einen Trauerzug, der sich auf eine der Brücken zubewegte. Eine dürftige, vor Kälte zitternde Gruppe folgte einem Wagen, der von einem Leichentuch bedeckt war. Ein Pfarrer führte das armselige Gespann an, und hinter ihm ging, umringt von Soldaten …

»Der König!«

Als habe der Schrei ihre Vision zerstört, verschwand Galnizien hinter einem kalten Nebel.

Malva hatte einen Kloß im Hals. Wenn der König einen Trauerzug anführte, dann lag unter dem Leichentuch sicher jemand sehr Wichtiges … War es die Königin?

»Ist meine Mutter … tot?«, schrie Malva auf.

Ein nachhaltiges Schweigen war die Antwort. Malva hielt sich die Hände vors Gesicht, kam wieder zu Atem und drehte sich dann hektisch in eine andere Richtung.

»Ich will Filomena sehen!«, forderte sie mit zitternder Stimme.

Die Magie des Baumes wirkte erneut: ein Stechen und Brennen, dann dieses seltsame Gefühl, in die Luft gehoben zu werden …

Eine unendliche, vom Wind leergefegte und schneebedeckte Weite tat sich vor ihren Augen auf. Malva erkannte sofort die Asisische Steppe, durch die sie mit den Baiguren so oft gewandert war. Ihr Herz schlug schneller. Als die Vision immer deutlicher wurde, erkannte sie eine Ansammlung von Zelten aus Oryackhaut, aus ihrer Mitte stieg schwarzer Rauch auf. Bewaffnete Krieger hatten sich um das Feuer versammelt. Sie hielten Lanzen in ihren Händen, deren Spitzen im Feuer glühten. Mitten unter ihnen erkannte Malva Uzmir. Das schöne Gesicht des Anführers schien ausgemergelt und verhärtet.

Malva drehte leicht den Kopf. Aus einem der Zelte kam eine junge Frau, die einen schweren Fellmantel trug. Für einen kurzen Moment war sich Malva nicht ganz sicher, ob sie sie erkannte, doch dann … Es war eindeutig Filomena! »Wenn der Baum nicht lügt, lebt sie also!«, dachte Malva erleichtert bei sich.

Filomena ging zu den Kriegern und setzte sich neben Uzmir. Die Krieger nahmen ihre Lanzen aus dem Feuer und stimmten einen Gesang an. Uzmir stieß einen Schrei aus, und seine Gefährten zogen sich zurück. Nur Filomena bewegte sich nicht. Sie blieb am Feuer sitzen und hielt den Kopf gesenkt.

»Sie weint …« Malva biss sich auf die Lippe.

Die Krieger stiegen auf ihre ausgezehrten Pferde. In einer Reihe galoppierten sie hinter ihrem Anführer, der auf dem Hinterteil seines Pferdes stand, davon. Mit einer Hand schwang er seine Lanze. Malva war klar, dass die Baiguren nicht zur Jagd aufbrachen. Filomenas Tränen sprachen eine deutliche Sprache … Uzmir und seine Leute befanden sich im Krieg.

Malva schloss die Augen, sie bekam kaum Luft. Sie musste erst gar nicht herausfinden, gegen wen die Baiguren in den Kampf zogen, sie wusste es. Die Amoyeden und die Truppen Temir-Gais hatten sich zweifelsohne nach dem Brand, der den Harem zerstört hatte, zusammengeschlossen, und Uzmirs Volk musste sich an allen Fronten zur Wehr setzen.

Malva veränderte ihre Lage auf dem Ast ein wenig. Diese ganzen Bilder hinterließen einen bitteren Geschmack. Die Heiterkeit, die sie vorhin verspürt hatte, war verschwunden, und ihr Herz wurde schwer. Sie presste die Zähne aufeinander, öffnete die Augen, hob den Kopf der Sonne entgegen und sagte: »Arkus! Ich möchte sehen, wo Arkus steckt!«

Grell leuchtete es auf, und Malva entdeckte ein Schiff mit schrägen Segeln. Gefertigt war es aus Bambusstangen. Malva hatte ein derartiges Schiff noch nie gesehen. An Deck lagen leblose und blutende Körper. Sie zuckte zusammen, als sie Schreie hörte. Im hinteren Teil des Schiffes wütete der letzte Akt eines gnadenlosen Kampfes.

Arkus stand auf einer Kiste, sein offenes Gewand gab den Blick frei auf seinen schweißgebadeten Oberkörper. Wild fuchtelte er mit dem Säbel vor seinen Gegnern herum. Er wehrte sich gegen zwei erschöpfte und verwundete Seeleute, die sich mit letzter Kraft gegenseitig zu Hilfe kamen. Der Hass entstellte Arkus' Gesichtszüge. An seinem kahlen Schädel klaffte eine Wunde, aber er schwächelte nicht. Blitzschnell warf er sich auf einen der beiden Seemänner. Malva musste mit ansehen, wie er seine Waffe in den Bauch des Unglückseligen stieß. Der letzte Überlebende an Bord fiel vornüber und warf seine Waffe weg. Er war am Ende seiner Kräfte, doch es gelang ihm, sich hinter den Mast zu retten, während Arkus dem Mann, den er gerade getötet hatte, den Dolch entriss. Entsetzt sah Malva, wie Arkus sich dem Seemann langsam näherte, ein grausames Grinsen auf den Lippen. Der Seemann zitterte und flehte um Erbarmen. Malva wusste, dass alles Bitten umsonst war. Arkus kannte kein Mitleid.

Er packte den Mann an den Haaren und stieß ihm den Dolch in den Hals. Dann eilte er zum Heck des Schiffes und kramte in einem Haufen zusammengelegter Segel. Er holte einen Gegenstand hervor, den Malva sofort erkannte: Es war ein Nokros, der noch mehrere Lebenssteine enthielt. Er hob seine Trophäe gegen die Sonne und triumphierte. Dank des gestohlenen Nokros konnte er darauf hoffen, gegenüber Kata weitere Zeit zu gewinnen und damit dem Verlies des Grauens zu entgehen!

Einer Ohnmacht nahe, brach Malva in Tränen aus. Was sie hilflos hatte mit ansehen müssen, drehte ihr den Magen um. Sie schluchzte lange auf ihrem Ast, überwältigt von Wut und Kummer. Uzmirs Gesicht tauchte vor ihr auf, ausgezehrt und traurig, und auch das Bild von Filomena, allein am verglühenden Feuer in der eisigen Steppe. Und dann die Bilder von Galnizien, grau, winterlich, die Burg, die Obstgärten, die Gassen, dieser Teil ihrer Kindheit, den sie unbedingt vergessen wollte, der aber in ihrem Herzen verankert war wie die Spitze eines Pfeils. Sie ballte die Fäuste und schlug so lange auf den Ast ein, bis ihre Hände ganz blutig waren.

Erst viel später fand sie die Kraft, sich wieder aufzurappeln. Sie lehnte sich gegen den Stamm, atmete tief durch und betrachtete die Landschaft, die sie umgab. Die lieblichen Täler, die Weiten, die Ruhe des Waldes, die Frische der Flüsse und vor allem die Pracht der Bucht Dao-Boa erschienen ihr unwirklich. So viel Schönheit tat fast weh. Sie konnte nicht mehr verstehen, warum sie unbedingt hier sein wollte. Wie konnte sie sich bloß vom Strand entfernen, ohne sich Gedanken um ihre Gefährten zu machen, die an Bord der Fabula geblieben waren?

Sie wandte sich dem Meer zu.

»Ich will Orfeus sehen …«, murmelte sie schließlich.

Sie riss die Augen auf, und ihre Pupillen weiteten sich. Der große Vorhang der Ur-Tha-Oper öffnete sich erneut und gab den Blick frei auf die geflickten Segel der Fabula.

Die Welle hatte das Schiff mit einer solchen Wucht getroffen, dass der Mast gebrochen war. Doch alle Passagiere waren an Deck, und sie lebten: Orfeus, Lea, Babilas, Galotcho, Finopico, Pepe und sogar Al, der im Kreis herumlief und heiser bellte. Sie sahen verzweifelt und verwirrt aus. Als sie sich ihre Gesichter genauer ansah, bemerkte Malva, dass sie weinten. Orfeus stand an der zerstörten Reling und suchte die Wellen ab. Sein Gesichtsausdruck war voller Trauer, so dass Malva den Anblick kaum ertragen konnte. Die Gesichter von Pepe und Galotcho waren tränenüberströmt, und sie riefen ihren Namen: »Malva, Malva, Malva …«

»Sie denken, ich bin tot«, entfuhr es Malva.

Da verschwand die Vision, und Malva blieb allein auf ihrem Ast zurück. Sie war unfähig, sich zu bewegen.

»Sie denken, ich bin tot«, wiederholte sie.

Sie wollte weinen, doch ihre fehlte die Kraft. Mit zitternden Beinen ließ sie sich am Stamm hinuntergleiten. Als sie wieder Boden unter den Füßen spürte, wurde sie etwas ruhiger. Sie kniete sich ins Moos und sah hinauf in den Himmel. Es war solch ein herrlicher Tag, die Luft so mild … Warum war sie nur so traurig, wo sie doch endlich Elgolien gefunden hatte?

Verzweifelt machte sie sich wieder auf den Weg zurück zur Bucht, wo sie ein paar Stunden zuvor gestrandet war. Ihre Augen sahen die Bäche nicht mehr, ihre Ohren hörten die Vögel nicht mehr, und ihr Herz schlug in ihrer Brust wie ein ängstliches hilfloses Tier.

Als sie den Strand erreichte, steuerte sie ohne Zögern auf den kleinen ockerfarbenen Tempel zu. Sie dachte nicht darüber nach, was sie vorfinden könnte, ihr Instinkt sagte ihr, dass sie hineingehen musste. Sie drückte die schwere Holztür auf, die sich knarrend in den Angeln drehte. Im Innern war es dunkel. Einige Lichtstrahlen fielen durch das Dach, das wegen der darauf wachsenden Wurzeln löchrig geworden war. Insekten schwirrten um Malvas Kopf, als sie weiterging.

In der Mitte des Raumes stand ein steinernes Grab, das mit Moos und Spinnweben bedeckt war. Auf dem Stein glitzerte etwas. Malva hielt es zunächst für Licht, das sich dort sammelte. Sie schaute hinauf zum Dach und sah sich die Risse genauer an. Ein Sonnenstrahl war es nicht. Sie ging näher heran und entdeckte einen langen kristallenen Stab, der in den Grabstein eingelassen war. Er war so geschliffen, dass ein gleißendes Licht von ihm ausging.

Lange betrachtete Malva den Kristall. Sie war fasziniert von seiner vollendeten Form und seinem geheimnisvollen Leuchten. Das Licht schien aus seinem Inneren zu kommen, er wirkte lebendig wie der Pulsschlag eines Herzens. Malva streckte die Hand aus und strich über die glatte Oberfläche.

Kaum hatten ihre Hände den Kristall berührt, wurde sie vom Licht durchdrungen. Was vorher verwirrend war, wurde schlagartig durchschaubar, einfach und klar. Wohlbehagen durchströmte sie: Sie fühlte sich im Einklang mit sich selbst. Sie war entschlossen, für immer hier zu leben; sie wollte ein Haus bauen und ihre Träume wahr werden lassen. Das Licht war wie eine Offenbarung für sie: Pech für Filomena und Uzmir! Pech für Galnizien, Pech für die Königin! Pech für Orfeus und seine Gefährten auf der Fabula! Sie würde ohne sie ihr Leben leben, weit weg von ihnen. Sie musste sich um sich selbst kümmern und sie vergessen!

Malva sah auf ihre Hände, die auf dem Kristall ruhten und erkannte den Gegenstand wieder.

»Der Vuth-Nathor …«, murmelte sie.

Sie kannte diesen Namen, seit der alte Bulo ihn auf der Estafador erwähnt hatte. Das war kurz vor dem Schiffbruch. Er war der Grund, warum sich Bulo so aufgeregt hatte, er hatte sie vor seiner Anziehungskraft gewarnt. Der Vuth-Nathor hatte ihn in seinen Nächten heimgesucht, er hatte ihn den ganzen Tag begleitet. Ja, sie erinnerte sich! Der alte Mann wollte sich diesen Schatz zu eigen machen, und das war der Anfang vom Ende gewesen: Er wurde von der Insel Elgolien vertrieben und dazu verurteilt, für den Rest seines Lebens einem Traum nachzujagen, der nie mehr in Erfüllung gehen würde, der nur noch eine Erinnerung war.

Plötzlich hatte Malva Angst.

Mit klopfendem Herzen trat sie zurück und entfernte sich von dem Kristall.

Sie drehte sich um und rannte aus dem Tempel. Widerstreitende Gedanken schossen ihr durch den Kopf. Als sie wieder draußen war, an diesem weißen Strand mit den Bäumen und Vögeln, wusste sie nicht mehr, was sie tun sollte. Für einen kurzen Augenblick hatte ihr der Vuth-Nathor Klarheit verschafft, doch das hatte nicht lange angehalten. Sie hatte sich nur kurz entfernen müssen, und alles war wieder so kompliziert, verworren und undurchschaubar.

Sie setzte sich in den Sand, zog die Knie zum Kinn und versuchte, einen klaren Gedanken zu fassen. »Was passiert, wenn ich hier bleibe?«, fragte sie sich. »Ich würde ein Haus bauen, ich wäre vielleicht frei … Aber wäre ich dann auch immer allein?«

Erneut war sie den Tränen nahe. All das, wovon sie bislang geträumt hatte, war nichts wert, wenn sie ohne diejenigen sein würde, die sie liebte! Sie hatte sich getäuscht! Sie hatte gedacht, dass hier in Elgolien das Glück auf sie wartete, aber hier umgab sie nichts weiter als eine abgrundtiefe Einsamkeit und ein schlechtes Gewissen.

Sie seufzte und vergrub ihr Gesicht in den Händen. Was würde andererseits passieren, wenn sie Elgolien hinter sich ließe? Würde sie zu Orfeus, Lea und den anderen an Bord der Fabula zurückkehren können? Und wenn ja, müssten sie dann nicht alle in das Verlies des Grauens?

Was hatte es dann für einen Sinn?

Malva streckte die Beine aus und legte sich in den Sand, das Gesicht der Sonne zugewandt. Sie wusste nicht, wie sie sich entscheiden sollte. Sie sehnte sich nach jemandem, der ihr die Entscheidung abnehmen würde, oder wünschte sich, dass die Welle, die sie hierher gebracht hatte, zurückkäme, um sie wieder mitzunehmen. Selbst, wenn sie dabei Gefahr liefe, zu ertrinken! Sie wünschte sich, dass Orfeus auftauchte, dass er sich über sie beugte und sie in seine Arme nähme, wie an dem Morgen an Deck …

»Orfeus!«, rief Malva verzweifelt.

Niemand antwortete ihr, ihre Stimme erstarb. Die Stille war wie ein unerträgliches Brausen in ihren Ohren. Alles tat ihr weh.

Kurz darauf richtete sie sich auf. Ihre Tränen waren versiegt. Schwankend kehrte sie zur Tempeltür zurück. Ohne wirklich zu wissen, wie es dazu kam, hatten sie die Tränen und das Wälzen im Sand eine Entscheidung fällen lassen. Sie betrat den Tempel, ging bis zum Vuth-Nathor, berührte ihn mit den Händen und zog mit aller Kraft daran. Das Licht strahlte erneut durch sie, aber sie widerstand seinem Lockruf.

»Lass mich zu meinen Gefährten zurückkehren!«, verlangte sie. »Mein Platz ist an Bord der Fabula!«

Der Vuth-Nathor leuchtete noch stärker auf. Sie spürte, wie ihre Handflächen brannten, immer stärker brannten, bis es schließlich unerträglich wurde. Mit einem Schrei ließ sie den Kristall los.

Um sie herum hatte sich nichts verändert. Der Tempel war immer noch da, feucht und voller summender Insekten.

»Lass mich zu ihnen zurückkehren!«, flehte Malva zu den unsichtbaren Gottheiten. »Ich verzichte auf dieses Elgolien!«

Die Stille und das Dämmerlicht bedrückten sie. Hier war schon lange keine Gottheit mehr. Niemand konnte ihre Bitte erhören.

Niedergeschlagen verließ Malva den Tempel. Sollte der alte Bulo sie belogen haben? War Vuth-Nathor allmächtig? War sie dazu verdammt, für immer hier zu bleiben, in der Dao-Boa-Bucht, die für sie keinerlei Bedeutung mehr hatte?

Sie ging zum Meer. Und plötzlich, als sie sich schon in die Fluten stürzen wollte, um ihrem Leben ein Ende zu machen, erblickte sie ein Segel, das sich der Insel näherte. Ein weißes Segel und den hohen Mast eines Schiffes … Es war die Fabula! Ihr Herz schlug vor Freude schneller.

»Hier bin ich!«, schrie sie und winkte. »Hier bin ich! Bei der Heiligen Harmonie! Kommt mich holen!«

Sie drehte sich um. Über dem Tempel leuchtete ein kristallener Strahl wie das Licht eines Leuchtturms auf dem offenen Meer. Er wies der Fabula den Weg!

Malva sprang hoch und winkte, bis sie die blassen, müden Gesichter von Lea und den Zwillingen vorn im Schiff erkannte. Sie lachten und weinten zugleich, während Babilas und Orfeus das Schiff steuerten. Sie ging ihnen entgegen, watete ins Wasser, dann schwamm sie, als würde sie magisch von der Fabula angezogen. Schließlich ließ Orfeus das Steuer los und rollte die Strickleiter aus, damit sie an Bord klettern konnte. Als sie über die Reling stieg, umringten sie ihre Freunde. Al bellte, aber den anderen fehlten die Worte. Orfeus öffnete einfach seine Arme, in die sich Malva ohne Zögern warf. Sie war außer sich vor Erleichterung und Glück.

»Ich bin zurückgekommen«, murmelte sie. »Was auch immer geschieht, ich werde von jetzt an bei euch bleiben.«

Die Fabula wendete und ließ die Küste des unwirklichen Elgolien, dessen Versprechungen Malva widerstanden hatte, hinter sich.

Im Nokros war ein weiterer Stein entzweigebrochen. Nun blieben der Mannschaft nur noch fünf Tage, um aus dem Inselmeer zu gelangen …

39 ✧ Angelpartie

Malva schwieg über das, was ihr passiert war. Am nächsten Tag fragten die Zwillinge sie aus, sie flehten sie an, doch umsonst. Die Visionen, die sie auf dem Berg Ur-Tha gehabt hatte, suchten sie heim. Jedes Mal, wenn sie die Augen schloss, sah sie die prächtige Küste der Dao-Boa-Bucht vor sich, und sie litt Höllenqualen. Es gelang ihr lediglich, ihre Feder zur Hand zu nehmen, sich in ihrer Kabine einzuschließen und ihre Empfindungen aufzuschreiben.

Ich habe meinen Traum aufgegeben, notierte sie. *Ich bin aus Elgolien geflohen. Was würde Filomena sagen, wenn sie das wüsste? Ich habe ihr immer so in den Ohren gelegen mit diesem Land! Bin ich nichts weiter als eine Ewigunzufriedene? Ein verwöhntes Kind? Ein wankelmütiges Prinzesschen? Und doch bedaure ich meine Entscheidung nicht. Ich hätte viel zu große Angst gehabt, allein auf der Insel … und ich hätte es mir nie verziehen, wenn ich die Fabula verlassen hätte. Ich wäre mir vorgekommen wie eine Verbrecherin. Habe ich also nur meine Pflicht erfüllt?*

Nein. Ich gebe es zu, da war auch noch … Orfeus.

Das kann ich den Zwillingen nicht sagen. Ich glaube, dass sie mich sehr gern haben und eifersüchtig sind. Die Armen. Aber bald werden unsere kleinen Herzschmerzangelegenheiten keine Bedeutung mehr haben. Wenn sich das Verlies des Grauens vor dem Schiff auftut, bleiben uns nur noch unsere Tränen.

Habe ich den Fehler meines Lebens begangen, indem ich wieder an Bord gegangen bin?

Manchmal dachte Malva, dass Kata sie mit der Welle hatte retten wollen, die sie nach Elgolien gebracht hatte. Dann dachte sie wieder, dass die Wächterin des Inselmeers ihr eine Falle gestellt, einen Köder ausgeworfen hatte. Wie sah die Wahrheit aus? In dieser Welt voller seltsamer Regeln war es schwer, das zu beurteilen.

Das, was ich vom Baum aus gesehen habe, quält mich, schrieb Malva weiter. *Wenn meine Mutter wirklich in meiner Abwesenheit gestorben ist, wenn Filomena unglücklich ist, wenn die Baiguren sich im Krieg befinden und wenn Arkus tötet und Stundengläser von anderen Schiffen stiehlt, so ist das alles meine Schuld. Ich bin für dieses ganze Unglück verantwortlich. Wie kann ich das den anderen erklären? Nicht einmal Orfeus würde mich wahrscheinlich verstehen. Dieses Tagebuch ist mein einziger Vertrauter. Schreiben ist das Einzige, was mir noch bleibt … Mein Vater wäre wohl sehr böse, wenn er sehen könnte, wozu ich Tinte und Papier benutze. Aber, verehrter König, glaubt Ihr noch immer, dass diese Worte nur albernes Gerede sind?*

Nachdem sie ihr Herz ausgeschüttet hatte, fühlte sie sich besser. Sie schaute auf den Nokros. Der vorletzte Lebensstein war bereits von der Säure angefressen. »Los geht's!«, brummte Malva. »Wenn wir nur noch drei Tage zu leben haben, dann wollen wir auch etwas davon haben!«

Sie verließ ihre Kabine und ging an Deck. Es war bereits später Vormittag, die Sonne stand fast im Zenit, es war heiß und beinahe windstill. Wie gewöhnlich angelte Finopico. Die Füße hatte er auf die Reling gestützt. Sie war das Einzige, das nach der Flut noch aufrecht stand. Babilas bediente das Steuer, während Orfeus, Lea und die Zwillinge die zerrissenen Segel flickten.

»Ich helfe euch«, sagte Malva und ging zu ihnen.

Orfeus lächelte sie an, und die Zwillinge rückten auseinander, um ihr Platz zu machen.

Malva wollte sich gerade setzen, als Finopico vor Schmerz aufschrie. Er beugte sich über die Reling und zerrte wie ein Verrückter an seiner Angelrute, doch die Schnur rollte sich mit rasender Geschwindigkeit ab. Sie schnitt ihm in die Hand. Finopicos Jacke war voller Blut. Der Koch rief Babilas zu Hilfe.

»Es ist ein ganz großer!«, schrie er. »Ein Schwertfisch oder ein Barrakuda!«

Die Angelrute aus Bambus bog sich unter dem Gewicht des Fisches, und die Schnur war gespannt wie eine Klaviersaite. Babilas ließ das Steuer los, rannte herbei und ergriff die Angel. Die beiden Männer zogen gemeinsam, aber der Fisch wehrte sich mit einer solchen Kraft, dass sie ihn nicht aus dem Wasser ziehen konnten.

»Er ist schwer wie Blei«, schrie Finopico.

Er versuchte, die Angelschnur einzuziehen, während Babilas die Beute mit aller Kraft festhielt.

Die Zwillinge und Malva kamen näher. Dort, wo der Schwimmer ins Meer tauchte, war ein Strudel mit großen Blasen zu sehen. Der Fisch am Haken musste ein Prachtexemplar sein.

»Achtung, ich lasse etwas nach!«, kündigte Finopico an.

Er gab etwas Schnur nach. Blitzschnell spannte sich die Leine derart, dass sie zu reißen drohte. Finopico geriet aus dem Gleichgewicht und wurde von der Angel mitgerissen. Babilas musste ihn um die Taille fassen, damit er nicht über Bord ging.

»Ganeg hosgid!«, meinte der Riese.

Das verzerrte Gesicht Finopicos war bleich, seine Fingerknöchel waren vor Anstrengung ganz weiß, Schweißtropfen standen ihm auf der Stirn, doch er ließ nicht los.

»Unglaublich!«, rief er aus. »Einen so kräftigen Fisch habe ich noch nie erlebt! Das ist … wohl … vielleicht … ein Gum!«

Er und Babilas mühten sich weiter ab, sie schrien, schwitzten, verfluchten die Wellen und den Himmel, während die anderen ihren Kampf fasziniert beobachteten. Das Tier schien sich aufzubäumen, es tauchte auf und unter und kämpfte ohne Unterlass um sein Überleben. Orfeus, der sich zu den anderen gesellt hatte, betrachtete die Szene mit Unbehagen.

»Ihr solltet aufgeben«, sagte er schließlich zum Koch. »Dieses Tier ist stärker als ihr.«

Finopico wandte ihm sein hochrotes Gesicht zu.

»Aufgeben? Niemals! Holt die Harpunen! Wir müssen es aufspießen, um es zu schwächen!«

Orfeus warf einen skeptischen Blick auf die Wasseroberfläche.

»Gut«, seufzte er, »versuchen wir es.«

Die Zwillinge liefen zur Kombüse und kamen mit den Harpunen zurück, die Finopico auf der Insel von Jahalod-Rin angefertigt hatte. Unterdessen hatte Babilas ein Tau um Finopicos Hüften geschlungen. Das andere Ende machte er an der Achse der Schiffswinde fest, um zu verhindern, dass der Koch über Bord geschleudert wurde.

»Stoßt zu!«, befahl der gerade.

Galotcho und Pepe zielten und warfen die Harpunen in das wirbelnde Wasser. Die Holzlanzen gingen in dem Tosen unter.

»Nochmal!«, schrie Finopico.

Die Zwillinge zielten wieder, und dieses Mal trafen die Harpunen ihr Ziel. Sie blieben aufrecht im Wasser stecken, und eine riesige Rückenflosse tauchte an der Wasseroberfläche auf. Sie war schwarz und glänzend und gezackt wie ein Küchenmesser. Finopico stieß einen Triumphschrei aus, aber seine Freude war nur von kurzer Dauer.

Vom Schmerz wild geworden, bäumte sich der Koloss auf, versetzte dem Wasser einen heftigen Schwanzhieb und schoss nach vorn. Finopicos Angelrute ächzte, doch sie brach nicht. Ein Ruck ging durch die Fabula. Und kurz darauf nahm das Schiff Fahrt auf.

»Er zieht uns mit!«, schrie Orfeus bestürzt.

Malva und Lea waren genauso entsetzt und krallten sich an der Reling fest. Der riesige Fisch war verwundet und wütend und zog die Fabula auf seinem Unglückskurs mit sich. Finopico stemmte sich gegen seine Angel und stieß hysterische Schreie aus.

»Lasst los!«, befahl Orfeus.

»Nein!«, antwortete der Koch. »Er oder ich!«

Babilas hatte sich zurückgezogen. Er schien bestürzt, einerseits wegen der Kraft des Fisches, andererseits wegen Finopicos Starrköpfigkeit.

Der Rumpf der Fabula schoss nun mit einer enormen Geschwindigkeit durch das Wasser. Die Angelrute vibrierte, die Flosse des gigantischen Fisches zerteilte die Fluten, Finopico verzog das Gesicht vor Schmerz und Anstrengung, und die anderen Besatzungsmitglieder waren blass vor Angst. Der Wind und die Gischt peitschten ihnen ins Gesicht.

Plötzlich erhoben sich am Horizont riesige schwarze gezackte Felsen. Orfeus schlug das Herz bis zum Hals.

»Er zieht uns direkt zu den Felsen!«

»Bolbh kiglaeth yawz?«, fragte Babilas mit seiner heiseren Stimme.

»Er will wissen, ob er die Angelrute entzweibrechen soll?«, übersetzte Lea sofort.

»Wenn es dieser Fisch nicht schafft, wird er es auch nicht schaffen!«, schrie Orfeus verzweifelt.

Genau wie all die seltsamen Dinge, die in diesem Inselmeer bislang geschehen waren, war auch die Widerstandskraft der Angel unerklärlich.

»Lasst mich nur machen!«, kreischte Finopico. »Ich muss dieses Biest fangen! Es wird schon müde werden, das weiß ich genau! Bei der Heiligen Harmonie, Kapitän, bringt mich nicht um diesen Sieg!«

Ratlos sah Orfeus zu Babilas, der bereit war, jederzeit einzugreifen, zu Lea und Malva, die ängstlich die Augen aufrissen, und dann wieder zu Finopico, der sich weiter an der Rute und dem Fisch festkrallte … und schließlich zu den nahenden Felsen.

»Sollte Babilas näher kommen«, schrie Finopico, »kann ich für nichts garantieren!«

Während er das sagte, ließ er die Angel mit der einen Hand los und griff nach dem Messer an seinem Gürtel. Seine Kräfte schienen sich vor Wahn und Leidenschaft verdoppelt zu haben. Ohne zu zittern, hielt er die Angel nur mit einem Arm und ließ mit der anderen Hand das Messer kreisen.

»Ich will mir dieses Ungeheuer schnappen! Niemand hat mir zu sagen, was ich tun soll!«

Orfeus spürte, wie sich ihm die Nackenhaare aufstellten. Er holte tief Luft, um Zeit zu gewinnen. Malva, Lea und die Zwillinge wandten sich bereits zur Lukentür und zogen Al am Halsband mit sich, um auch ihn in Sicherheit zu bringen. Die bedrohlich gezackten Felsen ragten vor ihnen aus dem Wasser. Die Fabula war nun nicht mehr weit von ihnen entfernt.

»Das ist überhaupt kein Tiefsee-Gum!«, schrie Orfeus plötzlich Finopico zu. »Dieser Fisch hat nur eine Schwanzflosse, und seine Schuppen sind schwarz!«

Der Koch hielt die Angel noch immer unerbittlich fest und warf Orfeus einen verächtlichen Blick zu.

»Gut erkannt, Kapitän! Aber selbst wenn … es kein Gum ist, werde ich die Angel nicht loslassen!«

»Wir werden an den Felsen zerschellen!«, antwortete Orfeus voller Wut.

Er ging auf Finopico zu, der sofort sein Messer zückte und ihn damit bedrohte. Sein Körper wurde von einem irrsinnigen Lachen geschüttelt.

»Felsen! Welch hübscher Tod für einen Seemann! Wir werden aufgespießt! Zerquetscht! Und ertrinken! Wie viel schöner … als in das Verlies des Grauens geworfen zu werden!«

Er richtete sich ein wenig auf. An der Angel hängend, mit seiner Seeausrüstung und den leuchtend roten, im Wind wehenden Haaren, sah er aus wie eine dem Schicksal entgegenreitende Gottheit. Da mischten sich die Zwillinge und die beiden jungen Frauen entsetzt ein.

»Haltet ihn auf, Kapitän!«

»Wir wollen nicht aufgespießt werden!«

Die Felsen kamen immer näher. Bei der Geschwindigkeit der Fabula war sich Orfeus nicht mehr sicher, ob er das Schlimmste noch abwenden konnte. In seinem Kopf wirbelten die Gedanken wild hin und her: Sollte er Finopico opfern? Sollte er Babilas' Leben riskieren? Sein eigenes? Das aller Mitglieder der Mannschaft? Es gab keinen Ausweg aus diesem Dilemma; er würde es sich niemals verzeihen … Und doch! Er musste es tun!

Er ergriff nun seinerseits sein Messer, rannte zur Schiffswinde und begann das Tau, mit dem Finopico an das Schiff gebunden war, zu durchtrennen.

»Was tut Ihr da?«, kreischte der Koch.

Er war zu weit weg, um an Orfeus heranzukommen. Doch er verdrehte den Kopf, um sehen zu können, was sich da hinter seinem Rücken abspielte.

»Lass die Angel los!«, versuchte es Orfeus erneut und sah auf das Tau, das langsam riss. »Noch können wir uns alle retten!«

Der Mund des Kochs war vor Wut verzerrt. Sein Blick war auf die Flosse des Fisches geheftet, und er begriff nichts mehr. Es war, als hätte das Biest von ihm derart Besitz ergriffen, dass er nicht mehr klar denken konnte.

»Nein! Ich werde nicht los…«

Es blieb ihm keine Zeit mehr, seinen Satz zu beenden. Das Tau riss plötzlich ab. Der unbändigen Kraft des Fisches wirkte nichts mehr entgegen: Finopico stürzte über die Reling ins Meer und wurde an der Angelleine mitgerissen. Lea und Malva stießen einen spitzen Schrei aus.

Die Fabula schoss zunächst geradeaus weiter, bis sich ihre Fahrt verlangsamte und das Schiff schließlich kurz vor den spitz aufragenden Felsen zum Stehen kam. Ein ungläubiges, entsetztes Schweigen senkte sich auf die Mannschaft. Der Fisch war in den Fluten verschwunden und hatte die Leine samt der Angel und dem unglückseligen Koch mitgerissen.

Sein Messer in der Hand, sank Orfeus an Deck auf die Knie. Er sah mitgenommen aus. Die anderen bewegten sich nicht. Sie waren starr vor Entsetzen.

Einzig die sich an den Felsen brechenden Wellen erzeugten ein immergleiches Rauschen. Die Sonne schien senkrecht auf das

Schiff herunter. Ihre Klarheit war erdrückend: Hier unten, in der Bekannten wie in der Unbekannten Welt, konnten die Menschen sterben, leiden, lieben, sich verabscheuen, kämpfen und aufgeben, die Natur blieb immer gleich. Welche Dramen sich auch immer abspielen mochten und welche Qualen zu erleiden wären, es würde immer Wellen geben, immer ein Morgenrot und eine Dämmerung.

Schließlich fanden Lea und Malva die Kraft, sich zu bewegen. Sie stellten sich rechts und links neben Orfeus und legten ihm die Hände auf die Schultern.

»Danke«, sagten sie zugleich.

Orfeus ließ den Kopf hängen. Seine Augen waren voller Tränen. Er betrachtete seine Hände, das Messer und fühlte sich wie ein Mörder.

»Es gab keinen anderen Ausweg«, versuchte Malva, ihn zu trösten. »Finopico war nicht mehr Herr seiner Sinne.«

»Er war verrückt«, bestätigte auch Lea.

Babilas hatte sich über die Reling gebeugt und suchte das Wasser ab. Als er sich umdrehte und sein Blick den von Orfeus traf, war jedem klar, dass es keine Hoffnung mehr gab. Der Koch war zusammen mit dem riesigen Fisch untergegangen. Sein eigener Wunschtraum hatte ihn in den Tod gerissen.

Später, am Abend dieses Tages, stieg Malva unter Deck in ihre Kajüte und stellte verblüfft fest, dass der vorletzte Lebensstein von der Säure aufgelöst worden war, obwohl er eigentlich erst zur Hälfte hätte zerstört sein dürfen. Es war, als würde Finopico ein zweites Mal verlorengehen. Sie schluchzte.

»Ich verabscheue diesen Nokros!«, stöhnte sie. »Ich verabscheue Kata und dieses Inselmeer! Und ich verabscheue das Meer!«

Sie ergriff das Stundenglas und nahm es auf den Schoß. Im Innern des oberen Glases blieb nur noch ein Stein übrig. Ein Stein, zwei Tage … und nur noch sieben Gefährten an Bord der Fabula.

»Wir werden hier niemals herausfinden …«, flüsterte Malva. Sie war wie gebannt von der blutroten Farbe der zerstörerischen Säure.

Für einen kurzen Augenblick überkam sie die Lust, den Nokros wegzuschleudern und ihn mit aller Kraft an der Wand zerschellen zu lassen. Sie fasste sich wieder. Nein, das durfte sie nicht tun. Kata hatte keinen Zweifel daran gelassen, dass dieser verfluchte Gegenstand bis zum Schluss heil bleiben musste.

»Bis zum Schluss?«, wiederholte Malva. »Bis zum Schluss wovon?«

Das abrupte Verschwinden von Finopico bedrückte alle. Sogar Al, der sich weigerte, das Deck zu verlassen, obwohl die Nacht anbrach. Im Grunde war jedem klar, dass nun alles vorbei war. Dass die Fabula, genau wie all die anderen Schiffe, den Ausgang aus dem Inselmeer nicht finden würde.

Malva stand auf und verließ ihre Kajüte, den Nokros nahm sie mit. Auf Zehenspitzen lief sie über das Zwischendeck und klopfte an die Tür zu Orfeus' Kajüte. Er öffnete, sein Gesicht war von Vorwürfen und Trauer gezeichnet. Malva streckte ihm das Stundenglas hin.

»Hier, nehmt es an Euch«, sagte sie. »Ich will nicht länger zusehen, wie die Zeit verrinnt. Die Zeit in diesem Ding sieht aus wie Blut.«

Orfeus streckte die Hand aus. Er war bereit, das Glas an sich zu nehmen.

»Ihr habt recht«, sagte er, »ich bin an der Reihe damit, das Verrinnen der Zeit zu ertragen … denn es ist alles meine Schuld.«

Malva wehrte sich. Sie schüttelte den Kopf.

»Nein, es ist meine Schuld, Kapitän. Ich habe das alles ausgelöst. Wenn ich nicht aus der Burg geflohen wäre, hättet Ihr Euch nicht auf die Suche nach mir gemacht. Weder Ihr noch Finopico oder die anderen. Ich bin nichts weiter als eine kleine, dumme, selbstsüchtige Prinzessin!«

Ihre Mandelaugen füllten sich mit Tränen. Orfeus biss sich auf die Lippen.

»Sagt so etwas nicht«, sagte er. »Trotz allem, was geschehen ist, und selbst wenn wir alle in das Verlies des Grauens geworfen werden, werde ich es niemals bereuen, mich auf die Reise begeben zu haben und Euch begegnet zu sein. Ohne Euch wäre ich womöglich vor Verzweiflung in Galnizien umgekommen.«

Malva sah ihn so eindringlich an, dass er errötete.

»Ihr seid so … voller Lebensfreude«, stotterte er. »So schön und so mutig.«

»Hört auf damit«, verlangte sie mit leiser Stimme. »Es ist sehr freundlich, dass Ihr mir das sagt, aber es ist nicht wahr. Ich bin ganz und gar nicht mutig. Alles, was ich getan habe, geschah aus Sorglosigkeit oder aus Dummheit.«

»Ich mag die Unbekümmertheit«, entgegnete Orfeus. »Ich habe meiner Kindheit entsagt, indem ich vernünftig und gehorsam war und mich immer vor Konsequenzen gefürchtet habe. Ich bitte Euch, bedauert nicht, dass Ihr seid, wie Ihr seid.«

Unbeholfen legte er seine Hand an Malvas Wange. Als sie seine große warme Hand auf ihrem Gesicht spürte, erzitterte sie. Sofort zog er seine Hand zurück.

»Verzeiht …«, murmelte er.

»Nein, ich …«

Sie wollte ihn aufhalten, doch Orfeus schloss bereits wieder die Tür zu seiner Kajüte.

Für einige ihr wie eine Ewigkeit erscheinende Sekunden blieb sie reglos stehen. Ihr Herz klopfte wild. Leidenschaftliche Gefühle wirbelten in ihr durcheinander wie die Säbel in einem Kampf. Diese liebenswerte, große, warme Hand, sie hatte ihre Wange so zart wie ein Schmetterling berührt … Das tat so gut! Hatte sie überhaupt das Recht, glücklich zu sein, wo doch die ganze Mannschaft trauerte?

Ein Schluchzen schnürte ihr die Kehle zu. Sie drehte sich auf dem Absatz um und floh in ihre Kajüte.

Womit soll ich anfangen an diesem Abend?, schrieb Orfeus in sein Tagebuch. *Alles, was in mir vorgeht, scheint mir unbeschreiblich. Das Schlimmste und das Schönste, das Zarteste wie das Härteste. Ich weiß nicht mehr, wer ich bin.*

Er drehte den Kopf zur Kajütentür und sah wieder das verwirrte

Gesicht von Malva vor sich. Dann richtete sich sein Blick auf den Nokros.

Ich habe so viele widerstreitende Gefühle in mir! Ich würde am liebsten sterben, um mich dafür zu bestrafen, dass ich das Tau zerschnitten habe, von dem Finopico festgehalten wurde, und zugleich würde ich so gern noch weiterleben, um an der Seite meiner Freunde bleiben zu können. Haben wir das Recht, zugleich traurig und glücklich zu sein? Mir scheint, in diesem Inselmeer ist der Wahnsinn unser größter Feind, mehr noch als dieses unvorstellbare Verlies des Grauens.

Ich bin gerade dabei, mich in die Prinzessin …

Brüsk unterbrach er sein Schreiben. Das folgende Wort kam ihm derart ungeheuerlich vor, dass er nicht wusste, ob er es niederschreiben sollte. Es war, als entblöße er sich vor der ganzen Welt. Es tat weh … aber es tat auch gut! Seine Hand zitterte.

… zu verlieben. Ja, so ist es. Ich liebe sie, ihre Augen, ihr Gesicht, ihren Mund, ihr Lachen und ihre Tränen, ihre Zweifel, ihr Temperament, ihre Wut und ihre Träume.

Jetzt, wo er erst mal damit angefangen hatte, eilte die Feder ohne Zögern über das Papier, als ob ein Damm gebrochen wäre.

Sie verwirrt mich zutiefst. Mein Herz zuckt zusammen, wenn ich sie sehe, meine Hände werden feucht, ich bin ganz durcheinander und lächle nur einfältig. Ich bin nicht mehr ich selbst. Ich bin nicht mehr der Sohn meines Vaters, nicht das Waisenkind meiner Mutter, nicht mehr der Kapitän der Fabula … Ich bin nichts weiter als ein Häufchen durcheinanderwirbelnder Gefühle, ein Mann, der …

Er hörte erneut auf zu schreiben und betrachtete sich in seinem kleinen Rasierspiegel. Er erblickte tatsächlich einen Mann, dessen Wangen von Barthaaren und Verbrennungen bedeckt waren. Einen Mann, der kräftiger, härter, erfahrener war als der, den er in seinem Haus in der Unterstadt im Spiegel betrachtet hatte. Er runzelte die Stirn und fuhr mit dem Schreiben fort, nun jedoch langsamer und zögerlicher.

Ich bin jetzt fünfundzwanzig Jahre alt. Malva ist lediglich sechzehn. Wie kann sie mich je so lieben wie ich sie? Ihre Weigerung, den Prinzen von Andemark zu heiraten, hatte sicher mit dem großen Altersunterschied zu tun. Für sie bin ich ein alter Mann! Ich darf nicht mehr als ihr Beschützer sein und sie aus dem Inselmeer herausbringen, damit sie ihrem Weg folgen kann. Ich muss meine Gefühle verbergen, um sie nicht erneut in die Flucht zu schlagen. Ich muss meine Rolle als Kapitän wahren, als Beschützer … und wenn mir das gelungen ist, werde ich aus ihrem Leben verschwinden. Ich werde sie freilassen. Wie einen Vogel. Sie ist ein Vogel. Ein wunderschöner Vogel.

Er holte tief Luft. Die Zeilen, die er geschrieben hatte, verschwammen und lösten sich vor seinem müden und kummervollen Blick auf.

Wie könnte Malva jemals einen Mann lieben, der seinen Freund in den Tod getrieben hatte?

Erschöpft schlug er sein Tagebuch zu.

40 ✧ Der letzte Lebensstein

In der Nacht wurde die Fabula erneut von starken Strömungen erfasst. Das Wasser begann wieder zu tosen, es bäumte sich unter dem Schiffsrumpf auf wie ein bösartiges Tier, so dass jedes Manöver unmöglich war. Als der Morgen anbrach, wurde die Strömung noch stärker und riss das Schiff mit sich ins Herz des Inselmeers.

Eine Ansammlung von kleinen Inseln tauchte auf. Aufgereiht wie die Perlen einer endlosen Gebetsschnur, säumten sie den Weg des Schiffes. Die meisten Inseln waren unbewohnt, kahl und schwarz wie Kohle. Zuweilen zeigten sich auch Inseln, die weniger abweisend wirkten, eine gewisse Vegetation aufwiesen und von reglosen Vögeln bewohnt waren, doch wegen der Strömung konnten sie nicht anlegen.

An Bord herrschte neben der Trauer große Unruhe. Die Nahrungsreserven gingen zur Neige. Die Besatzung war dabei, die Einmachgläser auszukratzen und die wenigen getrockneten Fische durch sieben zu teilen. Das Süßwasser roch nach verfaultem Holz.

Der vorletzte Tag verging zermürbend langsam. Allen wurde endgültig klar, dass die Fabula nicht aus dem Inselmeer herauskommen würde.

Als sich die Besatzung an diesem Abend auf dem hinteren Deck versammelt hatte, um die letzten Lebensmittel unter sich aufzuteilen, begann Pepe zu schluchzen.

»Es ist vorbei!«, stammelte er weinend. »Wir haben … versagt! Morgen werden die Wächtervögel kommen und uns holen!«

Die anderen wechselten hilflose Blicke. Allen waren die Worte Katas noch im Gedächtnis, und niemand konnte Pepe widersprechen.

»Es ist unsere Schuld«, murmelte Galotcho dumpf. »Ihr musstet alle Prüfungen bestehen … nur Pepe und ich nicht. Wir gehören nicht auf dieses Schiff. Wir sind nur blinde Passagiere.«

Orfeus schluckte schwer, sein Hals war völlig ausgetrocknet.

»Ich verbiete euch, so etwas auch nur zu denken«, rief er den beiden Brüdern zu. »Wenn wir es nicht schaffen, dann ist das nicht die Schuld eines Einzelnen. Al hatte ebenfalls keine Prüfung zu bestehen. Und niemand wirft ihm deshalb etwas vor. Genauso wenig wie euch beiden.«

Lea, Malva und Babilas stimmten schweigend zu. Doch Pepe weinte und klagte immer noch. Er sah zum Himmel auf und schrie: »Unterzieht mich einer Prüfung! Völlig egal, was für eine! Schickt Ungeheuer, Drachen, ein Rudel Wölfe! Ich werde kämpfen, das verspreche ich!«

Wie erwartet, blieb alles still. Der Himmel war klar, vereinzelt gingen Sterne auf.

»Archim bawas«, seufzte Babilas, »Foadrom baidir.«

»Wir sollten uns darauf vorbereiten, dass wir sterben müssen«, übersetzte Lea niedergeschlagen. »Wir sind verloren.«

Nach diesen Worten überkam sie ein bedrückendes Schweigen. In den Schüsseln kühlte der Rest der faden Suppe ab. Lediglich Al leckte weiter die gelbliche Flüssigkeit auf.

»Die Hellseherin hat uns angelogen«, sagte Galotcho dann. »Wir haben ihr geglaubt, weil … weil es so angenehm war, ihr zu glauben.«

Er fasste seinen Bruder an den Schultern.

»Es ist doch nicht so schlimm«, flüsterte er ihm zu. »Wir hatten doch trotz allem eine schöne Reise. Wen interessieren schon Ehre und Reichtum, was soll's …«

Er wandte sein verschmiertes und verzweifeltes Gesicht seinen Freunden zu. Mit erstickter Stimme eröffnete er ihnen das Geheimnis, das Pepe und er bislang so wohl gehütet hatten: »Die Karten haben uns vorausgesagt, dass wir Schätze heben werden. Sie haben besagt, dass wir dazu bestimmt sind, der Prinzessin beizustehen und Galnizien vor einem Unglück zu bewahren. Um diese Vorhersage zu erfüllen, haben wir uns heimlich an Bord der Errabunda geschlichen. Aber vor allem haben uns die Karten versprochen, dass wir nach unserer Rückkehr … Prinzen sein würden.«

Diesmal fiel es keinem ein, sich über die Leichtgläubigkeit der Zwillinge lustig zu machen.

»Prinzen? Aber … von welchem Land?«, fragte Orfeus vorsichtig.

Galotcho drückte seinen Bruder fester und räusperte sich.

»Von Galnizien«, murmelte er. »Die Hellseherin hat uns gesagt, dass wir … die Prinzessin heiraten könnten. Da habt ihr also unser Geheimnis.«

Malva zog verdutzt die Brauen hoch.

»Euch heiraten? Alle beide?«

Die beiden Brüder verzogen die Gesichter, wie um zu sagen, dass auch sie nicht wussten, wie das gehen sollte, aber dass sie sich darum keine weiteren Sorgen gemacht hätten.

»Es war derart unglaublich, so etwas gesagt zu bekommen«, rechtfertigte sich Galotcho. »Wir Waisenkinder, Pechvögel, Diebe, Nichtsnutze … würden Prinzen sein! Jetzt wird mir klar, dass sich die Hellseherin über uns lustig gemacht hat. Selbst wenn wir dem Verlies des Grauens entkommen sollten, wissen wir genau, dass uns die Prinzessin nicht wollen würde.«

Er sagte das mit solch einer Traurigkeit, dass sich Malvas Kehle zuschnürte.

»Ich … ich habe euch sehr gern«, murmelte sie. »Denkt nicht, dass … Aber ich …«

»Rechtfertigt Euch nicht«, unterbrach sie Galotcho. »Gefühle kann man nicht erzwingen.«

Orfeus und Malva sahen sich verzweifelt an. Das Geständnis dieser beiden Jungen machte sie sprachlos. Inzwischen war die Nacht hereingebrochen. Lea fröstelte. Für einen kurzen Augenblick hatten die Zwillinge sie alle an ihren Träumen teilhaben lassen, aber diese leuchtende Zukunftsvision würde sich nicht erfüllen.

An diesem Abend jedenfalls gab es für keinen von ihnen eine Zukunft. Im Kolben des Nokros war kaum noch etwas von der Säure übrig. Der letzte Lebensstein war ausgehöhlt, durchlöchert, in zwei Teile zerbrochen. Genau wie die Herzen der Reisenden.

Als der Wind am Morgen des letzten Tages auffrischte, reffte Orfeus die Segel in der Hoffnung, die Fahrt der Fabula ein wenig zu verlangsamen. Doch es war so windig, dass die Fabula fast über das Wasser zu fliegen schien. Windböen verfingen sich unter den Kajütentüren, und überall knarrte und heulte es. Es war kalt. Die Mägen der Besatzungsmitglieder waren leer. Sie warteten. In ihren Augen war keinerlei Hoffnung mehr.

Jeder blieb in seiner Kajüte, unfähig, dem Blick eines Gefährten zu begegnen oder ein tröstendes Wort an ihn zu richten. Sogar Orfeus und Malva, die sich eigentlich nichts sehnlicher wünschten, als diesen letzten Tag miteinander zu verbringen, sprachen nicht miteinander und berührten sich auch nicht. Immer, wenn sie sich gegenüberstanden, wurden sie von einem inneren Feuer verschlungen, also mieden sie sich.

Einzig Al hatte seine Gewohnheiten nicht geändert. Er blieb an Deck und streckte sich inmitten des Unheils der ganzen Länge nach aus.

Gegen Mittag schwächten sich die Winde ab und die Strömung ließ nach. Ein Sonnenstrahl kämpfte sich durch die Wolkendecke. Einer nach dem anderen kamen die sechs Passagiere aus ihren Kajüten. An Deck wandten sie ihre Gesichter der Sonne zu in dem Bewusstsein, dass ihnen nur noch eine Gnadenfrist blieb.

In diesem Augenblick hörten sie das Grollen.

Es war ein animalischer und zugleich metallischer Ton. Ein Grollen, das von unten kam, aus der Tiefe des Ozeans oder sogar noch weiter darunter. Der Rumpf der Fabula vibrierte, und der Mast erzitterte. Jeder Einzelne konnte im Kopf eine starke Erschütterung spüren.

Al war aufgesprungen. Er hob seine feuchte Nase nach Osten und spitzte die Ohren. Sein steifes unbewegliches Hinterteil hinderte ihn nicht daran, sich der Reling zu nähern. Es gelang ihm sogar, mit seinen Vorderpfoten auf das Geländer zu steigen.

Orfeus wollte zu ihm gehen und nachsehen, was er gewittert hatte, aber das Grollen wiederholte sich. Diesmal war es noch stärker, noch lauter, und Orfeus blieb wie gelähmt stehen. Den anderen um ihn herum erging es ebenso. Sie trauten sich nicht, die kleinste Bewegung zu machen. Das Meer hatte begonnen, sich aufzubäumen und zu erzittern, während der Lärm weiter zunahm.

Auf die Reling gestützt, schnüffelte Al in die Luft und kläffte kurz.

Plötzlich teilten sich die Fluten.

Ein riesengroßes Wesen baute sich vor der Fabula auf. Es saß auf einem schwarzen Felsen, aus dem zähflüssige Lava hervorquoll.

Orfeus wollte etwas sagen, doch sein Kiefer versagte ihm den Dienst, genau wie der Rest seines Körpers. Machtlos und entsetzt konnte er das Ungeheuer, das ihnen den Weg versperrte, nur anstarren.

Es war ein gigantischer Hund mit struppigem Fell und kräftigen Muskeln. Er öffnete das Maul und ließ sein blutunterlaufenes Gebiss sehen. Geifer tropfte ihm auf die Brust. Ein übler Geruch stieg den Reisenden in die Nase, und Al begann zu bellen.

Der Hund wandte seine Schnauze in Als Richtung, öffnete seine feurigen Augen und fixierte den Bernhardiner. Auf seinem Vulkansockel überragte er Al um ein Vielfaches, doch der Bernhardiner wich nicht zurück. Er bellte herausfordernd, als wäre er sich seiner Unterlegenheit nicht bewusst. Das Ungeheuer näherte sich ihm immer mehr, so dass seine Lefzen beinahe die Reling berührten.

Al knurrte wieder und reckte ebenfalls seinen Hals. Die beiden Hunde standen sich Schnauze an Schnauze gegenüber, die Ohren hatten sie angelegt, sie waren bereit zum Kampf. Von den blutigen Zahnreihen des Riesenhundes tropfte Geifer und fiel zischend ins Meer.

Plötzlich sprang Al zur Seite. So seltsam das auch war, er schien seine alte Beweglichkeit wiedergefunden zu haben!

Der Koloss öffnete das Maul und wollte zuschnappen. Aber Al rannte kreuz und quer über das Deck und bellte wie von Sinnen. Von seinem Felsen aus verfolgte das Ungeheuer mit seinem riesigen Kopf die Bewegungen des Bernhardiners.

Stumm und verdutzt beobachteten Orfeus und seine Gefährten dieses unglaubliche Schauspiel. Die Lage schien hoffnungslos. Al konnte noch so hoch springen und hüpfen und mit seiner Schnauze und den Pfoten Hiebe austeilen. Einem solchen Gegner war er einfach nicht gewachsen.

Dieser spannte plötzlich alle Muskeln an und sprang mit einem Satz von seinem Felsen. Er flog durch die Lüfte und landete schwer an Deck des Schiffes.

Orfeus und die anderen erbleichten. Aus der Nähe war das Tier noch viel größer. Eine einzige Bewegung würde reichen, um Al wegzufegen.

Dieser jedoch sprang und hüpfte weiter vor der Nase des schwarzen Hundes hin und her. Er umkreiste die Kisten, die leeren Fässer, fegte die Reling entlang und wirbelte um den großen Mast. Aber die Kreatur blieb unbeeindruckt. Sie schnappte nach ihm, einmal, zweimal, dreimal. Sie schlug ihre Krallen in die Holzplanken und biss in die Kisten, bis sie zersplitterten, doch Al gelang es immer wieder, ihr zu entwischen. Die Lava, die aus dem Maul des schwarzen Hundes tropfte, hinterließ verkohlte Spuren an Deck. Der Geruch von verbranntem Fleisch und Schwefel erfüllte die Luft. Die sechs Reisenden erstickten fast.

Bei seinem siebten Versuch gelang es dem Koloss, den Bernhardiner in den Schwanz zu beißen. Der jaulte auf, drehte sich um sich selbst und konnte sich befreien. Voller Panik floh er im Zickzack.

Als sich der Monsterhund erneut auf ihn stürzte, hatte sich Al an die Reling zurückgezogen. Orfeus fürchtete schon, dass Al vor seinen Augen niedergemetzelt würde, doch der alte Bernhardiner tat etwas Unglaubliches. Wie der Blitz wandte er sich um und sprang über Bord. Der Koloss wurde von seinem eigenen Gewicht mitgerissen, brach durch die Reling und folgte Al in die Tiefe.

Von ihrem Standort aus konnten die Passagiere der Fabula nicht sehen, was sich im Wasser abspielte. Sie hörten ein lautes Klatschen und sahen eine dicke Rauchwolke aufsteigen.

Plötzlich tauchte Al wieder auf: Er war bis zum Felsen geschwommen und kletterte an Land, wobei er sich die Pfoten verbrannte. Hinter ihm öffneten sich die teuflischen Kiefer des schwarzen Hundes ein letztes Mal, um seine Beute zu erlegen. Doch seine Kräfte schienen ihn zu verlassen. Als Al am höchsten Punkt des Felsens angekommen war, stieß der schwarze Hund ein ersterbendes kurzes Knurren aus und versank in den Tiefen des Ozeans. Der Bernhardiner hatte seinen Platz auf dem glühenden Thron übernommen: Er hatte den Monsterhund besiegt.

In diesem Augenblick verschwand die seltsame Lähmung, die die Passagiere erfasst hatte. Orfeus spürte seine Arme und Beine wieder. Und auch die anderen fanden ihre Beweglichkeit und ihre Stimmen wieder. Sie näherten sich der Reling und schrien den Namen des alten Bernhardiners.

Auf dem Felsen war der Lavastrom zum Stillstand gekommen. Al jaulte vor Schmerz, sprang aber nicht länger hin und her. Der Felsen war mit einem Mal abgekühlt und verbrannte ihm seine Pfoten nicht mehr. Er blieb stehen und wandte den Kopf zur Fabula.

»Al!«, schrie Orfeus. »Komm schnell wieder da runter!«

»Ilgad korf!«

»Komm zu uns!«, schrien die Zwillinge. »Schnell!«

Al knurrte. Doch plötzlich erstarrte er. Er hatte seinen großen Kopf zur Seite geneigt und sich auf den erhärteten Stein gesetzt. Er bellte und jaulte nicht mehr.

Sein Blick war plötzlich ausdruckslos. Seine Pfoten, seine Schenkel, sein Schwanz versanken in dem schwarzen Felsen wie in Leim. Vor den entsetzten Blicken seiner Gefährten wurde er nach und nach von der schwarzen Substanz verschlungen und hatte sich in nur wenigen Augenblicken in eine Steinstatue verwandelt.

In dem Moment, als sogar seine Schnauze in die schwarze Flüssigkeit eintauchte, schluchzten Lea, Malva und die Zwillinge auf.

»Al …«, murmelte Orfeus ungläubig.

Er sah hinauf zum Himmel und wollte vor Wut und Schmerz schreien. Aber der Schrei blieb ihm im Halse stecken. Die schimmernden Silhouetten der Wächtervögel tauchten auf und kamen direkt auf die Fabula zugeflogen.

41 ✧ Das Verlies des Grauens

So weit das Auge reichte, gab es nichts als aufgewühlte See und Winde, die die Fabula in die immergleiche Richtung trieben. Die Atmosphäre war aufgeladen wie vor einem Gewitter, es herrschte eine Weltuntergangsstimmung. Bisweilen glaubte man, Schreie der Verzweiflung zu hören, Hilferufe, die aus den Urgründen der Zeit zu stammen schienen und einem Schauer über den Rücken jagten.

Malva griff nach Orfeus' Hand. Sie sagten kein Wort, ihre ineinander verschlungenen Finger waren deutliche Worte der Liebe und der Angst.

Lea, Babilas, Pepe und Galotcho hatten sich im Heck des Schiffes versammelt. Ihre Gesichter waren von Verzweiflung und Kummer gezeichnet. Als die Wächtervögel auf die Fabula zukamen, zitterten die vier nicht einmal mehr. Sie ergaben sich in ihr Schicksal.

Mit einem schrillen Kreischen ließen sich die Vögel mit den Menschenköpfen an Deck des verwüsteten Schiffes nieder.

»Seid willkommen im Herzen des Inselmeers«, verkündete der erste Vogel feierlich und klimperte mit den winzigen Augenlidern.

Die anderen Vögel legten ihre Flügel an und wiegten ihre langen Hälse.

»Hier zeigt sich Katas ganze Macht«, erklärte ein anderer Vogel. »Hier kommt alles zusammen und verdichtet sich! Hier vereinigen sich Himmel und Meer! Hier ist die Achse, um die sich unsere Welt dreht!«

Ein dritter Vogel löste sich aus der Gruppe und setzte sich dicht neben Orfeus.

»Kapitän, gebt uns den Nokros!«

Orfeus spürte, wie ihn die Kräfte verließen. Er hätte sich so gern gewehrt und diese lächerliche Kreatur gewürgt, aber seine letzte Reserve an Wut war verflogen. Er ließ Malvas Hand los und ging mit gebeugtem Rücken in seine Kajüte, um den Zeittöter zu holen.

Als er damit zurückkehrte, bemerkten die anderen, dass fast nichts mehr vom letzten Lebensstein übrig war. Die letzten Tropfen der zersetzenden Säure würden nicht lange brauchen, um ihn gänzlich aufzulösen. Orfeus stellte den Gegenstand vor dem Vogel ab, der den Hals reckte, um ihn zu untersuchen.

»Ihr seid also gescheitert, Fremde! Wie es vorauszusehen war!«, höhnte er.

Die Wächtervögel schüttelten sich zufrieden.

»Nach allem, was wir wissen, seid ihr sehr knapp gescheitert!«, bemerkte der Vogel, der als Erster gesprochen hatte. »Es hat euch nur noch eine Prüfung gefehlt, aber eure Zeit ist abgelaufen!«

»Noch nicht!«, schrie Orfeus und zeigte auf den kleinen Rest im Stundenglas. »Nach eurem Gesetz sind wir erst verloren, wenn der letzte Stein sich ganz und gar aufgelöst hat!«

»Und was hofft ihr nun?«, machte sich einer der Wächtervögel lustig. »Ihr seid am Felsen des Schwarzen Hundes vorbeigesegelt, und damit habt ihr die Schwelle überschritten. Die Strömung hat euch mitgenommen. Es ist zu spät!«

Malva ging mit zitterndem Kinn auf ihn zu.

»Zwei unserer Gefährten sind tot!«, sagte sie mit brüchiger Stimme. »Soll ihr Opfer umsonst gewesen sein? Ihr habt eben selbst gesagt, dass wir dem Ziel sehr nahe gekommen sind.«

Alle Vögel reckten ihre schrecklichen, dünnen Hälse in Malvas Richtung und betrachteten sie missbilligend.

»Opfer hin oder her, das ist uns völlig egal!«, riefen sie einer nach dem anderen. »Niemand hat euch darum gebeten, euch zu opfern. Wenn es dennoch geschehen ist, dann wohl, weil es für diese Reisenden keinen anderen Ausweg gab! Ihr wart zu acht, und ihr hattet acht Lebenssteine. Und nur sieben von euch haben sich ihrer Prüfung gestellt. Damit seid ihr gescheitert!«

»Es ist alles meine Schuld!«, schrie Pepe auf und hielt sich die Hände vors Gesicht. »Ich bin verantwortlich. Nehmt mich und lasst die anderen frei!«

Er fiel auf die Knie und kroch auf die Wächtervögel zu. Doch Galotcho packte ihn am Kragen und zog ihn mit aller Macht zurück.

»Es hat keinen Sinn zu verhandeln!«, versetzte einer der Vögel. »Kata hält sich nicht mit Einzelheiten auf: Die gesamte Mannschaft eines Schiffes erwartet das gleiche Schicksal. Das ist Gesetz!«

In diesem Moment schrie ein anderer Vogel: »Abmarsch!«

Gleichzeitig breiteten die Wächtervögel ihre Metallflügel aus und erhoben sich in die Lüfte. Einige krallten sich an der Reling fest, andere in den Wanten, im Mastkorb, auf den Seilwinden, in den Verstrebungen und in den Ankerbalken … Sie waren überall! Das Schiff war bespickt mit den seltsamen Vögeln wie mit feindlichen Pfeilen.

»Nun ist alles vorbei«, murmelte Lea. »Wir landen im Verlies des Grauens.«

Babilas legte seine schützenden Arme um die Zwillinge, aber in seinem Blick stand die blanke Angst. Seine Kraft hatte damals nicht genügt, seine Verlobte zu retten, und auch jetzt nutzte sie ihm nichts. Er wünschte sich lediglich, den Zwillingen das Grauen darüber, dass es keinen Ausweg mehr gab und sie aus dieser Welt scheiden und in das Verlies des Grauens gehen mussten, erträglicher zu machen.

Mit ihrer rechten Hand zog Malva Lea näher zu sich heran, und mit der linken hielt sie Orfeus fest. Sie rief sich die friedliche Küste der Insel Elgolien in Erinnerung, die lieblichen Weiten, den weißen Sand … Orfeus beugte sich zu ihr herunter. In seinen blauen Augen konnte sie ihr Spiegelbild sehen: Es war das Bild einer jungen Frau mit pechschwarzem Haar, die niemals zuvor so schön gewesen war wie in diesem Moment. Orfeus drückte seine Lippen auf ihre Stirn. Sie erschauerte. Da wurde die Fabula auch schon angehoben.

Pfeilschnell trugen die Wächtervögel das Schiff durch die Lüfte, ihre langen Hälse waren vor Anstrengung angespannt. Sie flogen gleichmäßig wie Maschinen. Das Schiff schoss durch den Himmel, durch die Wolken und warf einen Schatten auf die Wellen.

Weiter unten, einige Meter unter dem Schiffsrumpf, hatte sich ein riesiger Strudel gebildet. Auf die Reling gestützt, sahen die Passagiere der Fabula, wie sich unter ihnen das erschreckend riesige Verlies des Grauens ausbreitete: Im Zentrum des Strudels öffnete sich ein schwarzes klaffendes Loch im leeren Raum. Das Meer ergoss sich dort hinein wie ein endloser Wasserfall. Es sah aus wie das greifbare Ende der Welt. Dieses beängstigende schwarze Auge schien das Meer mit der Gier eines Riesen zu verschlingen. Und genau dieses Auge würde in Kürze die Fabula verschlingen.

»Was ist bloß da drin?«, schrie Malva Orfeus zu, während der Wind an ihren Haaren zerrte.

Ein unbeschreibliches Entsetzen weitete ihre Mandelaugen. Orfeus spürte, wie sich sein Hals zuschnürte.

»Ich weiß es nicht! Ich weiß nicht, was uns dort im Innern erwartet! Bleibt an meiner Seite!«

Die sechs Passagiere klammerten sich aneinander, um mit ihrer Angst fertigzuwerden. Hilflos schauten sie einander an, Wortfetzen kamen über ihre Lippen, Schreie, Seufzer. Babilas presste die Zwillinge so fest an sich, dass er sie beinahe erdrückte. Im Nokros verblieben noch zwei winzig kleine Steinreste und eine Menge Pulver.

Als die Wächtervögel genau senkrecht über dem Auge angekommen waren und das höllische Rauschen des Strudels jedes weitere Wort verschlang, war allen bewusst, dass ihre letzte Stunde gekommen war. Die Vögel schlugen mit den Flügeln in die entgegengesetzte Richtung, um die Geschwindigkeit des fliegenden Schiffes zu bremsen.

»Auf dass das Gesetz des Inselmeers bewahrt bleibe und das Urteil vollstreckt werde!«, verkündeten die Wächtervögel einstimmig.

Überraschend öffneten sie ihre Krallen und zogen ihre Füße zurück. Die Fabula schoss wie ein Pfeil mitten hinein in das Auge des Verlieses.

Den sechs Passagieren drehte sich der Magen um. Ein ohrenbetäubendes Pfeifen ertönte, dem ein jäher Windstoß folgte.

In diesem Augenblick entwischte Pepe Babilas' Armen. Dem Riesen blieb keine Zeit, um zu reagieren. Pepe flog nach vorn, sprang über die Reling … und fiel in den Abgrund, noch bevor die Fabula auf dem Rand des Auges aufgekommen war. Sein kleiner Körper stürzte der Fabula voraus, deren aufgeblähte Segel den Fall ein wenig abfederten.

Er gab keinen Laut von sich.

Die anderen hatten kaum Zeit zu verstehen, was vor sich ging.

Nur Galotcho spürte sofort in seinem Innersten, dass sein Bruder tot war. Er hatte das Gefühl, als würden ihm die Eingeweide herausgerissen, als zerspringe sein Herz, als verbrenne seine Seele. Plötzlich zersplitterte der Nokros und gab den restlichen braunen Staub frei.

»Pepe!«, schrie Galotcho auf und warf sich an Deck zu Boden.

Die Erschütterung, die nun folgte, schleuderte ihn beinahe über Bord, doch er wurde von den verworrenen Tauen an den Wanten festgehalten. Die anderen krallten sich so gut sie konnten an den nächstbesten Gegenständen fest. Die Fabula wurde vom Verlies des Grauens angezogen wie ein Insekt von der Zunge einer Kröte.

Darauf folgte eine endlose schwarze Stille, in der die Fabula wie schwerelos schwebte.

Mit der Stille kamen Babilas, Lea, Malva und Orfeus wieder zu sich. Sie rappelten sich nacheinander auf und tasteten sich langsam vorwärts. Ihr keuchender Atem war in der Dunkelheit sichtbar. Sie fühlten sich leer wie nach einer Explosion. Aber als sie begriffen, dass sie noch am Leben waren, fassten sie sich noch fester an den Händen.

Um sie herum wurde die Finsternis hin und wieder von flammenden Blitzen aufgehellt, die sich in ihren Pupillen widerspiegelten. Immer wieder bebte es, und sie drohten ihr Gleichgewicht zu verlieren. Aber sie blieben flach an Deck liegen, den Körper an die Planken gepresst und die Hände ineinander verschlungen.

Mit einem Mal durchdrangen größere Aufhellungen die Dunkelheit. Es sah so aus, als würden Fackeln einer Höhlenwand entlang entzündet. Doch als sie genauer hinschauten, erkannten die vier Überlebenden, dass es keine gewöhnlichen Fackeln waren. An den Wänden des Verlieses hingen Menschen, die langsam verbrannten.

Manchen standen die Haare in Flammen, bei anderen waren es die Arme, wieder bei anderen die Füße. Sie hingen dort fest, inmitten von diesem Nirgendwo, und krümmten sich vor Schmerz, während sie den Weg derer erhellten, die vorbeikamen. Der Anblick war so unerträglich, dass Malva nicht hinschauen konnte. Sie machte die Augen zu und war einer Ohnmacht nahe.

Die Fabula fiel weiter, langsam und gleichmäßig. Sie passierte die verschiedenen Ebenen des Verlieses und führte den entsetzten Passagieren all die Qualen vor, die sie erwarteten. Manche Gefangene waren angekettet und starben vor Hunger und Durst einen grausamen Tod. Andere waren in Erdschächten begraben und erwarteten den Erstickungstod. Sie wanden sich hin und her und schnappten mit ihren Mündern voller verfaulter Zähne nach Luft wie Fische an Land. Wieder andere waren von Insekten bedeckt, wurden gevierteilt, verbrüht, von Dolchen durchlöchert, zermalmt, oder sie verbluteten. Alle brüllten, bis sie starben …

Orfeus senkte den Kopf und lehnte die Stirn an die Reling. Er war am Ende, er konnte es nicht länger ertragen. Das also war das Verlies des Grauens: ein Gefängnis, in dem die Körper und Seelen gefoltert wurden, bis sie der Tod erlöste. Ein Alptraum, ein Ort der Höllenqualen.

Das Herabsinken ins Grab ging noch lange so weiter, kein Anblick blieb den Reisenden erspart. Angewidert und voller Mitleid wagten sie kaum noch zu atmen. Sie hielten sich weiter an den Händen und warteten auf das Ende der Höllenfahrt, wo ihnen das Schlimmste bevorstand.

Doch plötzlich wurde es taghell.

Orfeus, Malva, Lea und Babilas hoben die Köpfe. Über ihnen zog sich das schwarze Loch des Verlieses zusammen und löste sich auf, als hätte es niemals existiert. Stattdessen öffnete sich ein azurblauer Himmel, die Segel blähten sich in der frischen Brise, und man hörte das Klatschen der Wellen gegen den Schiffsrumpf.

Orfeus setzte sich auf und half Malva, so gut er konnte. Geblendet von der Sonne, die sich auf dem Wasser spiegelte, zog er die Augenbrauen zusammen. Babilas und Lea rappelten sich ebenfalls auf und drehten sich unsicher um sich selbst.

Was war geschehen? Wieso war es plötzlich so hell, so strahlend? War das nur eine Halluzination? Eine List, um sie zu täuschen? Doch sie hatten alle genau das Gleiche gesehen: Das Verlies des Grauens war plötzlich verschwunden. Sie wussten nicht mehr, was sie glauben sollten, und suchten den Himmel nach einem Hinweis, einem Zeichen ab.

In diesem Augenblick sahen sie Galotcho, der oben am Mast hing. Seine Beine waren in die Taue verwickelt. Der arme Kerl hatte nicht einmal mehr die Kraft, um nach Hilfe zu rufen oder sich selbst zu befreien.

»Yneb dawl!«, rief Babilas und machte sich daran, ihn zu retten.

»Er lebt!«, flüsterte Lea.

Nachdem Babilas Galotcho heruntergeholt hatte und beide sich zu den anderen an Deck gesellten, ließen sie ihren Gefühlen freien Lauf. Sie mussten weinen, aber auch lachen, und ihre Herzen quollen über wie Flüsse bei einer Überschwemmung. Das Verlies des Grauens hatte sie im allerletzten Moment frei gegeben, nachdem sie es Ebene für Ebene hatten durchqueren müssen.

»Das war Pepe«, sagte Galotcho mit zitternder Stimme. »Er ... wollte uns unbedingt beweisen, dass er mutig ist ...«

Dem Jungen wurde übel. Er hielt die Luft an, sein Gesicht wurde krebsrot, und er brach in Tränen aus.

»Er dachte, es wäre seine Schuld!«, rief er zwischen zwei Schluchzern. »Er hat die Vorstellung nicht ertragen! Er hat sich geopfert ... Er ist gesprungen ...«

Er stotterte, weinte, stammelte immer wieder unverständliche

Worte, während die anderen entsetzt und stumm dem Ausbruch seiner Verzweiflung beiwohnten, ohne ihn trösten zu können.

Galotcho setzte sich schließlich erschöpft auf die Schiffswinde.

»Das hat er getan … das hat er getan …«, wiederholte er immer wieder. Kummer und Schmutz entstellten sein Gesicht.

Schließlich kniete sich Babilas vor ihn und nahm ihn in die Arme.

»Yvn Pepe oiraim an bardan«, flüsterte er. »Alch islu gwelchan mabeut. Cosgoaim danrh pobaim.«

Lea, die nähergekommen war, übersetzte, während sie am ganzen Körper zitterte.

»Dein Bruder hat uns allen das Leben gerettet. Er ist gesprungen, als der letzte Säuretropfen auf die Lebenssteine fiel. Jetzt ist es an uns zu leben, aus Dankbarkeit ihm gegenüber.«

Galotcho ließ sich in den Armen des Riesen hin- und herwiegen. Babilas flüsterte ihm weiter etwas in seiner fremden Sprache zu. Nach und nach versiegten Galotchos Tränen.

Als er sich wieder ganz beruhigt hatte, näherte sich Orfeus der abgerissenen Luke zum Zwischendeck und betrachtete den vor ihm liegenden Ozean. Malva folgte ihm. Sie stand immer noch unter Schock, aber ihre Augen leuchteten augenblicklich, wenn sie Orfeus ansah. Dieser merkte, wie sein Herz schneller schlug.

»Ich glaube«, sagte er zu ihr mit nüchterner, von Schmerz betäubter Stimme, »dass wir das Inselmeer hinter uns gelassen haben. Das, was Pepe getan hat, ist unfassbar, aber dank ihm sind wir wieder zurück in der Bekannten Welt.«

Er blickte tief in die Augen der jungen Frau und holte Luft, bevor er zu fragen wagte: »Was wollt Ihr jetzt tun, Prinzessin? Jetzt, wo wir die Prüfungen bestanden haben, ist alles möglich, vermute ich.«

»Alles?«, wiederholte Malva.

Sie seufzte. Orfeus hatte zweifellos recht. Sie hatten die einen sterben und andere leiden sehen, sie hatten Ängste und Nöte durchlebt, wodurch sie sicher reifer geworden waren. Ihre Prioritäten waren nun nicht mehr dieselben. Manches, was ihnen vorher wichtig erschienen war, Regeln und ein bestimmter Komfort zum Beispiel, hatte keinerlei Bedeutung mehr. Also war in der Tat alles möglich.

Malva legte die Hände an ihre Schläfen. Das Blut pochte in ihrem Schädel. In diesem Augenblick stand ihre Entscheidung fest. Sie hob den Kopf.

»Ich wünsche mir …«, sagte sie und sah Orfeus direkt an. »Ich wünsche mir, mit Euch nach Galnizien zurückzukehren, Kapitän.«

Dritter Teil

Rückkehr

42 ✧ Die Zwillingssterne

Als es Nacht geworden war, setzte sich Orfeus an Deck und betrachtete den Himmel. Die Sterne hatten wieder ihren gewohnten Platz eingenommen: Im Osten funkelte Proximedus, im Westen Aldebagolus, und im Zenit erkannte Orfeus das Himmelsgestirn des Oriopaios.

»Komm und schau dir das an«, forderte er Galotcho auf, der immer noch völlig regungslos vor der Schüssel saß, die Babilas ihm hingestellt hatte.

Das Essen war schon eine ganze Weile kalt. Jetzt hob er jedoch den Kopf, zögerte kurz und leistete dann dem Kapitän Gesellschaft. Er legte sich neben ihn, das Gesicht dem unendlichen Nachthimmel zugewandt.

»Schau«, erklärte ihm Orfeus und zeigte auf einen leuchtenden Punkt. »Das ist Alohius, der strahlendste Stern von allen. Und da siehst du das Sternbild des Allicaitor. Und daneben sind Betelrigus und Vegebus.«

Galotcho folgte mit seinem Blick Orfeus' Fingern. Die Schönheit des Himmelszeltes faszinierte ihn mehr, als er gedacht hatte. Jeder Stern erinnerte ihn an eine Blume. Und für ihn, dem niemals jemand das Geringste beigebracht hatte, war die Kenntnis ihrer Namen wie ein Schatz. Orfeus teilte ihm alle Namen mit, die er kannte: Altaresus, Ichabus, Tolimuk, Hyperadus … Man hätte meinen können, er würde ein Schlaflied anstimmen. Zum Schluss zeigte er auf zwei Sterne, die sehr nah beieinanderstanden und intensiv leuchteten.

»Das sind die Zwillingssterne«, erklärte er Galotcho. »Sie heißen Astor und Olux.«

Galotcho zuckte zusammen. »Zwillingssterne? Sind sie denn wirklich identisch?«

»Von der Erde aus, ja«, fuhr Orfeus fort, »für uns sehen sie aus, als würden sie aneinanderkleben, aber in Wahrheit liegen Millionen von Kilometern zwischen ihnen.«

»Dann ist es also wie bei Pepe und mir?«, murmelte der Junge. »Millionen von Kilometern liegen zwischen uns, und doch kann uns nichts trennen.«

Orfeus nickte und schwieg einen Moment. Galotcho verschlang geradezu mit den Augen den Bereich des Himmels, in dem die Zwillingssterne leuchteten.

»Jedes Mal, wenn ich an meinen Bruder denken muss«, verkündete er, »jedes Mal, wenn er mir so sehr fehlt, jedes Mal, wenn ich mit ihm sprechen will, werde ich mich an diese Sterne wenden. Dann ist es ein wenig so, als wäre Pepe wirklich da und würde mir von dort oben zusehen.«

Ein zartes Lächeln umspielte seinen Mund. In diesem Augenblick wusste Orfeus, dass es Galotcho früher oder später gelingen würde, sein Leben in die Hand zu nehmen, und dass er auch ohne Pepe seinen Weg gehen würde.

»Glaubt Ihr wirklich, dass die Hellseherin sich über uns lustig gemacht hat?«, fragte Galotcho plötzlich. »Pepe glaubte fest an diese Prinzengeschichte. Er dachte wirklich, dass wir Mal… ich meine, die Prinzessin heiraten könnten …«

»Und du?«, erkundigte sich Orfeus. »Hast du auch daran geglaubt?«

Der Junge verzog ein wenig enttäuscht das Gesicht.

»Aber sie liebt doch Euch, oder nicht?«, seufzte er. »Ihr werdet es sein, den sie heiratet.«

Orfeus konnte nicht verhindern, dass sein Herz wild zu schlagen begann. Er war sich nicht ganz sicher, was Malva für ihn empfand, aber sie hatte sich ihm in die Arme geworfen und sich küssen lassen. Und außerdem war da dieses intensive Prickeln, wenn sie ihn ansah. Er verstand nicht viel von Frauen, aber er spürte doch, dass zwischen ihnen eine sehr starke Bindung entstanden war.

Er antwortete ausweichend auf die Frage von Galotcho: »Malva hat all diese Stürme nicht überstanden, um dann erneut gezwungen zu werden, am Arm eines Ehemanns in eine Kirche zu treten, findest du nicht auch?«

»Sie ist frei«, gab Galotcho ernst zu.

»Ganz und gar frei«, wiederholte Orfeus nachdenklich.

Sie schwiegen wieder. Über ihnen füllte sich der Himmel mit Sternen, Himmelskörpern, Nebelschwaden und Milchstraßen. Gemessen an diesen unendlich weit entfernten Mächten, schienen die Turbulenzen des menschlichen Herzens unendlich klein und unwichtig. Es konnten sich ohne Weiteres tausend Dinge auf der Erde zutragen, es konnten Stürme toben, Kriege und Hungersnöte ganze Völker dahinraffen, neue Lieben entstehen und wieder enden, all das änderte nichts am Lauf der Sterne. Während sie den Himmel betrachteten, fühlten Orfeus und Galotcho Frieden in sich.

»Die Sterne werden uns bis nach Galnizien leiten«, murmelte Orfeus. »Und wenn wir wieder zu Hause angekommen sind, reicht es, sie zu betrachten, um uns daran zu erinnern, was wir alles gemeinsam durchgemacht haben.«

»Sie sind unsere Gedächtnisstützen!«, beschloss Galotcho und lächelte beinahe.

Am übernächsten Tag kreuzte die Fabula den Kurs eines Schiffes, das aus dem Königreich Norien stammte und das zurück ins Orniareich segelte. Sein Kapitän, ein lustiger Kerl mit blondem Haar, bot den Schiffbrüchigen an, sie an Bord zu nehmen, aber Orfeus schlug das Angebot mit Einverständnis seiner Freunde aus. Sie wünschten sich alle, möglichst bald Kurs auf Galnizien zu nehmen. Der Kapitän des anderen Schiffes versuchte nicht, sie zu überreden. Er schenkte ihnen das Wichtigste zum Überleben, zwei Fässer mit frischem Trinkwasser, ein Netz voller Fische und die nötigen Navigationsinstrumente: eine Karte, einen Kompass und einen Sextanten. Natürlich konnte er es sich nicht verkneifen, die erschöpften Reisenden zu fragen, was ihnen zugestoßen war. Lea, die übersetzte, blieb sehr vage. Sie erzählte vom Sturm, ihrem Schiffbruch auf einer Insel, aber sie erwähnte weder das Inselmeer noch das Verlies des Grauens. Dass sie die Grenzen der Bekannten Welt überschritten hatten, würden andere wohl kaum nachvollziehen können. Es schien sicherer, zunächst so wenig wie möglich preiszugeben.

Als sie zum letzten Mal beim Abendessen auf dem norienischen Schiff zusammensaßen, befragten sie ihren Gastgeber nach Galnizien. Er schien nicht zu wissen, dass die Prinzessin verschollen war, und er wusste auch nichts über die abgesagte Hochzeit und die daraus resultierenden diplomatischen Verwicklungen. Galnizien sei ein Land, das sich ganz auf sich selbst konzentriere, es existiere nur für sich und mache einen so wenig einladenden Eindruck, dass schon lange kein Fremder mehr dorthin gereist sei.

Seine Worte verstörten vor allem Orfeus. Seit er als Gefreiter auf der Errabunda angeheuert hatte, waren ungefähr hundert Tage vergangen. Für eine derartig gewagte Expedition war das noch keine lange Zeit. Hatte der wartende König die Hoffnung aufgegeben? Hatten die Intrigen und Komplotte ihn vom Thron gestürzt? Wie war es sonst zu erklären, dass Galnizien in eine so unglückliche Lage geraten war? Der norienische Kapitän, der ebenfalls seit Wochen auf See war, konnte auf diese Fragen keine Antwort geben.

Malva fühlte sich ihrerseits unbehaglich, als sie diese Berichte vernahm. Sie erinnerte sich wieder an den Anblick, der sich ihr vom Baum auf dem Berg Ur-Tha geboten hatte: der Leichenzug, die kahlen Bäume, die unheimliche Stille rund um die Zitadelle … All das deutete auf ein großes Unglück hin.

Trotz alledem erfasste die Mannschaft der Fabula eine gewisse Leichtigkeit, als sie am nächsten Tag wieder in See stach. Ausgestattet mit neuer Kleidung und Seekarten, freuten sich alle, wieder in bekannten Gewässern zu segeln. Sie trafen wieder auf ihre vertrauten Markierungen, und die bevorstehenden Gefahren erschienen ihnen unbedeutend, verglichen mit dem, was sie bereits hinter sich hatten. Und als die Segel sich spannten und Orfeus ans Steuer trat und rief »Kurs auf Galnizien!«, strahlten sie. Orfeus lächelte zurück. Er war ebenso glücklich, wieder zurückzukehren. Tief in seinem Innern jedoch kam es ihm seltsam vor. Er, der mit Galnizien immer Schreckliches verbunden hatte und nichts anderes gewollt hatte, als von dort wegzukommen, wie konnte er sich jetzt danach sehnen, wieder in dieses Land zurückzukehren? Würde er es nicht erneut zulassen, dass die Schattenbilder Besitz von ihm ergreifen und seine Seele in Unruhe versetzen würden, wenn er die Oberstadt vor sich sähe? Würde er das Meer und seine Abenteuer nicht vermissen?

Vom Bug aus beobachtete er Malva, die geschickt in den Wanten herumkletterte. Er verscheuchte die düsteren Gedanken. Solange Malva an seiner Seite war, fühlte er sich stark und in der Lage, jedem Gespenst und Schattenbild entgegenzutreten!

Es dauerte mehrere Wochen, bis sie endlich die Küsten von Espartanien vor sich sahen. Malva bezog Stellung auf der Back und schirmte ihre Augen ab. Sie wirkte nervös und traurig. Lea gesellte sich zu ihr.

»Siehst du diese Reihe weißer Felsen dort?«, fragte Malva sie.

»Sieht aus wie die Knochen von Skeletten.« Lea schauderte.

»Das sind äußerst gefährliche Felsen. An dieser Stelle sind Filomena und ich mit der Estafador aufgelaufen.«

Die Augen der Prinzessin hatten sich verdüstert und starrten weiter auf die Silhouette der Felsen. Sie erinnerte sich an alles ganz genau: das Krachen des Bugs, als er die Felsen gerammt hatte, ihr Kopfsprung ins Wasser, und wie sie und Filomena auf dem Lukengitter, auf das sie sich gerettet hatten, abgedriftet waren, bis zu dem Moment, wo sie das entsetzliche namenlose Ungeheuer …

»Genau dort habe ich den Biss ins Bein abbekommen«, fügte Malva hinzu. »Wir hatten gehofft, schwimmend das Ufer zu erreichen, als plötzlich …«

Sie verzog das Gesicht und sprang reflexartig zur Seite. Dann wurde sie ganz blass und atmete schwer. Sie musste sich hinsetzen.

»Du bist ja ganz verängstigt«, stellte Lea fest und knöpfte Malvas Jacke am Hals etwas auf, damit sie besser Luft bekam. »Die Wunde ist ja jetzt verheilt. Du hast nichts mehr zu befürchten.«

Wie um sich zu vergewissern, krempelte Malva ihre Hose hoch und entblößte ihre Wade. Eine lange weiße Narbe wurde sichtbar.

»Wenn Finopico noch am Leben wäre, würde er dir sagen können, welches Biest in diesem Gewässer lebt«, sagte Lea traurig. »Und dann wüsstest du endlich den Namen dieses … gemeinen Ungeheuers!«

Malva blieb lange bewegungslos sitzen und betrachtete verdrossen ihre Narbe.

»Finopico hat uns seine Bücher dagelassen. Wir könnten vielleicht einmal hineinschauen?«

Die Idee gefiel ihr. Sie ging hinunter in die Kombüse. Hinter einem umgestürzten Regal und leeren Töpfen fand sie die zurückgelassenen Bücher des Kochs. Sie schloss sich für den Rest des Tages in ihrer Kajüte ein.

Als die Nacht anbrach und die Fabula die Fahrrinne erreichte, die Tildesien mit den sumpfigen Gebieten des östlichen Armunien verband, fragte sich Orfeus beunruhigt, wo die Prinzessin geblieben war. Er übergab das Steuer an Babilas und klopfte an Malvas Kajütentür.

Malva saß auf ihrer Pritsche, umringt von Unmengen aufgeschlagener Bücher. Bei Kerzenlicht und mit vor Anstrengung zusammengekniffenen Augen durchforstete sie die Zeichnungen und Beschreibungen.

»Ihr solltet oben ein wenig frische Luft schnappen«, schlug Orfeus ihr vor. »Es ist schön draußen. Hier verderbt Ihr Euch nur die Augen.«

Malva warf ihm einen flüchtigen Blick zu. Sie hatte offensichtlich kein einziges Wort von dem verstanden, was er gesagt hatte.

»Ich wusste nicht, dass es so viele verschiedene Arten von Fischen gibt. Glaubt Ihr, dass Finopico sie alle kannte?«

»Er wusste sehr viel mehr, als ich dachte«, antwortete Orfeus und erinnerte sich an die Unterhaltung, die sie beide gehabt hatten, kurz bevor der Koch verschwunden war. »Er interessierte sich vor allem für die seltenen Arten. Er träumte davon, einmal Mitglied des Meeresinstituts zu werden.«

»Armer Finopico«, seufzte Malva. »Ich kann noch immer nicht glauben, dass er nicht wieder zurückkommt. Manchmal ist mir, als hörte ich ihn mit den Zwillingen schimpfen … oder mit Al.«

Ihre Stimme zitterte. Orfeus setzte sich neben sie auf die Pritsche. Er sah, dass sie den Tränen nahe war.

»Wir haben viele Freunde verloren«, sagte sie noch. »Ich fühle mich so … Es kommt mir ungerecht vor, dass ich noch am Leben bin, während sie …«

Nun liefen die Tränen. Orfeus nahm Malva tröstend in die Arme. Bislang hatte jeder sorgfältig vermieden, über das nachzudenken, was sie bei der Reise durch das Inselmeer durchgemacht hatten. Finopico, Pepe und Al fehlten ebenso sehr an Bord wie in den Herzen der Überlebenden. Aber die Tage gingen dahin, angefüllt mit den täglichen Erfordernissen und Sorgen. Sie mussten vorwärtskommen, die Segel hissen, die beschädigten Teile des Schiffes ausbessern, essen und trinken, und all das half, die Trauer zu mildern. Aber indem Malva diese Bücher aufgeschlagen hatte, waren die alten Wunden wieder aufgebrochen. Mit jeder Seite, mit jedem Wort dachte sie an die Menschen, die sie verloren hatten.

»Wenn wir wieder in Galnizien sind«, sagte Orfeus und streichelte Malva über das schwarze Haar, »werden wir ihnen ein Denkmal setzen. Jeder Galnizier soll wissen, wer sie waren.«

Malva schluchzte. Ihre Tränen benetzten Orfeus' Hände.

»Ich weiß nicht«, stotterte sie, »ich weiß nicht, was ich tun werde, wenn wir angekommen sind. Es scheint mir so … weit … so fern, so … unvorstellbar.«

Orfeus drückte sie noch fester an sich.

»Ich bin ja da, ich bin da«, sagte er immer wieder, während sie sich ganz ihrem Schmerz hingab.

Lange blieben sie so sitzen und hielten sich in den Armen, mit klopfendem Herzen, die Hände ineinander verschlungen. Orfeus küsste Malva auf die Stirn, auf die Wangen, aufs Haar. Er hatte nicht mehr länger Angst vor seinen Gefühlen. Langsam beruhigte sich Malva.

»Ich wollte den Namen eines Meeresungeheuers herausfinden«, sagte Malva schließlich und löste sich plötzlich von Orfeus.

Sie erzählte ihm von Vincenzos Verrat, dem Untergang der Estafador, und dann zeigte sie ihm noch ihre Narbe.

»Lea hat mich gepflegt, als wir in Temir-Gais Harem waren, aber diese Narbe werde ich mein Leben lang behalten.«

Orfeus griff nach der Kerze und hielt sie näher an Malvas nacktes Bein. Er sah es sich lange an, berührte es und fuhr mit dem Finger die weiße Linie nach.

»Dieses Biest hatte ein gewaltiges Gebiss«, murmelte er. »Diese parallel verlaufenden Linien lassen darauf schließen, dass es eine doppelte Zahnreihe haben muss.«

Er strich weiter über die Haut der jungen Frau.

»Hier … und da«, sagte er. »Zwei Reihen spitzer Zähne.«

Er hob den Kopf, sah Malva in die Augen und errötete.

»Ich glaube, ich habe eine Idee«, sagte er, um seine Verlegenheit zu überspielen. »Wenn es das tatsächlich sein sollte, dann wäre das …«

Er stellte die Kerze zurück und blätterte durch die Bücher, die auf der Pritsche ausgelegt waren. Schließlich legte er eine Hand auf das Buch, das er gesucht hatte, jenes, in dem Finipico gelesen hatte an jenem denkwürdigen Abend, an dem er ihm sein Geheimnis anvertraut hatte. Er blätterte es hektisch durch.

»Seite 243«, sagte er.

Er zeigte mit dem Finger auf den Tiefsee-Gum und las die Beschreibung laut vor. Dann hielt er Malva das Buch hin. Sie betrachtete das Bild.

»Wenn es wirklich dieses Biest gewesen ist, das mich erwischt hat, dann habe ich ja wirklich ein Riesenglück gehabt. Es hätte mich töten und mit sich in die Tiefe reißen können …«

»Und wenn es wirklich dieses Tier ist«, folgerte Orfeus, »dann hatte Finopico Recht. Der Gum ist kein Hirngespinst. Es gibt ihn.«

Malva schaute noch einmal lange auf die Zeichnung und dann auf ihre Narbe.

»Er wollte so gern beweisen, dass er recht hatte!«, seufzte Orfeus. »Der Arme … es war längst zu einer Obsession für ihn geworden, diesen Fisch zu fangen. Und jetzt sieht es so aus, als hätte er den Beweis vor der Nase gehabt!«

Er legte noch einmal seine Hand auf das Bein der Prinzessin. Sie hatte eine Gänsehaut. Orfeus klappte langsam die Bücher zu und legte sie auf den Boden.

»Euch ist kalt«, sagte er zu Malva. »Ihr solltet Euch jetzt ausruhen.«

Er nahm eine Decke und ließ sie darunterschlüpfen. Als sie ihren Kopf auf das Kissen sinken ließ, umgab ihr langes schwarzes Haar ihr Gesicht wie eine Krone.

Orfeus näherte sich ihr. Es war ganz still. Malva schloss ihre Augen, und mit großer Zärtlichkeit berührte Orfeus mit seinen Lippen ihren Mund.

In diesem Augenblick ähnelten ihre Herzen den Zwillingssternen, die am Himmel funkelten: zwei kleine leuchtende Punkte inmitten der unendlichen Dunkelheit des Universums.

43 ✧ Galnizien! Galnizien!

Galotcho war im großen Mastkorb eingeschlafen, als er von einer Möwe geweckt wurde, die etwas fallen ließ. Er sprang hoch. Der Vogel entfernte sich kreischend, fast als würde er sich lustig machen.

»Blödes Vogelvieh!«, protestierte der Junge und wischte sich mit dem Ärmel über das Gesicht.

Genau in diesem Augenblick wurde ihm klar, dass dies die erste Möwe war, die er seit vielen Monaten gesehen hatte. Er stand auf und lehnte sich weit hinaus. In der Ferne war Land in Sicht … die Umrisse eines mächtigen Gebäudes auf einem Hügel zeichneten sich ab. Galotcho riss die Augen auf und schrie aus vollem Halse:

»Galnizien! Galnizien! Direkt vor uns!«

Als sie seinen Schrei hörten, kletterten Malva, Babilas, Lea und Orfeus aus der Luke und drängten sich so weit wie möglich nach vorne.

Es war ein grauer Tag, wolkig und windstill, aber ohne Nebel. Die Küste von Galnizien war deutlich erkennbar, genau wie die Mündung des Gadvir.

»Melfed liagh twyll!«, rief Babilas.

Sein von der Sonne gegerbtes Gesicht wirkte plötzlich ganz weich, und Lea sah eine Freudenträne in seinem Augenwinkel glänzen. Ihre Gefühle waren verständlicherweise nicht so überschwänglich. Galnizien war nicht ihr Heimatland, und auch hier würde sie wieder nur eine Fremde sein. Trotzdem war auch sie erleichtert, endlich angekommen zu sein, und die Vorstellung, wieder einen Fuß an Land zu setzen, gefiel ihr außerordentlich gut. Vor allem konnte sie es kaum erwarten, wieder einmal auf einem Pferd zu sitzen. Malva hatte versprochen, ihr das beste Reitpferd aus dem Stall ihres Vaters zur Verfügung zu stellen, ebenso wie eine Soldateneskorte, die sie ins Orniareich begleiten sollte.

Galotcho hüpfte auf und ab wie ein Floh. Er stürzte aus den Wanten und plumpste mit einem dumpfen Geräusch an Deck.

»Wir kommen endlich nach Hause!«, rief er aus. »Und wir bringen die Prinzessin mit! Der König wird seinen Augen nicht trauen! Wir sind Helden!«

Er lachte laut auf und tanzte herum. Lea riss er gleich mit und drehte mit ihr wilde Pirouetten, bis ihnen die Puste ausging.

»Stimmt doch, Kapitän, wir sind Helden?!«, fragte er und schnappte nach Luft.

»Das kann ich nicht entscheiden«, sagte Orfeus bescheiden. »Und du solltest dich erst mal ordentlich waschen, bevor du junge Damen zum Tanzen aufforderst. Man könnte fast meinen, ein Vogel hätte sich auf dir entleert!«

Galotcho griff nach einem Tuch und rieb sich so lange die Nase, bis sie ganz rot war.

»Aber eine Belohnung bekommen wir schon, oder?«, beharrte er und machte ein mürrisches Gesicht. »Der König hat von einem ganzen Berg von Galniks gesprochen, wenn ich mich nicht täusche.«

Malva lehnte an der Reling und schaute missmutig drein. Sie hatte entschieden, wieder nach Hause zurückzukehren, niemand hatte sie dazu gezwungen, aber als sie Galotcho so reden hörte, fühlte sie sich wie Wild, das man nach erfolgreicher Jagd als Beute präsentiert. Orfeus ging zu ihr und legte ihr die Hände auf die Schultern.

»Hör nicht auf dieses Großmaul Galotcho«, flüsterte er ihr ins Ohr. »Wenn du lieber deine Meinung ändern willst, kannst du es immer noch tun. Wir können weiter entfernt anlegen, an der Grenze, und du kannst fortgehen. Niemand wüsste dann, dass du da warst, niemand wüsste, wohin du gehst. Auch ich nicht, wenn du es nicht willst. Du bräuchtest nur ein zweites Mal fortzugehen …«

Je deutlicher sich die Küste vor ihnen abzeichnete, desto heftiger schlug Malvas Herz. Die Zitadelle, der Fluss, der Turm auf dem höchsten Punkt der Oberstadt …

»Nein«, verkündete sie entschlossen. »Wir kehren zurück und legen am Hafen an. Ich werde nicht wieder weglaufen. Und was die Belohnung angeht, mach es, wie du es für richtig hältst. Wenn mein Vater noch am Leben ist, dann wird er …«

»Warum sollte der König tot sein?«, unterbrach sie Orfeus. »Er ist doch noch jung! Du bist nur ein Jahr weg gewesen, Malva. Die Dinge können sich doch nicht so sehr verändert haben!«

Sie zuckte mit den Schultern.

»Es ist nur eine Ahnung.«

Beim Einlaufen in den Hafen stellten die fünf Passagiere verblüfft fest, dass zwischen den Deichen eine schwere bronzene Kette gespannt war, die den Schiffen den Weg versperrte. Orfeus befahl Babilas, Anker zu werfen, und als das Schiff zum Stillstand gekommen war, wandte er sich an seine Mannschaft.

»Das ist eines der Edikte, die Arkus erlassen hat. Der Hafen war unter Quarantäne gestellt. Aber der Erlass wurde außer Kraft gesetzt, damit wir aufbrechen konnten. Ich verstehe nicht, warum die Kette noch da ist.«

Vom Ankerplatz aus sahen sie die Masten der Schiffe im Hafen. Galotcho zählte nur ein Dutzend. Wo war der Rest der Flottille?

»Und die Fischerboote?«, fragte Malva beunruhigt. »Und die Möwen?«

Sie hatte recht. Über dem Hafen war der Himmel leer, und selbst wenn man lauschte, hörte man keine Stimmen, keine Wagengeräusche, kein Hundebellen, kein Quietschen von Flaschenzügen. Es war totenstill im Hafen.

Babilas und Orfeus verständigten sich mit einem Blick. Ohne ein weiteres Wort kletterte der Riese auf die Reling und sprang ins kalte Wasser. Die anderen sahen ihm zu, wie er bis zum Deich schwamm, und feuerten ihn an, als er dort hochkletterte.

Triefnass und atemlos erreichte Babilas das Ufer und zog an der mächtigen Bronzekette. Algen und Muscheln hatten sich daran festgesetzt. Er verzog das Gesicht vor Anstrengung, lehnte sich zurück und löste die Kette. Orfeus lichtete den Anker, und die Fabula konnte endlich in den Hafen einlaufen.

Vom Heck des Schiffes aus schauten alle gemeinsam auf die traurige Szenerie, die sich ihnen bot: Die Schiffe waren verstaubt und verrostet, sie waren verrottet, weil sie schon zu lange im Wasser lagen. Ihre Masten neigten sich wie Greise. Durchlöcherte Fässer, leere Kisten und allerlei Unrat bedeckten die verlassenen Landungsbrücken. Die Türen der Tavernen entlang der Kais knarrten im Wind.

»Was ist denn hier passiert?«, murmelte Orfeus, während sich die Fabula einen Weg durch das stehende und zähflüssige Wasser bahnte.

»Es riecht nach totem Fisch«, kommentierte Galotcho.

Am Kai warf Orfeus Babilas ein Tau zu, um das Schiff festzumachen. Malva war sehr blass, aber deutete an, dass jetzt andere Dinge wichtiger waren: Sie mussten von Bord gehen, hinein in die Stadt, um herauszufinden, was geschehen war. Auf Befehl von Orfeus ließ Galotcho ein Brett vom Schiff auf den Kai hinab. Als alle an Land waren, brach die kleine Gruppe in die Gassen der Unterstadt auf.

Überall sahen sich die Neuankömmlinge verschlossenen Türen gegenüber. Es gab keinerlei Geräusche, keinerlei Gerüche, nicht das geringste Anzeichen von menschlichem Leben. Und es war kalt. Ein unangenehmer Wind ließ Orfeus mehrmals niesen.

»Vielleicht sind die Leute alle auf einer Feier?«, mutmaßte Galotcho. »Vielleicht haben sie auf uns gewartet und wollen uns überraschen?«

Das glaubte er zwar selbst nicht, doch er wollte sich Mut machen. Je weiter sie kamen, desto mehr verließen ihn seine Kräfte.

Mit jedem Schritt stieg die Erinnerung in ihm hoch an eine Zeit, in der er zusammen mit Pepe ein abenteuerliches Leben geführt hatte. Hier hatten sie einer fliegenden Händlerin eine Orange gestohlen, dort hatten sie sich mit den Jungs einer konkurrierenden Bande geprügelt, und hier unter diesem Torgang hatten sie die Beute eines Betteltages geteilt …

»Nicht mal umherstreunende Katzen gibt es«, stellte Orfeus fest, der immer weniger verstand.

Als sie schließlich den Gadvir erreichten, waren die fünf Reisenden völlig ratlos. Selbst zu Zeiten der tiefsten Trauer, als sie die Prinzessin ertrunken glaubten, war ihnen die Unterstadt nicht derart trostlos vorgekommen.

»Da! Seht doch!«, rief Galotcho plötzlich und zeigte mit dem Finger auf die Brückenpfeiler.

An der Böschung wiegten sich seltsam geschmeidige graue Pflanzen im Wind.

»Erinnert Euch, Kapitän, an die Samen, die ich dem Koch der Zitadelle geklaut habe! Die, die der Bote als Geschenk mitgebracht hat! Sie sind ausgeschlagen!«

Galotcho führte die anderen ans Flussufer.

»Man könnte meinen …« Malva zögerte, als sie sich den Pflanzen näherten. »Man könnte meinen, dass das …«

Sie strich über die grauen Stängel und pflückte dann den obersten Teil ab. Kleine Samenkörner sammelten sich in ihrer Hand. Malvas Gesicht hellte sich auf:

»Das ist Pagul!«

»Ihr kennt diese Pflanze?«, wunderte sich Galotcho.

»Natürlich! Uzmir und die Baiguren haben immer wieder davon gegessen, während ich mit ihnen in der Großen Asisischen Steppe unterwegs war!«

»Uzmir! Genau!«, schrie Galotcho auf. »Das ist der seltsame Name des Fremden, der dem König verkündete, Ihr wäret nicht tot!«

Malva lächelte. Sie war überglücklich und untersuchte weiter die grauen Blätter, um noch mehr Körner zu ernten.

»Es ist ein Wunder, dass sie ausgeschlagen sind, Galotcho. Normalerweise ist Pagul ein verkrüppelter Busch, der nur im rauen Steppenklima wächst! Probiert!«

Sie hielt Babilas, Orfeus und Lea die Körner hin.

»Man muss sie kauen«, erklärte sie und schüttete sich eine Handvoll in den Mund.

»Hadsin tlu!«, grinste Babilas.

»Er sagt, Pagul würde nach nichts schmecken«, übersetzte Lea.

»Stimmt«, bestätigte Orfeus.

Sie blieben einen Moment stehen und schauten auf die Strömung des Flusses. In früherer Zeit hatte der Strom seine silbern glänzenden Arme über das gesamte Land ausgebreitet, seine Pracht war der ganze Stolz der Galnizier. Jetzt war sein Wasser schmutzig gelb, und Unrat und tote Äste schwammen darin.

Orfeus schaute zum Turm, der hoch über der Oberstadt auf der anderen Uferseite aufragte. Vögel umkreisten ihn langsam wie die Aasgeier. Er schluckte noch ein paar Pagulkörner herunter und holte tief Luft.

»Kommt«, sagte er zu seinen Freunden, »vielleicht treffen wir in den vornehmeren Vierteln auf Leute.«

Aber auch in den breiteren und gepflegteren Straßen der Oberstadt trafen sie niemanden an. Die Brunnen auf den Plätzen waren von Moos bedeckt. In den Eingängen der großen Häuser flatterten Spinnweben im Wind. Orfeus musste niesen.

Als sie den Glockenturm erreicht hatten, riefen sie nach dem Pfarrer. Keine Antwort. Orfeus klopfte an die Tür seines Geburtshauses, aber Berthilda kam nicht, wie er im Stillen gehofft hatte.

»Dieser Ort ist abweisend und kalt«, sagte Lea, »voller schlechter Schwingungen! Ich möchte hier weg!«

»Hör auf«, bat Malva sie. »Es gibt bestimmt gute Gründe für all das.«

Aber Lea schüttelte den Kopf.

»Hier haben sich schlimme Dinge zugetragen. Krankheiten, Elend, Krieg. Sie sind alle tot!«

Galotcho begann zu zittern. Er warf Babilas einen hilflosen Blick zu, der wie versteinert im Wind stand und nicht mehr wusste, was er mit seinen großen Händen anfangen sollte.

»Sie sind alle tot!«, wiederholte Lea mit aufgerissenen Augen. »Und auch wir werden sterben! Ich will fort von hier!«

Orfeus packte die junge blonde Frau an den Schultern.

»Ich habe diese Stadt vor nicht einmal fünf Monaten verlassen!«, rief er. »Den Menschen ging es gut. Sie spazierten umher, sie spielten, sie unterhielten sich! Sie haben gelebt! Es ist unmöglich, dass sie nach einer so kurzen Zeit alle tot sind! Unmöglich!«

Brüsk ließ er Lea los.

»Lasst uns zur Zitadelle gehen! Wahrscheinlich ist etwas geschehen, und alle mussten dorthin flüchten!«

Sie stiegen durch die leeren Gassen wieder hinab, doch als sie die Tore der Zitadelle erreichten, waren diese ebenfalls verschlossen.

»Natürlich«, versicherte Orfeus, »die Menschen haben sich im Innern eingeschlossen.«

Er ging zu der Glocke, die an einem Pfeiler herunterhing und läutete heftig. Die verrostete Kette riss ab, und er hielt sie in der Hand.

»Pertort gwener dorim a ustwig«, sagte Babilas.

Lea hatte nicht einmal mehr die Kraft, seine Worte zu übersetzen, doch die anderen verstanden, was der Riese gesagt hatte, als er mit bloßen Händen an der Mauer hochkletterte und auf der anderen Seite hinuntersprang. Kurz darauf hörte man ein Knarren, und das Tor öffnete sich.

Malva betrat als Erste den Innenhof der Zitadelle. Sie bemerkte sofort, wie das Unkraut auf den Kieswegen spross. Weiter entfernt hatte der Regen unter dem Blätterdach der Maulbeerfeigenbäume Gräben ausgewaschen, und niemand hatte die Wege wieder aufgeschüttet. Wenn ein Wagen versuchen würde, hier entlangzufahren, würde er sicher in den Graben abrutschen. Malva hatte den Garten noch nie in einem so schlechten Zustand gesehen. Wo auch immer sie hinschaute, nur wuchernde Sträucher, rostiges Werkzeug, verrottete Karren, abgebrochene Äste und abgestorbene Bäume. Es kam ihr vor, als würde sie ihrer Kindheit in einem Alptraum wiederbegegnen.

Ihre Gefühle überwältigten sie, als sie den Westflügel der Zitadelle entdeckte, dessen Dach eingestürzt war. Dahinter, kurz vor der Steilküste, erkannte man Einschüsse in den Mauern. Es bestand kein Zweifel, dass die Zitadelle angegriffen … aber nicht eingenommen worden war. Malva vergrub ihr Gesicht in den Händen. Niemals hätte sie gedacht, dass sie ihr Land in diesem Zustand wiedersehen würde. Galnizien war nichts als ein wilder verlassener Landstrich.

Hinter ihr kamen Galotcho, Babilas, Lea und Orfeus immer zögerlicher näher. Als sie Malva weinen sahen, blieben sie stehen.

In diesem Augenblick tauchte jemand am Ende des Weges auf. Es war ein zerzaust aussehender Mann, der brummelnd auf sie zuhumpelte. Orfeus stellte sich an Malvas Seite.

»Wer ist das?«, fragte er sie und zeigte auf den Mann.

Malva wischte sich die Tränen ab. Während der Mann immer näher kam, kniff sie die Augen zusammen und bemühte sich, etwas Vertrautes in dem faltigen Gesicht und an diesem unsicheren Gang zu erkennen. Sie konnte sich nicht erinnern, dass einer der Diener, Gärtner oder Köche derart gehumpelt hätte. Erst im allerletzten Moment, als der Mann seine Augen auf sie richtete, erkannte sie ihn. Ihr entfuhr ein Schrei: »Vater!«

Der König war nicht mehr der, den Malva gekannt hatte. Nichts erinnerte mehr an den eindrucksvollen strengen Herrscher, der sie vor der Versammlung erniedrigt hatte. Vor ihr stand ein klappriger Greis, der nur noch Mitleid in ihr hervorrief. Dabei hatte sie diesen Moment so sehr gefürchtet! Wenn sie das gewusst hätte!

Der König blieb dicht vor ihr stehen. In seinen Augen standen

Tränen. Er sprach ihren Namen aus. »Malva, Malva«, wiederholte er ein ums andere Mal mit rauer Stimme. Dann streckte er ihr seine zitternden Hände entgegen, die von Altersflecken bedeckt waren. Er sagte immer wieder ihren Namen, und als er sie in die Arme nehmen wollte, ließ sie ihn gewähren.

Soweit sich Malva erinnern konnte, hatte ihr Vater solch eine zärtliche Geste niemals zugelassen. Niemals.

44 ✧ Zehn Jahre

Der König lebte zurückgezogen im Ostflügel der Zitadelle, zusammen mit einer Handvoll treuer Bediensteter, die versuchten, den Prunk früherer Zeiten zu erhalten. Inmitten von Gold und Seidenstoffen huschten Ratten umher, welke Blätter wehten durch die Luft. Bei Regen bildeten sich Pfützen unter den Tischen und Frisierkommoden. Wenn sie wieder austrockneten, blieben schwarze Spuren auf den mit Rost bedeckten Spiegeln zurück. Aus den zerschlissenen Matratzen ragten die Federn heraus, die Uhren hatten ihre Zeiger verloren, die Kommoden verstaubten, und die Vorhänge hingen in Lumpen an den Fenstern herunter.

Als Malva hinter ihrem Vater die Küchenräume und den Tanzsaal betrat, als sie die Treppen hinaufstieg und die Galerie entlangschritt, wurde ihr schwindelig. Genau hier war sie am Abend ihrer Flucht entlanggelaufen. Damals herrschte ein geschäftiges Treiben in der Zitadelle! Wo waren die Diener, die die Böden wienerten? Und die Knechte, die die Kerzen anzündeten? Als sie über die abgewetzten Teppiche ging, fragte sich Malva, welches schreckliche Schicksal diese ihr so vertrauten Räume während ihrer Abwesenheit erlitten hatten.

Am Ende ihrer Kraft, blieb sie gegenüber einem der Südfenster stehen, das auf die Terrassen hinausging. Sie entdeckte einen alten Gärtner, der aufrecht auf einem wackeligen Schemel stand und versuchte, eine Hecke mit der Schere in Form zu bringen. Er zitterte, und sein weißes Haar wehte im Wind. Nicht weit von dem großen Wasserbecken entfernt war der Musikpavillon eingestürzt. Das letzte Mal, als Malva an ihm vorbeigegangen war, hatte dort ein kleines Orchester die Serenaden geübt, die für die Hochzeit vorgesehen waren. Sie erinnerte sich sogar an die Melodie und an den süßen Duft des Jasmins, der die Abendluft erfüllt hatte.

Sie wandte sich an ihren Vater.

»Erzählt mir, was geschehen ist«, bat sie ihn.

Der König nickte und begleitete die Neuankömmlinge in den Festsaal. Auf ihrem Weg begegneten sie zwei Dienern, die in Tränen ausbrachen, als sie Malva erkannten.

Der König hieß seine Gäste, am Versammlungstisch Platz zu nehmen, und lüftete selbst das Laken, das diesen bedeckte. Das Ajukkaholz darunter war noch immer glatt und glänzte.

»Ich habe stets darauf geachtet, dass dieser Tisch allzeit bereit steht, Gäste zu empfangen«, sagte der König sichtlich stolz. »Er ist alles, was uns noch von dem alten Glanz geblieben ist.«

Er setzte sich zu seinen Gästen und dachte lange nach. Er wusste nicht so recht, wie er beginnen sollte. Während sie warteten, musste Orfeus wegen der kalten Luft im Zimmer niesen. Galotcho war sehr beeindruckt, an diesem Ort zu sein und lehnte sich an Babilas. Lea saß geduldig da und wartete, bis der Monarch zu reden begann.

Malva hatte Orfeus' Hand genommen und drückte sie unter dem Tisch so fest, wie sie konnte.

»Wir haben so sehr auf deine Rückkehr gehofft, Malva!«, begann der alte Mann. »Deine Mutter …«

Seine Stimme brach ab. Er räusperte sich.

»Deine Mutter hat sich die Knie kaputtgemacht, so oft hat sie vor dem Altar der Göttinnen gebetet. Sie hat ihnen unzählige Opfer dargebracht … Bei der Heiligen Harmonie, ich hätte mir so sehr gewünscht, dass sie dich noch einmal lebend gesehen hätte!«

Malva hörte diese schrecklichen Worte, doch sie verstand sie nicht. Während der ganzen Zeit, in der sie weit weg von der Zitadelle gewesen war, hatte sie sich nie vorstellen können, dass ihr Verschwinden irgendjemandem etwas ausgemacht haben könnte. Sie hatte sich lediglich die Wut und Enttäuschung ihrer Eltern vorgestellt, ihr Unverständnis, aber niemals ihren Kummer. Und doch …

Der König wischte sich eine Träne weg und fuhr fort: »Die Königin ist vor drei Jahren gestorben.«

»Drei Jahre?«, würgte Malva hervor.

»Unmöglich!«, schrie Orfeus auf. »Eure Majestät … die Prinzessin hat Galnizien doch erst vor einem Jahr verlassen. Und ich erst vor vier oder fünf Monaten! Erinnert Euch: die Errabunda und die Marie-Belle!«

Der König zog die weißen Brauen hoch und sah Orfeus aufmerksam an.

»Die Errabunda … ja. Wart Ihr der Kapitän?«

»Nur der Gefreite«, antwortete Orfeus stammelnd. »Ich bin der Sohn von Hannibal Mac Bott.«

Der König machte eine unbestimmte Geste, als wollte er eine Fliege verscheuchen.

»Das ist alles so lange her«, sagte er. »Aber ich glaube, ich kann mich an den alten Kapitän Hannibal erinnern. Er hat unserer Flotte Ehre gemacht!«

»Ihr täuscht Euch!«, widersprach Orfeus verbittert. »Mein Vater hat der galnizischen Flotte keine Ehre gemacht und auch nicht seinem Land oder seinem König! Er hat Euch betrogen. Er war lediglich ein Pirat, ein Bandit, der sich nicht um die Regeln der Ruhe und Harmonie geschert hat!«

»Wirklich?«, sagte der König. »Nun ja, egal … Ich dachte …«

Er schwieg erneut einen Augenblick und verzog das Gesicht, er wollte sich sammeln.

»Ihr habt gesagt, dass meine Mutter, die Königin, bereits drei Jahre tot ist«, nahm Malva den Faden wieder auf. »Aber das ist nicht möglich! Euer Gedächtnis muss Euch einen Streich spielen!«

Der König streckte seine Hände aus.

»Sieh dir diese Hände an, Malva«, sagte er zu ihr. »Sie zittern und sind zu nichts mehr zu gebrauchen, aber schau genau hin: Es sind noch immer zehn Finger dran! Und diese zehn Finger haben es mir möglich gemacht, die Jahre, die seit deinem Verschwinden vergangen sind, zu zählen. Zehn Finger. Zehn Jahre. So ist das … In zehn Jahren ist sehr viel passiert.«

Ein verblüfftes Schweigen folgte dieser Mitteilung. Konnte ein solcher Unsinn wahr sein? Wie war es vorstellbar, dass die Zeit in Galnizien schneller vergangen war als anderswo? Das war völlig undenkbar! Und doch … würde es einige Merkwürdigkeiten erklären. Den Verfall der Stadt, das Gesicht und das weiße Haar des Königs … Schließlich hatten sie so viele unerklärliche Dinge erlebt im Inselmeer. Vielleicht hatte der Nokros dafür gesorgt, dass weit mehr Zeit zu Staub verfallen war als vorgesehen?

»Erzählt bitte weiter«, bat Malva. »Ich will alles wissen.«

»Nach einem Jahr ohne Nachricht von der Errabunda«, fuhr der König fort, »habe ich eine zweite Expedition losgeschickt. Ich kann mich nicht mehr an die Namen der Schiffe erinnern, aber auch sie sind nicht mehr zurückgekehrt. Danach habe ich bewaffnete Reitertruppen entsandt. Sie sind in die Richtung des Orniareichs aufgebrochen, immer mit dem Ziel, dich aus den Händen Temir-Gais zu befreien. Ein einziger meiner Männer ist zwei Jahre später zurückgekehrt. Er überbrachte mir schlechte Neuigkeiten: Ein unerbittlicher Krieg wütete unter den Kontrahenten der Steppe. Meine Soldaten waren zwischen die Fronten geraten, und alle waren umgekommen. Und das Schlimmste war, dass sich meine Tochter nicht mehr in Temir-Gais Händen befand. Niemand wusste, ob sie tot war oder noch lebte.«

Malva seufzte, als sie diesen Bericht hörte. Ihre Visionen auf dem Berg Ur-Tha bestätigten sich eine nach der anderen. Ihre Mutter war tot, die Baiguren und Filomena befanden sich mitten in den Wirren des Krieges. Sie fröstelte. Hatten sie überlebt?

Der Festsaal verdunkelte sich zusehends, doch keiner der Bediensteten kam, um die Lüster zu entzünden. Niemand am Tisch wagte mehr, sich zu rühren.

»Wir hatten also drei Expeditionen umsonst entsandt«, fasste der König zusammen. »Es gab keinen Thronfolger mehr. Nach und nach hat die Hoffnungslosigkeit von unseren Herzen Besitz ergriffen. Die Königin wurde krank. Im ganzen Land gab es Verschwörungen. Arkus hatte seinen Hass mehr oder weniger überall gesät. Es bedurfte nur eines Funkens, um das schwelende Feuer zu entfachen.«

»Arkus ist tot«, mischte sich Orfeus ein. »Er ist uns über alle Meere gefolgt, aber er wird nun nie wieder zurückkehren.«

»Habt Ihr ihn getötet?«, fragte der König.

»Nein«, erzählte Orfeus. »Aber er ist für immer ein Gefangener an einem sehr ungewöhnlichen Ort, einem Inselmeer, das …«

Unter dem Tisch drückte Malva Orfeus' Hand noch fester, damit er schwieg.

»Wir haben nicht mit eigenen Augen gesehen, dass er umgekommen ist, Vater«, berichtigte sie. »Aber ich glaube auch nicht, dass er zurückkehrt.«

»Gut«, sagte der König traurig, »aber es ist trotzdem zu spät. Galnizien wurde von allen Seiten angegriffen. Sogar hier haben wir die schlimmsten Kämpfe erleben müssen, bis zum bitteren Ende. Das war vor zwei Jahren. Kanonenfeuer, Horden von Soldaten aus Dunbraven und Andemark, es war ein einziges Gemetzel. Die Bewohner der Oberstadt sind als Erste in die Berge geflohen. Danach nahm die Bevölkerung durch eine Hungersnot und durch Epidemien stark ab. Die Überlebenden verließen die Unterstadt und zogen nach Westen. Ich habe keine Ahnung, was aus ihnen geworden ist. Ich bin nicht mehr König. Galnizien gibt es nicht mehr. Das Land wurde zerstückelt und von den siegreichen Feinden unterworfen. Nun gibt es nur noch diese Ruine, in der ich meine letzten Tage fristen darf.«

Seine Stimme erstarb. Er war außer Atem, erdrückt von Kummer und Müdigkeit. Er sah Malva an.

»All diese Jahre habe ich niemals diesen verhängnisvollen Tag vergessen, an dem du verschwunden bist. Zuerst habe ich an eine Entführung geglaubt. Dann habe ich Arkus für dein Verschwinden verantwortlich gemacht. Ich war ganz außer mir und wollte dich unbedingt zurückholen, um die Ordnung in meinem Land wiederherzustellen. Ich wollte meinen Seelenfrieden wiederfinden! Und dann, eines Tages, fand eine der Bediensteten beim Putzen in einem kleinen Seitenflügel im südlichen Trakt der Zitadelle einen Brief und brachte ihn mir. Das war kurz nach dem Tod der Königin.«

Malva zitterte. Ihr Abschiedsbrief! Wie lange war er versteckt gewesen, bis er seinen eigentlichen Adressaten erreicht hatte? Viele, viele Jahre!

»Als ich den Brief gelesen hatte«, fuhr der König fort, »ist mir alles klargeworden. Plötzlich habe ich verstanden, warum … warum meine Tochter geflohen ist. Ich war der Grund.«

Der König schien gebrochen.

»Ich kenne diesen Brief auswendig. Ich habe ihn immer wieder gelesen, bis meine Augen wehtaten. Du hattest recht, Malva. Von diesem Tag an ließen mich meine Gewissensbisse nicht mehr ruhig schlafen. In all diesen Nächten habe ich darüber nachgedacht, was ich getan hatte. Ich habe mich mit deinen Augen betrachtet … und einen grausamen, herzlosen Mann gesehen. Und genau das war ich: ein Herrscher, der von seiner Macht und Pflicht besessen war. Und ein Vater, der unfähig war, seine Tochter zu verstehen.«

Galotcho, Lea, Babilas und Orfeus betrachteten verblüfft das Gesicht des alten Mannes. Dann schauten sie Malva an. Totenblass saß sie da und wusste nicht mehr, was sie sagen oder denken sollte. Sie war wie betäubt.

»Aber du bist zurückgekommen«, murmelte der König. »Genau das habe ich immer gehofft: dass ich dich noch einmal wiedersehe und dich um Verzeihung bitten kann.«

Die Tränen, die die Prinzessin die ganze Zeit zurückgehalten hatte, liefen ihr über die Wangen.

Ihr Mund öffnete sich, doch es kam nicht mehr heraus als ein Hauchen. Orfeus wusste, dass es Malva gelingen würde, ihren Frieden mit dem König zu machen.

45 ✧ Reparaturen

Die fünf Überlebenden der Fabula schlugen ihr Quartier beim König in der Zitadelle auf. Galotcho, der sich so lange gewünscht hatte, diese heiligen Hallen betreten zu dürfen, konnte gar nicht genug staunen. Entschlossen schritt er durch die Gänge und Galerien, ohne Notiz von deren schlechtem Allgemeinzustand zu nehmen, und erkundete mit einer unerschöpflichen Energie jede noch so kleine Ecke. Einige Male verirrte er sich auf den Schleichwegen des Schlosses, und Malva musste ihn suchen gehen. Am Abend spazierte er durch die brachliegenden Gärten und schaute gebannt auf einen bestimmten Punkt am Himmel. Orfeus vermutete, dass er mit Pepe redete.

Babilas und Lea richteten sich notdürftig in der alten Rumpelkammer ein, die von den Unbilden der Witterung verschont geblieben waren. Malva weigerte sich, wieder ihr altes Kinderzimmer zu beziehen. Sie bat Orfeus, ihr dabei zu helfen, ein Bett in den Erker des Südflügels zu bringen. Das kleine Zimmer war feucht, und die Fensterbalken waren gesprungen. Sonst war jedoch alles genau wie früher.

»Hier möchte ich schlafen«, sagte sie und betrachtete ihr Antlitz im Spiegel ihres Frisiertischs.

Sie hob ihr langes schwarzes Haar, und ließ es dann wieder auf ihre Schultern fallen. Sie erinnerte sich an den Abend, als sie sich die Igelfrisur geschnitten hatte … Beim Gedanken an die entsetzten Schreie von Filomena musste sie lächeln, dann seufzte sie. Wo war wohl ihre Kammerzofe im Moment? Würde sie sie jemals wiedersehen? Sie verscheuchte ihre dunklen Gedanken und sah Orfeus an.

»Ich wünsche mir«, sagte sie errötend, »dass du dieses Bett mit mir teilst.«

Orfeus zuckte zusammen. Er legte Malva seine Hände auf die Hüften.

»Hier soll ich mein Lager aufschlagen? Zusammen mit der Prinzessin?«, sagte er lächelnd. »Verstößt das nicht gegen das Protokoll?«

»Es gibt kein Protokoll mehr«, antwortete Malva.

Orfeus nickte. Sein Herz klopfte ihm bis zum Hals.

»Wenn das so ist, dann nehme ich das Angebot an. Aber wir sollten das Fenster reparieren. Du weißt ja, dass ich sehr empfindlich auf Zugluft reagiere.«

Tage und Wochen vergingen. Es gab so viel zu tun in der Zitadelle! Babilas besserte die Dachziegel des Ostflügels aus. Lea und Galotcho kümmerten sich um die Pferde: Ganze Tage verbrachten sie in den Stallungen und pflegten die alten Klepper. Leas Medizin vollbrachte wieder einmal viele Wunder.

Orfeus und Malva brachten ihrerseits die Angelegenheiten des Königs in Ordnung. Sie setzten sich im Beratungssaal zusammen und bewerteten alles, sortierten, schrieben die offiziellen Bevölkerungsregister ab, um das Gedächtnis des Landes zu bewahren. Die Arbeit war sehr ermüdend.

Immer wieder hob Malva den Kopf aus den Rechnungsbüchern. Sie betrachtete die galnizische Fahne, die über dem Kamin angebracht war, und dachte an den Tag, als ihr Vater sie gezwungen hatte, ihre Tagebücher zu verbrennen. Nun spürte sie nichts mehr von der Demütigung, die ihr vor so langer Zeit das Herz schwer gemacht hatte.

»Eines Tages werde ich unsere Geschichte niederschreiben«, sagte sie nachdenklich. »Die Galnizier sollen wissen, was uns im Inselmeer widerfahren ist.«

»Und außerdem muss die Kartographie angepasst werden«, fügte Orfeus hinzu. »Die Grenzen der Bekannten Welt müssen weiter nach Süden verlegt werden. Die Wissenschaftler des Meeresinstituts würden Augen machen, wenn sie noch hier wären!«

Er nahm eine Feder zur Hand und skizzierte die Umrisse der Inseln. Er schrieb ihre Namen gleich dazu: Insel von Kata, Insel von Jahalod-Rin, Insel der Unsichtbaren …

»Und hier ist der Fels, auf dem Al nun festsitzt, und da sind die Felsen der Männer ohne Zähne, und dort die Felsen von Finopico. Und schließlich, die Stelle, wo das Verlies des Grauens ist, in den sich Pepe gestürzt hat …«

Malva fröstelte. Die nicht Anwesenden fehlten ihr so sehr. Um ihre Traurigkeit zu verscheuchen, stürzte sie sich wieder in die Arbeit.

Von Tag zu Tag wurde der König schwächer. Er verbrachte den

Tag sitzend in seinem Ohrensessel, oder er betrachtete seine Gärten, denen man immer mehr anmerkte, dass sich wieder jemand um sie kümmerte. Malva kam ihn oft besuchen. Sie redeten wenig miteinander. Was sollten sie auch sagen nach all diesen Jahren des Schweigens? Für die wichtigen Dinge fehlten ihnen die richtigen Worte.

Im Laufe der Wochen verbreitete sich die Nachricht von Malvas Rückkehr bis in die alten Provinzen des Landes. Die mutigsten Galnizier beschlossen, eigens zu überprüfen, ob das Gerücht wahr sei. Sie kamen aus dem Norden, allein oder mit ihren Familien, bepackt mit all ihrem Hab und Gut, und klopften an die Tore der Zitadelle. Malva begrüßte sie herzlich. Immer, wenn sie ihr Gesicht wieder erkannten, wandten sie sich dem Himmel zu und dankten der Heiligen Ruhe, dass sie das Leben der Prinzessin bewahrt hatte.

Dank der wiederhergestellten Pläne und Meldelisten konnte Malva jedem Ankömmling ein Haus zuweisen. Ein Dutzend Familien ließ sich in der Unterstadt nieder, endlich waren wieder Kinder in den Straßen zu hören.

Weiter weg, im Hafen, hatte Babilas damit begonnen, die Schiffe wieder instandzusetzen. Er dichtete den Rumpf der Schiffe ab, schiente ihre Masten, und tünchte die Decks. Ein paar Fischer kehrten zurück, stellten morgens ihre Klapptische auf und verkauften frischen Fisch an den Kais. Noch war alles sehr klein und bescheiden, aber Malva spürte, wie die Seele des Landes zu neuem Leben erwachte.

»Bereust du es nicht manchmal?«, fragte Orfeus Malva von Zeit zu Zeit.

»Dass ich zurückgekehrt bin?«

»Ja. Dass du nicht im Land deiner Träume geblieben bist.«

»Ohne dich hätte mich Elgolien niemals glücklich gemacht«, antwortete Malva. »Ich bereue nichts.«

Eines Morgens riefen Lea und Galotcho nach Malva. Draußen war es sehr mild. Die Obstbäume schlugen aus. Lea und Galotcho saßen stolz im Sattel auf zwei alesanischen Stuten und trabten vor den Ställen auf und ab.

»Schau!«, rief Lea.

Sie gab dem Pferd die Sporen und galoppierte in Richtung der Maulbeerbaumallee davon, gefolgt von Galotcho, der aus vollem Hals lachte. Am Ende der Allee drehten sie um und kamen zu Malva zurück.

»Das waren die letzten beiden!«, verkündete Galotcho.

»Die Pferde sind allesamt in einem guten Gesundheitszustand«, berichtete Lea. »Es sind insgesamt dreizehn Tiere.«

»Seht mal, was dieses hier kann, Prinzessin!«, rief Galotcho.

Er fasste die Zügel kürzer, gab dem Pferd mit den Fersen mehrmals ein Zeichen, und das Tier bäumte sich auf, drehte sich auf seinen Hinterbeinen im Kreis und führte dann so etwas wie einen Tanz auf, der Malva sichtlich erfreute.

»Ich habe gar nicht gewusst, dass du ein so guter Reiter bist! Du könntest es fast mit den baigurischen Reitern aufnehmen!«

»Genau!«, antwortete der Junge. »Lea hat mir versprochen, dass wir die Steppe durchqueren!«

Malva sah ihn ungläubig an. Augenblicklich huschte ein Schrecken über sein Gesicht, denn es war ihm ein Geheimnis herausgerutscht.

»Was soll das bedeuten?«, fragte Malva beunruhigt und sah Lea eindringlich an.

Lea stieß einen tiefen Seufzer aus, dann begann sie zu reden. Sie erklärte Malva, wie sehr ihr ihre Heimat, ihre Bräuche und vor allem ihre Familie fehlten. Mit jedem Tag wurde ihr das Herz schwerer. Und jetzt, da die Pferde alle versorgt waren, wollte sie in das Königreich Balmun zurückkehren.

»Mein Platz ist dort«, fügte sie hinzu. »Und Galotcho …«

Der Junge errötete und stellte sich ganz nah zu ihr. In der letzten Zeit war er sehr gewachsen. Durch das viele Reiten und die harte Arbeit in den Ställen war er auch kräftig geworden.

»Ich habe mich entschlossen, Lea zu begleiten«, beichtete er. »Ohne meinen Bruder bin ich hier in Galnizien zu traurig. Ich muss weg von hier. Ich werde ihr schützender Begleiter sein, was meint Ihr dazu, Prinzessin?«

Malva öffnete den Mund, aber sie wusste nicht, was sie dazu sagen sollte. Seit ihrer Rückkehr hatte sie kaum gemerkt, wie die Zeit vergangen war. Ein Tag war auf den anderen gefolgt, und sie hatte Leas Traurigkeit nicht bemerkt.

»Ihr reitet also durch die Asisische Steppe?«, fragte sie lediglich.

Lea nickte.

»Gut«, seufzte Malva. »Wann brecht ihr auf?«

46 ✧ Abschied und Wiedersehen

Es war noch dunkel, als sich die Bewohner der Zitadelle vor den Stallungen versammelten. Die Luft war frisch. Die Dienstmädchen schlangen ihre geflickten Tücher um ihre Schultern, und die Knechte traten von einem Fuß auf den anderen. Sie bildeten einen Kreis um den König, der trotz eines trockenen Hustens darauf bestanden hatte, früh aufzustehen, um bei der Verabschiedung von Galotcho und Lea dabei zu sein. Neben ihm standen Malva, Orfeus und Babilas und sahen bei den letzten Vorbereitungen zu.

Als die beiden alesanischen Stuten gesattelt und bepackt waren, stiegen die beiden Reisenden auf. Ihre Gesichter waren angestrengt und blass aufgrund des Mangels an Sonne, aber man spürte, dass sie es eilig hatten, aufzubrechen.

»Habt ihr genug Proviant dabei? Und Wasser?«, fragte Malva besorgt und ging zu Lea. »Und Lanzen? Habt ihr auch daran gedacht? Die Straßen sind nicht sicher! Wenn ihr Amoyeden begegnet …«

Das Mädchen aus Balmun zeigte auf einen Säbel, der an ihrem Sattel steckte.

»Und Decken?«, fragte Malva weiter. »Wenn ihr die verschneiten Pässe an der Grenze zu Girkistan überquert, werdet ihr welche brauchen!«

»Wir haben für alles gesorgt«, versicherte ihr Galotcho. »Der Koch hat uns sogar eingelegte Heringe mit Heidelbeeren als Geschenk für Leas Eltern mitgegeben.«

»Gut so.« Der König lächelte. »Heringe auf galnizische Art, etwas Besseres gibt es nicht.«

Am Horizont ging die Sonne auf und gab das Zeichen zum Aufbruch. Galotcho hob die Hand und winkte Orfeus zu.

»Ich werde mich an die Sterne halten«, sagte er zu ihm. Sein Hals war ganz trocken. »Ich werde diese Nacht, die wir gemeinsam an Deck der Fabula verbracht haben, niemals vergessen.«

»Pepe wird ein Auge auf dich haben!«, rief Orfeus ihm zu. »Mach keine Dummheiten!«

»Mach ich nicht mehr«, antwortete der Junge.

Lea kicherte hinter vorgehaltener Hand. Sie ließ ihren Blick über ihre Freunde gleiten, dann verharrten ihre Perlenaugen auf Malva. Diese nahm Leas Hand.

»Pass auf dich auf«, bat Malva und drückte fest ihre Hand. »Ich will nicht noch mehr Freunde verlieren.«

»Ich werde gut aufpassen, versprochen.«

Malva strich über das glänzende Fell der Stute.

»In deiner Heimat wird sich sicher auch alles verändert haben, ist dir das klar? Die Zeit, die in Galnizien vergangen ist, ist auch in Balmun vergangen. Zehn Jahre, sogar fast elf.«

»Ich habe mich darauf gedanklich vorbereitet. Meine Eltern leben vielleicht nicht mehr, aber meine Schwestern und Brüder bestimmt. Sie sind nur größer geworden.«

»Falls du von Zeit zu Zeit wieder kommen möchtest, bist du hier immer gern gesehen.«

»Du auch, Malva. Wenn du einmal mein Königreich kennenlernen möchtest, bist du willkommen. Jederzeit.«

»Im Moment kann ich es mir noch nicht vorstellen, wieder von hier aufzubrechen«, seufzte Malva. »Ich muss mich noch ausruhen und …«

Sie sah kurz zu ihrem Vater, der immer stärker hustete.

»… der König ist krank. Ich muss mich um ihn kümmern.«

»Und um Orfeus!«, fügte Lea hinzu und zwinkerte ihr zu.

Malva nickte. Dann griff sie in ihre Weste und kramte eine Papierrolle hervor, die sie Lea hinhielt.

»Das ist eine Nachricht für Filomena. Wenn ihr ihr in der Steppe begegnet, gebt sie ihr bitte.«

Lea nahm den Brief an sich und versprach es. Dann nahmen auch Babilas und Orfeus Abschied von den beiden Reisenden.

Galotcho und Lea lenkten ihre Pferde zum Tor der Zitadelle. Es war derselbe Weg, den damals die Kutsche mit den Weinfässern genommen hatte, in denen Malva und Filomena geflohen waren. Die beiden winkten noch einmal und entfernten sich immer mehr.

Wie erstarrt und mit roten Augen blieben Malva und Orfeus lange vor den Stallungen stehen, ohne etwas zu sagen. Dann kletterten sie auf die Mauer an der Nordseite der Zitadelle. Von dort oben hatten sie eine weite Sicht: Mit den Augen konnten sie den beiden alesanischen Stuten folgen.

»Sie sind schon so weit weg«, seufzte Malva.

In diesem Augenblick sah sie die Umrisse von Menschen, die den Reisenden auf demselben Weg entgegenkamen.

»Wer ist das?«

Orfeus kniff die Augen zusammen. Er erkannte eine lange Karawane aus Bauern und Bäuerinnen, die zu Fuß unterwegs waren. Sie bildeten ein bewegliches Band, das einer Ameisenspur ähnelte.

»Galnizier«, murmelte er. »Es sind mindestens hundert. Ich würde sagen, sie kommen nach Hause.«

Von ihrem Aussichtspunkt aus verfolgten Malva und Orfeus die Karawane. Nach und nach konnten sie Frauen und Kinder ausmachen, Soldaten mit geschulterten Büchsen, Händler, Seeleute, Mitglieder des Adels und sogar einen ehrwürdigen Abt und zwei oder drei Geistliche mit ihren gelben, etwas schief sitzenden Kappen.

»Wir sollten sie willkommen heißen!«, entschied Malva und wischte mit einer Handbewegung ihre Traurigkeit beiseite. »Diese Menschen sind sicher seit vielen Tagen und Nächten auf den Beinen! Wir werden die Türen zum Festsaal weit öffnen!«

Orfeus folgte ihr die Treppe hinunter. Er half ihr, die Listen zur Registrierung vorzubereiten. Dann suchte er den König, damit dieser bei der Begrüßung dabei sein konnte. Es war das erste Mal seit dem Niedergang Galniziens, dass so viele Galnizier auf einmal in die Zitadelle strömten.

Einige Stunden später hatte sich eine große Menschenmenge in den Gärten versammelt. Sie breitete sich vom Festsaal bis in die Gassen der Unterstadt aus. All diese Menschen riefen, redeten, schrien, tauschten Neuigkeiten aus und machten einen solchen Lärm, dass es dem König die Sprache verschlug. Kinder weinten, Hunde bellten, Alte ließen sich seufzend auf den Wiesen nieder, um ihre müden Füße auszuruhen, Händler stellten ihre Wagen ab, wo es ihnen gerade passte, oder versuchten sogar, ihre auf der Reise verdorbenen Früchte zu verkaufen, während die Soldaten bereits Flaschen mit Riorowein öffneten, die sich wie durch ein Wunder in den Kellern gefunden hatten und die Malva zusammen mit anderen Lebensmitteln verteilen ließ. Es ging zu wie an einem Markttag.

Und doch, als die Menschen den Festsaal betraten, waren sie mit einem Mal still und nahmen ihre Hüte und Mützen ab. Mit weit aufgerissenen Augen näherten sie sich ihrer Prinzessin und konnten es kaum glauben. Sie mussten Malvas Hand berühren, um sich zu überzeugen, dass sie wirklich lebte. Sie war nicht nur am Leben, sondern schien unverändert und sah genauso aus wie auf dem Porträt, das vor langer Zeit ihre Schönheit festgehalten hatte. Sie war lediglich ein wenig schmaler geworden, und ihr Gesichtsausdruck war ernster, aber ihre Mandelaugen bezauberten alle, die sie ansahen.

Sie hatte auf einem Stuhl Platz genommen, den Babilas eilig geleimt hatte, und der noch etwas wackelig war. An ihrer Seite saß der König in seinem heruntergekommenen Thron und rümpfte die Nase oder zuckte zusammen, wenn ihn Leute ansprachen. Orfeus seinerseits stand etwas abseits im Schatten und beobachtete die

Szene mit wachsender Rührung. Er erlebte genau das, wovon er immer geträumt hatte: dabei zu sein, wenn die Prinzessin wieder ihrem Volk gegenüberstand. Diesmal würde alles gutgehen, das spürte er.

»Ihr habt uns so gefehlt«, sagten die Frauen.

»Wir dachten, Ihr wärt von den Barbaren getötet worden«, erklärten die Männer.

»Wir haben so gelitten!«, beklagten sich die Adelsdamen.« Stellt Euch vor, wir mussten uns von Wurzeln und Wildschweinschwänzen ernähren!«

Die Menschen drängten sich ganz nah heran, sie berührten Malva, sie weinten und bedankten sich bei ihr, und Malva nahm all die Sympathiebekundungen mit ernster Haltung entgegen. Im Gegenzug verteilte sie die Häuser, Verkaufsstände, Verantwortlichkeiten, und jeder Einzelne verließ den Saal mit der Sicherheit, ein neues Leben in der Ober- oder Unterstadt zu beginnen, je nach geäußertem Wunsch.

Die Soldaten legten ihre verrosteten Büchsen und Lanzen vor Malvas Füßen nieder und schworen ihr Treue. Die Geistlichen flüsterten ihr Segensworte ins Ohr, die Händler versprachen ihr unzählige Geschenke, und die Bauern, denen Malva ein Stück Land zurückgegeben hatte, weinten vor Dankbarkeit. Im hinteren Teil des Saals notierten drei Diener das Versprochene und hielten es in den offiziellen Registern fest.

Einmal kniete eine schwarz gekleidete alte Dame vor Malva nieder, die ein großes Bündel bei sich trug.

»Ich bin trotz meines hohen Alters zurückgekommen«, sagte die Frau zu ihr, »in der Hoffnung, dass Ihr mir Nachricht geben könnt über jemanden, der an der Suche nach Euch beteiligt war. Es handelt sich um einen jungen Mann, den ich aufgezogen habe und der mit der ersten Expedition aufgebrochen ist, die vor zehn Jahren losgeschickt wurde …«

Als er diese Stimme und die Worte hörte, trat Orfeus aus dem Schatten hervor. Sein Herz klopfte wild.

»Berthilda?«, fragte er zögerlich.

Die alte Dame hob den Kopf und sah ihn an. Als sie ihn erkannte, brach sie in Tränen aus.

»Er lebt! Er lebt! Bei der Heiligen Harmonie!«

Damit sie sich ausruhen konnte, veranlasste Malva, dass man Berthilda in ein Nebenzimmer brachte. Sie warf Orfeus einen fragenden Blick zu, und er erklärte ihr kurz, um wen es sich bei der schwarz gekleideten alten Frau handelte. Dann setzte er sich zu ihr ans Bett. Berthilda rieb ihre Hände und wiederholte ein ums andere Mal: »Danke, danke, danke …«

In seiner Erinnerung war Berthilda Orfeus immer alt vorgekommen, aber heute sah er, wie schwer sie vom Alter und von den Entbehrungen gezeichnet war, dass er fürchtete, sie würde vor seinen Augen zu Staub zerfallen.

Nachdem Berthilda sich ein wenig gesammelt hatte, gelang es ihr, sich aufzusetzen und Orfeus zu erzählen, wie es ihr ergangen war. Sie erzählte von der Einsamkeit im verlassenen Haus von Hannibal, vom endlosen Warten, von der Verzweiflung, von den Jahren, die dahingingen, und schließlich vom Krieg gegen die Horden, die von Norden her in das Land einfielen.

»Eines Morgens habe ich Pferdegetrappel und Schreie in der Nachbargasse gehört. Ich habe Angst bekommen, einige Sachen zusammengepackt und bin geflohen. Ich war nicht allein: Die Oberstadt hatte sich mit einem Mal in einen großen Flüchtlingsstrom verwandelt.

»Und wohin bist du gegangen?«, fragte Orfeus.

»Weit weg, in Richtung Grenze. Dort habe ich auch Unterschlupf gefunden in einem Höhlendorf, das schon vor langer Zeit von den Bauern verlassen worden war.«

»Du hast in … in Höhlen gelebt?«, staunte Orfeus.

Die Alte nickte. Sie hatte dort mehr als zwei Jahre überlebt in Gesellschaft einiger anderer galnizischer Flüchtlinge. Die Kälte, der Hunger, die Angst, entdeckt, angegriffen und getötet zu werden, hatten jedoch nichts an ihrem Überlebenswillen ändern können.

»Aber ich habe die ganze Zeit über das verteidigt, was Euch gehörte«, sagte sie stolz zu Orfeus. »Ich wollte die Hoffnung nicht aufgeben, Euch eines Tages wiederzusehen. Und Euch das zurückzugeben, was Ihr mir am Tag Eurer Abreise anvertraut habt.«

Sie beugte sich hinunter und öffnete das Bündel, das sie bei sich trug. Sie zog einiges hervor, das Orfeus wiedererkannte. Es waren wertlose Gegenstände, die ihn allerdings in seiner Kindheit und Jugend begleitet hatten. Und dann öffnete sie eine kleine Kiste. Orfeus wurde schlagartig blass. Das Kistchen enthielt den Schmuck und das Gold von Hannibal.

»Das ist nur ein Teil Eures Vermögens«, entschuldigte sich Berthilda. »Ich konnte einfach nicht mehr tragen. Ich fürchte, der Rest ist mir gestohlen worden. Es tut mir leid.«

Orfeus starrte verblüfft auf die Kiste.

»Ich weiß, dass Ihr von Eurem Vater nichts annehmen wollt«, murmelte Berthilda. »Aber dieses Gold ist das Einzige, was von ihm geblieben ist. Nehmt es.«

Orfeus war verunsichert. Er wagte es weder anzunehmen noch abzulehnen.

»Hannibal hat Euch geliebt«, fügte die alte Frau hinzu. »Ich habe ihn beobachtet, wie er mit Euch umgegangen ist in all den Jahren. Er hing sehr an Euch. Mehr als an allem anderen.«

Orfeus sah Berthilda tief in die Augen. Er dachte an all das, was sich seit ihrer letzten Begegnung zugetragen hatte.

»Ich nehme es an«, sagte er.

Berthilda lächelte.

»Ruh dich jetzt aus«, fügte er hinzu. »Wir werden ein Zimmer für dich finden.«

Die alte Dienerin schüttelte den Kopf.

»Das ist sehr freundlich, aber ich möchte nicht hier leben. Wenn Ihr erlaubt …«

Sie holte aus ihren Taschen einen Schlüsselbund hervor.

»… würde ich lieber bei Euch übernachten, im Haus der Mac Botts.«

Sie hatte sogar die Schlüssel aufbewahrt! Orfeus konnte es nicht fassen, doch er kam ihrer Bitte nach. Er rief ein paar Knechte herbei und befahl, die alte Frau in das große, weiße Haus am Fuße des Glockenturms zu geleiten.

»Ich komme morgen vorbei und besuche dich«, versprach er und küsste Berthilda auf die runzelige Stirn.

47 ✧ Der Besucher der letzten Stunde

Eine weitere Woche riss der Strom der Neuankömmlinge im Festsaal nicht mehr ab. Die Galnizier strömten aus allen Richtungen zur Zitadelle. Das ständige Kommen und Gehen ermüdete den König derart, dass er nach drei Tagen sein Bett nicht mehr verließ. Seine Tochter kam bestens allein zurecht.

In den Straßen, auf den Plätzen, an den Ufern des Gadvir und sogar am Hafen herrschte ein emsiges Treiben. Schiffe aus allen Himmelsrichtungen verstauten und entluden ihre Ladungen.

Eines Abends, als Orfeus spazieren gegangen war, wollte Malva sich gerade von ihrem Stuhl erheben, um auf ihr Zimmer zu gehen, als sich ein letzter Besucher ankündigte. Sie hörte, wie einer der Knechte aufstöhnte. Sie war versucht, den späten Gast abzuweisen, doch sie setzte sich wieder hin, als sie den Mann hereinkommen sah. Er ging auf zwei Krücken durch den Festsaal und war vor Anstrengung ganz außer Atem. Seine nackten Füße schauten unter einer Mönchskutte hervor. Sie waren dreckig und blutig. Dieser Mann musste unzählige Tode gestorben sein, bevor er die Zitadelle erreicht hatte. Obwohl sie selbst sehr erschöpft war, brachte es Malva nicht übers Herz, ihn abzuweisen.

»Kommt näher«, sagte sie zu ihm. »Und sagt mir Euren Namen.«

Der Mann trat an den Sessel heran, auf dem Malva saß. Sein Gesicht war unter der großen Kapuze seines Gewandes verborgen. Nur einige graue Haare lugten hervor. Wahrscheinlich handelte es sich um einen recht alten Mönch.

»Mein Name«, sagte er mit zitternder Stimme, »mein Name ist Miguel. Ich bin von weither gekommen, um Euch zu sehen, Prinzessin.«

»Dann sprecht bitte«. Malva lächelte und beugte sich ein wenig vor, um das Gesicht des Mönchs erkennen zu können.

»Kann ich hier frei sprechen?«, fragte er weiter. »Ich habe Euch Vertrauliches mitzuteilen ...«

Malva versicherte ihm, dass er dies könne.

»Ich komme von weither«, wiederholte der Mann.

»Von der Grenze?«, fragte Malva.

»Oh ... weit darüber hinaus! Ich habe ein ganzes Meer und unbekannte Gegenden durchquert.«

»Welche unbekannten Gegenden?«

»Gegenden, aus denen niemand je wieder zurückkehrt ...«, antwortete die bebende Stimme.

Malva lief es kalt den Rücken hinunter.

»Versteht Ihr«, sprach der Mann unter der Kapuze weiter, »genau darüber möchte ich mit Euch sprechen. Ich weiß, dass Ihr mich verstehen werdet. Eure Intelligenz und Euer Mut sind weithin bekannt. Aber wie steht es mit Euren Dienern?«

Malva drehte sich um und blickte auf die drei armen Diener, die schon fast über ihren Listen eingeschlafen waren. Sie hatte Mitleid mit ihnen.

»Das wäre dann alles für heute«, sagte sie zu ihnen. »Ihr könnt uns allein lassen.«

Die drei Knechte ließen sich nicht lange bitten. Sie legten ihre Federn weg und verließen den Festsaal. Malva und der Mönch waren allein.

»So, nun sind wir unter uns«, sagte sie.

»Unter uns«, wiederholte der Mönch flüsternd. »Ihr und ich, allein. Das freut mich sehr.«

»Über welche Gegenden wolltet Ihr mir berichten?«, fragte Malva, deren Neugier geweckt war.

Der Mönch richtete sich auf. Er ließ seine Krücken los, die mit einem dumpfen Knall auf das gewachste Parkett fielen. Malva wollte sich vorbeugen, um sie wieder aufzuheben, aber dann zögerte sie. Sie sprang mit einem Satz auf. Der Mönch streifte seine Kapuze ab und enthüllte sein Gesicht.

Trotz seiner langen Haare erkannte Malva ihn sofort. Dieser stechende Blick, grau wie Stahl, dieses siegessichere Grinsen …

»Arkus!«, murmelte sie. Ihr Magen zog sich krampfhaft zusammen.

Sofort zückte er seinen Säbel, den er unter seinem Gewand versteckt hatte. Sie schrie auf.

»Lasst mich vom Inselmeer erzählen«, knurrte Arkus und kam mit erhobenem Säbel auf sie zu.

Im Rückwärtsgehen stieß Malva ihren Sessel um.

»Orfeus!«

»Er kann Euch nicht hören!«, schimpfte Arkus. »Wir haben alle Zeit der Welt, um wie alte Freunde miteinander zu sprechen. Lasst mich berichten, was ich durchlitten habe, um endlich an das Ende unseres Abenteuers zu gelangen, Prinzessin!«

Er schwang den Säbel, so dass die Luft um Malvas Ohren zischte. Sie zuckte zusammen. Die Angst, die sie erfasste, nahm ihr den Atem, aber ihr fiel sofort der Geheimgang ein. Der Eingang befand sich direkt hinter ihr in der Mauer, nur ein paar Schritte entfernt.

»Lasst mich von den Seemännern berichten, denen ich den Nokros gestohlen habe, damit ich überlebe … Sie mussten alle ihr Leben lassen! Und Euch, Prinzessin, wird es nicht anders ergehen!«

Malva ging einen Schritt zurück und noch einen, bis ihre Hände die Mauer berührten. Sie tastete mit den Fingerspitzen nach der Öffnung des Geheimgangs.

»Ich dachte, Ihr wärt im Verlies des Grauens gestorben«, sagte sie, um Zeit zu gewinnen. »Die Vorstellung, Ihr würdet alle Qualen Katas' durchleiden müssen, gefiel mir!«

Arkus kam lachend näher.

»Kata hat mich gehen lassen, was habt Ihr denn gedacht! Ich bin den Gesetzen des Inselmeers treu geblieben, denn ich bin über mich hinausgewachsen! Über meinen Hass hinaus! Und noch weiter …«

Malva spürte die kleine Vertiefung, die ihr den Einstieg zum Geheimgang anzeigte. Sie drückte mit aller Kraft in die Vertiefung. Die Tür gab nach, und Malva kippte nach hinten. Sie nutzte Arkus'

Überraschung, drehte sich um und rannte den engen Gang hinunter, der vollkommen im Dunkeln lag. Sie hörte, wie Arkus hinter ihr her rief: »Das macht Ihr nicht ein zweites Mal mit mir, Prinzessin! Das hier ist nicht der Harem von Temir-Gai! Ich kenne die Geheimgänge hier ebenso gut wie Ihr!«

Mit lautem Gebrüll nahm er die Verfolgung auf.

48 ✧ Am Ende des Geheimgangs

Orfeus hatte das Bedürfnis gehabt, einen Moment in den Gärten der Zitadelle spazieren zu gehen. Ein leichter Nordwind hatte die Hitze gemildert. Der Himmel war klar, und das Wasser plätscherte munter in den Brunnen. Orfeus hatte seinen Kragen hochgeschlagen und schlenderte, die Hände in den Taschen, durch die Alleen. Er dachte an seinen Vater. Er empfand ihm gegenüber nun keinen Widerwillen oder Groll mehr. Vielleicht könnte er Malva bitten, ihn am Abend auf den Friedhof zu begleiten? Gemeinsam könnten sie Blumen auf den Gräbern der Königin und Hannibals niederlegen.

Er war in seine Gedanken vertieft, als ihm plötzlich kalt wurde. Er nieste einmal, dann ein zweites Mal, und entschied, lieber zurückzugehen.

Als er die Maulbeerbaumallee erreichte, begegneten ihm die Diener, die den ganzen Tag Dienst im Festsaal getan hatten.

»Ist die Anhörung beendet?«, fragte er sie.

Einer der Knechte erzählte ihm, dass nur noch ein Besucher da gewesen sei, ein armer Kranker, und dass Malva sich allein um ihn hatte kümmern wollen und sie entlassen hatte. Orfeus zog die Augenbrauen hoch. Ohne genau zu wissen, weshalb, gefiel ihm der Gedanke nicht, dass Malva mit diesem Fremden allein zurückgeblieben war. Er lief den Weg zur Terrasse zurück und betrat den großen Saal.

Es war niemand mehr dort. Eine unbestimmte Angst überfiel Orfeus.

»Prinzessin?«, rief er.

Keine Antwort. Er ging weiter und entdeckte den umgestürzten Stuhl und dann … die auf dem Parkett liegenden Krücken. Sein Herz klopfte ihm bis zum Hals.

»Malva!«, schrie er.

In diesem Moment sah er, dass die Tür zum Geheimgang in der hinteren Wand aufgestoßen war. Dieser letzte Hinweis verschaffte ihm Gewissheit: Es musste etwas passiert sein! Er rannte zum Eingang des geheimen Korridors, ging ein Stück hinein und rief erneut. Dann hielt er die Luft an und lauschte: Nichts, Stille.

Panik erfasste ihn. Er rannte durch den Festsaal, schnappte sich eines der Gewehre, die von den Soldaten zusammengetragen worden waren, und eilte in den Geheimgang.

Es war stockdunkel, aber man konnte dem engen Schlauch folgen, indem man sich dicht an den Wänden entlangdrückte. Malva hatte ihn bereits einmal hindurchgeführt, um ihm zu zeigen, wie sie am Abend vor ihrer Hochzeit geflohen war. Orfeus erinnerte sich an die Abzweigungen, die Treppen und die Markierungen, die sie ihm gezeigt hatte. Den Gewehrkolben nach vorne gestreckt, lief er los.

Je weiter er vorankam, desto mehr ahnte er, dass etwas Furchtbares geschehen war. Wer war dieser Kranke, der ohne seine Krücken jemandem hinterherrennen konnte? Sicherlich ein Betrüger!

»Etwa Arkus?«, fragte sich Orfeus leise.

Diese Möglichkeit ließ ihm das Blut in den Adern gefrieren. Er hatte so sehr glauben wollen, dass dieser Mann im Inselmeer untergegangen war! War es tatsächlich möglich, dass er wie auch sie davongekommen war?

An einer Kreuzung hielt Orfeus an. Rechts führte der Gang zu den Zimmern hinauf, links zu den Küchen. Orfeus zögerte und lauschte lange auf die Geräusche, die an sein Ohr drangen. Doch kein Geräusch erinnerte an Schreie oder an rennende Schritte. Er entschied sich für den linken Gang, denn er erinnerte sich, dass Malva ihn damals hier entlanggeführt hatte.

Er rannte durch das Dunkel, sein Hals war ganz trocken, die Augen hatte er weit aufgerissen, bis er einen Lichtschein am Ende des Gangs erahnte. Eine offene Tür, die nach draußen führte! Malva war also wirklich hier entlanggekommen!

Orfeus legte die Büchse an. Als er die Tür erreichte, verlangsamte er seine Schritte. Er hörte das Stampfen von Hufen und das Zischen eines Säbels: Die Tür musste zu den Ställen führen. Ein kalter Luftzug wehte ihm das Haar aus dem Gesicht. Der Geruch nach Pferden stieg ihm in die Nase und verursachte ein starkes Kribbeln. Mit seiner freien Hand hielt er sich die Nase zu, um ein Niesen zu unterdrücken.

Als er seinen Kopf durch das Fenster der Tür streckte, sah er Malva, die Schutz hinter den aufgetürmten Strohballen suchte. Sie atmete sehr schnell, und ihr Gesicht war schweißüberströmt.

Orfeus schob sich noch näher an die Tür heran und sah nun auch

Arkus, der einen Säbel in der Hand hielt und fluchend um die Strohballen strich.

Vor Angst und Anspannung wurde es Orfeus schwarz vor den Augen. Seine Hände, die den Gewehrkolben umfassten, schwitzten. Und seine Nase juckte wie verrückt!

Er hielt die Luft an, hob die Büchse auf Augenhöhe und nahm Arkus ins Visier. Aber Arkus war ständig in Bewegung, er bückte sich, dann richtete er sich wieder auf. Er stieß mit der Klinge seines Säbels in das Stroh, seine Lippen umspielte ein grausames Lächeln. Schließlich entschied sich Orfeus, die Tür noch weiter aufzustoßen, denn sonst konnte er nichts ausrichten. Der Geruch wurde intensiver, und Orfeus juckte es noch stärker in der Nase. Er hob erneut seine Büchse, und plötzlich hatte er Arkus genau im Visier.

Er legte seinen Zeigefinger auf den Abzug seiner Waffe.

Es machte ein kurzes klickendes Geräusch.

Arkus drehte den Kopf zur Tür und erblickte Orfeus, der genau auf seine Wange zielte. Überrascht blitzten seine grauen Augen auf. Doch in dem Augenblick, in dem Orfeus den Auslöser betätigte, musste er so heftig niesen, dass das Geschoss abgelenkt wurde.

Er nieste noch zwei weitere Male und verlor so die Kontrolle über das Geschehen. Kurz darauf spürte er, wie die Säbelklinge seine Brust durchbohrte, und er hörte Arkus rufen: »Ich habe dich schon einmal erwischt! Doch diesmal entkommst du nicht!«

Orfeus öffnete die Augen. Arkus hatte sich auf ihn geworfen. Er hatte das Niesen genutzt, um ihn zu überwältigen und zu entwaffnen. Der Schmerz war so groß, dass Orfeus das Gefühl hatte, innerlich zu zerreißen. Er krümmte sich auf dem Boden und konnte nicht einmal einen Schrei ausstoßen.

Dann hörte er nichts mehr als die Schläge seines eigenen Herzens, das Blut pochte in seinem Schädel. Er sah einen Strohballen heranfliegen und Arkus unter sich begraben. Er sah Malva, die an ihm vorbeieilte, eine Büchse im Anschlag. Er sah Arkus, der rückwärts ging und dabei den Mund öffnete.

Er hörte den Schuss nicht, doch er wusste, dass Malva abgedrückt hatte.

Arkus taumelte, fiel nach hinten, seine Brust war blutüberströmt, sein Gesicht vom Schrot getroffen, dann entschwand er aus Orfeus' Blickfeld.

Orfeus' Kopf lag auf dem Stroh, und er lächelte Malva an, als sie sich über ihn beugte. Wie schön sie war! Ihr Gesicht, ihre Mandelaugen, ihr schwarzes Haar ... Aber warum weinte sie nur? Warum machte sie ein so trauriges Gesicht? Was sagte sie da?

»Sie sagt meinen Namen«, dachte Orfeus. »Sie liebt mich.«

Dies waren seine letzten Gedanken.

Orfeus wurde drei Tage später begraben.

An der Spitze des Trauerzugs gingen Malva, der König, Berthilda und Babilas. Die junge Prinzessin wurde von den anderen gestützt und sah verstört aus, ließ aber den Sarg keinen Moment aus den Augen. Dahinter folgte eine große Anzahl schweigender Galnizier.

Auf dem Friedhof war ein Erdloch ausgehoben worden, unweit des Grabes von Hannibal und Merixel Mac Bott. Trotz ihrer unendlichen Trauer hatte Malva darauf bestanden, alles selbst in die Hand zu nehmen. Sie hatte bei einem Handwerker der Stadt eine Grabstele aus Mesuaholz in Auftrag gegeben, jenem besonderen Holz, das man im Orniareich findet. In dieses hatte sie folgende Inschrift ritzen lassen:

Orfeus Mac Bott, beinahe 26 Jahre alt. Kapitän der Fabula, die zum ersten Mal die Meere südlich der Bekannten Welt besegelt hat. Loyal gegenüber seinem Land, ein Freund aller Menschen und die erste Liebe einer Einzigen.

49 ✧ Ein Geschenk aus der Ferne

Ein Monat verging. Dann ein weiterer. Und noch einer.

Es wurde Sommer.

Nachmittags, zur drückendsten Zeit des Tages, saß Malva auf einer Steinbank auf dem Friedhof. Sie blieb dort stundenlang sitzen, in den Händen hielt sie einen Strauß Feldblumen. Manchmal schlief sie ein.

Die Erinnerung an Orfeus, an seine Augen, seine Hände, seine Stimme verfolgte sie. Ihr Herz war nur noch weites, dürres Land, eine Wüste.

Sie war gerade siebzehn Jahre alt geworden. Ihre Beine trugen sie fast gegen ihren Willen. Ihr Leben ging weiter, wenigstens nach außen. Sie redete, sie hörte zu, sie empfing Botschafter, Soldaten oder einfache Wäscherinnen. Die Türen zum Festsaal standen bis in den späten Abend immer offen. Wenn die Prinzessin am Ende ihrer Kraft war, floh sie in Babilas' Arme. Der Riese flüsterte ihr Worte in der seltsamen Sprache aus Dunbraven ins Ohr. Malva verstand, was er sagte. Er konnte ihren Kummer ein wenig lindern.

Eines Tages, als sie vom Friedhof zurückkam, fand Malva im Festsaal eine Delegation vor. Zwischen all dem Goldschmuck und den

Vorhängen stand eine Gruppe von Leuten mit zerfurchten Gesichtern und Schlitzaugen. Ihre Kleider waren staubig, und sie trugen Stiefel aus gegerbtem Leder.

Inmitten der Gruppe sah Malva einen großen kräftigen Mann und eine Frau mit glänzenden glatten Apfelbäckchen. Als diese Malva entdeckte, breitete sie ihre Arme aus, Tränen stiegen ihr in die Augen.

Es war Filomena!

Neben ihr standen Uzmir, der oberste Kanscha, und einige seiner baigurischen Krieger.

Malva hatte das Gefühl, ihr würde das Herz vor Glück zerspringen. Sie warf sich in Filomenas Arme und rief unter Freudentränen und Lachen schluchzend ihren Namen. Die Diener verfolgten die Szene mit Verwunderung. Wann war das Protokoll jemals im Festsaal so außer Acht gelassen worden!

»Malva! Malva«, wiederholte Filomena immer wieder und zog Malva an sich. »Ich hatte solche Angst um dich! Ich habe gedacht, du wärst tot! Ich habe dich überall gesucht, überall! Im ganzen Orniareich!«

»Auch ich hatte solche Angst um dich!«, nickte Malva. »Wenn du wüsstest, wenn du nur wüsstest!«

Einen kurzen Augenblick später kam Uzmir näher und umarmte nun seinerseits Malva.

»Ich habe Filomena immer gesagt, dass du noch lebst und irgendwo bist«, sagte er mit seiner kehligen Stimme.

»Du sprichst Galnizisch?« Malva war verblüfft.

»Filomena hat mir eure Sprache beigebracht.« Der Kanscha lächelte. »Als ich das erste Mal hierherkam, habe ich kein Wort verstanden. Aber das ist schon lange her, sehr lange. Wie geht es dem König?«

Malva seufzte. Sie erzählte, dass er immer mehr sein Gedächtnis verlor und ihn seine Beine nicht mehr sehr lange tragen würden.

»Ich habe gehört, dass die Königin tot ist«, murmelte Filomena. »Das haben uns deine Freunde erzählt.«

»Galotcho und Lea! Dann habt ihr sie getroffen?«

Uzmir und Filomena nickten gleichzeitig.

»Sie haben lange nach uns gesucht, in der ganzen, großen Steppe«, erzählte Filomena. »Sie haben uns deinen Brief gegeben. Sobald ich wusste, wo du bist, habe ich Uzmir gebeten, die Pferde zu satteln. Deine Freunde sind weiter Richtung Balmun gezogen.«

So viele gute Nachrichten auf einmal, so viele Dinge, die sie sich zu erzählen hatten, so viele überwältigende Gefühle ... Malva sah ihre ehemalige Zofe mit ihren Mandelaugen aufmerksam an.

»Ich will alles wissen«, rief sie. »Alles!«

»Einverstanden«, antwortete Filomena lachend, »aber zuerst will ich dir etwas zeigen. Komm mit.«

Sie führte Malva nach draußen. Hinter dem Westflügel graste etwa ein Dutzend baigurische Pferde auf der Wiese. Im Schatten der Pflaumenbäume standen drei kleine Karren.

Auf einem der Pferde saß ein Junge von fünf oder sechs Jahren. Er hantierte mit dem Zügel seines Tieres unter dem aufmerksamen

Blick einer großen Frau, die ihm in der Sprache der Steppe Anweisungen gab. Malva beobachtete die Szene einen Moment lang, ohne etwas zu sagen. Unter seiner Oryackfellmütze mit eingearbeiteten Goldfäden zeigte sich ein etwas blasseres Gesicht als das der anderen Baiguren, aber seine Schlitzaugen erinnerten ohne Zweifel an die von Uzmir.

»Das ist Hainur«, sagte Filomena. »Mein Sohn.«

Malva öffnete den Mund, doch sie brachte keinen Ton heraus.

»Und auch mein Sohn«, fügte Uzmir stolz hinzu. Er ging zu Hainur.

Als dieser seinen Vater sah, zog er am Zügel und schwang sich vom Pferd. Uzmir nahm seine Hand und beugte sich dann zu ihm hinunter, um ihm etwas ins Ohr zu flüstern. Der Junge klatschte begeistert in die Hände, lief zu einem der Karren, kramte in einer Kiste und holte ein Päckchen hervor. Er sah seine Mutter an, fragte sie etwas auf Baigurisch und wandte sich dann mit einem Lächeln an Malva. Er streckte ihr das Geschenk entgegen.

»Ein Geschenk für die Prinzessin von Galnizien«, sagte er auf Galnizisch.

Malva hatte Tränen in den Augen. Hainurs Anmut, seine Bewegungen, seine Stimme, seine ganze Erscheinung rührten sie zutiefst. Sie beugte sich zu ihm hinunter und nahm das Geschenk zitternd entgegen.

»Mach es auf«, ermunterte sie Filomena.

Malva kam ihrer Aufforderung nach und fand darin eine Pfeife mit einem langen geschnitzten Hals aus wertvollem Metall.

»Ein Chibuck?« Malva war überrascht. »Aber … ich dachte, dass nur verheiratete Frauen einen Chibuck besitzen dürfen?«

Filomena warf ihr einen listigen Blick zu: »Lea und Galotcho haben mir erzählt, dass du verliebt bist, Prinzessin. Sie haben uns von einem gewissen Kapitän Orfeus erzählt … Selbst, wenn du nicht heiraten solltest, ist das doch trotzdem einen Chibuck wert, oder nicht?«

Malva lächelte, doch ihr Hals schnürte sich plötzlich zu. Ihr wurde ganz eng in der Brust, ihr Lächeln verschwand, und unter dem besorgten Blick von Filomena brach sie in Tränen aus.

»Was ist denn los, Mama?« Hainur war beunruhigt. »Mag deine Freundin unser Geschenk nicht?«

Malva hatte sich ins Gras gekniet. Sie weinte und weinte und hielt krampfhaft den Chibuck in den Händen. Natürlich! Galotcho und Lea wussten schließlich nicht, was geschehen war! Sie waren ja einige Tage vor dem entsetzlichen Unglück aufgebrochen! Malva hob den Kopf und streckte dem kleinen Jungen ihre Hand entgegen.

»Er gefällt mir sehr … dieser Chibuck«, versicherte sie ihm schluchzend. »Aber … ich weine, weil … mein Geliebter nicht mehr da ist.«

»Ist er zur Oryackjagd geritten?«

Malva musste trotz ihrer Tränen lächeln.

»So könnte man es sagen, ja … Es gibt nur keine Oryacks hier in Galnizien. Also musste er sehr, sehr weit weg. Und ich glaube, er wird nie wieder zurückkommen.«

Hainur war nun Malva ganz nahe. Er tröstete sie mit großem Ernst, so wie es nur kleine Kinder vermögen, die den Kummer der Erwachsenen erahnen.

»Ich weiß, was du tun musst«, sagte er mit seiner zarten Stimme. »Du musst den Chibuck behalten und so lange warten, bis dir ein anderer Geliebter begegnet und ihn zum Klingen bringt.«

Malva biss sich auf die Lippe und schluckte ihre Tränen hinunter.

»Glaubst du denn, dass es noch einen anderen Geliebten für mich gibt in der Bekannten Welt?«

Hainur kniete sich vor sie hin. Er beugte sich vor und gab ihr einen dicken Kuss auf die nasse Wange.

»Ich jedenfalls liebe dich schon«, sagte er.

Malva fühlte sich besser. Sie sah Filomena an, die ein betroffenes Gesicht machte.

»Du hast einen wunderbaren Sohn«, sagte Malva zu ihr. »Er besitzt die große Gabe, Trost zu spenden.«

Sie stand auf und klemmte den Chibuck unter ihren Arm.

»So«, sagte sie, »jetzt bin ich lange genug traurig gewesen. Ihr seid hier, und ich möchte euch so in Empfang nehmen, wie es sich gehört. Kommt!«

Gefolgt von ihren Gästen, betrat sie die Zitadelle. In der Küche gab sie den Befehl, ein Festessen zu bereiten.

Die Köche machten sich augenblicklich an die Arbeit. Töpfe wurden gescheuert, Siebe, Reiben, gusseiserne Töpfe und Pfannen hin- und hergewirbelt. Es war schon so viele Jahre her, seit es ein Fest auf der Zitadelle gegeben hatte!

Danach trug Malva der Dienerschaft auf, das Silber zu polieren, Geschirr hervorzuholen, die Teppiche auszuklopfen und den Saal zu erleuchten. Sie beauftragte die Gärtner, sich um Lampions und Wasserfontänen, und die Musiker, sich um die Musik zu kümmern. Der kleine Hainur rannte lachend die Treppen und Gänge auf und ab.

Schließlich zogen sich alle zurück, um sich für das Essen umzukleiden.

Malva begab sich mit ihrem kostbaren Chibuck in ihre Räume. Sie legte ihn auf den Fenstersims in der Nähe ihres Bettes, das sie nur kurze Zeit gemeinsam mit Orfeus geteilt hatte. Dieses Geschenk brachte sie ganz durcheinander. Es symbolisierte einerseits die verlorene Liebe ihres Lebens, war aber auch die Verheißung einer neuen Liebe, eines neuen Glücks. Es war wie eine Art Verbindung zwischen dem Vergangenen und dem Kommenden.

An diesem Abend plauderten die um den großen Tisch aus Ajukkaholz versammelten Gäste im Schein der Kerzen bis tief in die Nacht miteinander. Babilas war da, in seiner neuen Botschafterkleidung, Uzmir, Filomena, Hainur und alle anderen der baigurischen Reisegruppe, der König, der über seinem Teller einnickte, Berthilda, die für diesen Anlass den ganzen Weg zu Fuß gekommen war, der Pfarrer, ein paar der Weisen aus dem Meeresinstitut, Reisende aus fremden Ländern, die Adelsdamen mit ihren tief ausgeschnittenen Seidenroben, Seeleute, die laut lachten und Geschichten über Stürme auf See zum Besten gaben, und ein Dutzend Kinder aus den Gassen der Stadt, die Malva eingeladen hatte, damit Hainur Gesellschaft hatte. Natürlich fehlten unter ihnen viele, die Malva gern dabeigehabt hätte: Orfeus, Pepe, Finopico, Lea, Galotcho … und auch die Königin, der sie all das gern gezeigt hätte.

Aber eines stand für sie fest: Bedauern und Kummer hatten an diesem Abend keinen Platz.

Gefüllter Tintenfisch, gebratene Zikaden, Feigenragout, Pagulkuchen und köstlicher Riorowein erfreuten die Gäste. Filomena stürzte sich vor allem auf die nach galnizischer Art eingelegten Heringe. Es war so lange Jahre her, dass sie so etwas gegessen hatte!

Als alle satt waren, erhob sich Malva. Sie schwankte ein wenig vom vielen Wein. Zum ersten Mal erzählte sie ihre ganze Geschichte: von ihrer Flucht, von Arkus' und Vincenzos Betrug, von der espartanischen Heilerin, dem Angriff der Amoyeden, von Uzmirs Hilfe und ihrer Weiterreise gen Osten bis zu ihrer Entführung, vom Harem Temir-Gais, den Prüfungen in den Bädern der Reinheit, dem Klagekäfig, dem unerwarteten Auftauchen von Orfeus, den Zwillingen und Babilas, und schließlich von ihrer unglaublichen Rückkehr nach Galnizien.

Die geladenen Gäste lauschten gebannt ihrem Bericht. Sie rissen die Augen auf, als sie vom Inselmeer erzählte, von Kata und ihren Wächtervögeln und den tückischen Proben, denen die Fabula auf den verschiedenen Inseln ausgesetzt worden war. Sie vergossen Tränen, als Malva erzählte, wie sich Pepe geopfert hatte, um seine Freunde vor dem Verlies des Grauens zu bewahren.

Zum Schluss hob Malva ihr Glas, und alle stießen an zum Gedenken an diejenigen, die ihr Leben während dieser Abenteuerfahrt jenseits der Grenzen der Bekannten Welt verloren hatten.

Dann ergriffen Filomena und Uzmir nacheinander das Wort. Sie erzählten, wie sie der Spur zum Harem Temir-Gais gefolgt waren in der Absicht, die Prinzessin zu retten. Sie schilderten den Ausbruch des Feuers, den schrecklichen Kampf, der daraufhin entbrannt war und dazu geführt hatte, dass der Kaiser den freien Steppenvölkern den Krieg erklärte. Dieser Krieg hatte mehr als sechs Jahre gedauert, bevor die Amoyeden und die Zispasier, stark dezimiert, auf weitere Rache verzichteten.

»Hainur ist mit dem Frieden auf die Welt gekommen«, sagte Filomena und drückte ihren Sohn an sich. »Er ist der Frieden!«

»Bodgmain Hainur tellin ar tuilder!«, rief Babilas.

Da niemand die Sprache Dunbravens verstand, legte er die Stirn in Falten und versuchte selbst zu übersetzen, genau wie Lea es immer getan hatte: »Ich trinke auf das Wohl von Hainur! Er ist der Sohn des Friedens und der Liebe!«

Der ganze Tisch applaudierte, und viele Flaschen wurden geleert. Es war schon spät, als alle aufstanden, um zu Bett zu gehen. Bevor sie sich schlafen legten, fasste Filomena Malva am Arm.

»Du hast gar nichts von Elgolien erzählt«, flüsterte sie ihr zu. »Hast du deinen Traum etwa aufgegeben?«

Malva schwirrte der Kopf. Sie fühlte sich glücklich und leicht. Sie sah ihrer Freundin direkt in die Augen.

»Du hast recht gehabt«, sagte sie zu ihr. »Elgolien gibt es nicht. Jedenfalls nicht, wie ich es mir vorgestellt habe. Aber ich habe meine

Träume nicht aufgegeben. Ich habe beschlossen, aus Galnizien ein zweites Elgolien zu machen, eines nach meiner Art. Was hältst du davon?«

»So wie ich dich kenne …«, antwortete Filomena mit einem breiten Grinsen, »denke ich … dass du das schaffen wirst, Prinzessin!«

50 ✧ Epilog

Jeden Morgen verkleidete sich Malva als Bauernmagd: ein einfaches Kleid, ein Baumwolltuch, unter das sie ihre Haare steckte, Filzschuhe. Dann verließ sie unbemerkt ihr Zimmer. Sie schlich in die Küche und ließ ein paar Leckereien in ihren Taschen verschwinden: Marzipan, Mandelgebäck mit Anis oder Lakritzkekse. Draußen ging sie die Maulbeerbaumallee entlang, schlüpfte durch das Tor in der Mauer und entfernte sich durch die Gassen der Unterstadt.

Seit den frühen Morgenstunden herrschte hier ein reges Treiben. Fahrende Händler schoben ihre Karren über das neu gelegte Pflaster, Maurer und Zimmerleute kletterten in ihren Gerüsten herum, Kinder liefen in Scharen in die Schule, die wieder den Unterricht aufgenommen hatte, Schmiede schmiedeten, Wasserträger schwankten zwischen den Auslagen hin und her, Bäcker boten ihre Backwaren an, die Alten stellten Stühle vor ihre Türen, und all diese Menschen riefen durcheinander, palaverten und erzählten.

Malva beobachtete besonders gerne die Wäscherinnen, die ihre Laken und Hemden auf den Dächern der Häuser ausbreiteten und unaufhörlich über alles Mögliche plauderten. Die jungen wie auch die etwas älteren hatten alle ihre eigene Meinung zu den verschiedensten Themen. Ihr Klatsch und Tratsch sagte viel über den Zustand der Galnizier aus:

»Anscheinend ist der König nicht mehr ganz Herr seiner Sinne!«

»Wohl wahr! Meine Cousine hat ihn dabei beobachtet, wie er stundenlang vor einem Olivenbaum stand und mit sich selbst redete!«

»Deine Cousine, pah! Sie würde doch alles Mögliche erzählen, nur um sich wichtig zu machen!«

»Was weißt du schon über meine Cousine?«

»Wie auch immer, der Alte braucht sich jedenfalls keine Sorgen zu machen. Auch wenn die Prinzessin nicht verheiratet ist, ist sie längst in der Lage, das Land zu regieren!«

»Da stimme ich dir zu. Wir müssen ihr alle dankbar sein. Ohne sie würden wir immer noch wie die Landstreicher auf der Straße leben!«

»Trotzdem, die Arme. Man sagt, sie hätte sich beinahe die Augen aus dem Kopf geweint über den Tod von Kapitän Orfeus …«

»Das kann ich mir gut vorstellen! Er war ja auch ein stattlicher und mutiger Mann! Einen solchen Mann findet man nicht so leicht!«

»Würdest du das auch über deinen Mann sagen?«

»Mein Mann geht dich doch gar nichts an.«

»Wie auch immer, mir jedenfalls tut die Prinzessin leid. Sie ist so jung und hat schon mit einem solchen Liebeskummer zu kämpfen …«

»Das ist alles die Schuld von Arkus. Der …«

»Ich erinnere mich gut an die Zeit der großen Trauer. Wenn ich ihn nur mit seinen Soldaten durch die Straßen gehen sah, hatte ich schon Alpträume.«

»Fast schade, dass er einen so schnellen Tod durch die Kugel der Prinzessin gefunden hat. Ein solcher Verbrecher wie er, der sollte leiden!«

»Wie dem auch sei, zumindest ist er wie ein Hund geendet. Und genau das war er auch. Er wurde ins Massengrab geworfen, ohne den Segen eines Priesters und ohne Trauerfeier!«

»Hört auf damit! Da dreht sich mir ja der Magen um!«

»Apropos Magen! Wer war eigentlich bei der Fischversteigerung vorhin mit dabei? Anscheinend war es ein äußerst guter Fang heute …«

Und die Wäscherinnen fuhren fort, sie lachten und schwatzten, ohne auf die junge Bäuerin zu achten, die sie von der Straße aus belauschte. Sie breiteten ihre weißen Laken in der Sonne aus, und ihre kräftigen rosigen Arme wirbelten die Körbe hin und her wie bei einem anmutigen, genau einstudierten Tanz. Jeden Morgen das gleiche Ballett. Wenn Malva genug gehört hatte, stieß sie einen Seufzer aus und spazierte weiter.

Sie ging zum Fluss Gadvir hinunter und beobachtete das Hin und Her der Schaufelraddampfer, die vom Hafen kamen und mit Fisch und Riorofässern beladen waren. Sie fuhren davon, den Fluss hinauf zu den im Norden gelegenen Provinzen. Seit kurzem gab es Verträge zwischen Galnizien und seinen Nachbarn. Babilas, der von Malva neu ernannte Botschafter, hatte mit Dunbraven verhandelt und diplomatische Wunderwerke vollbracht. Auch wenn Galnizien weiterhin auf viele seiner Länderein verzichten musste, das Wichtigste war doch erreicht: Es war wieder Frieden eingekehrt. Die Einwohner der Provinzen konnten wieder versorgt werden, sie waren nicht mehr vom Hunger bedroht, und alle konnten wieder ein Leben führen wie in alten blühenden Zeiten.

Wenn Malva die Brücke überquerte, warf sie einen Blick auf die Pagulhänge, die sich mittlerweile über den gesamten Uferbereich ausbreiteten. Dann dachte sie immer voller Sehnsucht an Lea und Galotcho. Sie hatte schon monatelang nichts mehr von ihnen gehört.

Schließlich stieg sie wieder zur Oberstadt hinauf. Die Geschäfte hatten ihre Läden hochgezogen, und die Terrassen der kleinen Buden füllten sich mit Leben. Man sah Adelsherren und tätowierte Seeleute sowie adlige Damen mit Seidenröcken und alte Kartenlegerinnen aus Tildesien beieinandersitzen. Kinder spielten rund um die Brunnen, zuweilen trafen Reisende aus fremden Ländern ein, die Alligatoren, Kängurus oder Elche an einer Leine mit sich führten. Malva fragte sich manchmal, ob nicht auch eines Tages jemand anlegen würde, der auf einem Nuba-Nuba ritt oder gar auf einer Göttlichen Auriga, diesem Monstrum, das die Amoyeden gezähmt hatten. Ein Schauer lief ihr über den Rücken. Sie hatte so viele seltsame Dinge mit eigenen Augen gesehen während ihrer Reise an den Grenzen der Bekannten Welt!

Als sie in der Nähe des Glockenturms war, schlenderte sie bis zur

Tür des Hauses Mac Bott. Sie klopfte dreimal an und wartete. Berthilda war nicht mehr gut zu Fuß. Es dauerte eine Weile, bis sie öffnete.

»Ah, Ihr seid es, Prinzessin!« Sie lächelte.

Malva trat rasch ein. Sobald sie nicht mehr gesehen werden konnte, nahm sie das Kopftuch ab und schüttelte ihr Haar aus. Dann folgte sie Berthilda in den Salon.

»Ich habe Euch heute Rhabarbertörtchen mitgebracht«, sagte sie und setzte sich aufs Sofa.

Berthilda bot ihr eine Limonade an, und sie unterhielten sich leise, stundenlang. Ihr liebstes Thema blieb weiterhin Orfeus. Malva löcherte die alte Frau mit Fragen. Sie wollte alles über den kleinen Jungen und den Mann wissen, der er gewesen war, und auch über Merixel und Hannibal und über das Galnizien von damals.

Berthilda erzählte, wiederholte vieles und kratzte sich hin und wieder am Kopf, weil sie Schwierigkeiten hatte, sich zu erinnern. Am meisten fesselte Malva der Bericht über die letzte Begegnung zwischen Orfeus und seinem Vater. Sie zitterte jedes Mal, wenn Berthilda Einzelheiten der Unterhaltung wiedergab, doch sie wollte die Szene immer wieder aufleben lassen.

»Ich frage mich schon, was es nutzen soll, Euch all das zu erzählen«, seufzte Berthilda. »Das sind doch nur Erinnerungen. Ihr seid so jung! Es besorgt mich, dass Ihr so sehr in der Vergangenheit lebt! Was soll das bringen?«

Malva lächelte geheimnisvoll. Sie wusste ganz genau, was es ihr bringen würde.

Gegen Mittag verließ sie Berthilda und kehrte zur Zitadelle zurück. Der Thron verlangte ihre Anwesenheit: Es galt Leute zu empfangen, Botschafter in die Provinzen zu entsenden und viele wichtige Entscheidungen zu fällen.

Eine dieser Entscheidungen betraf Finopico.

Malva ernannte neue Leiter des Meeresinstituts und veranlasste, dass eine wissenschaftliche Expedition eingesetzt wurde, die die Existenz des Tiefsee-Gums beweisen sollte.

Die Wissenschaftler protestierten: Dieses Tier sei nichts als ein Hirngespinst!

»Ich liebe Hirngespinste!«, antwortete Malva. »Ohne Hirngespinste hätten wir keine Träume mehr, denen wir nachjagen könnten.«

Sie breitete die Meereskarte auf dem großen Tisch im Festsaal aus und kreiste mit einer Feder den Punkt ein, an dem die Estafador untergegangen war. Dann entblößte sie die Narbe an ihrem Bein. Zutiefst beeindruckt hörten die Wissenschaftler auf zu protestieren. Es wurde beschlossen, dass die Expedition einen Monat später aufbrechen sollte.

Eine weitere Entscheidung betraf die Kartographen. Malva rief sie zu sich und legte ihnen das Blatt Papier vor, auf das Orfeus das Inselmeer gezeichnet hatte.

»Ihr sollt die alten Karten wegwerfen«, verlangte sie. »Und neue erstellen, die die Inseln südlich von unserer Bekannten Welt aufführen.«

Die Kartographen erbleichten. Eine Ausweitung der Grenzen der

Bekannten Welt schien ihnen unmöglich! Aber Malva hörte nicht auf ihre Proteste. Oben auf die Zeichnung schrieb sie mit Großbuchstaben: Inselmeer von Orfeus.

»Das wird von jetzt an der offizielle Name dieser Gegend sein. An die Arbeit!«

Die Kartographen schüttelten die Köpfe und gingen mit der Karte davon. Malva stieß einen Seufzer aus. Sie war einen Moment unsicher gewesen, ob sie Elgolien auf den neuen Karten verzeichnen sollte. Schließlich hatte sie sich dagegen entschieden. Elgolien sollte ein Geheimnis bleiben. Ein Traum.

Einige Zeit später starb der König.

Und dann auch Berthilda.

Im Hause der Mac Botts richtete Malva ein Waisenhaus ein, um den Straßenkindern ein Zuhause zu geben: Pepes Waisenhaus. Dort gab es weder ein dunkles Kämmerchen, in das man zur Strafe gesteckt wurde, noch sonst irgendeine schlechte Behandlung. Darüber wachte Malva persönlich!

Nach einer Weile kehrte die wissenschaftliche Expedition vom Kyprischen Meer zurück. Nach Monaten intensiver Suche waren die Laderäume voll unbekannter und fremdartiger Fische. Doch keiner ähnelte dem Tiefsee-Gum.

Zum großen Entsetzen der Wissenschaftler beauftragte Malva eine zweite Expedition. Sie hatte beschlossen, die Suche nicht zu beenden, bevor der *Finopicuum de profundis* nicht seinen Platz in den offiziellen wissenschaftlichen Büchern gefunden hatte.

Es wurde wieder Winter. Filomena und Uzmir sattelten ihre Pferde und traten den Heimweg in die Steppe an. Sie mussten zu ihrem Volk zurückkehren, um auf Oryackjagd zu gehen. Filomena vergoss einige Tränen, und Hainur vollführte im Stehen auf seinem Pferd ein Tänzchen für Malva. Sie versprachen, im kommenden Sommer wiederzukommen.

Eines Tages erhielt Malva einen Brief aus dem Königreich Balmun von Lea und Galotcho.

Sie erzählten ihr von ihren vielen Abenteuern, davon, wie sie von Leas Familie begrüßt worden waren und von den Festtagen, die auf ihre Ankunft folgten. Es ging ihnen beiden prächtig. Der Brief schloss mit einer Zeichnung des Hauses, das Lea und Galotcho zusammen am Ufer eines Sees gebaut hatten.

»Auch hier«, schrieb Galotcho, »leuchten jede Nacht die Zwillingssterne. Die Hellseherin hat sich nicht geirrt: Ich bin glücklich … genau wie ein Prinz!«

Sie beendeten ihren Brief mit der Bitte, Babilas und Orfeus herzlich zu grüßen. Malva entschloss sich daraufhin, ihnen mitzuteilen, dass Letzterer beim Versuch, sie zu retten, sein Leben verloren hatte.

An diesem Tag ging sie wieder auf den Friedhof. Sie stand vor dem stummen Grab von Orfeus. Sie redete und weinte lange. Dann bückte sie sich, beugte sich nach vorne, legte ihre Handflächen flach vor sich hin und küsste die Erde.

Daraufhin kehrte sie zur Zitadelle zurück. Im Festsaal empfing

Babilas gerade Gesandte aus Polvakien oder aus Espartanien. Er kam gut allein zurecht. Diskret zog sich Malva zurück.

Sie schloss sich in ihrem Erker ein, zog die Vorhänge zu, zündete eine Kerze an, öffnete dann ein Heft und setzte sich an ihren Frisiertisch. Für einen Augenblick überließ sie sich ihren Gedanken und betrachtete ihr Spiegelbild. Sie dachte noch einmal an den Tag, an dem sie beschlossen hatte zu fliehen. Die Worte des Briefes, den sie hinter dem Spiegel versteckt hatte, standen ihr klar vor Augen. Ihre Wut, ihre Auflehnung, ihr Trotz jedoch trieben sie nicht mehr um. Sie hatte abgeschlossen mit ihrer schmerzlichen Vergangenheit. Der richtige Zeitpunkt war also gekommen.

Sie tauchte die Feder in die Tinte und begann, mit zitternder Hand zu schreiben: *An der Nordseite gingen die Mauern der Zitadelle unvermittelt in einen schwindelerregend tiefen Abgrund über. Die exponierte Lage der Zitadelle auf dem Gipfel des Felsmassivs erinnerte an einen auf der Lauer liegenden Raubvogel, der seine Flügel in ganzer Spannweite über das Tal ausbreitet und seinen riesengroßen Schatten über die ruhig dahinströmenden Fluten des Flusses Gadvir wirft …*

Sie schrieb die ganze Nacht hindurch und ließ mit ihren Worten die Zeit wieder aufleben, als sie noch nichts über den Schmerz und das Glück dieser Welt wusste. Und sie erweckte all diejenigen zum Leben, die sie auf dieser phantastischen Odyssee begleitet hatten.

Inhalt

Erster Teil
Aufbruch

Zweiter Teil
Irrfahrt

Dritter Teil
Rückkehr

Stuart Hill

Die Herrscherin der Eismark

Roman. Ab 12 Jahren

528 Seiten, gebunden.

ISBN 978-3-312-00965-7

Die 13-jährige Thirrin kann so gut reiten und kämpfen wie jeder Soldat in der Eismark. Aber als ihr Vater König Roderich stirbt, wird sie zur Herrscherin des kleinen Landes und muss plötzlich die Heimat gegen die erbarmungslose Armee von Scipio Bellorum verteidigen. Die Aufgabe scheint unlösbar. Mit ihrem Freund, dem Hexensohn Oskan, und mit den Werwölfen, den Vampiren und den Schneeleoparden als Verbündeten hätte sie vielleicht eine Chance. Nur: Wie soll sie bloß diese wilden Kreaturen für sich gewinnen? Ihre Vorbereitungen zur Verteidigung werden ein Wettlauf mit der Zeit.

»Stuart Hills fantastische und magische Feder könnte ihn zu einem würdigen Nachfolger von Joan Aiken machen!« *The Guardian*